"十三五"普通高等教育工程管理和工程造价专业系列规划教材

公路工程造价软件应用

主　编　谢中友　何银龄
副主编　郑　净　周　滔　朱　娜
参　编　赵君红　李柔嘉　邓亚兰　谢晓琴
主　审　李　杰

机械工业出版社

本书以主流公路工程计价软件（纵横公路造价软件）的操作方法及其工程应用为主要内容，依据最新的《公路工程基本建设项目概算预算编制办法》《公路工程国内招标文件范本》《公路工程预算定额》《公路工程工程量清单计量规则》，以实际工程案例为素材，编制公路工程概预算、工程量清单等公路工程计价文件。在此基础上，阐述了软件的相关高级应用和操作技巧。

全书共7章，主要内容包括公路工程造价基础知识，公路工程造价文件编制，纵横公路工程造价管理系统软件介绍及操作入门，纵横公路工程造价管理系统编制概（预）算操作流程，纵横公路工程造价管理系统编制工程量清单操作流程，纵横公路工程造价管理系统应用实例，纵横公路工程造价管理系统高级应用及操作技巧。

本书实践性强，可作为应用型本科公路工程造价相关专业教材，也可作为高等职业教育相关专业教材，还可作为公路工程造价培训或自学教材。

图书在版编目（CIP）数据

公路工程造价软件应用/谢中友，何银龄主编. —北京：机械工业出版社，2018.8

“十三五”普通高等教育工程管理和工程造价专业系列规划教材

ISBN 978-7-111-61035-9

Ⅰ.①公…　Ⅱ.①谢…②何…　Ⅲ.①道路工程－工程造价－编制－应用软件－高等学校－教材　Ⅳ.①U415.13－39

中国版本图书馆CIP数据核字（2018）第222075号

机械工业出版社（北京市百万庄大街22号　邮政编码100037）
策划编辑：林　辉　责任编辑：林　辉　高凤春
责任校对：杜雨霏　封面设计：张　静
责任印制：李　昂
北京中兴印刷有限公司印刷
2019年1月第1版第1次印刷
184mm×260mm·21.25印张·519千字
标准书号：ISBN 978-7-111-61035-9
定价：55.00元

序

住房和城乡建设部高等学校工程管理和工程造价学科专业指导委员会（简称教指委）组织编制了《高等学校工程管理本科指导性专业规范（2014）》和《高等学校工程造价本科指导性专业规范（2015）》（简称《专业规范》），自两个《专业规范》发布以来，受到相关高等学校的广泛欢迎，促进了相关高校根据学校自身的特点和定位，进一步改革培养目标和培养方案，积极探索课程教学体系、教材体系改革的路径，以培养具有各校特色，满足社会需要的工程建设高级管理人才。

2017 年 9 月，江苏、安徽等省市高校中一些承担工程管理、工程造价管理教学任务的教师们在南京召开了具有区域性特色研讨会，就不同类型学校两个专业本科人才培养目标、培养方案，以及课程教学与教材体系建设开展研讨。其中，有关教材体系建设得到机械工业出版社的大力支持，并出台了“十三五”普通高等教育工程管理和工程造价专业系列规划教材编写计划，成立了该系列规划教材的编审委员会。经相关各方共同努力，本系列规划教材将先后出炉，并与读者见面。

“十三五”普通高等教育工程管理和工程造价专业系列规划教材的特点有：

1）系统性与创新性。系列教材根据两个《专业规范》的要求系统设定名称和内容，保证各教材间独立性和相关性的有机统一；根据工程技术、信息技术和工程建设管理最新发展成果，完善教材内容和创新教材展现方式。

2）实践性和应用性。在教材编制过程中，始终强调将工程建设实践成果写进教材，并将教学实践中收获的经验体会在教材中充分体现；始终强调基本概念、基础理论要与工程应用有机结合，通过适当案例深化对基础理论的认识。

3）符合当代大学生的学习习惯。针对当代大学生信息获取渠道多且便捷，学习习惯在发生变化的特点，始终强调教材编制中，在讲究基本概念、基本原理要描述清楚、完整的同时，给学生留有较多空间去获得相关知识。

期望该系列规划教材的出版，有助于促进高等学校工程管理和工程造价专业本科教育教学质量的提升，进而促进这两个专业教育教学的创新和人才培养水平的提高。

2018 年 9 月

前　言

随着我国社会经济的高速发展、汽车保有量的大幅增加，我国公路交通运输系统长期处于快速发展之中。这就对公路工程人才的培养提出了更高的要求，公路工程行业从业人员的整体素质迫切需要加强，公路工程造价的人才教育只有与行业需求相适应，才能与时俱进，才能促进工程造价管理的可持续发展。公路工程是建筑行业的重要组成部分，具有特有的计量计价规则。根据《高等学校工程造价本科指导性专业规范》（2015版）关于工程造价专业课程设置的要求，工程造价本科专业必须要开设“工程计量与计价软件”相关课程。这门课程是工程造价专业必修的专业课程，也是工程造价专业的主干课程，目的是培养工程造价毕业生掌握就业岗位必备的工作技能。虽然目前已有多种较为成熟的商业软件，但缺少适合本科生使用的上课教材。

为满足高等学校培养应用型人才对公路工程造价软件应用能力的需求，本书根据JTG/T B06—2007《公路工程基本建设项目概预算编制办法》《公路工程标准施工招标文件》（2018年版）等文件，参考纵横公路造价软件基本教程编写了本书。为突出实用性，本书引入大量翔实的工程算例，在路基工程、路面工程、桥涵工程、隧道工程各章中，均列举了完整的工程计价算例，详细介绍了运用软件进行定额计价和工程量清单计价的过程和具体方法，有助于学生加深对公路工程计价规则的理解和学习纵横软件的工程应用方法。本书特别适合初学者。

本书共7章。第1、2章由铜陵学院谢中友编写，第3章由皖西学院郑净和珠海纵横创新软件有限公司赵君红编写，第4章由安徽交通职业技术学院周滔和珠海纵横创新软件有限公司李柔嘉编写，第5章由许昌职业技术学院朱娜和珠海纵横创新软件有限公司邓亚兰编写，第6章由皖西学院郑净和珠海纵横创新软件有限公司谢晓琴编写，第7章由珠海纵横创新软件有限公司何银龄编写。全书由福建工程学院李杰教授担任主审，李教授工作认真严谨，对本书的编写提出了很多宝贵的修改意见，在此表示深深的感谢。本书在编写过程中，还得到了机械工业出版社的大力帮助，在此也深表感谢。

由于时间紧迫及编者水平有限，教材中难免有不妥和不完善之处，敬请读者批评指正，以便进一步修正、补充完善。

编　者

目　录

第1章　公路工程造价基础知识

1.1　工程造价概述

1.1.1　工程造价的定义

工程造价通常是指工程的建设价格。从不同的角度理解，工程造价有不同的含义。

第一种含义：工程造价是指一个建设项目从立项开始到建成交付使用期间预期花费或实际花费的全部费用。

第二种含义：工程造价是指工程价格，即建设工程预计或实际在土地市场、设备材料市场、技术劳务市场以及承发包市场等交易活动中所形成的建筑安装工程的价格和建设工程总价格。

工程造价的两种含义是从不同角度揭示同一事物的本质。对建设工程的投资者来说，面对市场经济条件下的工程造价就是项目投资，是“购买”项目要付出的价格，同时也是投资者作为市场供给主体“出售”项目时定价的基础。对于承包人、供应商和规划单位、设计单位等来说，工程造价是他们作为市场供给主体出售和劳务的价格总和，或指特定范围的工程造价，如建筑安装工程价格。

1.1.2　工程建设项目的划分

建设项目由许多部分组成，依次可以划分为建设项目、单项工程、单位工程、分部工程、分项工程。

1. 建设项目

建设项目又称为基本建设项目，一般指符合国家总体建设规划，能独立发挥生产功能或满足生活需要，其项目建议书经批准立项和可行性研究报告经批准的建设任务。例如：工业建设中的一个工厂、一座矿山；民用建设中的一个居民区、一幢住宅、一所学校；公路建设中的一条公路，一座独立大、中型桥梁或隧道等均为一个建设项目。

2. 单项工程

单项工程又称为工程项目，是建设项目的组成部分，是具有独立的设计文件，在竣工后能独立发挥设计规定的生产能力或效益的工程。例如：工业建设中的各生产厂房、办公楼、食堂；民用建设中学校的教学楼、图书馆。

公路建设中的一段路线、一座独立的桥梁工程或隧道工程，这些工程一般包括与已有公路的接线，建成后可以独立发挥交通功能。但一条路线中的桥梁或隧道，在整个路线未修通前，并不能发挥交通功能，也就不能作为一个单项工程。

3. 单位工程

单位工程是单项工程的组成部分，是指单项工程中可单独进行设计，可以独立组织施工，并可单独作为成本计算对象的部分。例如：厂房的土建工程、机械设备安装工程。公路工程中把一段路线作为一个单项工程，其中各个路段的路基、路面、桥梁、隧道都可作为单位工程。

4. 分部工程

分部工程是单位工程的组成部分，一般是按单位工程的主要结构、主要部位来划分的。例如：工业和民用建筑中将土建工程作为单位工程，而土石方工程、打桩工程、砌筑工程等则为分部工程。

在公路建设工程中分部工程的确定是在工程项目界定的范围内，以工程部位、工程结构和施工工艺为依据，并考虑在工程建设实施过程中便于进行工程结算和经济核算。例如：按工程部位划分为路基工程、路面工程、桥梁工程等；按工程结构和施工工艺划分为土石方工程、混凝土工程、砌筑工程等。

5. 分项工程

分项工程是分部工程的组成部分，是根据分部工程划分的原则，再进一步将分部工程分为若干个分项工程。各种分项工程，每一单位消耗的活劳动和物化劳动都是不等的，因为分项工程是按照不同的施工方法、不同的工程部位、不同的材料、不同的质量要求和工作难易程度来划分的，它是概（预）算定额的基本计量单位，故也称为工程定额子目或工程细目。例如：路基土石方分为松土、软石等各类土石成分，基础砌石分为片石、块石等。

在实际工作中，有了这种分部、分项工程的划分标准，无论是进行定额资料的测定，制定概、预算定额中的人工、材料、机械使用台班消耗等消耗标准，还是编制建筑安装工程造价等，就有了一个统一的尺度。这样就可实现建设工程造价管理工作的科学化和标准化，起到了规范人们从事建设工程造价管理的行为的作用，从而取得较好的经济效益和社会效益。

1.1.3 公路建设项目的建设程序

基本建设程序是指建设项目从设想、选择、评估、决策、设计、施工到竣工验收、投入使用整个建设过程中，各项工作必须遵循的先后次序的法则。按照建设项目发展的内在联系和发展过程，建设程序分为若干个阶段，这些发展阶段有严格的先后顺序，可以交叉，但不能任意颠倒。

公路基本建设程序的具体内容如下：

1. 项目建议书阶段

项目建议书是要求建设某一具体建设项目的建议文件，是基本建设程序中的第一个阶段，是投资决策前对拟建设项目的轮廓设想。项目建议书的主要作用是为推荐一个拟进行建设的项目的初步说明，论述拟建项目建设的必要性、条件的可行性和获利的可能性，供有关部门选择并确定是否进行下一步的工作。

2. 可行性研究阶段

项目建议书批准后，即可着手进行可行性研究，对项目在技术上是否可行和经济上是否合理进行科学的分析和论证，以减少建设项目决策的盲目性。《公路建设项目可行性研究报告编制办法》中规定："大中型、高等级公路及重点工程建设项目（含国、边防公路）均应进行可行性研究，小型项目可适当简化"。

3. 设计工作阶段

设计是对拟建工程的实施在技术上和经济上所进行的全面而详尽的安排，是基本建设计划的具体化，是组织施工的依据。可行性研究报告经批准的建设项目应通过招投标择优选择设计单位。

按照我国现行规定，公路基本建设项目一般进行两阶段设计，即初步设计和施工图设计；对于技术上复杂而又缺乏设计经验的项目或建设项目中的个别路段、特殊大桥、互通式立体交叉、隧道等，必要时可进行三阶段设计，即初步设计、技术设计和施工图设计。

设计工作必须由具有相应资质等级的勘察设计单位来完成，设计文件的要求必须符合《公路工程基本建设项目设计文件编制办法》的规定。

4. 建设前准备工作阶段

为了保证施工顺利进行，项目在开工之前应切实做好各项建设准备工作，并取得建设项目施工许可。内容包括：

1）项目已列入公路建设年度计划。

2）施工图设计文件已经完成并经审批同意。

3）建设资金已经落实，并经交通主管部门审计。

4）征地手续已办理，拆迁基本完成。

5）施工、监理单位已依法确定。

6）已办理质量监督手续，已落实保证质量和安全的措施。

7）报批开工报告。

5. 建设实施阶段

在具备开工条件并经主管部门批准后，方可开工建设，组织实施。施工是实现建筑蓝图的物质生产活动和决定性环节，需要在较长的时间内消耗大量的资源，但却不产生直接的投资效益。因此，管理的重点是工程进度、工程质量和工程成本。

6. 竣工验收阶段

公路工程验收分为交工验收和竣工验收两个阶段。交工验收由建设单位主持，主要是检查施工合同的执行情况和监理工作情况，提出工程质量等级建议。竣工验收由交通部或批准工程初步设计的地方交通主管部门主持，主要是全面考核建设成果，总结经验教训，对建设项目进行综合评价，确定工程质量等级。

工程竣工验收是一项十分细致而又严肃的工作，竣工验收所采用的各项验收和评定标准应符合国家验收标准。

7. 后评价阶段

后评价是工程项目竣工投产、生产运营一段时间后（一般为两年），再对项目的立项决策、设计施工、竣工投产、生产运营等全过程进行系统评价的一种技术经济活动，是固定资产投资管理的一项重要内容，也是固定资产投资管理的最后一个环节。通过建设项目后评价以达到肯定成绩、总结经验、研究问题、吸取教训、提出建议、改进工作、不断提高项目决策水平和投资效果的目的。

1.1.4 工程造价计价的特点

工程造价计价除具有与其他一切商品价格计价的共同特点外，同时还有其自身的技术经济特点。这些特点就是单件性计价、多次性计价和按工程构成分部组合计价等。

1. 计价的单件性

产品的个体差别决定了每项工程都必须单独计算造价。不同用途的建设工程具有不同的形态和结构。就公路而言，其用途是供汽车行驶，但构成公路整体的路基、路面、桥梁、涵洞及沿线设施等，各有不同的形态和结构。因此，对公路建设工程只能是单件计价，即根据各个建设工程项目的具体设计资料和当地的实际情况单独计算工程造价。

2. 计价的多次性

建设工程一般规模大、建设周期长、技术复杂、受建设所在地的自然条件影响大，消耗的人力、物力、财力巨大，并要考虑投入使用后的经济效益等因素，一旦决策失误，将造成不可挽回的巨大损失。为了适应造价控制和管理的要求，满足各阶段的不同需求，必须在建设全过程进行多次计价。建设工程多次计价程序如图 1-1 所示。

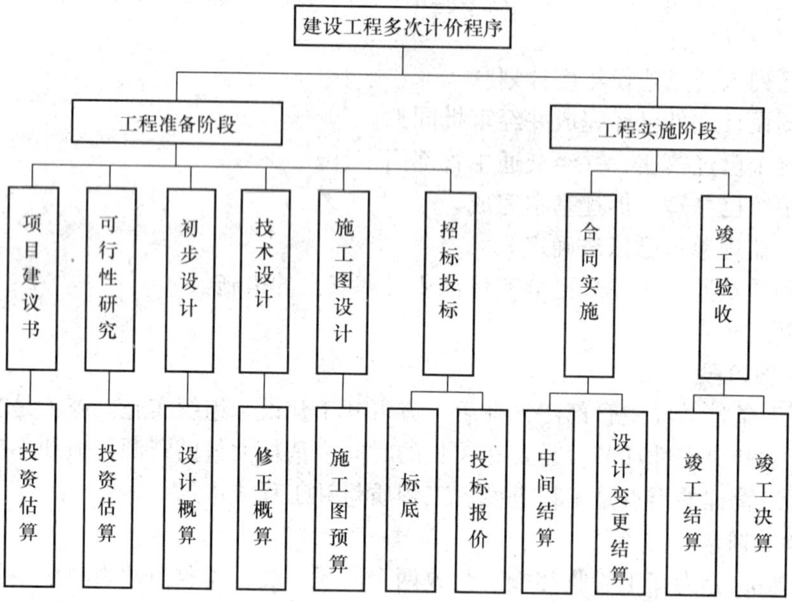

图 1-1　建设工程多次计价程序

3. 计价的组合性

建设工程规模大，工程结构复杂，根据建设工程单件性计价特点，不可能简单直接地计算出整个建设工程的造价，必须将整个建设工程分解到合理的最小工程结构部位，直至对计量和计价都相对准确的程度。

例如：将公路建设工程分解为路基工程、路面工程、桥梁工程等；对路基工程再分解为土方工程、石方工程等；对土方工程再分解为挖方工程、填方工程等；对挖方工程再分解为人工挖方、机械挖方；对机械挖方再分解为挖掘机挖方、推土机挖方等。各项工程都可以这样分解，然后再将各部位的费用按设计确定的数量加以组合就可以确定全部工程所需要的费用。任何规模庞大、技术复杂的工程都可以采用这种方法计算其全部造价。

4. 方法的多样性

工程造价多次性计价有不同的依据，对造价的精度也各不相同，这就决定了计价方法的多样性特征。计算概（预）算造价的方法有单价法和实物量法（见图1-2）等。计算投资估算的方法有设备系数法、生产能力指数法等。不同的方法利弊不同，适应条件也不同，计价时要根据具体情况加以选择。

×1－×1－×9　挖掘机挖装土、石方

工程内容　安设挖掘机，开辟工作面，挖土或爆破后石方，装车，移位，清理工作面。

（单位：$1000m^3$天然密实方）

顺序号	项　目	单位	代号	挖装土方								
				斗容量/m^3								
				0.6以内			1.0以内			2.0以内		
				松土	普通土	硬土	松土	普通土	硬土	松土	普通土	硬土
				1	2	3	4	5	6	7	8	9
1	人工	工日	1	4.0	4.5	5.0	4.0	4.5	5.0	4.0	4.5	5.0
2	75kW以内履带式推土机	台班	1003	0.62	0.72	0.83	0.40	0.46	0.53	0.22	0.25	0.28
3	$0.6m^3$以内履带式单斗挖掘机	台班	1027	2.88	3.37	3.88	—	—	—	—	—	—
4	$1.0m^3$以内履带式单斗挖掘机	台班	1035	—	—	—	1.85	2.15	2.46	—	—	—
5	$2.0m^3$以内履带式单斗挖掘机	台班	1037	—	—	—	—	—	—	1.01	1.15	1.29
6	基价	元	1999	2017	2348	2695	1970	2279	2602	1751	1991	2231

图1-2　实物量法

5. 依据的复杂性

由于影响造价的因素多，计价依据复杂，种类繁多。计价依据主要分为以下七类：

1）计算设备和工程量的依据，包括项目建议书、可行性研究报告、设计文件等。

2）计算人工、材料、机械等实物消耗量的依据，包括投资估算指标、概算定额、预算定额等。

3）计算工程单价的价格依据，包括人工单价、材料价格、机械台班费等。

4）计算设备单价的依据，包括设备原价、设备运杂费、机械台班费等。

5）计算其他直接费、现场经费、间接费和工程建设其他费用的依据，主要为相关的费用定额和标准。

6）政府规定的税费。

7）物价指数和工程造价指数。

依据的复杂性不仅使计算过程复杂，而且要求计算人员熟悉各种依据，并加以正确地应用。

1.2 公路工程造价费用组成

概（预）算费用的组成如图1-3所示。

1.2.1 建筑安装工程费

建筑安装工程费包括直接费、间接费、利润及税金。

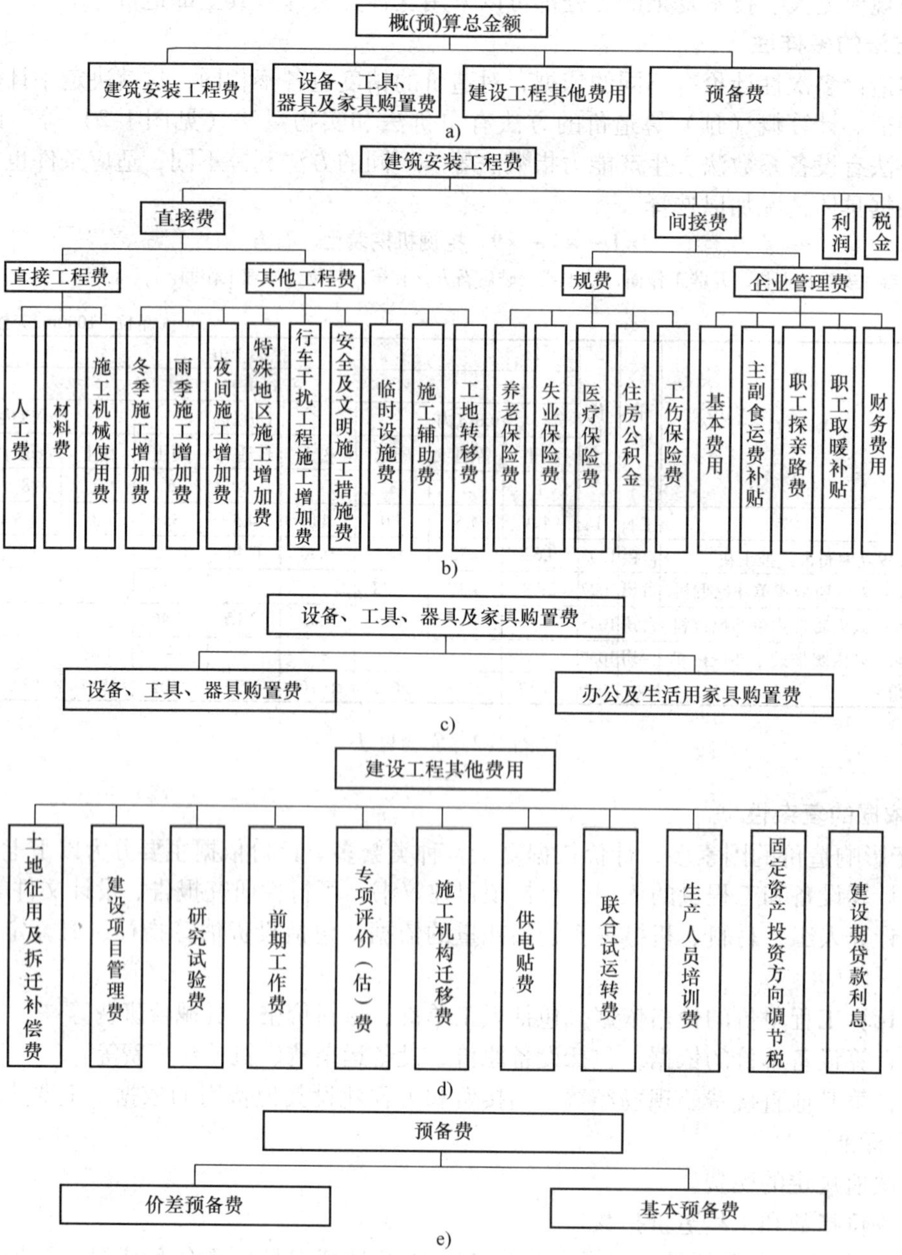

图 1-3　概（预）算费用的组成

a）概（预）算费用的构成　b）建筑安装工程费构成（文中第一部分费用）

c）设备、工具、器具及家具购置费构成（文中第二部分费用）

d）建设工程其他费用构成（文中第三部分费用）　e）预备费构成

其他工程费及间接费取费标准的工程类别划分如下：

人工土方，是指人工施工的路基、改河等土方工程，以及人工施工的砍树、挖根、除草、平整场地、挖盖山土等工程项目，并适用于无路面的便道工程。

机械土方，是指机械施工的路基、改河等土方工程，以及机械施工的砍树、挖根、除草等工程项目。

汽车运输，是指汽车、拖拉机、机动翻斗车等运送的路基和改河土（石）方、路面基层和面层混合料、水泥混凝土及预制构件、绿化苗木等。

人工石方，是指人工施工的路基、改河等石方工程，以及人工施工的挖盖山石项目。

机械石方，是指机械施工的路基、改河等石方工程（机械打眼即属机械施工）。

高级路面，是指沥青混凝土路面、厂拌沥青碎石路面和水泥混凝土路面的面层。

其他路面，是指除高级路面以外的其他路面面层，各等级路面的基层、底基层、垫层、透层、黏层、封层，采用结合料稳定的路基和软土等特殊路基处理等工程，以及有路面的便道工程。

构造物Ⅰ，是指无夜间施工的桥梁、涵洞、防护（包括绿化）及其他工程，交通工程及沿线设施工程［设备安装及金属标志牌、防撞钢护栏、防眩板（网）、隔离栅、防护网除外］，以及临时工程中的便桥、电力电信线路、轨道铺设等工程项目。

构造物Ⅱ，是指有夜间施工的桥梁工程。

构造物Ⅲ，是指商品混凝土（包括沥青混凝土和水泥混凝土）的浇筑和外购构件及设备的安装工程。商品混凝土和外购构件及设备的费用不作为其他工程费和间接费的计算基数。

技术复杂大桥，是指单孔跨径在120m以上（含120m）和基础水深在10m以上（含10m）的大桥主桥部分的基础、下部和上部工程。

隧道，是指隧道工程的洞门及洞内土建工程。

钢材及钢结构，是指钢桥及钢索吊桥的上部构造，钢沉井、钢围堰、钢套箱及钢护筒等基础工程，钢索塔，钢锚箱，钢筋及预应力钢材，模数式及橡胶板式伸缩缝，钢盆式橡胶支座，四氟板式橡胶支座，金属标志牌、防撞钢护栏、防眩板（网）、隔离栅、防护网等工程项目。

购买路基填料的费用不作为其他工程费和间接费的计算基数。

1. 直接费

直接费由直接工程费和其他工程费组成。

（1）直接工程费 直接工程费是指施工过程中耗费的构成工程实体和有助于工程形成的各项费用，包括人工费、材料费、施工机械使用费。

1）人工费。人工费是指列入概、预算定额的直接从事建筑安装工程施工的生产工人开支的各项费用，内容包括：

① 基本工资。基本工资是指发放给生产工人的基本工资、流动施工津贴和生产工人劳动保护费，以及为职工缴纳的养老、失业、医疗保险费和住房公积金等。

生产工人劳动保护费是指按国家有关部门规定标准发放的劳动保护用品的购置费及修理费，徒工服装补贴，防暑降温费，在有碍身体健康环境中施工的保健费用等。

② 工资性补贴。工资性补贴是指按规定标准发放的物价补贴，煤、燃气补贴，交通费补贴，地区津贴等。

③ 生产工人辅助工资。生产工人辅助工资是指生产工人年有效施工天数以外非作业天数的工资，包括开会和执行必要的社会义务时间的工资，职工学习、培训期间的工资，调动工作、探亲、休假期间的工资，因气候影响停工期间的工资，女工哺乳期间的工资，病假在

六个月以内的工资及产、婚、丧假期的工资。

④ 职工福利费。职工福利费是指按国家规定标准计提的职工福利费。

人工费以概、预算定额人工工日数乘以每工日人工费计算。

人工费标准按照本地区公路建设项目的人工工资统计情况并结合工种组成、定额消耗、最低工资标准以及公路建设劳务市场情况进行综合分析确定，由各省、自治区、直辖市交通运输厅（居、委）审批并公布。

人工费单价仅作为编制概、预算的依据，不作为施工企业实发工资的依据。

2）材料费。材料费是指施工过程中耗用的构成工程实体的原材料、辅助材料、构（配）件、零件、半成品、成品的用量和周转材料的摊销量，按工程所在地的材料预算价格计算的费用。

材料预算价格由材料原价、运杂费、场外运输损耗、采购及仓库保管费组成。

材料预算价格 =（材料原价 + 运杂费）×（1 + 场外运输损耗率）×
（1 + 采购及保管费费率）- 包装品回收价值

① 材料原价。各种材料原价按以下规定计算。

外购材料：国家或地方的工业产品，按工业产品出厂价格或供销部门的供应价格计算，并根据情况加计供销部门手续费和包装费。若供应情况、交货条件不明确时，可采用当地规定的价格计算。

地方性材料：地方性材料包括外购的砂、石材料等，按实际调查价格或当地主管部门规定的预算价格计算。

自采材料：自采的砂、石、黏土等材料，按定额中开采单价加辅助生产间接费和矿产资源税（若有）计算。

材料原价应按实计取。各省、自治区、直辖市公路（交通）工程造价（定额）管理站应通过调查，编制本地区的材料价格信息，供编制概、预算使用。

② 运杂费。运杂费是指材料自供应地点至工地仓库（施工地点存放材料的地方）的运杂费用，包括装卸费、运费，如果发生，还应计囤存费及其他杂费（如过磅、标签、支撑加固、路桥通行等费用）。

通过铁路、水路和公路运输部门运输的材料，按铁路、航运和当地交通部门规定的运价计算运费。

施工单位自办的运输，单程运距 15km 以上的长途汽车运输按当地交通部门规定的统一运价计算运费；单程运距 5 ~ 15km 的汽车运输按当地交通部门规定的统一运价计算运费；当工程所在地交通不便、社会运输力量缺乏时，如边远地区和某些山岭区，允许按当地交通部门规定的统一运价加 50% 计算运费；单程运距 5km 及以内的汽车运输以及人力场外运输，按预算定额计算运费，其中人力装卸和运输另按人工费加计辅助生产间接费。

一种材料若有两个以上的供应点时，都应根据不同的运距、运量、运价采用加权平均的方法计算运费。

由于预算定额中汽车运输台班已考虑工地便道特点，以及定额中已计入了“工地小搬运”项目，因此平均运距中汽车运输便道里程不得乘以调整系数，也不得在工地仓库或堆料场之外再加场内运距或二次倒运的运距。

③ 场外运输损耗。场外运输损耗是指有些材料在正常的运输过程中发生的损耗，这部

分损耗应摊入材料单价内。

④ 采购及保管费。采购及保管费是指材料供应部门（包括工地仓库以及各级材料管理部门）在组织采购、供应和保管材料过程中，所需的各项费用及工地仓库的材料储存损耗。

材料采购及保管费，以材料的原价加运杂费及场外运输损耗的合计数为基数，乘以采购及保管费费率计算。材料的采购及保管费费率为2.5%。

外购的构件、成品及半成品的预算价格，其计算方法与材料相同，但构件（如外购的钢桁梁、钢筋混凝土构件及加工钢材等半成品）的采购及保管费费率为1%。

商品混凝土预算价格的计算方法与材料相同，但其采购及保管费费率为0。

3）施工机械使用费。施工机械使用费是指列入概、预算定额的施工机械台班数量，按相应的机械台班费用定额计算的施工机械使用费和小型机具使用费。

施工机械台班预算价格应按交通部公布的现行JTG/T B06－03—2007《公路工程机械台班费用定额》计算，台班单价由不变费用和可变费用组成。不变费用包括折旧费、大修理费、经常修理费、安装拆卸及辅助设施费等；可变费用包括机上人员人工费、动力燃料费、养路费及车船使用税。可变费用中的人工工日数及动力燃料消耗量，应以机械台班费用定额中的数值为准。台班人工费工日单价同生产工人人工费单价。动力燃料费用则按材料费的计算规定计算。

当工程用电为自行发电时，电动机械每千瓦时（度）电的单价可由下述近似公式计算

$$A=0.24K/N$$

式中 A——每千瓦时电单价（元）；

K——发电机组的台班单价（元）；

N——发电机组的总功率（kW）。

（2）其他工程费　其他工程费是指直接工程费以外施工过程中发生的直接用于工程的费用。内容包括冬季施工增加费、雨季施工增加费、夜间施工增加费、特殊地区施工增加费、行车干扰工程施工增加费、安全及文明施工措施费、临时设施费、施工辅助费、工地转移费九项。公路工程中的水、电费及因场地狭小等特殊情况而发生的材料二次搬运等其他工程费已包括在概、预算定额中，不再另计。

1）冬季施工增加费。冬季施工增加费是指按照公路施工及验收规范所规定的冬季施工要求，为保证工程质量和安全生产所需采取的防寒保温设施、工效降低和机械作业率降低以及技术操作过程的改变等所增加的有关费用。

冬季施工增加费的内容包括：

① 因冬季施工所需增加的一切人工、机械与材料的支出。

② 施工机具所需修建的暖棚（包括拆、移），增加油脂及其他保温设备费用。

③ 因施工组织设计确定，需增加的一切保温、加温及照明等有关支出。

④ 与冬季施工有关的其他各项费用，如清除工作地点的冰雪等费用。

冬季气温区的划分是根据气象部门提供的满15年以上的气温资料确定的。每年秋冬第一次连续5天出现室外日平均温度在5℃以下，日最低温度在－3℃以下的第一天算起，至第二年春夏最后一次连续5天出现同样温度的最末一天为冬季期。冬季期内平均气温在－1℃以上者为冬一区，－1～－4℃者为冬二区，－4～－7℃者为冬三区，－7～－10℃者为冬四区，－10～－14℃者为冬五区，－14℃以下者为冬六区。冬一区内平均气温低于0℃的

连续天数在 70 天以内的为Ⅰ副区，70 天以上的为Ⅱ副区；冬二区内平均气温低于 0℃的连续天数在 100 天以内的为Ⅰ副区，100 天以上的为Ⅱ副区。

气温高于冬一区，但砖石、混凝土工程施工须采取一定措施的地区为准冬季区，准冬季区分两个副区，简称准一区和准二区。凡一年内日最低气温在 0℃以下的天数多于 20 天的，日平均气温在 0℃以下的天数少于 15 天的为准一区，多于 15 天的为准二区。

冬季施工增加费的计算方法，是根据各类工程的特点，规定各气温区的取费标准。为了简化计算手续，采用全年平均摊销的方法，即不论是否在冬季施工，均按规定的取费标准计取冬季施工增加费。一条路线穿过两个以上的气温区时，可分段计算或按各区的工程量比例求得全线的平均增加率，计算冬季施工增加费。

冬季施工增加费以各类工程的直接工程费之和为基数，按工程所在地的气温区选用表 1-1 的费率计算。

2）雨季施工增加费。雨季施工增加费是指雨季期间施工为保证工程质量和安全生产所需采取的防雨、排水、防潮和防护措施、工效降低和机械作业率降低以及技术作业过程的改变等，所需增加的有关费用。

表 1-1　冬季施工增加费费率（%）

气温区 / 工程类别	冬季期平均温度/℃								准一区	准二区
	-1 以上		-1 ~ -4		-4 ~ -7	-7 ~ -10	-10 ~ -14	-14 以下		
	冬一区		冬二区		冬三区	冬四区	冬五区	冬六区		
	Ⅰ	Ⅱ	Ⅰ	Ⅱ						
人工土方	0.28	0.44	0.59	0.76	1.44	2.05	3.07	4.61	—	—
机械土方	0.43	0.67	0.93	1.17	2.21	3.14	4.71	7.07	—	—
汽车运输	0.08	0.12	0.17	0.21	0.40	0.56	0.84	1.27	—	—
人工石方	0.06	0.10	0.13	0.15	0.30	0.44	0.65	0.98	—	—
机械石方	0.08	0.13	0.18	0.21	0.42	0.61	0.91	1.37	—	—
高级路面	0.37	0.52	0.72	0.81	1.48	2.00	3.00	4.50	0.06	0.16
其他路面	0.11	0.20	0.29	0.37	0.62	0.80	1.20	1.80	—	—
构造物Ⅰ	0.34	0.49	0.66	0.75	1.36	1.84	2.76	4.14	0.06	0.15
构造物Ⅱ	0.42	0.60	0.81	0.92	1.67	2.27	3.40	5.10	0.08	0.19
构造物Ⅲ	0.83	1.18	1.60	1.81	3.29	4.46	6.69	10.03	0.15	0.37
技术复杂大桥	0.48	0.68	0.93	1.05	1.91	2.58	3.87	5.81	0.08	0.21
隧道	0.10	0.19	0.27	0.35	0.58	0.75	1.12	1.69	—	—
钢材及钢结构	0.02	0.05	0.07	0.09	0.15	0.19	0.29	0.43	—	—

雨季施工增加费的内容包括：

① 因雨季施工所需增加的工、料、机费用的支出，包括工作效率的降低及易被雨水冲毁的工程所增加的工作内容等。例如，基坑坍塌和排水沟等堵塞的清理、路基边坡冲沟的填补等。

② 路基土方工程的开挖和运输，因雨季施工（非土壤中水影响）而影响的黏附工具，降低工效所增加的费用。

③ 因防止雨水必须采取的防护措施的费用，如挖临时排水沟、防止基坑坍塌所需的支撑、挡板等费用。

④ 材料因受潮、受湿的耗损费用。

⑤ 增加防雨、防潮设备的费用。

⑥ 其他有关雨季施工所需增加的费用，如因河水高涨致使工作困难而增加的费用等。

雨量区和雨季期的划分是根据气象部门提供的满 15 年以上的降雨资料确定的。凡月平均降雨天数在 10 天以上，月平均日降雨量为 3.5 ~5mm 者为Ⅰ区。月平均日降雨量在 5mm 以上者为Ⅱ区。

雨季施工增加费的计算方法，是将全国划分为若干雨量区和雨季期，并根据各类工程的特点规定各雨量区和雨季期的取费标准，采用全年平均摊销的方法，即不论是否在雨季施工，均按规定的取费标准计取雨季施工增加费。

一条路线通过不同的雨量区和雨季期时，应分别计算雨季施工增加费或按工程量比例求得平均的增加率，计算全线雨季施工增加费。

雨季施工增加费以各类工程的直接工程费之和为基数，按工程所在地的雨量区、雨季期选用表 1-2 的费率计算。

表 1-2 雨季施工增加费费率（%）

雨季期（月数）	1	1.5	2		2.5		3		3.5		4		4.5		5		6		7	8
雨量区 / 工程类别	Ⅰ	Ⅰ	Ⅰ	Ⅱ	Ⅰ	Ⅱ	Ⅰ	Ⅱ	Ⅰ	Ⅱ	Ⅰ	Ⅱ	Ⅰ	Ⅱ	Ⅰ	Ⅱ	Ⅰ	Ⅱ	Ⅱ	Ⅱ
人工土方	0.04	0.05	0.07	0.11	0.09	0.13	0.11	0.15	0.13	0.17	0.15	0.20	0.17	0.23	0.19	0.26	0.21	0.31	0.36	0.42
机械土方	0.04	0.05	0.07	0.11	0.09	0.13	0.11	0.15	0.13	0.17	0.15	0.20	0.17	0.23	0.19	0.27	0.22	0.32	0.37	0.43
汽车运输	0.04	0.05	0.07	0.11	0.09	0.13	0.11	0.16	0.13	0.19	0.15	0.22	0.17	0.25	0.19	0.27	0.22	0.32	0.37	0.43
人工石方	0.02	0.03	0.05	0.07	0.06	0.09	0.07	0.11	0.08	0.13	0.09	0.15	0.10	0.17	0.12	0.19	0.15	0.23	0.27	0.32
机械石方	0.03	0.04	0.06	0.10	0.08	0.12	0.10	0.14	0.12	0.16	0.14	0.19	0.16	0.22	0.18	0.25	0.20	0.29	0.34	0.39
高级路面	0.03	0.04	0.06	0.10	0.08	0.13	0.10	0.15	0.12	0.17	0.14	0.19	0.16	0.22	0.18	0.25	0.20	0.29	0.34	0.39
其他路面	0.03	0.04	0.06	0.09	0.08	0.12	0.09	0.14	0.10	0.16	0.12	0.18	0.14	0.21	0.16	0.24	0.19	0.28	0.32	0.37
构造物Ⅰ	0.03	0.04	0.05	0.08	0.06	0.09	0.07	0.11	0.08	0.13	0.10	0.15	0.12	0.17	0.14	0.19	0.16	0.23	0.27	0.31
构造物Ⅱ	0.03	0.04	0.05	0.08	0.07	0.10	0.08	0.12	0.09	0.14	0.11	0.16	0.13	0.18	0.15	0.21	0.17	0.25	0.30	0.34
构造物Ⅲ	0.06	0.08	0.11	0.17	0.14	0.21	0.17	0.25	0.20	0.30	0.23	0.35	0.27	0.40	0.31	0.45	0.35	0.52	0.60	0.69
技术复杂大桥	0.03	0.05	0.07	0.10	0.08	0.12	0.10	0.14	0.12	0.16	0.14	0.19	0.16	0.22	0.18	0.25	0.20	0.29	0.34	0.39
隧道	—	—	—	—	—	—	—	—	—	—	—	—	—	—	—	—	—	—	—	—
钢材及钢结构	—	—	—	—	—	—	—	—	—	—	—	—	—	—	—	—	—	—	—	—

注：室内管道及设备安装工程不计雨季施工增加费。

3）夜间施工增加费。夜间施工增加费是指根据设计、施工的技术要求和合理的施工进度要求，必须在夜间连续施工而发生的工效降低、夜班津贴以及有关照明设施（包括所需照明设施的安拆、摊销、维修及油燃料、电）等增加的费用。

夜间施工增加费按夜间施工工程项目（如桥梁工程项目包括上、下部构造全部工程）的直接工程费之和为基数，按表 1-3 的费率计算。

表 1-3 夜间施工增加费费率（%）

工程类别	费率	工程类别	费率
构造物Ⅱ	0.35	技术复杂大桥	0.35
构造物Ⅲ	0.70	钢材及钢结构	0.35

注：设备安装工程及金属标志牌、防撞钢护栏、防眩板（网）、隔离栅、防护网等不计夜间施工增加费。

4）特殊地区施工增加费。特殊地区施工增加费包括高原地区施工增加费、风沙地区施工增加费和沿海地区施工增加费三项。

① 高原地区施工增加费。高原地区施工增加费是指在海拔高度 1500m 以上地区施工，由于受气候、气压的影响，致使人工、机械效率降低而增加的费用。该费用以各类工程人工费和机械使用费之和为基数，按表 1-4 的费率计算。

一条路线通过两个以上（含两个）不同的海拔高度分区时，应分别计算高原地区施工增加费或按工程量比例求得平均的增加率，计算全线高原地区施工增加费。

表 1-4 高原地区施工增加费费率（%）

工程类别	海拔高度/m							
	1501～2000	2001～2500	2501～3000	3001～3500	3501～4000	4001～4500	4501～5000	5000 以上
人工土方	7.00	13.25	19.75	29.75	43.25	60.00	80.00	110.00
机械土方	6.56	12.60	18.66	25.60	36.05	49.08	64.72	83.80
汽车运输	6.50	12.50	18.50	25.00	35.00	47.50	62.50	80.00
人工石方	7.00	13.25	19.75	29.75	43.25	60.00	80.00	110.00
机械石方	6.71	12.82	19.03	27.01	38.50	52.80	69.92	92.72
高级路面	6.58	12.61	18.69	25.72	36.26	49.41	65.17	84.58
其他路面	6.73	12.84	19.07	27.15	38.74	53.17	70.44	93.60
构造物Ⅰ	6.87	13.06	19.44	28.56	41.18	56.86	75.61	102.47
构造物Ⅱ	6.77	12.90	19.17	27.54	39.41	54.18	71.85	96.03
构造物Ⅲ	6.73	12.85	19.08	27.19	38.81	53.27	70.57	93.84
技术复杂大桥	6.70	12.81	19.01	26.94	38.37	52.61	69.65	92.27
隧道	6.76	12.90	19.16	27.50	39.35	54.09	71.72	95.81
钢材及钢结构	6.78	12.92	19.20	27.66	39.62	54.50	72.30	96.80

② 风沙地区施工增加费。风沙地区施工增加费是指在沙漠地区施工时，由于受风沙影响，按照施工及验收规范的要求，为保证工程质量和安全生产而增加的有关费用。内容包括防风、防沙及气候影响的措施费，材料费，人工、机械效率降低增加的费用，以及积沙、风蚀的清理修复等费用。

风沙地区的划分，根据 JTJ 003—1986《公路自然区划标准》、“沙漠地区公路建设成套技术研究报告”的公路自然区划和沙漠公路区划，结合风沙地区的气候状况将风沙地区分为三区九类；半干旱、半湿润沙地为风沙一区，干旱、极干旱寒冷沙漠地区为风沙二区，极干旱炎热沙漠地区为风沙三区；根据覆盖度（沙漠中植被、戈壁等覆盖程度）又将每区分为固定沙漠（覆盖度＞50%），半固定沙漠（覆盖度为10%～50%）、流动沙漠（覆盖度＜10%）三类，覆盖度由工程勘探设计人员在公路工程勘察设计时确定。

一条路线穿过两个以上（含两个）不同风沙区时，按路线长度经过不同的风沙区加权计算项目全线风沙地区施工增加费。

风沙地区施工增加费以各类工程的人工费和机械使用费之和为基数，根据工程所在地的风沙区划及类别，按表1-5的费率计算。

表1-5 风沙地区施工增加费费率（%）

风沙区划 / 工程类别	风沙一区			风沙二区			风沙三区		
	沙漠类型								
	固定	半固定	流动	固定	半固定	流动	固定	半固定	流动
人工土方	6.00	11.00	18.00	7.00	17.00	26.00	11.00	24.00	37.00
机械土方	4.00	7.00	12.00	5.00	11.00	17.00	7.00	15.00	24.00
汽车运输	4.00	8.00	13.00	5.00	12.00	18.00	8.00	17.00	26.00
人工石方	—	—	—	—	—	—	—	—	—
机械石方	—	—	—	—	—	—	—	—	—
高级路面	0.50	1.00	2.00	1.00	2.00	3.00	2.00	3.00	5.00
其他路面	2.00	4.00	7.00	3.00	7.00	10.00	4.00	10.00	15.00
构造物Ⅰ	4.00	7.00	12.00	5.00	11.00	17.00	7.00	16.00	24.00
构造物Ⅱ	—	—	—	—	—	—	—	—	—
构造物Ⅲ	—	—	—	—	—	—	—	—	—
技术复杂大桥	—	—	—	—	—	—	—	—	—
隧道	—	—	—	—	—	—	—	—	—
钢材及钢结构	1.00	2.00	4.00	1.00	3.00	5.00	2.00	5.00	7.00

③ 沿海地区工程施工增加费。沿海地区工程施工增加费是指工程项目在沿海地区施工受海风、海浪和潮汐的影响，致使人工、机械效率降低等所需增加的费用。本项费用，由沿海各省、自治区、直辖市交通厅（局）制定具体的适用范围（地区），并抄送交通运输部公路局备案。

沿海地区工程施工增加费以各类工程的直接工程费之和为基数，按表1-6的费率计算。

表1-6 沿海地区工程施工增加费费率（%）

工程类别	费率	工程类别	费率
构造物Ⅱ	0.15	技术复杂大桥	0.15
构造物Ⅲ	0.15	钢材及钢结构	0.15

5）行车干扰工程施工增加费。行车干扰工程施工增加费是指由于边施工边维持通车，受行车干扰的影响，致使人工、机械效率降低而增加的费用。该费用以受行车影响部分的工程项目的人工费和机械使用费之和为基数，按表1-7的费率计算。

表 1-7　行车干扰工程施工增加费费率（%）

工程类别	施工期间平均每昼夜双向行车次数（汽车、畜力车合计）							
	51～100	101～500	501～1000	1001～2000	2001～3000	3001～4000	4001～5000	5000 以上
人工土方	1.64	2.46	3.28	4.10	4.76	5.29	5.86	6.44
机械土方	1.39	2.19	3.00	3.89	4.51	5.02	5.56	6.11
汽车运输	1.36	2.09	2.85	3.75	4.35	4.84	5.36	5.89
人工石方	1.66	2.40	3.33	4.06	4.71	5.24	5.81	6.37
机械石方	1.16	1.71	2.38	3.19	3.70	4.12	4.56	5.01
高级路面	1.24	1.87	2.50	3.11	3.61	4.01	4.45	4.88
其他路面	1.17	1.77	2.36	2.94	3.41	3.79	4.20	4.62
构造物Ⅰ	0.94	1.41	1.89	2.36	2.74	3.04	3.37	3.71
构造物Ⅱ	0.95	1.43	1.90	2.37	2.75	3.06	3.39	3.72
构造物Ⅲ	0.95	1.42	1.90	2.37	2.75	3.05	3.38	3.72
技术复杂大桥	—	—	—	—	—	—	—	—
隧道	—	—	—	—	—	—	—	—
钢材及钢结构	—	—	—	—	—	—	—	—

6）安全及文明施工措施费。安全及文明施工措施费是指工程施工期间为满足安全生产、文明施工、职工健康生活所发生的费用。该费用不包括施工期间为保证交通安全而设置的临时安全设施和标志、标牌的费用，需要时应根据设计要求计算。安全及文明施工措施费以各类工程的直接工程费之和为基数，按表 1-8 的费率计算。

表 1-8　安全及文明施工措施费费率（%）

工程类别	费率	工程类别	费率
人工土方	0.59	构造物Ⅰ	0.72
机械土方	0.59	构造物Ⅱ	0.78
汽车运输	0.21	构造物Ⅲ	1.57
人工石方	0.59	技术复杂大桥	0.86
机械石方	0.59	隧道	0.73
高级路面	1.00	钢材及钢结构	0.53
其他路面	1.02		

注：设备安装工程按表中费率的 50% 计算。

7）临时设施费。临时设施费是指施工企业为进行建筑安装工程施工所必需的生活和生产用的临时建筑物、构筑物和其他临时设施的费用等，但不包括概、预算定额中临时工程在内。

临时设施包括：临时生活及居住房屋（包括职工家属房屋及探亲房屋）、文化福利及公用房屋（如广播室、文体活动室等）和生产、办公房屋（如仓库、加工厂、加工棚、发电站、变电站、空压机站、停机棚等），工地范围内的各种临时的工作便道（包括汽车、畜力车、人力车道））、人行便道，工地临时用水、用电的水管支线和电线支线，临时构筑物（如水井、水塔等）以及其他小型临时设施。

临时设施费用的内容包括：临时设施的搭设、维修、拆除费或摊销费。

临时设施费以各类工程的直接工程费之和为基数，按表1-9的费率计算。

表1-9 临时设施费费率（%）

工程类别	费率	工程类别	费率
人工土方	1.57	构造物Ⅰ	2.65
机械土方	1.42	构造物Ⅱ	3.14
汽车运输	0.92	构造物Ⅲ	5.81
人工石方	1.60	技术复杂大桥	2.92
机械石方	1.97	隧道	2.57
高级路面	1.92	钢材及钢结构	2.48
其他路面	1.82		

8）施工辅助费。施工辅助费包括生产工具用具使用费、检验试验费和工程定位复测、工程点交、场地清理等费用。

生产工具用具使用费是指施工所需不属于固定资产的生产工具、检验用具、试验用具及仪器、仪表等的购置、摊销和维修费，以及支付给工人自备工具的补贴费。

检验试验费是指施工企业对建筑材料、构件和建筑安装工程进行一般鉴定、检查所发生的费用，包括自设试验室进行试验所耗用的材料和化学药品的费用，以及技术革新和研究试验费，但不包括新结构、新材料的试验费和建设单位要求对具有出厂合格证明的材料进行检验、对构件破坏性试验及其他特殊要求检验的费用。

施工辅助费以各类工程的直接工程费之和为基数，按表1-10的费率计算。

表1-10 施工辅助费费率（%）

工程类别	费率	工程类别	费率
人工土方	0.89	构造物Ⅰ	1.30
机械土方	0.49	构造物Ⅱ	1.56
汽车运输	0.16	构造物Ⅲ	3.03
人工石方	0.85	技术复杂大桥	1.68
机械石方	0.46	隧道	1.23
高级路面	0.80	钢材及钢结构	0.56
其他路面	0.74		

9）工地转移费。工地转移费是指施工企业根据建设任务的需要，由已竣工的工地或后方基地迁至新工地的搬迁费用。其内容包括：

① 施工单位全体职工及随职工迁移的家属向新工地转移的车费、家具行李运费、途中住宿费、行程补助费、杂费及工资与工资附加费等。

② 公物、工具、施工设备器材、施工机械的运杂费，以及外租机械的往返费及本工程内部各工地之间施工机械、设备、公物、工具的转移费等。

③ 非固定工人进退场及一条路线中各工地转移的费用。

工地转移费以各类工程的直接工程费之和为基数，按表1-11的费率计算。

表 1-11 工地转移费费率（%）

工程类别	工地转移距离/km					
	50	100	300	500	1000	每增加 100
人工土方	0.15	0.21	0.32	0.43	0.56	0.03
机械土方	0.50	0.67	1.05	1.37	1.82	0.08
汽车运输	0.31	0.40	0.62	0.82	1.07	0.05
人工石方	0.16	0.22	0.33	0.45	0.58	0.03
机械石方	0.36	0.43	0.74	0.97	1.28	0.06
高级路面	0.61	0.83	1.30	1.70	2.27	0.12
其他路面	0.56	0.75	1.18	1.54	2.06	0.10
构造物Ⅰ	0.56	0.75	1.18	1.54	2.06	0.11
构造物Ⅱ	0.66	0.89	1.40	1.83	2.45	0.13
构造物Ⅲ	1.31	1.77	2.77	3.62	4.85	0.25
技术复杂大桥	0.75	1.01	1.58	2.06	2.76	0.14
隧道	0.52	0.71	1.11	1.45	1.94	0.10
钢材及钢结构	0.72	0.97	1.51	1.97	2.64	0.13

转移距离以工程承包单位（如工程处、工程公司等）转移前后驻地距离或两路线中点的距离为准；编制概（预）算时，若施工单位不明确，高速、一级公路及独立大桥、隧道按省会（自治区首府）至工地的里程，二级及以下公路按地（市、盟）至工地的里程计算工地转移费；工地转移里程数在表列里程之前时，费率可内插计算。工地转移距离在50km以内的工程不计取本项费用。

2. 间接费

间接费由规费和企业管理费两项组成。

（1）规费　规费是指法律、法规、规章、规程规定施工企业必须缴纳的费用（简称规费），包括：

1）养老保险费：是指施工企业按规定标准为职工缴纳的基本养老保险费。

2）失业保险费：是指施工企业按国家规定标准为职工缴纳的失业保险费。

3）医疗保险费：是指施工企业按规定标准为职工缴纳的基本医疗保险费和生育保险费。

4）住房公积金：是指施工企业按规定标准为职工缴纳的住房公积金。

5）工伤保险费：是指施工企业按规定标准为职工缴纳的工伤保险费。

各项规定以各类工程的人工费之和为基数，按国家或工程所在地法律、法规、规章、规程规定的标准计算。

（2）企业管理费　企业管理费由基本费用、主副食运费补贴、职工探亲路费、职工取暖补贴和财务费五项组成。

1）基本费用。基本费用是指施工企业为组织施工生产和经营管理所需的费用，内容包括：

① 管理人员工资：是指管理人员的基本工资、工资性补贴、职工福利费、劳动保护费以及缴纳的养老、失业、医疗、生育、工伤保险费和住房公积金等。

② 办公费：是指企业办公文具、纸张、账表、印刷、邮电、书报、会议、水、电、烧水和集体取暖（包括现场临时宿舍取暖）用煤（气）等费用。

③ 差旅交通费：是指职工因公出差和工作调动（包括随行家属的旅费）的差旅费，住勤补助费，市内交通费及误餐补助费，职工探亲路费，劳动力招募费，职工离退休、退职一次性路费，工伤人员就医路费，以及管理部门使用的交通工具油料、燃料、牌照及养路费等。

④ 固定资产使用费：是指管理和试验部门及附属生产单位使用的属于固定资产的房屋、设备、仪器等的折旧，大修、维修或租赁费等。

⑤ 工具用具使用费：是指企业管理使用的不属于固定资产的生产工具、器具、家具、交通工具和检验、试验、测绘、消防用具等的购置、维修和摊销费。

⑥ 劳动保险费：是指企业支付离退休职工的易地安家补助费、职工退职金、六个月以上病假人员工资、职工死亡丧葬补助费、抚恤费、按规定支付给离休干部的各项经费。

⑦ 工会经费：是指企业按职工工资总额计提的工会经费。

⑧ 职工教育经费：是指企业为职工学习先进技术和提高文化水平，按职工工资总额计提的费用。

⑨ 保险费：是指企业财产保险、管理用车辆等保险费用。

⑩ 工程保修费：是指工程竣工交付使用后，在规定保修期以内的修理费用。

⑪ 工程排污费：是指施工现场按规定缴纳的排污费用。

⑫ 税金：是指企业按规定交纳的房产税、车船使用税、土地使用税、印花税等。

⑬ 其他：是指上述项目以外的其他必要的费用支出，包括技术转让费、技术开发费、业务招待费、绿化费、广告费、投标费、公证费、定额测定费、法律顾问费、审计费、咨询费等。

基本费用以各类工程的直接费之和为基数，按表 1-12 的费率计算。

表 1-12　基本费用费率（%）

工程类别	费率	工程类别	费率
人工土方	3.36	构造物Ⅰ	4.44
机械土方	3.26	构造物Ⅱ	5.53
汽车运输	1.44	构造物Ⅲ	9.79
人工石方	3.45	技术复杂大桥	4.72
机械石方	3.28	隧道	4.22
高级路面	1.91	钢材及钢结构	2.42
其他路面	3.28		

2）主副食运费补贴。主副食运费补贴是指施工企业在远离城镇及乡村的野外施工购买生活必需品所需增加的费用。该费用以各类工程的直接费之和为基数，按表 1-13 的费率计算。

表 1-13　主副食运费补贴费率（%）

工程类别	综合里程/km										
	1	3	5	8	10	15	20	25	30	40	50	每增加 10
人工土方	0.17	0.25	0.31	0.39	0.45	0.56	0.67	0.76	0.89	1.06	1.22	0.16
机械土方	0.13	0.19	0.24	0.30	0.35	0.43	0.52	0.59	0.69	0.81	0.95	0.13
汽车运输	0.14	0.20	0.25	0.32	0.37	0.45	0.55	0.62	0.73	0.86	1.00	0.14
人工石方	0.13	0.19	0.24	0.30	0.34	0.42	0.51	0.58	0.67	0.80	0.92	0.12
机械石方	0.12	0.18	0.22	0.28	0.33	0.41	0.49	0.55	0.65	0.76	0.89	0.12
高级路面	0.08	0.12	0.15	0.20	0.22	0.28	0.33	0.38	0.44	0.52	0.60	0.08
其他路面	0.09	0.12	0.15	0.20	0.22	0.28	0.33	0.38	0.44	0.52	0.61	0.09
构造物Ⅰ	0.13	0.18	0.23	0.28	0.32	0.40	0.49	0.55	0.65	0.76	0.89	0.12
构造物Ⅱ	0.14	0.20	0.25	0.30	0.35	0.43	0.52	0.60	0.70	0.83	0.96	0.13
构造物Ⅲ	0.25	0.36	0.45	0.55	0.64	0.79	0.96	1.09	1.28	1.51	1.76	0.24
技术复杂大桥	0.11	0.16	0.20	0.25	0.29	0.36	0.43	0.49	0.57	0.68	0.79	0.11
隧道	0.11	0.16	0.19	0.24	0.28	0.34	0.42	0.48	0.56	0.66	0.77	0.10
钢材及钢结构	0.11	0.16	0.20	0.26	0.30	0.37	0.44	0.50	0.59	0.69	0.80	0.11

综合里程 = 粮食运距 ×0.06 + 燃料运距 ×0.09 + 蔬菜运距 ×0.15 + 水运距 ×0.70

粮食、燃料、蔬菜、水的运距均为全线平均运距；综合里程数在表列里程之间时，费率可内插；综合里程在 1km 以内的工程不计取本项费用。

3）职工探亲路费。职工探亲路费是指按照有关规定施工企业职工在探亲期间发生的往返车船费、市内交通费和途中住宿费等费用。该费用以各类工程的直接费之和为基数，按表 1-14 的费率计算。

表 1-14　职工探亲路费费率（%）

工程类别	费率	工程类别	费率
人工土方	0.10	构造物Ⅰ	0.29
机械土方	0.22	构造物Ⅱ	0.34
汽车运输	0.14	构造物Ⅲ	0.55
人工石方	0.10	技术复杂大桥	0.20
机械石方	0.22	隧道	0.27
高级路面	0.14	钢材及钢结构	0.16
其他路面	0.16		

4）职工取暖补贴。职工取暖补贴是指按规定发放给职工的冬季取暖或在施工现场设置的临时取暖设施的费用。该费用以各类工程的直接费之和为基数，按工程所在地的气温区［见 JTG B06—2007《公路工程基本建设项目概算预算编制办法》附录七］选用表 1-15 的费率计算。

表 1-15　职工取暖补贴费费率（%）

工程类别	气温区						
	准二区	冬一区	冬二区	冬三区	冬四区	冬五区	冬六区
人工土方	0.03	0.06	0.10	0.15	0.17	0.26	0.31
机械土方	0.06	0.13	0.22	0.33	0.44	0.55	0.66
汽车运输	0.06	0.12	0.21	0.31	0.41	0.51	0.62
人工石方	0.03	0.06	0.10	0.15	0.17	0.25	0.31
机械石方	0.05	0.11	0.17	0.26	0.35	0.44	0.53
高级路面	0.04	0.07	0.13	0.19	0.25	0.31	0.38
其他路面	0.04	0.07	0.12	0.18	0.24	0.30	0.36
构造物Ⅰ	0.06	0.12	0.19	0.28	0.36	0.46	0.56
构造物Ⅱ	0.06	0.13	0.20	0.30	0.41	0.51	0.62
构造物Ⅲ	0.11	0.23	0.37	0.56	0.74	0.93	1.13
技术复杂大桥	0.05	0.10	0.17	0.26	0.34	0.42	0.51
隧道	0.04	0.08	0.14	0.22	0.28	0.36	0.43
钢材及钢结构	0.04	0.07	0.12	0.19	0.25	0.31	0.37

5）财务费用。财务费用是指施工企业为筹集资金而发生的各项费用，包括企业经营期间发生的短期贷款利息净支出、汇兑净损失、调剂外汇手续费、金融机构手续费以及企业筹集资金发生的其他财务费用。

财务费用以各类工程的直接费之和为基数，按表1-16的费率计算。

表 1-16　财务费用费率（%）

工程类别	费率	工程类别	费率
人工土方	0.23	构造物Ⅰ	0.37
机械土方	0.21	构造物Ⅱ	0.40
汽车运输	0.21	构造物Ⅲ	0.82
人工石方	0.22	技术复杂大桥	0.46
机械石方	0.20	隧道	0.39
高级路面	0.27	钢材及钢结构	0.48
其他路面	0.30		

6）辅助生产间接费。辅助生产间接费是指由施工单位自行开采加工的砂、石等自采材料及施工单位自办的人工装卸和运输的间接费。

辅助生产间接费按人工费的5%计。该项费用并入材料预算单价内构成材料费，不直接出现在概（预）算中。

高原地区施工单位的辅助生产，可按其他工程费中高原地区施工增加费费率，以直接工程费为基数计算高原地区施工增加费（其中：人工采集、加工材料、人工装卸、运输材料按人工土方费率计算；机械采集、加工材料按机械石方费率计算；机械装、运输材料按汽车运输费率计算）。辅助生产高原地区施工增加费不作为辅助生产间接费的计算基数。

3. 利润

利润是指施工企业完成所承包工程应取得的盈利。利润按直接费与间接费之和扣除规费的7%计算。

2016年5月1日营业税改征增值税后，利润率调整为7.42%。

4. 税金

税金是指按国家税法规定应计入建筑安装工程造价内的营业税、城市维护建设税及教育费附加等。

计算公式为

综合税税金 =（直接费 + 间接费 + 利润）× 综合税率

1）纳税地点在市区的企业，综合税率为

$$综合税率(\%)=\left(\frac{1}{1-3\%-3\%\times7\%-3\%\times3\%}-1\right)\times100=3.41\%$$

纳税地点在县城、乡镇的企业，综合税率为

$$综合税率(\%)=\left(\frac{1}{1-3\%-3\%\times5\%-3\%\times3\%}-1\right)\times100=3.35\%$$

2）纳税地点不在市区、县城、乡镇的企业，综合税率为

$$综合税率(\%)=\left(\frac{1}{1-3\%-3\%\times1\%-3\%\times3\%}-1\right)\times100=3.22\%$$

2016年5月1日营业税改征增值税后，企业管理费中的税金是指企业按规定缴纳的房产税、车船使用税、土地使用税、印花税、城市维护建设税及教育费附加等。城市维护建设税及教育费附加已含在调整后的企业管理费基本费用费率中，不另行计算。建筑业增值税税率为11%。

1.2.2 设备、工具、器具及家具购置费

1. 设备购置费

设备购置费是指为满足公路的营运、管理、养护需要，购置的达到固定资产标准的设备和虽低于固定资产标准但属于设计明确列入设备清单的设备的费用。内容包括渡口设备，隧道照明、消防、通风的动力设备；高等级公路的收费、监控、通信、供电设备，养护用的机械、设备和工具、器具等的购置费用。

设备购置费应由设计单位列出计划购置的清单（包括设备的规格、型号、数量），以设备原价加综合业务费和运杂费按以下公式计算

设备购置费 = 设备原价 + 运杂费（运输费 + 装卸费 + 搬运费）+ 运输保险费 + 采购及保管费

需要安装的设备，应在第一部分建筑安装工程费的有关项目内另计设备的安装工程费。

（1）国产设备原价的构成及计算　国产设备原价一般是指设备制造厂的交货价，即出厂价或订货合同价。它一般根据生产厂或供应商的询价、报价、合同价确定，或采用一定的方法计算确定。其内容包括按专业标准规定的在运输过程中不受损失的一般包装费，及按产品设计规定配带的工具、附件和易损件的费用。即

设备原价 = 出厂价（或供货地点价）+ 包装费 + 手续费

（2）进口设备原价的构成及计算　进口设备原价是指进口设备的抵岸价，即抵达买方

边境港口或边境车站，且交完关税为止形成的价格。即

进口设备原价 = 货价 + 国际运费 + 运输保险费 + 银行财务费 + 外贸手续费 + 关税 + 增值税 + 消费税 + 商检费 + 检疫费 + 车辆购置附加费

1）货价：一般指装运港船上交货价（FOB，习惯称离岸价）。设备货价分为原币货价和人民币货价，原币货价一律折算为美元表示，人民币货价按原币货价乘以外汇市场美元兑换人民币的中间价确定。进口设备货价按有关生产厂商询价、报价、订货合同价计算。

2）国际运费：即从装运港（站）到达我国抵达港（站）的运费，即

国际运费 = 原币货价（FOB 价）× 运费费率

我国进口设备大多采用海洋运输，小部分采用铁路运输，个别采用航空运输。运费费率参照有关部门或进出口公司的规定执行，海运费费率一般为6%。

3）运输保险费：对外贸易货物运输保险是由保险人（保险公司）与被保险人（出口人或进口人）订立保险契约，在被保险人交付议定的保险费后，保险人根据保险契约的规定对货物在运输过程中发生的承保责任范围内的损失给予经济上的补偿。这是一种财产保险，计算公式为

运输保险费 = [原币货价(FOB 价) + 国际运费] ÷ (1 − 保险费费率) × 保险费费率

保险费费率是按保险公司规定的进口货物保险费费率计算的，一般为0.35%。

4）银行财务费：一般指中国银行手续费，可按下式简化计算

银行财务费 = 人民币货价（FOB 价）× 银行财务费费率

银行财务费费率一般为0.4%~0.5%。

5）外贸手续费：指按规定计取的外贸手续费，计算公式为

外贸手续费 = [人民币货价（FOB 价）+ 国际运费 + 运输保险费] × 外贸手续费费率

外贸手续费费率一般为1%~1.5%。

6）关税：指海关对进出国境或关境的货物和物品征收的一种税，计算公式为

关税 = [人民币货价（FOB 价）+ 国际运费 + 运输保险费] × 进口关税税率

进口关税税率按我国海关总署发布的进口关税税率计算。

7）增值税：是对从事进口贸易的单位和个人，在进口商品报关进口后征收的税种。按《中华人民共和国增值税条例》的规定，进口应税产品均按组成计税价格和增值税税率直接计算应纳税额，即

增值税 = [人民币货价（FOB 价）+ 国际运费 + 运输保险费 + 关税 + 消费税] × 增值税税率

增值税税率根据规定的税率计算，目前进口设备适用的税率为17%。

8）消费税：对部分进口设备（如轿车、摩托车等）征收的税种，计算公式为

应纳消费税额 = [人民币货价（FOB 价）+ 国际运费 + 运输保险费 + 关税] ÷ (1 − 消费税税率) × 消耗费税率

消费税税率根据规定的税率计算。

9）商检费：指进口设备按规定付给商品检查部门的进口设备检验鉴定费，计算公式为

商检费 = [人民币货价（FOB 价）+ 国际运费 + 运输保险费] × 商检费费率

商检费费率一般为0.8%。

10）检疫费：指进口设备按规定付给商品检疫部门的进口设备检验鉴定费，计算公式为

检疫费 = [人民币货价（FOB 价）+ 国际运费 + 运输保险费] × 检疫费费率

检疫费费率一般为 0.17%。

11）车辆购置附加费：指进口车辆需缴纳的进口车辆购置附加费，计算公式为

进口车辆购置附加费 = [人民币货价（FOB 价）+ 国际运费 + 运输保险费 + 关税 + 消费税 + 增值税] × 进口车辆购置附加费费率

在计算进口设备原价时，应注意工程项目的性质，有无按国家有关规定减免进口环节税的可能。

（3）设备运杂费的构成及计算　国产设备运杂费指由设备制造厂交货地点起至工地仓库（或施工组织设计指定的需要安装设备的堆放地点）止所发生的运费和装卸费；进口设备运杂费指由我国到岸港口或边境车站起至工地仓库（或施工组织设计指定的需要安装设备的堆放地点）止所发生的运费和装卸费，计算公式为

运杂费 = 设备原价 × 运杂费费率

设备运杂费费率见表 1-17。

表 1-17　设备运杂费费率（%）

运输里程/km	100 以内	101 ~ 200	201 ~ 300	301 ~ 400	401 ~ 500	501 ~ 750	751 ~ 1000	1001 ~ 1250	1251 ~ 1500	1501 ~ 1750	1751 ~ 2000	2000 以上每增 250
费率	0.8	0.9	1.0	1.1	1.2	1.5	1.7	2.0	2.2	2.4	2.6	0.2

（4）设备运输保险费的构成及计算　设备运输保险费指国内运输保险费，其计算公式为

运输保险费 = 设备原价 × 保险费费率

设备运输保险费费率一般为 1%。

（5）设备采购及保管费的构成及计算　设备采购及保管费指采购、验收、保管和收发设备所发生的各种费用，包括设备采购人员、保管人员和管理人员的工资、工资附加费、办公费、差旅交通费，设备供应部门办公和仓库所占固定资产使用费、工具用具使用费、劳动保护费、检验试验费等。其计算公式为

采购及保管费 = 设备原价 × 采购及保管费费率

需要安装的设备的采购及保管费费率为 2.4%，不需要安装的设备的采购及保管费费率为 1.2%。

2. 工器具及生产家具（简称工器具）**购置费**

工器具购置费是指建设项目交付使用后为满足初期正常营运必须购置的第一套不构成固定资产的设备、仪器、仪表、工卡模具、器具、工作台（框、架、柜）等的费用。该费用不包括构成固定资产的设备、工器具和备品、备件，及已列入设备购置费中的专用工具和备品、备件。

对于工器具购置，应由设计单位列出计划购置的清单（包括规格、型号、数量），购置费的计算方法同设备购置费。

3. 办公和生活用家具购置费

办公和生活用家具购置费是指为保证新建、改建项目初期正常生产、使用和管理所必须购置的办公和生活用家具、用具的费用。

范围包括：行政、生产部门的办公室、会议室、资料档案室、阅览室、单身宿舍及生活

福利设施等的家具、用具。

办公和生活用家具购置费按表1-18的规定计算。

表1-18 办公和生活用家具购置费标准

工程所在地	路线/(元/公路公里)				有看桥房的独立大桥/(元/座)	
	高速公路	一级公路	二级公路	三、四级公路	一般大桥	技术复杂大桥
内蒙古、黑龙江、青海、新疆、西藏	21500	15600	7800	4000	24000	60000
其他省、自治区、直辖市	17500	14600	5800	2900	19800	49000

注：改建工程按表列数80%计。

1.2.3 工程建设其他费用

1. 土地征用及拆迁补偿费

土地征用及拆迁补偿费是指按照《中华人民共和国土地管理法》及《中华人民共和国土地管理实施条例》《中华人民共和国基本农田保护条例》等法律、法规的规定，为进行公路建设需征用土地所支付的土地征用及拆迁补偿费等费用。

（1）费用内容

1）土地补偿费：指被征用土地地上、地下附着物及青苗补偿费，征用城市郊区的菜地等缴纳的菜地开发建设基金，租用土地费，耕地占用税，用地图编制费及勘界费，征地管理费等。

2）征用耕地安置补助费：指征用耕地需要安置农业人口的补助费。

3）拆迁补偿费：指被征用或占用土地上的房屋及附属构筑物、城市公用设施等拆除、迁建补偿费，拆迁管理费等。

4）复耕费：指临时占用的耕地、鱼塘等，待工程竣工后将其恢复到原有标准所发生的费用。

5）耕地开垦费：指公路建设项目占用耕地的，应由建设项目法人（业主）负责补充耕地所发生的费用；没有条件开垦或者开垦的耕地不符合要求的，按规定缴纳的耕地开垦费。

6）森林植被恢复费：指公路建设项目需要占用、征用或者临时占用林地的，经县级以上林业主管部门审核同意或批准，建设项目法人（业主）单位按照有关规定向县级以上林业主管部门预缴的森林植被恢复费。

（2）计算方法　土地征用及拆迁补偿费应根据审批单位批准的建设工程用地和临时用地面积及其附着物的情况，以及实际发生的费用项目，按国家有关规定及工程所在地的省（自治区、直辖市）人民政府颁发的有关规定和标准计算。

森林植被恢复费应根据审批单位批准的建设工程占用林地的类型及面积，按国家有关规定及工程所在地的省（自治区、直辖市）人民政府颁发的有关规定和标准计算。

与原有的电力电信设施、水利工程、铁路及铁路设施互相干扰时，应与有关部门联系，商定合理的解决方案和补偿金额，也可由这些部门按规定编制费用以确定补偿金额。

2. 建设项目管理费

建设项目管理费包括建设单位（业主）管理费、工程质量监督费、工程监理费、工程定额测定费、设计文件审查费和竣（交）工验收试验检测费。

（1）建设单位（业主）管理费 建设单位（业主）管理费是指建设单位（业主）为建设项目的立项、筹建、建设、竣（交）工验收、总结等工作所发生的费用，不包括应计入设备、材料预算价格的建设单位采购及保管设备、材料所需的费用。

费用内容包括：工作人员的工资、工资性补贴、施工现场津贴、社会保障费用（基本养老、基本医疗、失业、工伤保险）、住房公积金、职工福利费、工会经费、劳动保护费；办公费、会议费、差旅交通费、固定资产使用费（包括办公及生活房屋折旧、维修或租赁费，车辆折旧、维修、使用或租赁费，通信设备购置、使用费，测量、试验设备仪器折旧、维修或租赁费、其他设备折旧、维修或租赁费等）、零星固定资产购置费、招募生产工人费；技术图书资料费、职工教育经费、工程招标费（不含招标文件及标底或造价控制值编制费）；合同契约公证费、法律顾问费、咨询费、建设单位的临时设施费、完工清理费、竣（交）工验收费（含其他行业或部门要求的竣工验收费用）、各种税费（包括房产税、车船使用税、印花税等）；建设项目审计费、境内外融资费用（不含建设期贷款利息）、业务招待费、安全生产管理费和其他管理性开支。

由施工企业代建设单位（业主）办理"土地、青苗等补偿费"的工作人员所发生的费用，应在建设单位（业主）管理费项目中支付。当建设单位（业主）委托有资质的单位代理招标时，其代理费应在建设单位（业主）管理费中支出。

建设单位（业主）管理费以建筑安装工程费总额为基数，按表1-19的费率，以累进办法计算。

表1-19 建设单位（业主）管理费费率

第一部分建筑安装工程费/万元	费率(%)	算例/万元	
		建筑安装工程费	建设单位（业主）管理费
500以下	3.48	500	500×3.48%=17.4
501~1000	2.73	1000	17.4+500×2.73%=31.05
1001~5000	2.18	5000	31.05+4000×2.18%=118.25
5001~10000	1.84	10000	118.25+5000×1.84%=210.25
10001~30000	1.52	30000	210.25+20000×1.52%=514.25
30001~50000	1.27	50000	514.25+20000×1.27%=768.25
50001~100000	0.94	100000	768.25+50000×0.94%=1238.25
100001~150000	0.76	150000	1238.25+50000×0.76%=1618.25
150001~200000	0.59	200000	1618.25+50000×0.59%=1913.25
200001~300000	0.43	300000	1913.25+100000×0.43%=2343.25
300000以上	0.32	310000	2343.25+10000×0.32%=2375.25

水深>15m、跨度≥400m的斜拉桥和跨度≥800m的悬索桥等独立特大型桥梁工程的建设单位（业主）管理费按上表中的费率乘以1.0~1.2的系数计算；海上工程［指由于风浪影响，工程施工期（不包括封冻期）全年月平均工作日少于15天的工程］的建设单位（业主）管理费按上表中的费率乘以1.0~1.3的系数计算。

（2）工程质量监督费 工程质量监督费是指根据国家有关部门规定，各级公路工程质量监督机构对工程建设质量和安全生产实施监督应收取的管理费用。

（3）工程监理费　工程监理费是指建设单位（业主）委托具有公路工程监理资格的单位，按施工监理规范进行全面的监督和管理所发生的费用。

费用内容包括：工作人员的基本工资、工资性津贴、社会保障费用（基本养老、基本医疗、失业、工伤保险）、住房公积金、职工福利费、工会经费、劳动保护费；办公费、会议费、差旅交通费、固定资产使用费（包括办公及生活房屋折旧、维修或租赁费，车辆折旧、维修、使用或租赁费，通信设备购置、使用费，测量、试验、检测设备仪器折旧、维修或租赁费，其他设备折旧、维修或租赁费等）、零星固定资产购置费、招募生产工人费；技术图书资料费、职工教育经费、投标费用；合同契约公证费、咨询费、业务招待费；财务费用、监理单位的临时设施费、各种税费和其他管理性开支。

工程监理费以建筑安装工程费总额为基数，按表1-20的费率计算。

表1-20　工程监理费费率（%）

工程类别	高速公路	一级及二级公路	三级及四级公路	桥梁及隧道
费率	2.0	2.5	3.0	2.5

表1-20中的桥梁指水深＞15m、斜拉桥和悬索桥等独立特大型桥梁工程；隧道指水下隧道工程。

建设单位（业主）管理费和工程监理费均为实施建设项目管理的费用，执行时根据建设单位（业主）和施工监理单位所实际承担的工作内容和工作量，在保证监理费用的前提下，可统筹使用。

（4）工程定额测定费　工程定额测定费是指各级公路（交通）工程定额（造价管理）站为测定劳动定额、搜集定额资料、编制工程定额及定额管理所需要的工作经费。

（5）设计文件审查费　设计文件审查费是指国家和省级交通主管部门在项目审批前，为保证勘察设计工作的质量，组织有关专家或委托有资质的单位，对设计单位提交的建设项目可行性研究报告和勘察设计文件以及对设计变更、调整概算进行审查所需要的相关费用。

设计文件审查费以建筑安装工程费总额为基数，按0.1%计算。

（6）竣（交）工验收试验检测费　竣（交）工验收试验检测费是指在公路建设项目交工验收和竣工验收前，由建设单位（业主）或工程质量监督机构委托有资质的公路工程质量检测单位按照有关规定对建设项目的工程质量进行检测，并出具检测意见所需要的相关费用。

竣（交）工验收试验检测费按表1-21的规定计算。

表1-21　竣（交）工验收试验检测费标准

项目	路线/(元/公路公里)				独立大桥/(元/座)	
	高速公路	一级公路	二级公路	三、四级公路	一般大桥	技术复杂大桥
试验检测费	15000	12000	10000	5000	30000	100000

关于竣（交）工验收试验检测费，高速公路、一级公路按四车道计算，二级及以下等级公路按双车道计算，每增加一条车道，按表1-21的费用增加10%。

3. 研究试验费

研究试验费是指为本建设项目提供或验证设计数据、资料进行必要的研究试验和按照设计规定在施工过程中必须进行试验、验证所需的费用，以及支付科技成果、先进技术的一次性技术转让费。该费用不包括：

1）应由科技三项费用（即新产品试制费、中间试验费和重要科学研究补助费）开支的项目。

2）应由施工辅助费开支的施工企业对建筑材料、构件和建筑物进行一般鉴定、检查所发生的费用及技术革新研究试验费。

3）应由勘察设计费或建筑安装工程费用中开支的项目费用。

计算方法：按照设计提出的研究试验内容和要求进行编制，不需验证设计基础资料的不计本项费用。

4. 前期工作费

前期工作费是指委托勘察设计、咨询单位对建设项目进行可行性研究、工程勘察设计，以及设计、监理、施工招标文件及招标标底或造价控制值文件编制时，按规定应支付的费用。该费用包括：

1）编制项目建议书（或预可行性研究报告）、可行性研究报告、投资估算，以及相应的勘察、设计、专题研究等所需的费用。

2）初步设计和施工图设计的勘察费（包括测量、水文调查、地质勘探等）、设计费、概（预）算及调整概算编制费等。

3）设计、监理、施工招标文件及招标标底（或造价控制值或清单预算）文件编制费等。

计算方法：依据委托合同计列，或按国家颁发的收费标准和有关规定进行编制。

5. 专项评价（估）费

专项评价（估）费是指依据国家法律、法规规定须进行评价（评估）、咨询，按规定应支付的费用。该费用包括环境影响评价费、水土保持评估费、地震安全性评价费、地质灾害危险性评价费、压覆重要矿床评估费、文物勘察费、通航认证费、行洪论证（评估）费、使用林地可行性研究报告编制费、用地预审报告编制费等费用。

计算方法：按国家颁发的收费标准和有关规定进行编制。

6. 施工机构迁移费

施工机构迁移费是指施工机构根据建设任务的需要，经有关部门决定成建制地（指工程处等）由原驻地迁移到另一地区所发生的一次性搬迁费用。该费用不包括：

1）应由施工企业自行负担的，在规定距离范围内调动施工力量以及内部平衡施工力量所发生的迁移费用。

2）由于违反基建程序，盲目调迁队伍所发生的迁移费。

3）因中标而引起施工机构迁移所发生的迁移费。

费用内容包括：职工及随同家属的差旅费，调迁期间的工资，施工机械、设备、工具、用具和周转性材料的搬运费。

计算方法：施工机构迁移费应经建设项目的主管部门同意按实计算，但计算施工机构迁移费后，如迁移地点即新工地地点（如独立大桥），其他工程费内的工地转移费应不再计算；若施工机构迁移地点至新工地地点尚有部分距离，则工地转移费的距离，应以施工机构新地点为计算起点。

7. 供电贴费

供电贴费是指按照国家规定，建设项目应交付的供电工程贴费、施工临时用电贴费。

计算方法：按国家有关规定计列（目前停止征收）。

8. 联合试运转费

联合试运转费是指新建、改（扩）建工程项目，在竣工验收前按照设计规定的工程质量标准，进行动（静）载荷载实验所需的费用，或进行整套设备带负荷联合试运转期间所需的全部费用抵扣试车期间收入的差额。该费用不包括应由设备安装工程项下开支的调试费的费用。

费用内容包括：联合试运转期间所需的材料、油燃料和动力的消耗，机械和检测设备使用费，工具用具和低值易耗品费，参加联合试运转人员工资及其他费用等。

联合试运转费以建筑安装工程费总额为基数，独立特大型桥梁按0.075%、其他工程按0.05%计算。

9. 生产人员培训费

生产人员培训费是指新建、改（扩）建公路工程项目，为保证生产的正常运行，在工程竣工验收交付使用前对运营部门生产人员和管理人员进行培训所必需的费用。

费用内容包括：培训人员的工资、工资性补贴、职工福利费、差旅交通费、劳动保护费、培训及教学实习费等。

生产人员培训费按设计定员和2000元/人的标准计算。

10. 固定资产投资方向调节税

固定资产投资方向调节税是指为了贯彻国家产业政策，控制投资规模，引导投资方向，调整投资结构，加强重点建设，促进国民经济持续稳定协调发展，依照《中华人民共和国固定资产投资方向调节税暂行条例》规定，公路建设项目应缴纳的固定资产投资方向调节税。

计算方法：按国家有关规定计算（目前暂停征收）。

11. 建设期贷款利息

建设期贷款利息是指建设项目中分年度使用国内贷款或国外贷款部分，在建设期内应归还的贷款利息。费用内容包括各种金融机构贷款、企业集资、建设债券和外汇贷款等利息。

计算方法：根据不同的资金来源按需付息的分年度投资计算。

计算公式如下

建设期贷款利息 = Σ（上年末付息贷款本息累计 + 本年度付息贷款额 ÷ 2）× 年利率

即

$$S = \sum_{n=1}^{N} (F_{n-1} + b_n \div 2) i \qquad (1\text{-}1)$$

式中 S——建设期贷款利息（元）；

N——项目建设期（年）；

n——施工年度；

F_{n-1}——建设期第（$n-1$）年末需付息贷款本息累计（元）；

b_n——建设期第 n 年度付息贷款额（元）；

i——建设期贷款年利率（%）。

1.2.4 预备费

预备费由价差预备费及基本预备费两部分组成。在公路工程建设期限内，凡需动用预备费时，属于公路交通部门投资的项目，需经建设单位提出，按建设项目隶属关系，报交通部或交通厅（局、委）基建主管部门核定批准；属于其他部门投资的建设项目，按其隶属关系报有关部门核定批准。

1. 价差预备费

价差预备费是指设计文件编制年至工程竣工年期间，第一部分费用的人工费、材料费、机械使用费、其他工程费、间接费等，以及第二、三部分费用由于政策、价格变化可能发生上浮而预留的费用及外资贷款汇率变动部分的费用。

1）计算方法：价差预备费以概（预）算或修正概算第一部分建筑安装工程费总额为基数，按设计文件编制年始至建设项目工程竣工年终的年数和年工程造价增涨率计算。

计算公式如下

$$\text{价差预备费} = P[(1+i)^{n-1}-1]$$

式中 P——建筑安装工程费总额（元）；

i——年工程造价增涨率（%）；

n——设计文件编制年至建设项目开工年＋建设项目建设期限（年）。

2）年工程造价增涨率按有关部门公布的工程投资价格指数计算，或由设计单位会同建设单位根据该工程人工费、材料费、施工机械使用费、其他工程费、间接费以及第二、三部分费用可能发生的上浮因素，以第一部分建筑安装工程费为基数进行综合分析预测。

3）设计文件编制至工程完工在一年以内的工程，不列此项费用。

2. 基本预备费

基本预备费是指经初步设计和概算中难以预料的工程和费用。其用途如下：

1）在进行技术设计、施工图设计和施工过程中，在批准的初步设计和概算范围内所增加的工程费用。

2）在设备订货时，由于规格、型号改变的价差；材料货源变更、运输距离或方式的改变以及因规格不同而代换使用等原因发生的价差。

3）由于一般自然灾害所造成的损失和预防自然灾害所采取的措施费用。

4）在项目主管部门组织竣（交）工验收时，验收委员会（或小组）为鉴定工程质量必须开挖和修复隐蔽工程的费用。

5）投保的工程根据工程特点和保险合同发生的工程保险费用。

计算方法：以第一、二、三部分费用之和（扣除固定资产投资方向调节税和建设期贷款利息两项费用）为基数按下列费率计算：设计概算按5%计列；修正概算按4%计列；施工图预算按3%计列。

采用施工图预算加系数包干承包的工程，包干系数为施工图预算中直接费与间接费之和的3%。施工图预算包干费用由施工单位包干使用。

该包干费用的内容包括：

1）在施工过程中，设计单位对分部分项工程修改设计而增加的费用，但不包括因水文地质条件变化造成的基础变更、结构变更、标准提高、工程规模改变而增加的费用。

2）预算审定后，施工单位负责采购的材料由于货源变更、运输距离或方式的改变以及因规格不同而代换使用等原因发生的价差。

3）由于一般自然灾害所造成的损失和预防自然灾害所采取的措施的费用（如一般防台风、防洪的费用）等。

1.2.5 回收金额

概、预算定额所列材料一般不计回收，只对按全部材料计价的一些临时工程项目和由于工程规模或工期限制达不到规定周转次数的拱盔、支架及施工金属设备的材料计算回收金额。回收率见表1-22。

表1-22 回收率

回收项目	使用年限或周转次数				计算基数
	一年或一次	两年或两次	三年或三次	四年或四次	
临时电力、电信线路	50%	30%	10%	—	材料原价
拱盔、支架	60%	45%	30%	15%	
施工金属设备	65%	65%	50%	30%	

注：施工金属设备指钢壳沉井、钢护筒等。

1.3 公路工程造价计价依据

公路工程概（预）算的编制是一项十分细致的工作，编制前应全面了解公路工程所在地的建设条件，掌握各种基础资料，正确引用规定的定额、取费标准和材料及设备价格。在编制时严格执行国家的方针、政策和有关制度，符合公路设计规范和施工技术规范。编制的主要依据如下：

1. 法令性文件

法令性文件指编制概（预）算中所必须遵循的国家、交通部和地方交通主管部门颁布的有关法令性文件或规定，如现行的交通部颁发的《公路工程基本建设项目概算预算编制办法》以及《公路工程基本建设项目设计文件编制办法》（交公路发［2007］358号）。

2. 设计资料

概算（或设计概算）文件应根据建设项目的初步设计文件（或扩大初步设计）编制；修正概算文件应根据技术设计文件编制；施工图预算则应根据施工图设计文件编制。

公路工程造价文件编制人员应熟悉设计资料、结构特点及设计意图。设计图上的工程细目数量往往不能满足概（预）算编制的需求，还需作必要的计算或补充（拆分或组合），对设计文件上提出的施工方案还需作进一步的补充和完善。

3. 公路工程概（预）算定额、指标，取费标准，工料机预算价格等资料

概算文件应根据现行《公路工程概算定额》《公路工程基本建设项目概算预算编制办法》、各省概（预）算编制办法的补充规定、工料机预算价格等资料进行编制。

预算文件应根据现行《公路工程预算定额》《公路工程基本建设项目概算预算编制办法》、各省概（预）算编制办法的补充规定、工料机预算价格等资料进行编制。

4. 施工组织设计资料

施工组织设计资料中与概、预算编制有关的内容包括：工程的拟开工竣工日期、施工方案、主要工程项目的进度要求、材料开采与堆放地点、大型临时设施的建设规模地点。

5. 当地物资、劳动力、机械设备、动力等资源可利用的情况

本着因地制宜、就地取材的原则，对当地情况应做深入的调查了解，经反复比较后确定最优采购方案。

1）物资：外购材料要确定外购的地点、货源、质量、分期到货等情况；自采材料要确定料场、开采方式、运输条件（道路、运输工具及各种运输工具的比例、运价、装卸费等）、堆放地点等。

2）劳动力：当地各种技工及普工可以提供的数量、劳力分布地点、工资标准及其他要求等。

3）动力：当地可提供的电力资源情况，包括提供的数量、单价以及可能出现的输电线路变压器问题等情况。

4）运输：向运输部门了解当地各种运输工具可供利用的情况及运价、基价、装卸费等有关规定。

6. 施工单位的施工能力及潜力

编制概算时，施工单位尚未明确，可按中等施工能力考虑。施工图预算，若已明确施工单位，就应根据施工单位的管理与技术水平，明确施工单位可以提供的施工机具、劳力、设备以及外部协作关系。

7. 调查当地自然条件

需了解当地自然条件及变化规律，如气温、雨季、冬季、洪水、台风等季节规律，风雪、冰冻、地质、水源等。

8. 风土人情

了解当地的风土人情，治安状况等。如果到国外投标，还要特别了解当地的政局稳定情况、法律、民族习惯等。

9. 其他

其他工程及沿线设施，如有建筑物的拆迁，调查水利、电信（地下电缆）、铁路的干扰及解决措施，清除场地、管理养护及服务设施等。

————拓展天地：营改增对工程行业带来的改变————

公路工程营业税改征增值税计价依据调整方案

交办公路［2016］66号

1. 适用范围

2016年5月1日起，执行JTG M20—2011《公路工程基本建设项目投资估算编制办法》（以下简称《投资估算办法》）、JTG/T M21—2011《公路工程估算指标》、JTG B06—2007《公路工程基本建设项目概算预算编制办法》《关于公布公路工程基本建设项目概算预算编制办法局部修订的公告》（交通运输部公告2011年第83号）（以下统称《公路工程概预算编制办法》）、JTG/T B06-01—2007《公路工程概算定额》、JTG/T B06-02—2007《公路工程预算定额》以及JTG/T B06-03—2007《公路工程机械台班费用定额》等公路工程计价依据，对新建和改建的公路工程基本建设项目投资估算、概算、预算的编制和管理，应按本方案执行。

2. 关于《投资估算办法》和《公路工程概预算编制办法》

（1）费用项目组成　营业税改征增值税（以下简称营改增）后，投资估算、概算和预算费用组成作以下调整，其他与现行《投资估算办法》和《公路工程概预算编制办法》的内容一致。

1）企业管理费中的税金是指企业按规定缴纳的房产税、车船使用税、土地使用税、印花税、城市维护建设税及教育费附加等。城市维护建设税及教育费附加已含在调整后的企业管理费基本费用费率中，不另行计算。

2）建筑安装工程费用的税金是指国家税法规定应计入建筑安装工程造价的增值税销项税额。

（2）营改增后建筑安装工程费的计算　营改增后，公路工程建筑安装工程费按“价税分离”计价规则计算，具体要素价格适用增值税税率执行财税部门的相关规定。建筑安装工程费按以下公式计算

建筑安装工程费 = 税前工程造价 ×（1 + 建筑业增值税税率）

税前工程造价 = 直接费 + 间接费 + 利润

直接费 = 直接工程费（含人工费、材料费、施工机械使用费）+ 其他工程费

间接费 = 规费 + 企业管理费

建筑业增值税税率为11%。

以上各项费用均以不含增值税（可抵扣进项税额）的价格（费率）进行计算。

（3）费用标准和计算方式

1）人工费，不作调整。

2）材料费。材料预算价格由材料原价、运杂费、场外运输损耗、采购及仓库保管费组成，其中材料原价、运杂费按不含增值税（可抵扣进项税额）的价格确定。

材料采购及保管费，以材料的原价加运杂费及场外运输损耗的合计数为基数，乘以采购及保管费费率计算。材料的采购及保管费费率为2.67%。

外购的构件、成品及半成品的预算价格，其计算方法与材料相同，但构件（如外购的钢桁梁、钢筋混凝土构件及加工钢材等半成品）的采购及保管费费率为1.07%。

3）施工机械使用费。按《公路工程机械台班费用定额》中数值乘以表1-23对应的调整系数计算，结果取2位小数。

表1-23　营改增施工机械台班费用定额调整系数

序号	费用构成项目	系数	备注
1	不变费用		
(1)	折旧费	0.855	
(2)	大修理费	0.884	
(3)	经常修理费	0.898	
(4)	安装拆卸及辅助设施费	—	不作调整
2	可变费用		
(1)	人工	—	不作调整
(2)	动力燃料费	—	以不含进项税额的动力燃料预算价格进行计算
(3)	车船使用税	—	不作调整

4）其他工程费。其他工程费的各项费率按《投资估算办法》和《公路工程概预算编制办法》中数值乘以表 1-24 对应的调整系数计算，结果取 2 位小数。

表 1-24　营改增其他工程费费率调整系数

工程类别	其他工程费										
	冬季施工增加费	雨季施工增加费	夜间施工增加费	特殊地区施工增加费			行车干扰工程施工增加费	施工标准化与安全措施费	临时设施费	施工辅助费	工地转移费
				高原地区施工增加费	风沙地区施工增加费	沿海地区施工 增加费					
人工土方	1.074	1.082	—	1.068	1.081	—	1.077	1.058	1.045	1.051	1.020
机械土方	1.197	1.207	—	1.192	1.207	—	1.202	1.180	1.165	1.172	1.137
汽车运输	1.214	1.224	—	1.208	1.223	—	1.218	1.197	1.181	1.188	1.153
人工石方	1.074	1.082	—	1.068	—	—	1.077	1.058	1.045	1.051	1.020
机械石方	1.191	1.201	—	1.177	—	—	1.187	1.175	1.159	1.166	1.132
高级路面	1.220	1.230	—	1.177	1.191	—	1.187	1.202	1.188	1.195	1.159
其他路面	1.148	1.158	—	1.158	1.173	—	1.168	1.132	1.118	1.124	1.091
构造物Ⅰ	1.144	1.153	—	1.080	1.093	—	1.089	1.128	1.113	1.119	1.086
构造物Ⅱ	1.177	1.187	1.194	1.133	—	1.179	1.143	1.161	1.146	1.152	1.119
构造物Ⅲ	1.189	1.199	1.205	1.181	—	1.190	1.191	1.172	1.157	1.164	1.130
技术复杂大桥	1.195	1.205	1.211	1.155	—	1.196	—	1.178	1.163	1.169	1.135
隧道	1.172	—	—	1.126	—	—	—	1.155	1.141	1.146	1.113
钢材及钢结构	1.235	—	1.252	1.097	1.110	1.236	—	1.218	1.202	1.209	1.174

5）企业管理费。企业管理费的费率按《投资估算办法》和《公路工程概预算编制办法》中数值乘以表 1-25 对应的调整系数计算，结果取 2 位小数。

表 1-25　营改增企业管理费费率调整系数

工程类别	企业管理费				
	基本费用	主副食运费补贴	职工探亲路费	职工取暖补贴	财务费用
人工土方	1.113	1.013	1.087	1.068	1.075
机械土方	1.236	1.124	1.207	1.186	1.194
汽车运输	1.259	1.146	1.229	1.208	1.216
人工石方	1.113	1.013	1.087	1.068	1.075
机械石方	1.233	1.122	1.203	1.183	1.190
高级路面	1.259	1.146	1.230	1.209	1.217
其他路面	1.189	1.082	1.161	1.141	1.148

（续）

工程类别	企业管理费				
	基本费用	主副食运费补贴	职工探亲路费	职工取暖补贴	财务费用
构造物Ⅰ	1.185	1.078	1.156	1.136	1.144
构造物Ⅱ	1.218	1.109	1.189	1.168	1.176
构造物Ⅲ	1.231	1.120	1.201	1.180	1.188
技术复杂大桥	1.235	1.124	1.207	1.186	1.192
隧道	1.212	1.103	1.184	1.163	1.170
钢材及钢结构	1.274	1.159	1.244	1.223	1.231

6）规费，不作调整。

7）利润。

利润＝(直接费＋间接费－规费)×7.42%

8）税金。

税金＝(直接费＋间接费＋利润)×11%

3. 关于《公路工程估算指标》和公路工程概预算相关定额

1）《公路工程估算指标》和《公路工程概算定额》《公路工程预算定额》《公路工程机械台班费用定额》除其他材料费、设备摊销费、小型机具使用费需调整外，其余均不作调整。

2）其他材料费、设备摊销费、小型机具使用费消耗量按《公路工程估算指标》和《公路工程概算定额》《公路工程预算定额》《公路工程机械台班费用定额》中数值乘以表1-26对应的调整系数计算，结果取1位小数。

表1-26 营改增工、料、机消耗量调整系数

序号	代号	名称	单位	系数	备注
1	996	其他材料费	元	0.971	
2	997	设备摊销费	元	0.855	金属设备摊销标准由原90元/(t·月）调整为76.95元/(t·月)
3	1998	小型机具使用费	元	0.890	

4. 其他

1）调整后的上述计价依据请登录交通运输部网站公路局子站“公路工程标准规范信息平台”或交通运输部路网监测与应急处置中心网站查询。

2）各省级交通运输主管部门可结合本地区实际情况，按照财税部门对营改增的相关要求调整本地区有关公路工程的计价依据。

3）2016年4月30日（含）前，已审批（核准）的公路工程基本建设项目的投资估算、概算、预算，不再重新审批（核准）。2016年5月1日起，审批（核准）的公路工程基本建设项目的投资估算、概算、预算按本方案执行。

4）各公路工程造价软件公司应按照本方案对造价软件进行相应调整，确保计价的准确性。

5）请各有关单位在执行过程中，将发现的问题和意见，函告交通运输部路网监测与应急处置中心。

习　题

1. 挡土墙属于（　　）。

A. 单项工程　B. 单位工程　C. 分部工程　D. 分项工程

2. 建筑安装工程费用由哪几部分组成？

第2章　公路工程造价文件编制

2.1　公路工程投资估算文件编制

2.1.1　项目建议书投资估算编制

项目建议书投资估算是项目建议书的重要组成部分，是对项目进行经济评价和投资决策的重要依据之一，对可行性研究及可行性研究投资估算的编制起指导作用。

1. 项目建议书投资估算编制依据

1）根据项目建议书的工作深度，核实工程规模、工程数量、路线走向、公路等级及工程所在地的地形、地貌等建设条件，按现行的《公路工程估算指标》中的综合指标及《投资估算办法》的规定编制。

2）国家或地方的方针、政策和有关制度。

3）业主对建设项目中的有关资金筹措、实施计划、水电供应、配套工程的落实情况。

4）工程所在地的交通、能源供应等生产、生活条件资料。

5）工程所在地的人工工资标准、材料供应价格、运输条件、运费标准等基础资料。

6）当地政府有关征地、拆迁、安置、补偿标准等文件的通知。

7）业主对建设工期、工程监理安排的意见。

8）项目建议书的委托书、合同或协议。

2. 项目建议书投资估算文件组成

项目建议书投资估算文件由封面、目录、估算编制说明及全部估算计算表格组成。

（1）封面及目录　估算文件的封面和扉页应按《公路工程基本建设项目设计文件编制办法》（交公路发［2007］358号）中的规定制作，扉页的次页应有建设项目名称、编制单位、编制及复核人员姓名、编制日期及第几册共几册等内容并加盖资格印章。目录应按估算表的表号顺序编制。

（2）估算编制说明　估算编制完成后，应写出编制说明，文字力求简明扼要。应叙述的内容一般有：

1）项目建议书的依据及有关文号，依据的资料及比选方案等。

2）采用的估算指标、费用标准及人工、材料、材料单价的依据或来源、补充指标及编制依据的详细说明。

3）与估算有关的委托书、协议书、会谈纪要的主要内容（或将抄件附后）。

4）总估算金额，人工、钢材、水泥、木料、沥青的总需求量情况，各建设方案的经济比较以及编制中存在的问题。

5）其他与估算有关但不能在表格中反映的事项。

（3）估算表格　项目建议书投资估算应该按统一的估算表格计算，封面及表格式样见有关书籍。

（4）估算文件　项目建议书投资估算文件是项目建议书的组成部分，应按《公路建设项目可行性研究报告编制办法》中有关文件报送份数的规定报送。

项目建议书投资估算文件包括的内容如下：

1）投资估算编制说明。

2）总估算汇总表。

3）总估算表。

4）人工、主要材料数量汇总表。

5）设备、工具、器具购置费与工程建设其他费用计算表。

6）工程估算表。

7）人工及主要材料价格计算表。

项目建议书投资估算文件组成及关系如图 2-1 所示。

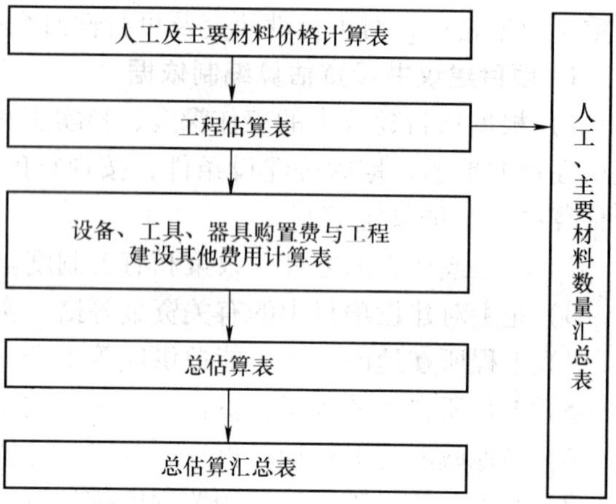

图 2-1　项目建议书投资估算文件组成及关系

3. 项目建议书投资估算项目

项目建议书投资估算项目应按项目表的序列及内容编制，当实际不发生某部分费用时，第一、二、三部分的序号应保留不变，如第二部分设备、工具、器具购置费在该项不发生，工程建设其他费用仍为第三部分。估算应按一个建设项目（如一条路线或一座独立大、中桥）进行编制。当一个建设项目需要分段估算投资时，应分别编制总估算表，但必须汇总编制“总估算汇总表”。项目建议书投资估算项目分为路线工程估算项目和独立桥梁项目估算项目。项目表中的单位是总估算表中数量栏的单位，也是技术经济指标的单位。

2.1.2　可行性研究报告投资估算编制

可行性研究报告是基本建设程序中决策的前期工作阶段，是建设项目是否可行的重要论证依据。经批准后，可行性研究报告是进行初步设计和施工图设计（采用一阶段设计时）的依据。可行性研究报告投资估算是可行性研究报告的重要组成部分，是建设项目进行经济评价及投资决策的依据，是编制初步设计概算或施工图预算（采用一阶段设计时）的限制条件，也是进行资金筹措的依据之一。

1. 可行性研究报告投资估算编制依据

1）经批准的项目建议书投资估算文件。

2）《公路工程估算指标》中的“分项指标”、《投资估算办法》、《公路工程预算定额》、

《公路工程概算定额》及《公路工程基本建设项目概算预算编制办法》。

3）可行性研究报告提供的工程规模、公路等级、主要工程项目的工程量等资料。

4）国家、各部委或地方政府的有关文件、方针、政策和取费标准。

5）建设项目中的有关资金筹措的方式、实施计划、水电供应、配套工程的落实情况。

6）工程所在地的交通、能源及主要建筑材料供应等生产、生活条件资料。

7）人工工资标准、材料供应价格、运输条件、运费标准及地方性材料储备量等基础资料。

8）深入现场调查研究，掌握有关估算编制基础资料，合理确定施工方案。

9）当地政府有关征地、拆迁、安置、补偿标准等文件或通知。

10）业主对建设工期、工程监理安排的意见。

11）编制可行性研究报告的委托书、合同或协议。

2. 可行性研究报告估算文件组成

可行性研究报告投资估算文件由封面、目录、估算编制说明及全部估算计算表格组成。

(1) 封面及目录　估算文件的封面及扉页应按《公路工程基本建设项目设计文件编制办法》（交公路发［2007］358号）中的规定制作，扉页的次页应有建设项目名称、编制单位、编制及复核人员姓名、编制日期及第几册共几册等内容并加盖资格印章。目录应按估算表的表号顺序编排。

(2) 估算编制说明　估算编制完成后，应写出编制说明，文字力求简明扼要。应叙述的内容一般有：

1）可行性研究报告的依据及有关文号，依据的资料及比选方案等。

2）采用的估算指标、费用标准及人工、材料、材料单价的依据或来源、补充指标及编制依据的详细说明。

3）与估算有关的委托书、协议书、会谈纪要的主要内容（或将抄件附后）。

4）总估算金额，人工、钢材、水泥、木料、沥青的总需求量情况，各建设方案的经济比较以及编制中存在的问题。

5）其他与估算有关但不能在表格中反映的事项。

(3) 估算表格　可行性研究报告投资估算应该按统一的估算表格计算，封面及表格式样见有关书籍。

(4) 估算文件　可行性研究报告投资估算文件是可行性研究报告的组成部分，应按《公路建设项目可行性研究报告编制办法》中有关文件报送份数的规定报送。

项目可行性研究报告投资估算文件包括的内容如下：

1）投资估算编制说明。

2）总估算汇总表。

3）总估算表。

4）人工、主要材料数量汇总表。

5）设备、工具、器具购置费计算表。

6）工程建设其他费用计算表。

7）分项工程估算表。

8）其他直接费、现场经费及间接费综合费率计算表。

9）材料预算价格计算表。

可行性研究报告投资估算文件组成及关系如图2-2所示。

3. 可行性研究报告投资估算项目

可行性研究报告投资估算项目应按项目表的序列及内容编制，当实际不发生某部分费用时，第一、二、三部分的序号应保留不变，如第二部分设备、工具、器具购置费在该项不发生，工程建设其他费用仍为第三部分。估算应按一个建设项目（如一条路线或一座独立大、中桥）进行编制。当一个建设项目需要分段估算投资时，应分别编制总估算表，但必须汇总编制“总估算汇总表”。

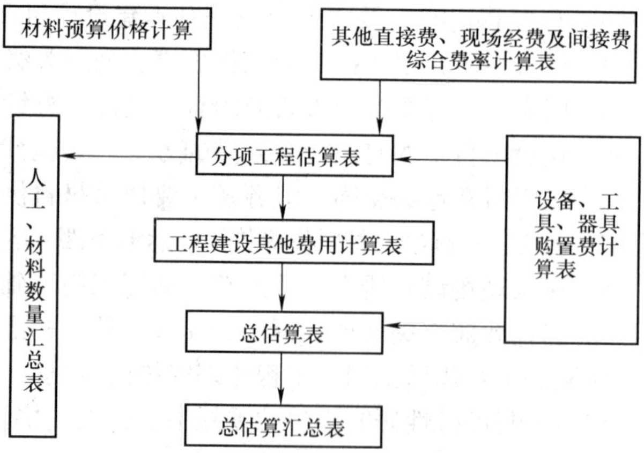

图2-2 可行性研究报告投资估算文件组成及关系

2.2 公路工程概（预）算文件编制

2.2.1 编制依据

1. 概算（或修正概算）编制依据

1）国家发布的有关法律、法规、规章、规程等。

2）现行的《公路工程概算定额》、《公路工程预算定额》、《公路工程机械台班费用定额》及《公路工程基本建设项目概算预算编制办法》。

3）工程所在地省级交通主管部门发布的补充计价依据。

4）批准的可行性研究报告（修正概算时为初步设计文件）等有关资料。

5）初步设计（或技术设计）图等设计文件。

6）工程所在地的人工、材料、机械及设备预算价格等。

7）工程所在地的自然、技术、经济条件等资料。

8）工程施工方案。

9）有关合同、协议等。

10）其他有关资料。

2. 预算编制依据

1）国家发布的有关法律、法规、规章、规程等。

2）现行的《公路工程预算定额》、《公路工程机械台班费用定额》及《公路工程基本建设项目概算预算编制办法》。

3）工程所在地省级交通主管部门发布的补充计价依据。

4）批准的初步设计文件（或技术设计文件，若有）等有关资料。

5）施工图等设计文件。

6）工程所在地的人工、材料、机械及设备预算价格等。

7）工程所在地的自然、技术、经济条件等资料。

8）工程施工组织设计或施工方案。

9）有关合同、协议等。

10）其他有关资料

2.2.2 概（预）算文件组成

概（预）算文件由封面及目录，概（预）算编制说明及全部概（预）算计算表格组成。

1. 封面及目录

概（预）算文件的封面和扉页应按《公路工程基本建设项目设计文件编制办法》（交公路发［2007］358号）中的规定制作，扉页的次页应有建设项目名称，编制单位，编制、复核人员姓名并加盖执业（从业）资格印章，编制日期及第几册共几册等内容。目录应按概（预）算表的表号顺序编排。

2. 概（预）算编制说明

概（预）算编制完成后，应写出编制说明，文字力求简明扼要。应叙述的内容一般有：

1）建设项目设计资料的依据及有关文号，如建设项目可行性研究报告批准文件号、初步设计和概算批准文号（编修正概算及预算时），以及根据何时的测设资料及比选方案进行编制的等。

2）采用的定额、费用标准，人工、材料、机械台班单价的依据或来源，补充定额及编制依据的详细说明。

3）与概（预）算有关的委托书、协议书、会议纪要的主要内容（或将抄件附后）。

4）总概（预）算金额，人工、钢材、水泥、木料、沥青的总需要量情况，各设计方案的经济比较，以及编制中存在的问题。

5）其他与概（预）算有关但不能在表格中反映的事项。

3. 概（预）算表格

公路工程概（预）算应按统一的概（预）算表格计算，其中概（预）算相同的表式，在印制表格时，应将概算表与预算表分别印制。

4. 甲组文件与乙组文件

概（预）算文件是设计文件的组成部分，应按《公路工程基本建设项目设计文件编制办法》（交公路发［2007］358号）关于设计文件报送份数的要求，随设计文件一并报送。

概（预）算文件按不同的需要分为两组，甲组文件为各项费用计算表；乙组文件为建筑安装工程费用各项基础数据计算表，只供审批使用。

乙组文件中的“建筑安装工程费计算数据表”和“分项工程概（预）算表”应根据审批部门或建设项目业主单位的要求全部提供或仅提供其中的一种。

概（预）算应按一个建设项目［如一条路线或一座独立大（中）桥、隧道］进行编制。当一个编制项目需要分段或分部编制时，应根据需要分别编制，但必须汇总编制“总概（预）算汇总表”。

甲、乙组文件包括的内容如下：

甲组文件：

1）编制说明。

2）总概（预）算汇总表。

3）总概（预）算人工、主要材料、机械台班数量汇总表。
4）总概（预）算。
5）人工、主要材料、机械台班数量汇总表。
6）建筑安装工程费计算表。
7）其他工程费及间接综合费率计算表。
8）设备、工具、器具购置费计算表。
9）工程建设其他费用及回收金额计算表。
10）人工、材料、机械台班单价汇总表。

乙组文件：
1）分项工程概（预）算表。
2）材料预算单价计算表。
3）自采材料料场价格计算表。
4）机械台班单价计算表。
5）辅助生产工、料、机械台班单位数量表。
6）建筑安装工程费计算数据表。

2.2.3 概（预）算编制程序

公路建设项目是由路基、路面、桥涵等不同功能结构的工程所组成的，而每一项工程又包含有众多的分部工程和分项工程，同时，还要受到建设环境和市场行情的影响。所以，公路工程概（预）算的编制是一项十分繁杂而又细致的工作，为了确保编制质量，达到经济合理的目的，应遵循以下工作程序进行。

1. 外业调查

外业调查是为了给计算人工、材料、机械台班及征地拆迁单价提供依据，也为编制概（预）算提供原始资料。外业调查是否深入细致，资料是否齐全、准确，直接影响到概（预）算的编制质量。

外业调查应包括以下内容：
1）人工工资、施工机械养路费、车船使用税。
2）材料供应价格。
3）材料运输情况。
4）征用土地。
5）拆迁房屋及建筑物。
6）拆迁电力、电信线路。
7）工地转移费和主副食运费补贴里程。
8）其他。

2. 熟悉设计图

设计图是计算工程量的主要依据。所以，对设计资料的熟悉和了解是快、准、全面编制工程概（预）算的前提条件，通常设计图表明了工程数量，而文字说明则确定了施工方法和施工要求，编制人员应通过熟悉设计图了解设计意图和工程全貌，并对主要工程量进行核定。核查时应注意：

1）清点图表资料是否齐全。

2）核对各种图样尺寸、标高是否一致。

3）核对工程量。

3. 选择施工方法

在公路设计和建设中，施工方法的选择是非常重要的，必须依据工程条件和经济合理的原则进行多方面的比较，选择既经济又适用的施工方法。

（1）路基施工方法的选择　路基工程中，土石方工程量很大，施工方法不同，人工、机械消耗数量差异很大。目前，高等级公路为了满足施工质量和工期要求一般都是采用机械施工，而低等级公路多采用人工和机械组合施工。在机械施工中，主要是根据作业种类和机械经济运距选择机械。作业种类和筑路机械选择见表2-1，根据运输距离选择机械见表2-2。

表2-1　作业种类和筑路机械选择

作业种类	供选择的机械种类
伐树、挖根	推土机
挖掘	挖掘机、推土机、松土机
装载	挖掘机、装载机
挖掘、运输	推土机、铲运机
运输	推土机、自卸汽车、手扶拖拉机、翻斗车
摊铺	推土机、平地机
压实	轮胎式压路机、振动压路机、推土机、羊足碾
洒水	洒水汽车

表2-2　根据运输距离选择机械

机械类型	经济运距/m	机械类型	经济运距/m
推土机	0～60	自行式铲运机	70～500
拖式铲运机	80～400	自行式平地机	500～3000
装载机＋自卸汽车	＞500	手扶拖拉机、翻斗车	50～500
挖掘机＋自卸汽车	＞500		

（2）路面施工方法的选择　在路面施工方法中，基层主要采用路拌或厂拌，面层有热拌、冷拌、厂拌、层铺法等。当路面结构一定时，不同的施工方法工程成本消耗不同，选择路面施工方法时，应结合公路的技术等级，工程规模、质量和工期的要求以及造价进行综合分析后确定。

（3）构造物施工方法的选择　公路工程构造物是指路基土石方和路面工程以外的桥梁、涵洞、防护工程等。由于构造物的种类多，结构各异，所以其施工方法也各不相同。

4. 划分工程子目

公路工程的概（预）算的直接费是以分项工程直接费汇总而来的，所以将一项工程划分为若干工程子目是概（预）算编制工作中一项重要的基础工作。一般划分时必须满足以下要求：

概（预）算项目应按项目表的序列及内容编制，当实际出现的工程和费用项目与项目表的内容不完全相符时，第一、二、三部分和“项”的序号应保留不变，“目”“节”“细目”可随需要增减，并按项目表的顺序以实际出现的“目”“节”“细目”依次排列，不保留缺少的“目”“节”“细目”序号。例如：第二部分，设备及工具、器具购置费在该项工程中不发生时，第三部分工程建设其他费用仍为第三部分。但若“目”“节”“细目”发生这样的情况，可依次递补改变序号。路线建设项目中的互通式立体交叉、辅道、支线，若工程规模较大，也可按概（预）算项目表单独编制建筑安装工程，然后将其概（预）算建筑安装工程总金额列入路线的总概（预）算表中相应的项目内。表 2-3 为按照概（预）算项目划分示例。

概（预）算项目主要包括以下内容：

第一部分 建筑安装工程费

第一项 临时工程

第二项 路基工程

第三项 路面工程

第四项 桥梁涵洞工程

第五项 交叉工程

第六项 隧道工程

第七项 公路设施及预埋管线工程

第八项 绿化及环境保护工程

第九项 管理、养护及服务房屋

第二部分 设备及工具、器具购置费

第三部分 工程建设其他费用

表 2-3 按照概（预）算项目表划分示例

项	目	节	细目	工程或费用名称	单位
二				路基工程	
	1			场地清理	km
		1		清理与掘除	m^2
			1	清除表土	m^3
			2	伐树、挖根、除草	m^2
			…		

5. 确定工程数量

从编制概（预）算的角度考虑，工程量可以划分为两类：主体工程数量和辅助工程数量。

主体工程是指公路构造物本身，及路基、路面、桥梁、涵洞及隧道工程。这部分工程数量通常是设计人员在完成设计图的同时就已进行计算，在编制概（预）算时，基本不需要根据设计图再重新计算工程量，但是当设计图所提供的工程量与定额表中给出的工程量不完全一致时，需要编制人员根据定额的要求从设计图表中摘取计价工程量。所以确定主体工程量，实际上是根据定额规定的工程量计算规则，将设计图表中提供的工程量进行分类、统计、汇总后，得出符合定额表要求的计价工程量。

辅助工程是指为了保证主体工程的形成和质量，施工中必须采取的措施或修建的一些临时工程，这部分工程一般在施工完成后，也随之拆除或消失。辅助工程的工程数量，主要依靠概（预）算编制人员的工作经验、施工组织设计及工程实际情况来确定。

在编制概（预）算时，需要考虑的辅助工程数量主要包括：

1）构造物的挖基、排水。

2）清除表土或零填地段的基底压实、耕地填前碾压的回填数量。

3）因路基沉陷增加的数量。

4）为保证路基边缘压实而加宽填筑的数量。

5）临时工程（汽车便道、便桥、轨道铺设、临时电力和电信设施等）。

6）桥梁工程中的围堰、护筒、工作平台、吊装设备、混凝土构件运输、预制厂及设施（底座、张拉台座等）、拌和站、蒸汽养生设施等。

6. 套用定额计算直接工程费

根据划分的工程子目和选择的施工方法，可以确定应套用的定额。

定额规定了完成一定计量单位该工程子目所需消耗的人工、材料、机械台班的数量，定额与该工程子目的工程量及工、料、机单价相乘后即得相应的直接工程费，即

某工程细目人工费 = 人工单价 × 定额值 × 工程量

某工程细目材料费 = $\sum$（材料单价 × 定额值 × 工程量）

某工程细目机械费 = $\sum$（机械台班单价 × 定额值 × 工程量）

同时计算定额直接费。

7. 计算其他各项费用

按照《公路工程基本建设项目概算预算编制办法》的规定计算其他各项费用。

2.3 公路工程工程量清单文件编制

工程量清单的工程量是反映承包人的义务量大小及影响造价管理的重要数据。整理工程量的依据是设计图和技术规范，整理工程量的工作是一项技术工作，绝不是简单地罗列设计文件中的工程量。在整理工程量时应根据设计图及调查所得的数据，在技术规范的计量与支付方法的基础上进行综合计算。同一工程细目，其计量方法不同，所整理出来的工程量会不一样。设计文件中工程量所对应的计量方法与技术规范中的计量方法不一定一致，这就需要在整理工程量的过程中进行技术处理。在工程量的整理计算中，应认真、细致，保证准确性，做到不重不漏，不发生计算错误。否则，会带来下列问题：

1）工程量的错误一旦被承包人发现，承包人会利用不平衡报价给业主带来损失。当实际工程量与清单工程量出入很大时，承包人会在总报价维持不变的基础上对实际工程增加的细目填报较高的单价，使得在施工过程中按实际工程量计量支付时，该项目费用增加很多，从而给业主造成损失。

2）工程量的错误会引起合同总价的调整和索赔（或反索赔）。

3）工程量的错误还会增加变更工程和费用索赔的处理难度。由于承包人可能采用了不平衡报价，所以当合同发生工程变更而引起工程量清单中工程量的增减时，因不平衡报价对所增减的工程量计价不适应，会使得监理人不得不和发包人及承包人协商确定新的单价对变更工程进行计价，以致合同管理的难度增加。

4）工程量的错误会造成投资控制和预算控制的困难。由于合同的预算通常是根据投标报价加上适当的预留费后确定的，工程量的错误还会造成项目管理中预算控制的困难和增加追加预算的难度。因此，工程量的准确性应予保证，其误差最大不应超过5%。

在进行工程数量整理时，可参照交通运输部公路工程定额站和湖南省交通运输厅交通建

设造价管理站编制的《公路工程工程量清单计量规则》。该规则统一了公路工程工程量清单的项目号、项目名称、计算单位、工程量计算规则，并界定了工程内容。

《公路工程工程量清单计量规则》总说明的主要内容如下：

1）本规则由项目号、项目名称、项目特征、计量单位、工程量计算规则和工程内容构成。

2）本规则项目号的编写分别按项、目、节、细目表达，根据实际情况可按厚度、强度等级、规格等增列细目或子细目。例如，细目号 209－1－a 浆砌片（块）石挡土墙，2 表示项，09 表示目（以两位数标识，不足两位数前面补零），1 表示节，a 表示细目。

3）项目名称以工程和费用名称命名，如有缺项，招标人可按本规则的原则进行补充，并报工程造价管理部门核备。

4）项目特征是按不同的工程部位、施工工艺或材料品种、规格等对项目作的描述，是设置清单项目的依据。

5）计量单位采用基本单位，除各章另有特殊规定外，均按以下单位计量：

以体积计算的项目单位为 m^3；以面积计算的项目单位为 m^2；以质量计算的项目单位为 t 或 kg；以长度计算的项目单位为 m；以自然体计算的项目单位为个、棵、根、台、套、块等；没有具体数量的项目单位为总额。

6）工程量计算规则是对清单项目工程量的计算规定，除另有说明外，清单项目工程量均按设计图示以工程实体的净值计算；材料及半成品采备和损耗、场内二次转运、常规的检测和试验等均包括在相应工程项目中，不另行计量。

7）工程内容是完成该项目的主要工作，凡工程内容中未列的其他工作，为该项目的附属工作，应参照各项目对应的招标文件范本技术规范章节的规定或设计图综合考虑在报价中。《建设工程工程量清单计价规范》清单范本示例如图 2-3 所示。

子目号	子目名称	单位
204–1	路基填筑(包括填前压实)	
–a	换填土	m^3
–b	利用土方	m^3
–c	利用石方	m^3
–d	利用土石填筑	m^3
–e	借土填方	m^3
–f	粉煤灰路堤	m^3
–g	结构物台背回填	m^3
–h	锥坡及台前溜坡填土	m^3
204–2	改河、改渠、改路填筑	
–a	利用土方	m^3
–b	利用石方	m^3
–c	借土填筑	m^3

图 2-3 《建设工程工程量清单计价规范》清单范本示例

8）施工现场交通组织、维护费，应综合考虑在各项目内，不另行计量。

习　题

1. 试述编制概（预）算与编制工程量清单的主要区别？
2. 试述编制概（预）算与工程量清单的主要程序和步骤？

第3章　纵横公路工程造价管理系统软件介绍及操作入门

传统的造价软件一直停留在“计算工具”的层面上，纵横公路工程造价管理系统V9.1.0版本是国家实行营改增之后的版本，它创造性地融合了专家的报价经验，以“简洁”“专业”“高效”为软件的核心思想，使软件真正成为造价人员的“外脑”。

3.1　主要功能和特性

3.1.1　主要功能

纵横公路工程造价管理系统，适用于新建和改建的公路工程基本建设项目，主要用于编制公路工程建设项目的建议估算、可行估算、概算、修正概算、施工图预算、工程量清单预算、标底控制价、投标报价、合同中间结算、设计变更结算、单价变更审核、竣工结算等。

纵横公路工程造价管理系统通过交通运输部测评，数据准确，报表完整，品质保证，具有模板克隆、查找定位、图样工程量、企业定额、清单调价、参数化设计、实时计算等功能，是顶尖造价工程师的至爱。

1）项目业主能有效对多项目实行投资审核与监管，编制工程量清单标底及限价。

2）工程设计单位能够协同编制估、概、预算，便于重复修改和多方案比较。

3）工程咨询单位可以快速地向客户提交咨询方案或结果，进行项目审核。

4）工程施工单位能快速、准确地编制投标报价，增强竞争能力。

3.1.2　主要特性

1. 原创模板克隆功能，快速组价的同时，实现预算标准化与知识积累

初学者可使用系统自带模板，或本单位内部模板，计算工程造价可迅速上手。

当单位内部不同人员做的预算差异太大时，可以应用原创模板克隆功能，逐步建立一个项目定额组价的模板库，供不同的预算人员使用。这样可积累知识、提高预算标准化程度。

使用共同的模板，可快速保证预算文件编制的统一性，让预算员摘录图样工程量，造价审查人员专注于指标分析，实现造价指标分析（脑力劳动）与计算定额工程量（体力劳动）两者的分工。

通过模板克隆，自动按分解系数计算定额工程量，让同类构造物具备相同单价指标，便于快速判断设计方案、造价，提高设计方案比选与造价审查的效率。

当需编制多个标段预算时，A 标预算已编制完成，将 A 标变成模板，克隆到 B 标、C 标中，就能快速完成 B 标、C 标的预算编制。将历史项目变成模板，克隆到新项目中，即利用历史项目预算，完成新项目的定额套用。

2. 原创造价审查功能模块，可满足造价站审查需求

（1）具备查找定位功能　并列显示造价书中同名分项单价指标，便于快速发现单价指标过高过低的分项。

（2）图样工程量窗口　可将设置位置、图号、图样工程量等详细信息填在此处，便于审查时核对原始数据。

（3）审查报表　可用于多造价书间的单价偏差对比表、工料机费用权重表等一系列审查报表，满足项目间的单价指标、费用组成等多角度分析要求。

3. 数据还原点功能，保障操作安全，无惧误删除、误操作

可为一个预算书保存多个还原点，误删除、误操作，都可以即时还原到某一时间节点保存的数据。

4. 报表定制服务，解决投标急需的特殊报表

当投标需要特殊报表时，用户可以享受到纵横公司报表定制服务。例如：定制报表可以输出竖排的页眉页脚。

5. 具有强大的 Excel 兼容性，可在系统界面与 Excel 间相互复制任意数据

可交叉复制定额号、工程量、材料预算价格、计算结果等，进行加工和分析，如进行调价方案比选。

6. 利于多人协同工作，方便编制多分段大型项目概、预算

支持多预算书窗口平铺，多预算书间直接相互复制数据，无须导入导出，就像在两个 Excel 文件中复制操作一样简单。软件支持导出导入块文件，可以用移动存储设备或腾讯聊天软件交换预算书的某个节点块文件。

7. 清单调价功能

深入至消耗量、单价、费率的每个细节，短时间实现任意单价调整。

1）可成批调清单的“工料机消耗量、清单单价、费率”；调整系数后，所有单价分析表数据自动调整。

2）实时同屏显示调价前后清单单价、金额对照，快速判断调价合理性。

3）所有报表均可输出调价前、调价后两套报表，视不同需要灵活调用。

4）反向调价，当已明确某清单的最终报价，可直接输入清单单价，系统自动反算调价系数，计算工料机数据，配合单价分析报表数据输出。

8. 易查找、调整定额，降低造价编制难度

独创智能定额逼近，边输入，边提示下一级定额。双击定额号列（或输入定额号数字），系统智能逼近所需的定额，逐步提示，无须死记定额号。

9. 定额模糊查找

只需输入定额名称中的关键字，对应定额自动过滤出来，不必死记定额号，也省去手动查找定额的麻烦。

10. 独创智能定额调整

提炼定额说明，将其做成选项，造价编制人员只需视实际施工方案勾选，无须死记硬背。

厚度、运距调整只需输入实际值，软件会自动进行查找辅助定额、自动修改定额名称、自动计算分项单价等。摒弃旧式造价软件反复查找定额、输增量的模式，降低人为操作错误发生率。

11. 支持费用分摊

分摊，在于将工程量清单中没有单独开列、而在实际施工过程中必须发生的费用，合理分摊到“多个”相关清单项目内，如混凝土搅拌站、弃土场建设等，需要按报价策略进行分摊。纵横公路工程造价管理系统的“分摊”界面简单明了，同屏显示分摊结果，分摊细目作为一项费用以数量单价方式体现在所有单价分析表中，改变旧式软件的复杂操作。

12. 材料预算单价计算简便快捷

软件可直接读取各省公布的材料价格信息，自动填入原价内，快速准确。

同一料场的运价、运费等计算数据一般均相同，可成批设置材料计算数据，重新设计的材料计算界面，免除旧版软件反复切换界面的麻烦。快速完成材料预算单价计算。

13. 计算灵活——组价方式多样、计算基数无穷

一个分项工程的组价，可灵活使用定额组价、数量乘单价、基数计算、直接输入清单单价等多种计算方法，使造价编制更加得心应手。除软件特别提供的计算基数外，还可以直接调用系统编码组合成无穷的计算基数，就像 Excel 一样。

3.2 开发依据及应用范围

3.2.1 开发依据

1）《公路工程基本建设项目概算预算编制办法》。

2）《公路工程基本建设项目投资估算编制办法》。

3）《公路工程概算定额》。

4）《公路工程预算定额》。

5）《公路工程估算指标》。

6）《公路工程机械台班费用定额》。

7）《公路工程标准施工招标文件》（2018 年版）。

8）各省、市、自治区交通厅（局）发布的《公路工程基本建设项目概算预算编制办法》补充规定、补充定额、养路费、车船税标准等相关文件。

9）国家发布的有关法律、法规、规章、规程等。

3.2.2 应用范围

纵横公路工程造价管理系统适用于新建、改建的公路工程基本建设项目估算、概算、预算、投标报价和标底等的编制，可用于政府行政机关、行业主管部门、项目投资业主、设计、施工、建设、管理、审计、审核、监理、咨询、学校等相关单位。

3.3 下载安装与注册

1. 下载安装程序

登录纵横公司官方网站，进入“产品下载\ 公路造价”，下载安装程序即可。

2. 解压安装程序

1）双击压缩包，解压安装程序。

2）运行安装程序，按提示安装即可。

3）安装完成后，在桌面会出现两个图标，如图3-1所示。

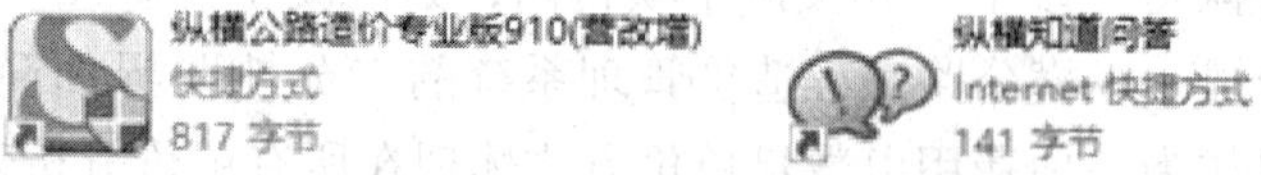

图3-1　安装完成后出现的两个图标

建议将软件安装在非系统盘（如D:\Program\Files\纵横软件\）。安装完成后，插上软件加密锁即可使用。

在安装过程中，用户可单击“退出安装”或“取消”按钮中断安装程序。确认要退出安装后，系统会自动删除当前已安装的文件，并退出安装程序。

3. 如何注册纵横公路工程造价管理系统

注册方式：手动输入注册码。首先，打开软件，单击“帮助”主菜单→“产品注册”命令→“下一步”→“下一步”→选择“手动输入注册码”。然后，将注册码复制粘贴到“注册码”栏内，软件注册即可完成。

3.4 版本介绍

1）专业版：适用于编制建议估算、可行估算、概算、修正概算、施工图预算、清单预算、标底控制价、中间结算、设计变更结算、单价变更审核、竣工结算等。

2）项目专业版：专业版+材料调差，适用于编制建议估算、可行估算、概算、修正概算、施工图预算、清单预算、标底控制价、中间结算、设计变更结算、单价变更审核、竣工结算、场内调差和场外调差等。

3）网络版：只要能上网，就拥有免费正版纵横公路工程造价管理系统（功能同专业版）。

4）学习版：除了不能直接打印和导出报表，其他功能均与专业版相同。

3.5 基础入门

3.5.1 基本操作术语

为了不引起误解，也便于以后的叙述，先定义一些重要的术语。这些术语主要是给用户解释如何与纵横公路工程造价管理系统交互工作，如何利用鼠标和键盘来操作菜单、工作表和对话框。软件操作界面如图 3-2 所示。

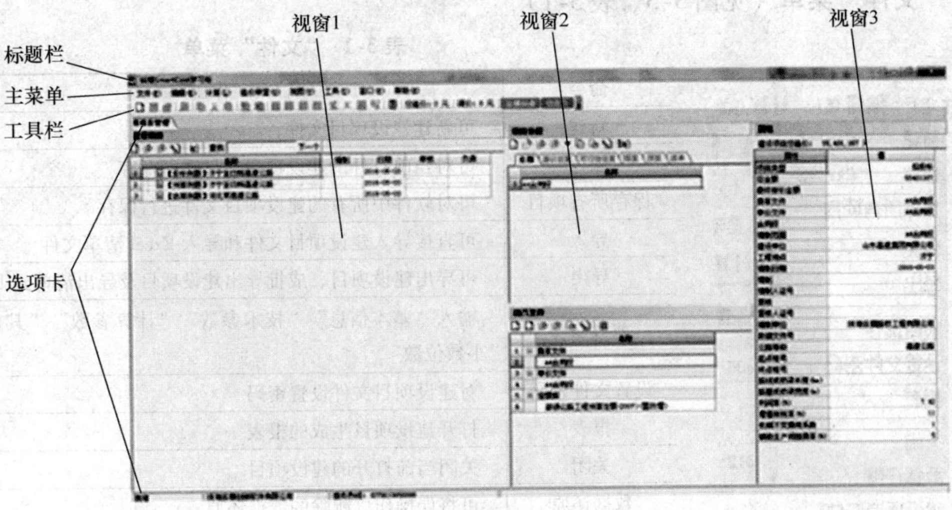

图 3-2　软件操作界面

视窗：在软件界面，划分出几个区域，让各项操作均可在一个界面中完成，这样的区域就叫作视窗，如图 3-2 所示的界面，分为视窗 1、视窗 2 和视窗 3。通过拖拉视窗边界可以改变视窗大小。

标题栏：显示所打开的建设项目名称及相关内容。

主菜单：将所有的功能命令分类，分别放在各个菜单中。

工具栏：上面有一些执行纵横公路工程造价管理系统中常用命令的快捷图标，将鼠标指针停留在快捷图标上 1s，就会出现文字解释该图标所代表的命令。

选项卡：可在同一视窗或对话框中快速切换到不同的操作页面。

对话框：能为用户提供有用信息。

3.5.2　常用专有名词

1）建设项目：指符合国家总体建设规划，能独立发挥生产功能或满足生活需要，其项目建议书经批准立项和可行性研究报告经批准的建设工程。

2）单项工程：指具有独立的设计文件，竣工后能够独立发挥设计规定的作用或效益的工程，也称为工程项目。它是建设项目的组成部分，一个建设项目可以是一个单项工程，也可以包括多个单项工程。

3）单位工程：指在建设项目中，根据签订的合同，具有独立施工条件的工程。

4）分部工程：指在单位工程中，按结构部位、路段长度及施工特点或施工任务划分的若干个工程。

5）分项工程：指在分部工程中，按不同的施工方法、材料、工序及路段长度等划分的若干个工程。

3.5.3 纵横公路工程造价管理系统菜单认识

1. “文件”菜单（见图3-3、表3-1）

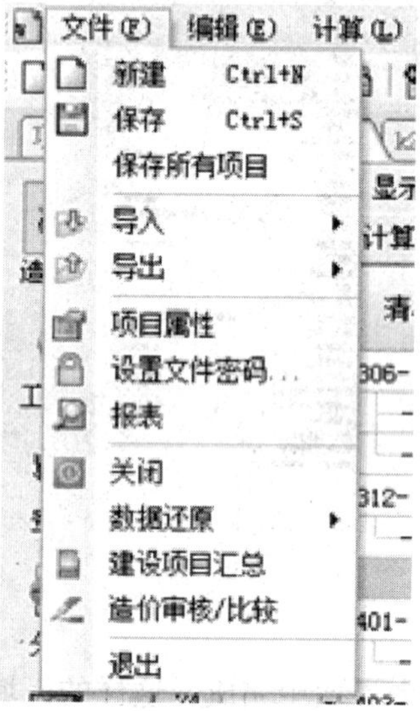

图3-3 “文件”菜单

表3-1 “文件”菜单

命令	作用
新建	可新建建设项目文件
保存	可对当前打开的建设项目文件进行保存
保存所有项目	可对软件中所有的建设项目文件进行保存
导入	可直接导入建设项目文件和导入Excel清单文件
导出	可导出建设项目、成批导出建设项目及导出清单到Excel
项目属性	输入“基本信息”“技术参数”“计算参数”“其他取费”“小数位数”
设置文件密码	对建设项目文件设置密码
报表	打开建设项目生成的报表
关闭	关闭当前打开的建设项目
数据还原	可将误操作、删除的数据还原
建设项目汇总	汇总同一项目下的多个标段文件数据
造价审核/比较	提供造价审核结果与原造价的增减对比表，可对比细至每一条清单分项
退出	退出纵横公路工程造价管理系统

2. “编辑”菜单（见图3-4、表3-2）

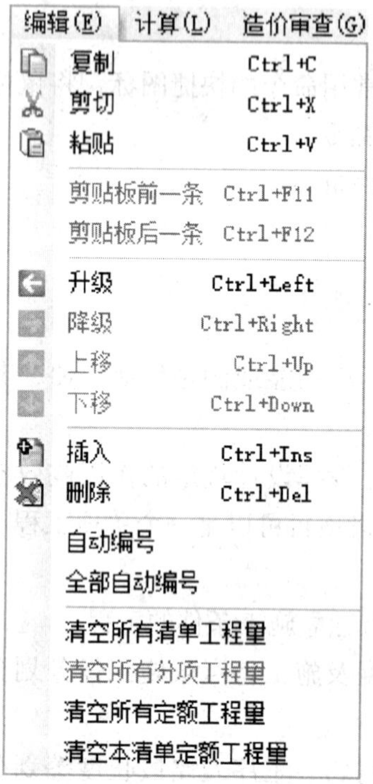

图3-4 “编辑”菜单

表3-2 “编辑”菜单

命令	作用
复制	复制预算书结构及定额、文本
剪切	剪切预算书结构及定额、文本
粘贴	粘贴预算书结构及定额、文本
升级	将预算书结构提升至上一层结构
降级	将预算书结构下降至下一层结构
上移	将预算书结构上移一行
下移	将预算书结构下移一行
插入	向后插入一行
删除	删除一行
自动编号	将选中的清单分项自动编号
全部自动编号	将当前清单分项全部自动编号
清空所有清单工程量	清空当前所有清单分项的工程量
清空所有定额工程量	清空当前所有清单分项内所有定额的工程量

3. “计算”菜单（见图3-5、表3-3）

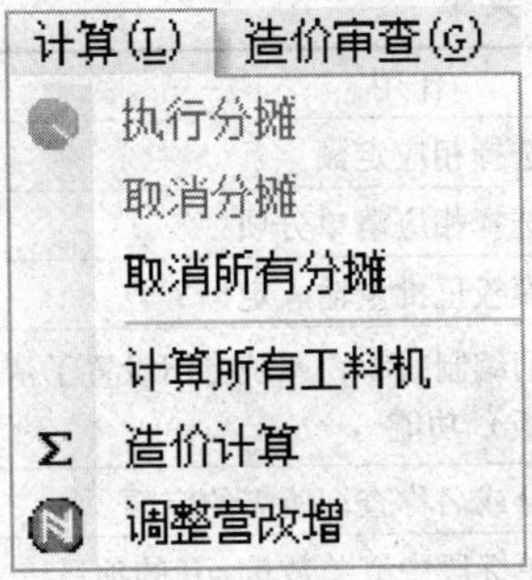

图3-5 “计算”菜单

表3-3 “计算”菜单

命令	作用
执行分摊	将工程量清单中没有单独开列、而在实际施工过程中必须发生的合理费用，分摊到“多个”相关清单分项内
取消分摊	取消选中的分摊项目
取消所有分摊	取消当前项目中的所有分摊项
计算所有工料机	计算当前项目的所有工料机
造价计算	对当前项目的总造价进行计算

4. “造价审查”菜单（见表3-4）

表3-4 “造价审查”菜单

命令	作用
审核/比较表	提供造价审核结果与原造价的增减对比表，可对比细至每一条清单分项
总概预算汇总表	对同一个项目下的多个标段概、预算汇总
总工料机权重汇总表	显示各工料机总数量、预算价、金额，占材料费比例等

5. “视图”菜单（见图3-6、表3-5）

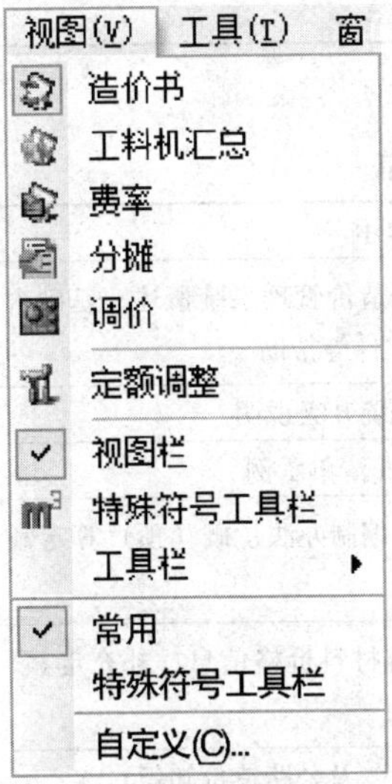

图3-6 “视图”菜单

表3-5 “视图”菜单

命令	作用
造价书	用户需在此界面添加工程细目，并根据项目特点及施工组织设计等，采用套定额、列计算公式等方式编制造价
工料机汇总	用户可在此界面汇总并确认整个建设项目的工料机价格，并可以进行工料机价格信息的批量导入、导出操作
费率	在此界面进行费用项目的取费设置
分摊	将工程量清单中没有单独开列、而在实际施工过程中必须发生的合理费用，分摊到“多个”相关清单分项
调价	用户可根据自身需要对工程量清单报价进行合理的调整，用户可以在此界面采用“正向调价”或“反向调价”两种调价方式调整
定额调整	当定额的工作内容和计算分项的工作内容不完全一致时，可对定额进行相关调整
特殊符号工具栏	显示/关闭特殊符号栏
工具栏	显示/关闭常用工具栏与特殊符号栏，对工具栏排列进行自定义

6. “工具”菜单（见图3-7、表3-6）

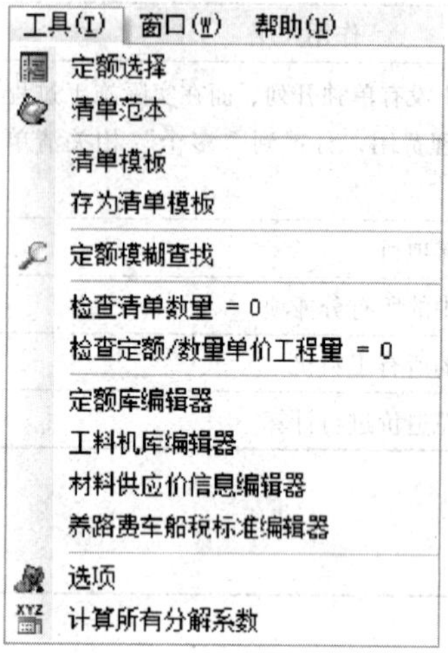

图3-7 “工具”菜单

表3-6 “工具”菜单

命令	作用
定额选择	用户可根据需要选择相应定额
清单范本	用户可根据需要选择相应清单分项
清单模板	用户可以从分项模板里批量输入定额
存为清单模板	为提高造价文件的编制效率，系统专门设置了清单模板（又称定额模板）功能
定额模糊查找	用户可按定额编号或名称查询所需的定额
检查清单数量＝0	快速检查当前清单标段中清单数量＝0的项目
检查定额/数量单价工程量＝0	快速查找清单分项中定额数量＝0的定额
定额库编辑器	用户可根据需要编制补充定额
工料机库编辑器	对工料机库中没有的工料机可以编制新的工料机库
材料供应价信息编辑器	对材料供应价格信息进行编辑
养路费车船税标准编辑器	对养路费车船税标准进行编辑
选项	对编制预算过程中的基本需求进行设置

7. “窗口”菜单（见图3-8、表3-7）

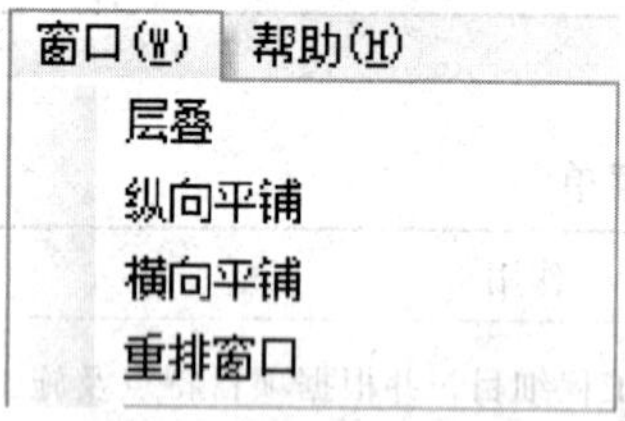

图3-8 “窗口”菜单

表3-7 “窗口”菜单

命令	作用
层叠	可实现多个项目对比
纵向平铺	可实现多个项目对比，直接复制数据，无须切换
横向平铺	可实现多个项目对比，直接复制数据，无须切换
重排窗口	对窗口进行重排

8. “帮助”菜单（见图3-9、表3-8）

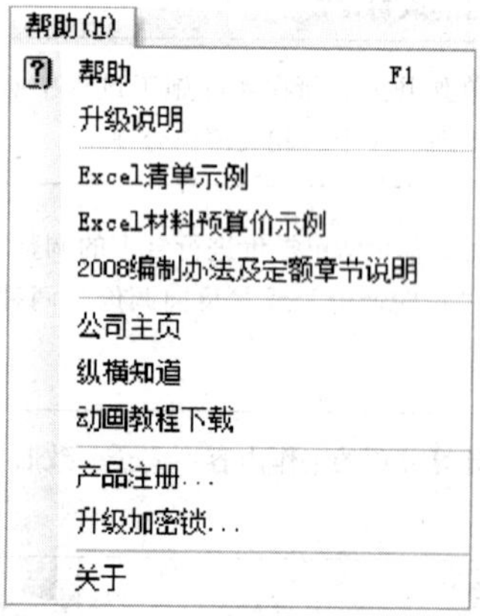

图3-9 “帮助”菜单

表3-8 “帮助”菜单

命令	作用
帮助	用户可获取纵横公路工程造价管理系统概述、基础入门、如何编制概（预）算文件等帮助
升级说明	纵横公路工程造价管理系统升级说明
Excel清单示例	内置工程量清单预算Excel清单示例
2008编制办法及定额章节说明	查看部颁编制办法、各省编制办法、概（预）算定额章节说明
公司主页	可随时在纵横网站上获得材料价格信息、补充定额、补充规定等增值服务
纵横知道	关于“常见疑难问题解答”及公路造价知识
动画教程下载	获得纵横公路工程造价管理系统的动画教程及帮助
产品注册	对软件加密锁进行注册
升级加密锁	对加密锁进行升级
关于	查看用户使用的软件版本号

9. 工具栏中快捷图标与工具（见表3-9）

表3-9 快捷图标与工具

图标	名称	所代表菜单命令的位置
	新建项目文件	文件\新建项目文件
	保存	文件\保存
	项目属性	文件\项目属性
	报表	文件\报表
	复制	编辑\复制
	剪切	编辑\剪切
	粘贴	编辑\粘贴
	插入	编辑\插入
	删除	编辑\删除
	升级	编辑\升级
	降级	编辑\降级
	上移	编辑\上移
	下移	编辑\下移
	定额调整	视图\定额调整
	造价计算	计算\造价计算
	计算当前选中项	计算选中项
	帮助	帮助\帮助

习　题

纵横公路工程造价管理系统的主要功能有哪些？

第4章　纵横公路工程造价管理系统编制概(预)算操作流程

编制任何一份公路工程造价文件，首先要在纵横公路工程造价管理系统中建立四个基础文件，即定额文件、费率文件、单价文件、造价书文件。然后依据《公路工程基本建设项目概算预算编制办法》的有关规定，进行量价费的组合，从而编制出一份完整的公路工程造价文件。

4.1 编制工程造价前的准备工作

在编制造价文件前，需要建立四个基本文件，见表4-1。

表4-1　四个基本文件

建立顺序	文件名称	用途
一	定额文件	确定配套定额（包括补充定额）
二	费率文件	确定项目的综合费率标准（包括地方标准）
三	单价文件	确定工料机预算单价
四	造价书	确定造价所需的工程项目、数量与配套定额

4.2 编制公路工程概（预）算基本操作流程

公路工程概（预）算基本操作流程如图4-1所示。

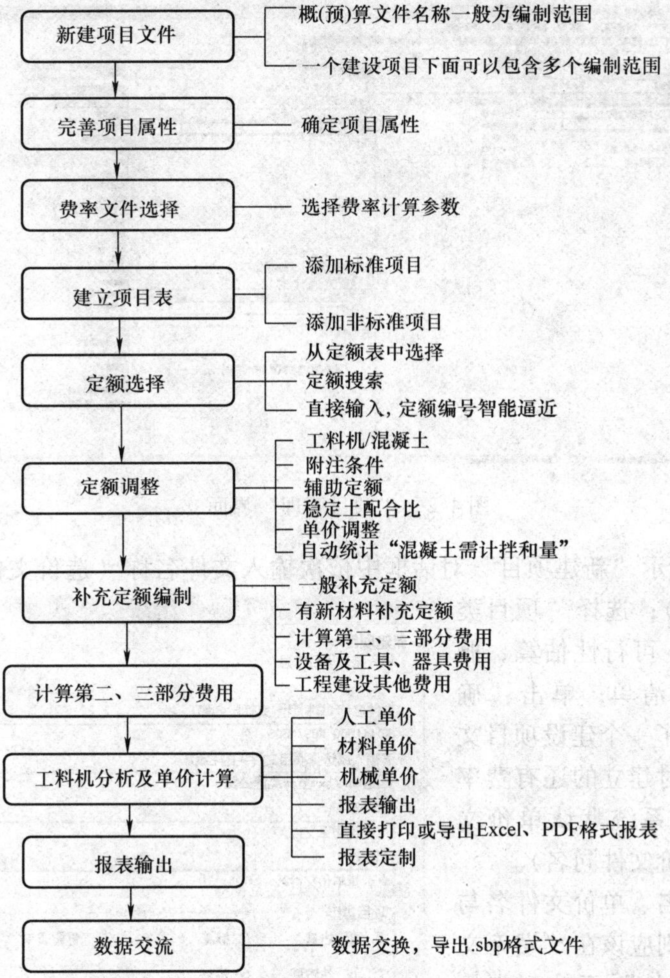

图 4-1　公路工程概（预）算编制流程

4.3　建立项目文件

4.3.1　新建项目文件，完善项目属性

一个建设项目文件，可以包含一个或多个项目分段文件，以及与之配套的费率、单价和定额等文件，通过这些文件组合计算，最终可以得到项目工程的造价。新建项目文件、造价文件、费率文件和单价文件有以下方法：

1. 在新建项目对话框中同时建立

【操作】：

1）打开纵横公路工程造价管理系统，进入“项目管理”界面，如图 4-2 所示。

2）单击“文件”菜单中的“新建”命令，或者单击工具栏中的“新建项目文件”图标🗋，系统会自动弹出“新建项目”对话框。

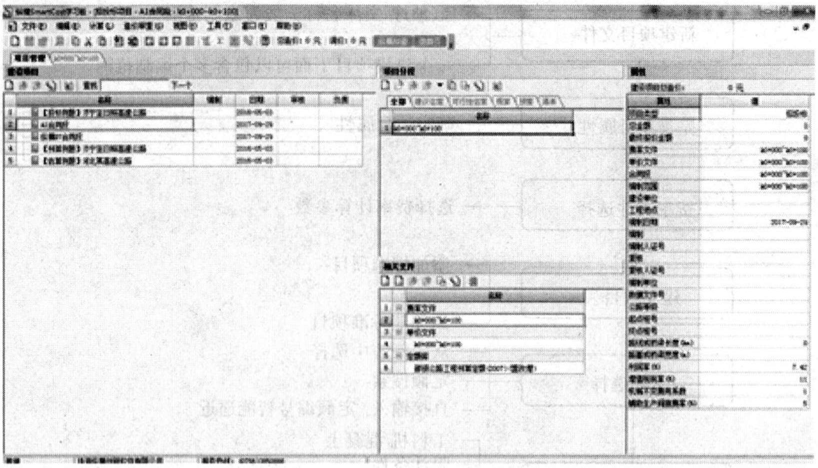

图 4-2 “项目管理”界面

3）在图 4-3 所示“新建项目”对话框中依次输入文件名称（造价文件）、建设项目名称（建设项目文件）；选择“项目类型”，即建议估算、可行性估算、概算、预算、工程量清单；单击“确定”按钮，就新建了一个建设项目文件、造价文件，同时建立的还有费率文件、单价文件（系统默认单价文件、费率文件与造价文件同名）。

如果费率文件名、单价文件名与造价文件名不同，则应该在“费率文件”栏和“单价文件”下拉列表框中输入这两个文件的名称。

如果软件中有适用的，也可单击“费率文件”“单价文件”下拉列表框右侧的下三角按钮▼，选择适用的费率文件和单价文件。

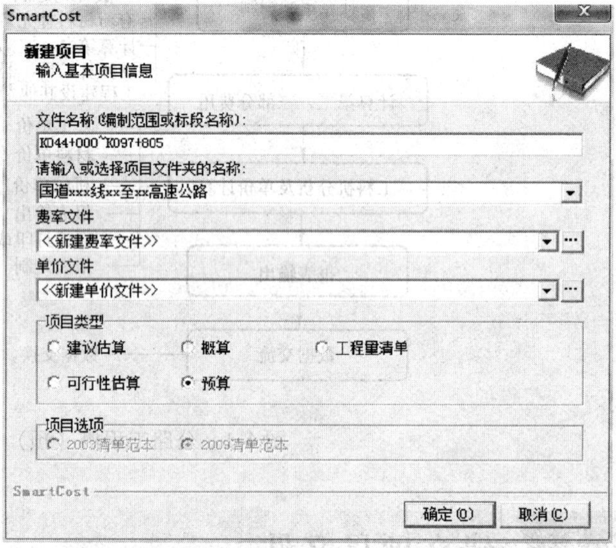

图 4-3 新建项目

> 提示：在编制概（预）算时，建设项目文件名称一般以建设项目的名称命名，文件名称一般以编制范围命名（如：K044 + 000 ~ K097 + 805）。

2. 逐个建立

【操作】：

1）如图 4-4 所示，在“项目管理”界面中，单击“建设项目”选项卡下方的“新建建设项目”图标 🗋，建立一个建设项目文件。

2）在建立的建设项目文件下，单击“项目分段”选项卡下侧的“新建分段”图标 🗋，建立该建设项目的造价文件，如图 4-5 所示。

3）如图 4-6 和图 4-7 所示，单击“相关文件”选项卡下方的“新建费率文件”和“新建单价文件”图标 ，建立该造价文件的费率文件和单价文件。

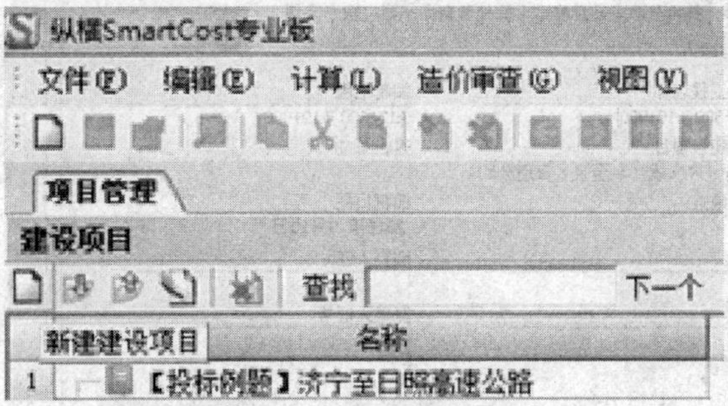

图 4-4　建立建设项目文件

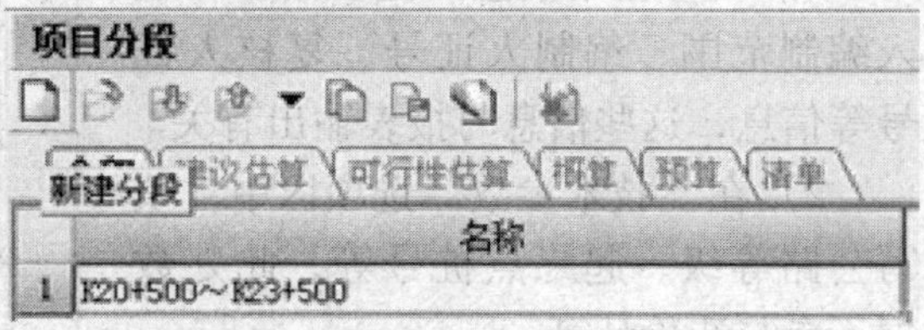

图 4-5　建立造价文件

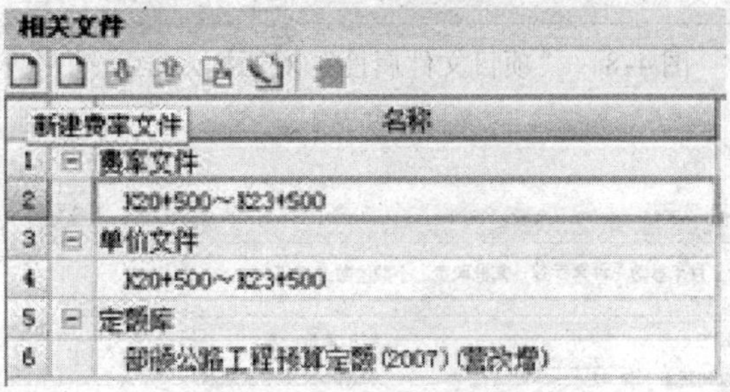

图 4-6　建立费率文件

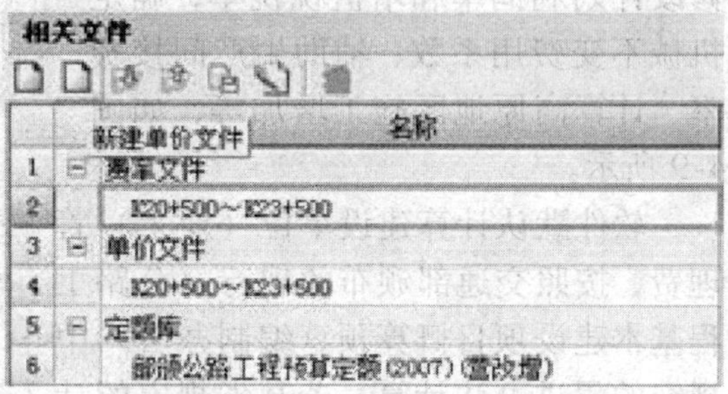

图 4-7　建立单价文件

当需要编制一个建设项目多个标段的标底时，需要建立该建设项目的多个造价文件。

【操作】：

在“项目管理”界面中，用鼠标选中该建设项目，多次单击“项目分段”选项卡下侧的“新建造价文件”图标 ，建立多个该建设项目的造价文件。

建立多个造价文件时，要注意相应的费率文件和单价文件的使用，即是否由软件默认新建或选择已有的费率文件和单价文件。

【练习 4-1】　建立项目文件，文件名为“安徽省某高速公路”；并建立该项目 K0 + 000 ~ K3 + 000 的造价文件，编制标底，项目类型：预算。同时建立 K0 + 000 ~ K3 + 000 段的单价文件和费率文件。

4.3.2　设置项目属性

1. 在“项目文件属性”对话框中输入

项目属性包含一些与造价编制有关的信息，如编制单位、建设单位、利润率、税率等。设置项目属性方法如下：

（1）调出“项目文件属性”对话框　在“造价书”界面单击“文件”菜单中的“项目属性”命令，或者直接单击工具栏中“项目属性”快捷图标 ，弹出如图 4-8 所示“项目文件属性”对话框。

（2）输入项目属性　项目属性包括利润、税金等费用的取值。

如图 4-8 所示，在“项目文件属性”对话框中有“基本信息”“技术参数”“计算参数”“其他取费”“小数位数”和“高级”六个选项卡，按实际项目情况输入或选择相关信息。

1）在“基本信息”选项区中，输入编制范围、编制人证号、复核人证号等信息，这些信息与报表输出有关。

2）在“技术参数”选项区中，填写公路等级、起终点桩号等，此处数据不参与造价计算。

3）在“计算参数”选项区中，可修改计划利润率和增值税税率，确定机械不变费用系数、辅助生产间接费率、计算高原地区施工增加等，如图4-9所示。

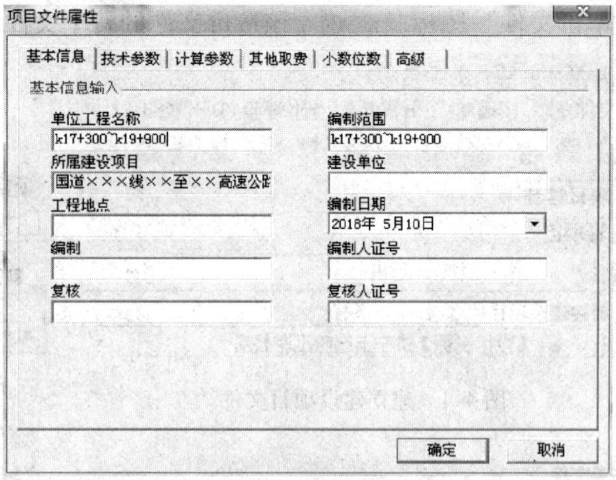

图4-8 “项目文件属性”对话框

软件默认计算建设单位（业主）管理费，按照交通部颁布的现行《公路工程基本建设项目概算预算编制办法》中规定的累进办法计算。若某省规定的计算标准与《公路工程基本建设项目概算预算编制办法》不一致，可单击图4-9所示的对话框中“计算建设单位管理费”下拉列表框右侧的下三角按钮选择相应省份的建设单位（业主）管理费标准。建设项目管理费计算基数默认为“建安费”，若要修改基数，可单击下三角按钮选择“定额建安费”。

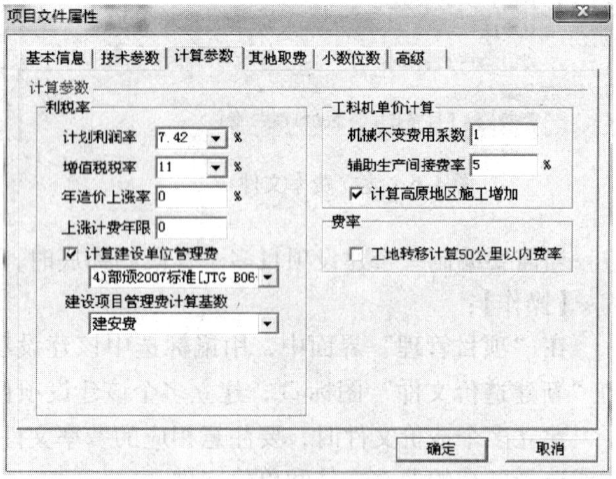

图4-9 “计算参数”选项区

4）在“其他取费”选项区中，输入或选择绿化工程费指标，冬、雨季施工增工率，临时设施用工指标等，方便用户使用。

5）在“小数位数”选项区中，可自定义计算小数位数。勾选“本分段工程单独设置”，即可设置本标段造价数据的小数位数。

> 注：设置小数位数适应于一些对计算精度较高的项目，主要是清单工程量较小的项目，如小型建设项目清单编制、清单变更预算等。本软件精度设置符合公路造价习惯，计算精度可满足绝大部分要求。其他精度值如非必要，请勿随意修改。
>
> “高级”选项区请勿随意修改。

2. 在“项目管理”界面标段“属性”选项区修改属性

【操作】：

在“项目管理”界面屏幕最右边是项目“属性”选项区，如图4-10所示。可以在选项区中下拉选择编制日期、公路等级、税金等属性值，“属性”选项区的数据修改后，项目标段会同步刷新。

属性

建设项目总造价：103,448,138 元

属性	值
项目类型	预算
总金额	63372773
最终报价金额	0
费率文件	K20+500～K23+500
单价文件	K20+500～K23+500
单位工程名称	K20+500～K23+500
编制范围	K20+500～K23+500
建设单位	山东高速公路发展有限公司
工程地点	济宁
编制日期	2016/5/3
编制	
编制人证号	
复核	
复核人证号	
编制单位	
数据文件号	
公路等级	高速公路
起点桩号	k20+500
终点桩号	k23+500
路线或桥梁长度(km)	3
路基或桥梁宽度(m)	32
利润率(%)	7.42
增值税税率(%)	11
机械不变费用系数	1
辅助生产间接费率(%)	5

图4-10　“项目管理”界面修改文件属性

注：如果要编制一个建设项目的多个标段标底，需分别输入各段的项目属性数据。

【练习4-2】 确定安徽省某高速公路的项目属性，数据见表4-2。

表4-2　建设项目相关数据资料

编制范围：K0+000～K3+000	建设项目：安徽省某高速公路
公路等级：高速公路（新建工程）	地点：安徽合肥
利润率：7.42%	税金：11%
投标人：山东××路桥工程集团	编制人：张工
路面宽：32m	复核人：李工

4.4　确定费率文件

费率文件主要是指公路工程的其他工程费、规费、企业管理费等费用的费率，其他工程费按“人工费+材料费+机械费/人工费+机械费”为基数计算；间接费中规费、企业管理费分别按“人工费/直接费”为基数计算。各省（市、区）结合当地实际情况，对《公路工程基本建设项目概算预算编制办法》作了相应的补充规定，凡在该地区进行的公路建设项目均要执行当地的补充规定。根据项目所在地具体工程情况选择不同的费率标准，详见《公路工程基本建设项目概算预算编制办法》及各省补充规定。

若有适用的费率文件，也可直接在软件中选择该费率文件，不用逐项选择参数来确定

费率。

确定费率的方法有逐项选择费率参数值来确定费率、选择费率文件中的费率。

4.4.1 逐项选择费率参数值来确定费率

【操作】:

在“造价书”界面的左侧单击“费率”图标，进入如图4-11所示“费率”界面。

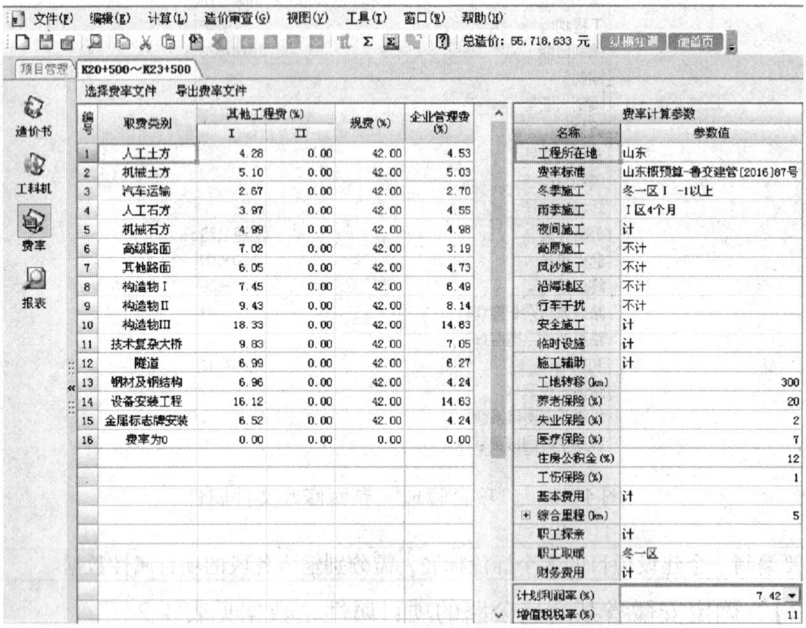

图4-11 “费率”界面

在图4-11所示“费率”界面右侧的“费率计算参数”选项区中，逐项单击各费用名称的“参数值”栏，在出现的下拉列表框中选择相应的参数值，或直接输入实际的参数值，如图4-12所示。

选择工程所在地，根据工程所在地，自动确定按地区类别取费的项目。

费率标准：软件已按全国各省补充编制办法内置费率标准，可根据工程所在地进行选择。

选择冬季施工、雨季施工、夜间施工、高原施工、风沙施工、沿海地区、行车干扰、安全施工、临时设施、施工辅助、基本费用等参数，软件会自动计算相应的费率值；只要把鼠标指针悬浮在冬、雨季施工上，软件会根据工程所在地，自动提示冬、雨季施工区域划分，根据软件提示选择即可。

输入工地转移的公路里程、五险一金费率、综合里程。

下拉选择职工探亲，职工取暖（根据编制办法，职工取暖从准二区开始计取），财务费用。

输入计划利润率、增值税税率。

【练习4-3】 确定费率，取费信息见表4-3。

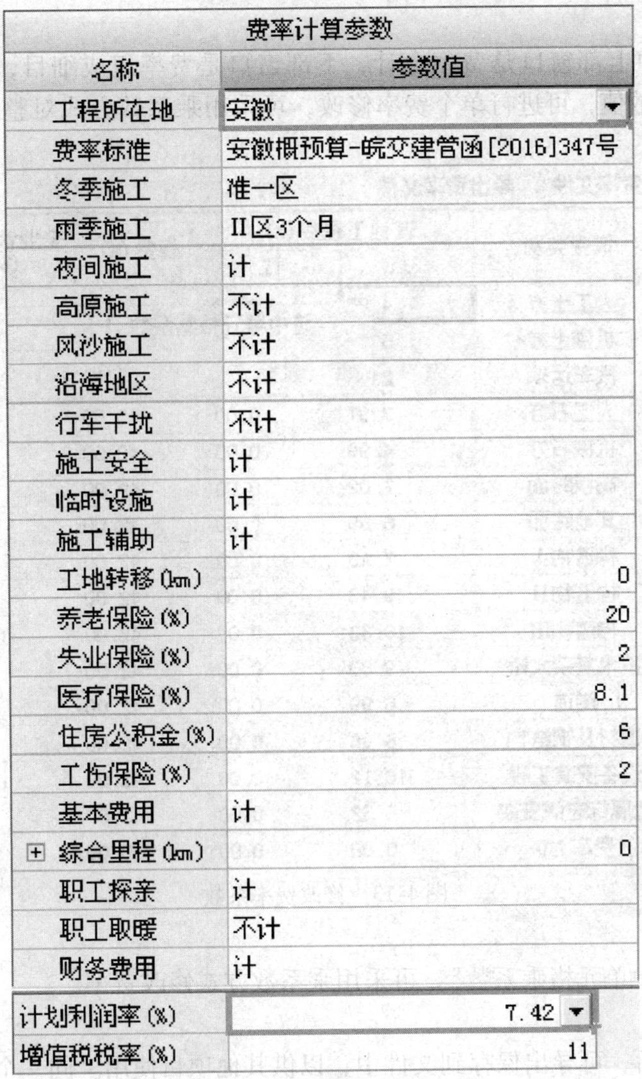

费率计算参数	
名称	参数值
工程所在地	安徽
费率标准	安徽概预算-皖交建管函[2016]347号
冬季施工	准一区
雨季施工	Ⅱ区3个月
夜间施工	计
高原施工	不计
风沙施工	不计
沿海地区	不计
行车干扰	不计
施工安全	计
临时设施	计
施工辅助	计
工地转移(km)	0
养老保险(%)	20
失业保险(%)	2
医疗保险(%)	8.1
住房公积金(%)	6
工伤保险(%)	2
基本费用	计
⊞ 综合里程(km)	0
职工探亲	计
职工取暖	不计
财务费用	计
计划利润率(%)	7.42
增值税税率(%)	11

图4-12　费率选择

表4-3　取费信息

名称	参数	名称	参数
工程所在地	江西赣州	费率标准	江西一级公路费率标准（2008）
冬季施工	不计	雨季施工	Ⅱ区7个月
夜间施工	计	高原施工	不计
风沙施工	不计	沿海地区	不计
行车干扰	不计（新建不计）	安全施工	计
临时设施	计	施工辅助	计
工地转移/km	500	养老保险（%）	20
失业保险（%）	2	医疗保险（%）	6.6
住房公积金（%）	8	工伤保险（%）	2.2
基本费用	计	综合里程/km	5
职工探亲	计	职工取暖	不计
财务费用	计		

注：费率可以个别修改，设定好的费率可以导出保存到文件中。

1. 修改费率

“费率”界面中上部窗口是费率合计，下部窗口是费率组成细目，可任意修改上部窗口、下部窗口内的数值，可进行单个费率修改，可采用乘系数方式对整列、整行进行修改，如图 4-13 所示。

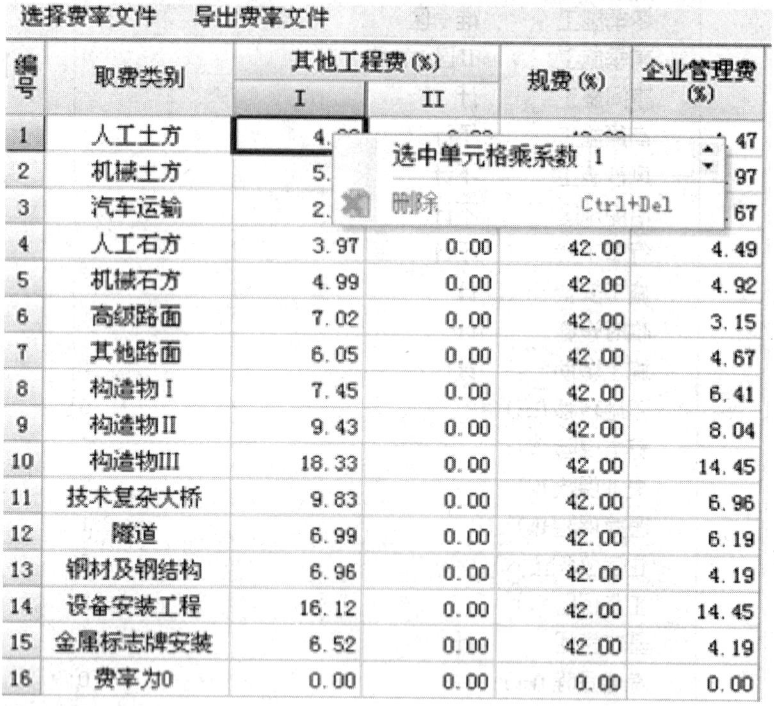

编号	取费类别	其他工程费 (%)		规费 (%)	企业管理费 (%)
		I	II		
1	人工土方	4.	[illegible]	[illegible]	.47
2	机械土方	5.	[illegible]	[illegible]	.97
3	汽车运输	2.	[illegible]	[illegible]	.67
4	人工石方	3.97	0.00	42.00	4.49
5	机械石方	4.99	0.00	42.00	4.92
6	高级路面	7.02	0.00	42.00	3.15
7	其他路面	6.05	0.00	42.00	4.67
8	构造物I	7.45	0.00	42.00	6.41
9	构造物II	9.43	0.00	42.00	8.04
10	构造物III	18.33	0.00	42.00	14.45
11	技术复杂大桥	9.83	0.00	42.00	6.96
12	隧道	6.99	0.00	42.00	6.19
13	钢材及钢结构	6.96	0.00	42.00	4.19
14	设备安装工程	16.12	0.00	42.00	14.45
15	金属标志牌安装	6.52	0.00	42.00	4.19
16	费率为0	0.00	0.00	0.00	0.00

图 4-13　修改费率系数

【操作】:

右击选择“选中单元格乘系数”，可采用乘系数方式修改费率。

2. 导出费率

当费率设定好后，可导出保存到文件中，以供其他项目使用。同一个建设项目中的不同标段，一般可使用同一个费率文件。

【操作】:

在图 4-11 所示的“费率”界面中，也可单击屏幕左上方的“导出费率文件”图标把当前界面的费率导出并保存到费率文件中。

> 注：① 造价文件保存时，费率文件自动同时保存（在屏幕上显示有当前预算文件所使用的费率文件名称）。
>
> ② 多个预算文件可共用一个费率文件，当该费率文件修改时，凡用到该费率文件的各造价文件均会根据该费率文件中的费率自动重新计算造价。

4.4.2　选择费率文件中的费率

当选择一个已有费率文件作为当前造价文件的费率文件时，软件会采用该费率文件中的费率进行工程造价计算。

调出“选择费率文件”对话框的方法：

【操作1】:

单击标段“属性”选项区中的“费率文件”文本框，会在该文本框右侧出现三个小点图标[…]，单击该三个点图标，弹出“选择费率文件”对话框，如图4-14所示。

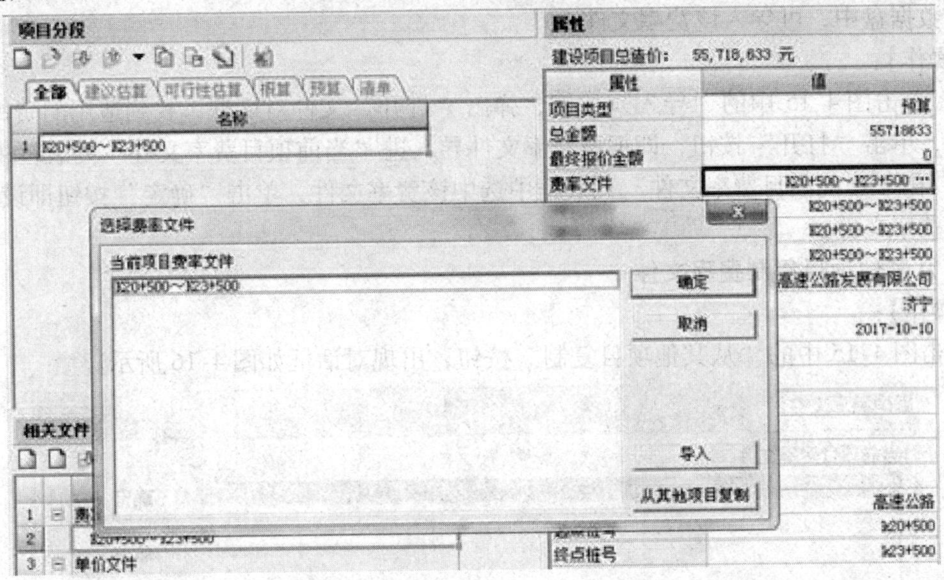

图4-14　“选择费率文件”对话框

【操作2】:

在图4-15所示的“费率”界面中，单击屏幕左上方的“选择费率文件”选项卡，出现“选择费率文件”对话框。

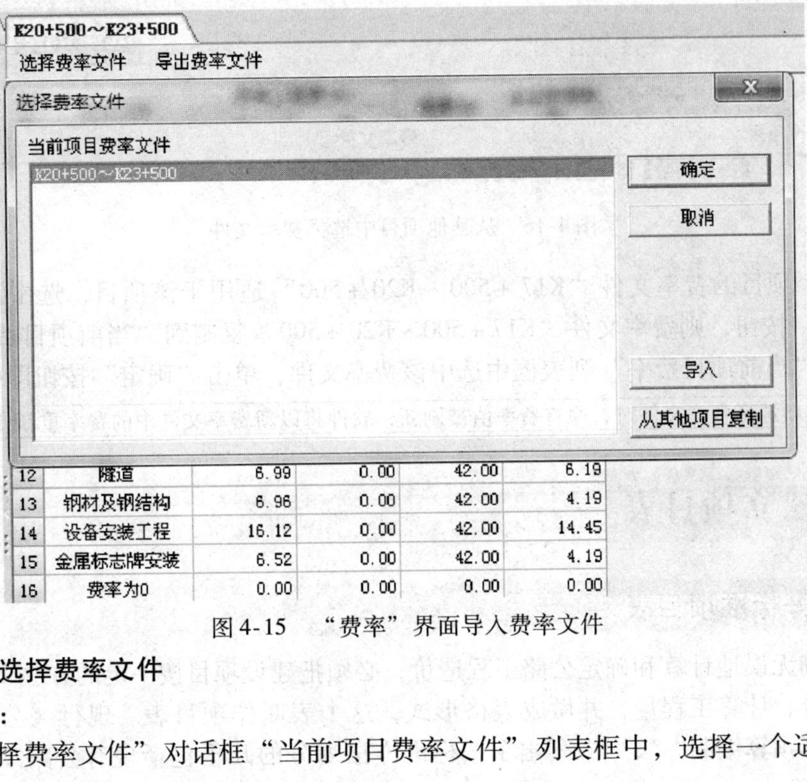

图4-15　“费率”界面导入费率文件

1. 直接选择费率文件

【操作】:

在“选择费率文件”对话框“当前项目费率文件”列表框中，选择一个适用的费率文件，再单击“确定”按钮，设为当前造价文件的费率文件。

2. 导入费率文件

如果“当前项目费率文件”列表框中没有适用的费率文件，适用的费率文件保存在计算机等数据盘中，可导入该费率文件。

【操作】：

1）单击图4-15中的“导入”按钮，弹出“打开”文件对话框，找到适用的费率文件，选中后，单击“打开”按钮，即把该费率文件导入进“当前项目费率文件”列表框中。

2）在“当前项目费率文件”列表框中选中该费率文件，单击“确定”按钮即设为当前项目的费率文件。

3. 从其他项目复制费率文件

【操作】：

单击图4-15中的“从其他项目复制”按钮，出现对话框如图4-16所示。

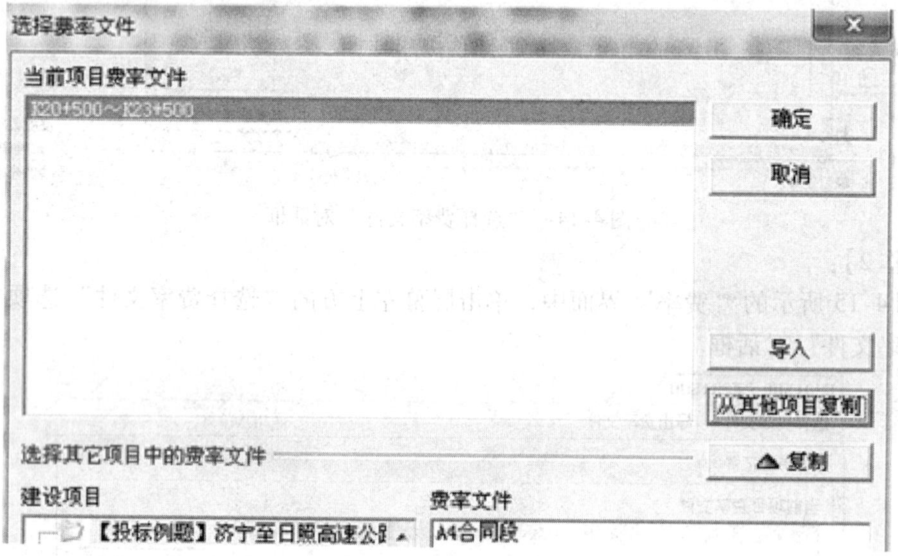

图4-16 从其他项目中选择费率文件

若另一个项目的费率文件“K17+500~K20+500”适用于该项目，选中该费率文件，单击“复制”按钮，则费率文件“K17+500~K20+500”复制到“当前项目费率文件”列表框中，在“当前项目费率”列表框中选中该费率文件，单击“确定”按钮即可。

注：当重新选择费率文件时，原有费率值被刷新，软件将以新费率文件中的费率重新计算造价。

4.5 建立项目表

4.5.1 打开标准项目表

为了准确无误地计算和确定公路工程造价，必须把建设项目按一定的方法、排列顺序及内容进行划分，计算工程量，并做成表格形式，这个表叫作项目表。现行《公路工程基本建设项目概算预算编制办法》中列出了按标准方法划分的几乎包括现有公路工程所有项目的标准项目表。

在软件中打开现行《公路工程基本建设项目概算预算编制办法》标准项目表的方法如下：

【操作】：

在“造价书”界面，单击屏幕右上角的图标 项目表 ，出现标准“项目表”窗口，如图4-17所示。此操作属于开关式的，再单击一下图标 项目表 ，则软件会关闭标准“项目表”窗口。

图4-17 项目表

4.5.2 建立当前造价文件的项目表

根据工程图样，将建设项目按标准项目表列出项、目、节，计算出相应的工程量，从本软件标准项目表中添加这些项、目、节到“造价书”界面中，形成当前造价文件的项目表。

每个需编制概、预算的项目必须建立项目表，即每个造价文件要建立自己的项目表，才能计算造价，建立方法有以下几种：

1. 从标准项目表中添加

【操作1】：

在图4-17所示标准“项目表”窗口中的“选用”列的方框中逐项勾选目标添加项目，单击“添加”按钮。则标准项目表中已勾选的项目添加进当前造价文件的项目表中。

注：当勾选父项时，子项全部自动选择；当勾选个别子项时，父项自动选择，但其他子项不会选择。

【操作2】：

双击图4-17所示标准“项目表”窗口中需添加的项目的名称，可直接将该项目添加到当前造价文件项目表中。

注：① 当双击父项时，仅仅只选择父项，子项不会自动选择；当双击子项时，父项自动选择。

② 若添加的项目有误，可在“项目表”窗口中选中要删除的项目，单击屏幕上方的“删除”图标，或者右击选择“删除”命令。当删除父项时，子项全部删除；当删除个别子项时，父项不会删除。

2. 添加标准“项目表”窗口中没有的非标准项目

添加标准“项目表”窗口中没有的非标准项目，有两种操作方法。

【操作1】：

单击需添加分项所在的位置，再单击“造价书”界面左上角的“插入”图标。则在当前鼠标位置后面插入一空行。

【例4-1】 在“一临时工程”的子项“临时道路”分项后面添加“石拱桥”。编号：11；单位：m/座。

单击“临时道路”所在行→单击“造价书”界面左上角的“插入”图标，则在“项目表”窗口中的“临时道路”分项后增加了一空行，如图4-18所示→在图4-18所示的空行中输入编号、分项名称，如输入“石拱桥”，并在“单位”列中选择该分项的单位。

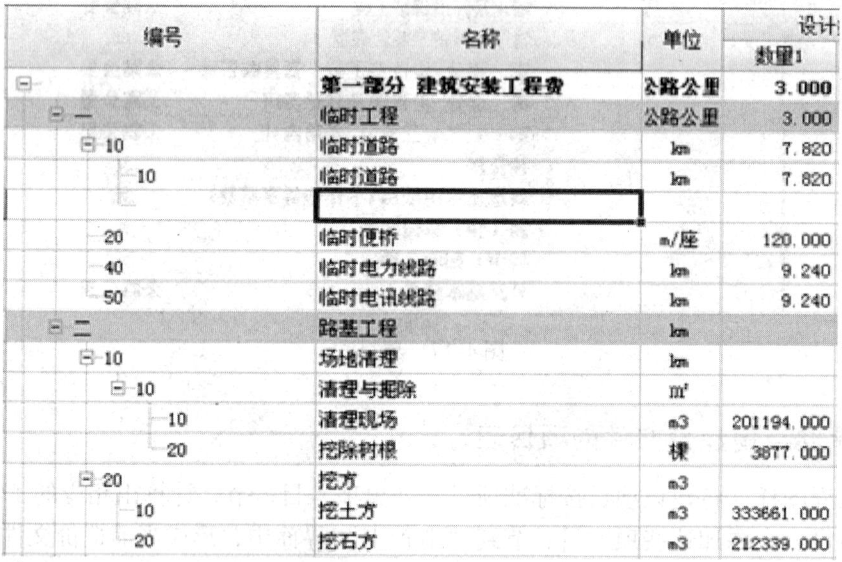

编号	名称	单位	设计 数量1
	第一部分 建筑安装工程费	公路公里	3.000
一	临时工程	公路公里	3.000
10	临时道路	km	7.820
10	临时道路	km	7.820
20	临时便桥	m/座	120.000
40	临时电力线路	km	9.240
50	临时电讯线路	km	9.240
二	路基工程	km	
10	场地清理	km	
10	清理与掘除	m²	
10	清理现场	m3	201194.000
20	挖除树根	棵	3877.000
20	挖方	m3	
10	挖土方	m3	333661.000
20	挖石方	m3	212339.000

图4-18 添加非标准项

【操作2】：

把鼠标指针放在需添加的位置，如放在“临时道路”所在行上，右击选择“插入”命令。则在“项目表”窗口中的“临时道路”分项后增加了一空行，输入新增分项的编号、名称、单位。

注：① 若建立的项目表需调整层次时，可通过工具栏快捷键→（降级）、←（升级）、↑（上移）、↓（下移）方向键调整，如图。新手使用时注意要谨慎，注意各分项的上下级、前后关系，否则会越调整越乱。

② 若要删除某分项，可选择该“项目”单击图标，或右击选择“删除”命令即可。

4.5.3　输入项目表各分项的工程量

当全部添加完成项目表后，在“项目表”窗口中的“数量”列输入根据设计图计算的各项目的工程量，如果某项目有两个单位，还需在“数量2”列中输入第二个工程量。如图4-19所示，如“临时便桥”的单位为“m/座”，应该在“数量”列输入便桥一共多少m，在“数量2”列中输入便桥一共有多少座。

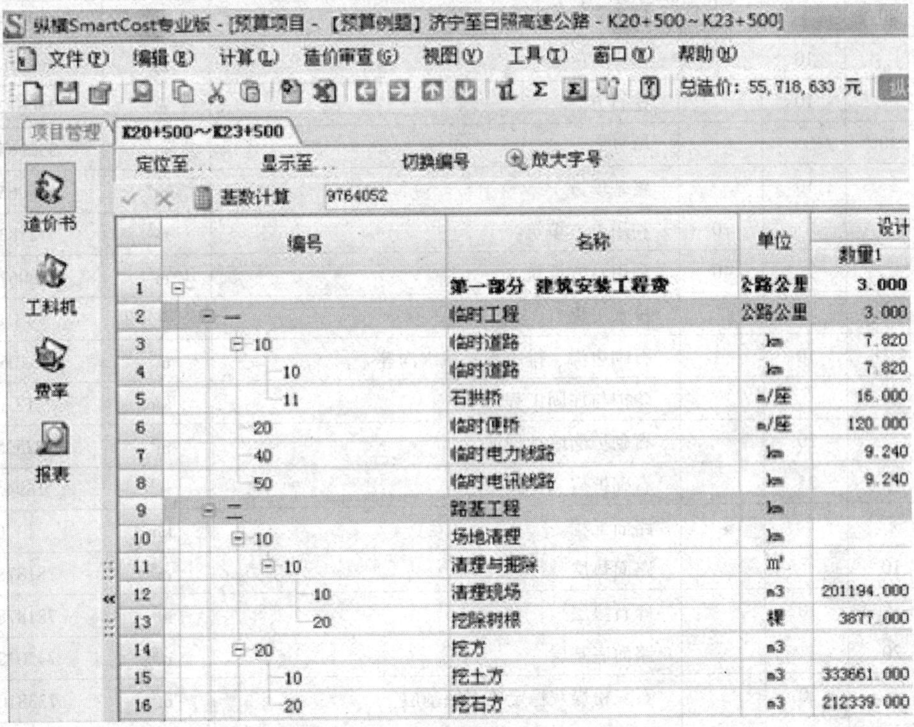

图4-19　输入各项目工程数量

【练习4-4】　建立表4-4所示的项目表。

表4-4　项目表（节选）

项	目	节	细目	工程或费用名称	单位	数量
				第一部分建筑安装工程费	公路公里	13.000
一				临时工程	公路公里	13.000
	10			临时道路	km	43.480
		10		临时道路	km	43.480
			10	临时便道的修建与维护	km	43.480
	20			临时便桥	m/座	220.000/1.000

（续）

项	目	节	细目	工程或费用名称	单位	数量
	21			石拱桥	m/座	20.000/1.000
	40			临时电力线路	km	69.000
	50			临时电信线路	km	33.775
二				路基工程	km	10.772
	10			场地清理	km	33.775
		10		清理与掘除	m^2	973400.000
			10	清除表土	m^3	105114.000
			20	伐树、挖根、除草	m^2	973400.000
	20			挖方	m^3	4160135.000
		10		挖土方	m^3	654013.000
		10		挖石方	m^3	3506122.000
	30			填方	m^3	3509653.000
		10		路基填方	m^3	3509653.000
			20	利用土方填筑	m^3	2183770
			40	利用石方填筑	m^3	3290676.000
	50			排水工程	公路公里	13.000
		10		石砌边沟、排水沟、截水沟等	m^3	68406.400
	60			防护与加固工程	km	13.000
		20		石砌护面墙、护坡	m^3	102525.900
		25		石砌护肩、护脚	m^3	1694.000
三				路面工程	km	13.000
	10			路面垫层	m^2	781878.000
		10		碎石垫层	m^2	781878.000
	20			路面底基层	m^2	745012.000
		20		石灰粉煤灰稳定碎石底基层	m^2	733810.000
		30		路面基层	m^2	740088.000
				石灰粉煤灰稳定碎石基层	m^2	729904.000
	31			稳定土拌和站	处	2.000
	40			透层、黏层、封层	m^2	747960.000
		10		透层	m^2	747960.000
		20		黏层	m^2	1869900.000
		30		下封层	m^2	747960.000
	50			沥青混凝土面层	m^2	747960.000
		10		沥青混凝土下面层 6cm	m^2	747960.000
		20		沥青混凝土中面层 6cm	m^2	956167.000
		30		沥青混凝土面层 4cm	m^2	837504.000

（续）

项	目	节	细目	工程或费用名称	单位	数量
	51			沥青拌和站	处	1.000
	60			水泥混凝土面层	m^2	9258.000
		10		水泥混凝土路面 26cm	m^2	5025.000
		15		水泥混凝土路面 24cm	m^2	4233.000
				第二部分设备及工具、器具购置费	公路公里	13.000
三				办公及生活用家具购置	公路公里	13.000
				第三部分工程建设其他费用	公路公里	13.000
一				土地征用及拆迁补偿费	公路公里	13.000
	10			土地补偿费	公路公里	13.000
二				建设项目管理费	公路公里	13.000
	10			建设单位（业主）管理费	公路公里	13.000
	30			工程监理费	公路公里	13.000
	50			设计文件审查费	公路公里	13.000
	60			竣（交）工验收试验检测费	公路公里	13.000
四				建设项目前期工作费	公路公里	13.000
十一				建设期贷款利息	公路公里	13.000
十二				新增加费用项目（作预备费基数）	公路公里	13.000
	10			招标代理服务费	公路公里	13.000
	30			水保、地灾评估费	公路公里	13.000
				第一、二、三部分费用合计	公路公里	13.000
				1. 预备费	元	
				2. 基本预备费	元	1.000
				新增加费用项目（不作预备费基数）	元	
1				水土保持方案报告书编制费用	公路公里	13.000
2				地质灾害危险性评估费用	公路公里	13.000
3				环境评估报告书编制费用	公路公里	13.000

4.6 分项的定额选择与定额调整

4.6.1 定额选择常用方法

1. 从部颁定额库选择定额

【操作】：

在“造价书”界面，选中需套用定额的分项最底层，单击屏幕右上角的“定额选择”图标，在相应的定额章节中找到需要套用的定额后，双击定额即可，如图 4-20 所示。

定额库的名称在“定额库”的左侧显示，默认打开的定额库是现行《公路工程预算定

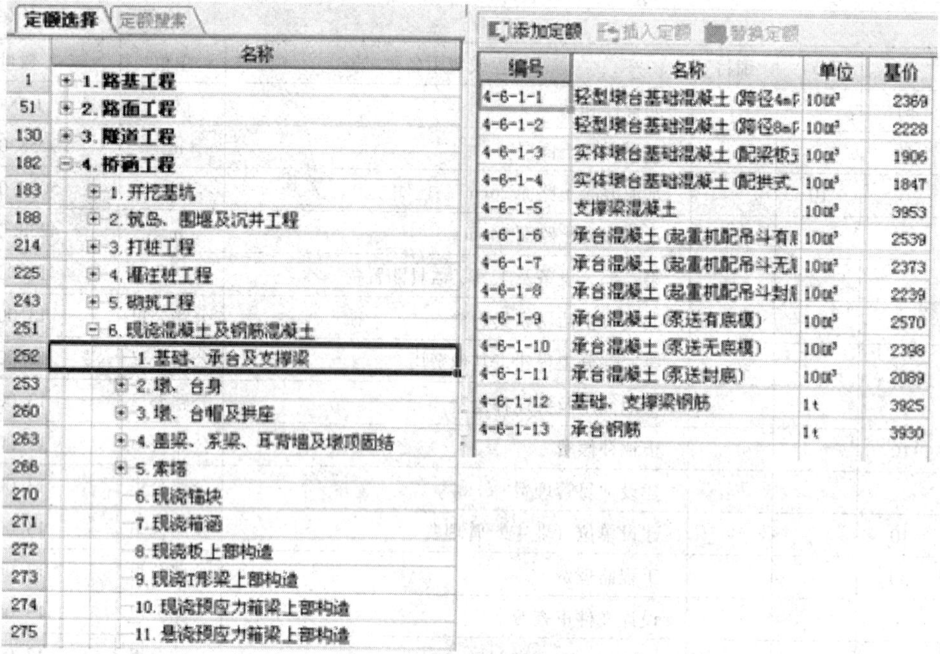

图 4-20　定额选择

额》。定额选择分为上、下两部分窗口显示，上半部分窗口显示的是定额库的各章、节、定额表名称，单击各章“+/−”，即可显示或关闭定额库的下一级内容；下半部分窗口显示的是各定额表中所包含的具体定额，在下半部分窗口中选择具体的定额。

【例 4-2】　选择高速公路“借土方填筑”分项的定额。施工方案：$2m^3$以内的挖掘机挖普通土，15t 自卸汽车运 1km，20t 以内的振动压路机压实。

经分析，应该选择的定额有三个：1－1－9－8“$2m^3$内挖掘机挖装土方普通土”；1－1－11－21“15t 内自卸车运土 1km”；1－1－18－5“高速一级路 20t 内振动压路机压土”。

1）单击选择“造价书”界面“项目表”窗口中“借土方填筑”这一栏，如图 4-21 所示。

2）单击屏幕右上角“定额选择”图标调出“定额选择”窗口。

3）在“定额选择”窗口上半部分的定额库中找到并选中相应的定额表，如 1－1－9“挖掘机挖装普通土”。

4）在下半部分找到定额编号为 1－1－9－8“$2m^3$内挖掘机挖装土方普通土”的定额，双击或选中该定额后单击“添加”按钮，即选中该定额到“借土方填筑”子目下。

5）重复 3）、4）步骤，按以上方法来选择第二个定额 1－1－11－21 和第三个定额 1－1－18－5，结果如图 4-21 所示。

屏幕左半屏幕分为上、下两部分，上半部分“项目表”窗口显示的是造价文件的项目表，下半部分“定额计算”窗口显示的是分项中所选的定额。

2. 删除已选定额

如果选错了或多选了定额，可删除。

【操作】：

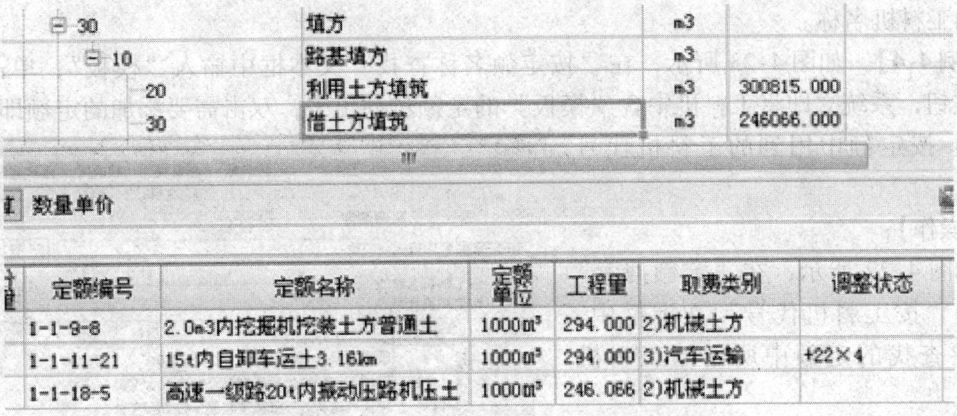

⊟ 30	填方	m3	
⊟ 10	路基填方	m3	
20	利用土方填筑	m3	300815.000
30	借土方填筑	m3	246066.000

数量单价

定额编号	定额名称	定额单位	工程量	取费类别	调整状态
1-1-9-8	2.0m3内挖掘机挖装土方普通土	1000m³	294.000	2)机械土方	
1-1-11-21	15t内自卸车运土3.16km	1000m³	294.000	3)汽车运输	+22×4
1-1-18-5	高速一级路20t内振动压路机压土	1000m³	246.066	2)机械土方	

图 4-21　借土方填筑定额套用

在“造价书”界面下半部分的“定额计算”窗口中，选中需删除的定额，右击选择“删除”命令或单击屏幕上方工具栏中“删除”图标。

3. 查找定额

定额库中有很多定额，我们要清楚地记得哪一条定额在哪一个表并不容易，对于初学者来说更是难以找到，软件提供了定额搜索功能，大大方便了我们查找定额。

（1）切换到“定额搜索”窗口

【操作】：

在“定额选择”窗口内，单击图 4-22 所示的“定额搜索”选项卡，切换到“定额搜索”窗口。

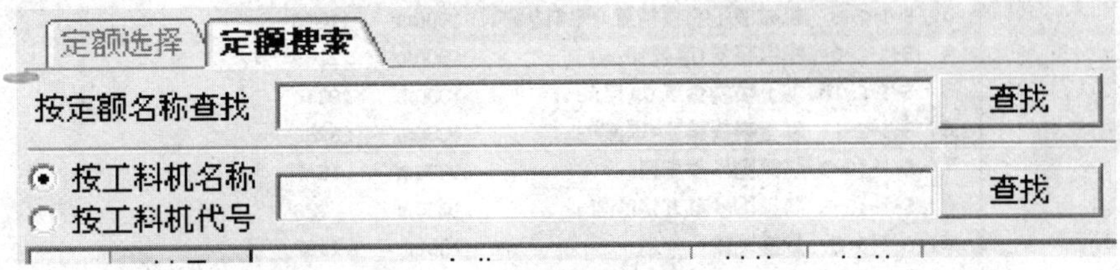

图 4-22　“定额搜索”窗口

（2）查找定额　软件提供了三种方法查找定额。

1）输入定额名称查找。

【操作】：

在图 4-22 所示“定额搜索”窗口的“按定额名称查找”文本框中输入所要查找的定额的全名或部分名称。

【例 4-3】 如图 4-22 所示，在“按定额名称查找”文本框中输入“交工”，系统立即将名称中含“交工”的定额过滤出来，双击需要添加的定额即可。

提示：搜索多个关键字间采用空格隔开。

2）按定额中用到的工料机名称查找。

【操作】：

在图 4-22 所示“定额搜索”窗口的“按工料机名称”文本框中，输入要查找的定额中所用的工料机名称。

【例 4-4】 如图 4-23 所示，在“按定额名称查找”文本框中输入“模板”，单击“查找”按钮，系统立即将工料机中含“模板”的定额过滤出来，双击需要添加的定额即可。

3）按定额中用到的工料机代号查找。

【操作】：

如图 4-22 所示，在“定额搜索”窗口的“按工料机代号”文本框中，输入要查找的定额中所用的工料机代号。

【例 4-5】 如图 4-24 所示，在“按工料机代号”文本框中输入“821”，单击“查找”按钮，系统立即将工料机中含“821”的定额过滤出来，双击需要添加的定额即可。

图 4-23 利用工料机名称搜索

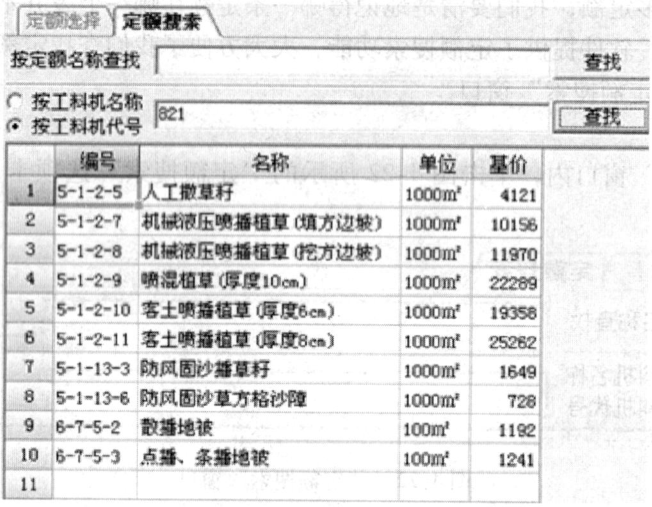

图 4-24 利用工料机代号搜索

4. 在定额输入栏中手动输入定额（智能定额逼近）

当对定额很熟悉，确定定额的编号时，可用输入定额编号的方式选择定额。

【操作】：

如图 4-25 所示，在“造价书”界面的“定额计算”窗口，在“定额编号”列直接输入定额编号。

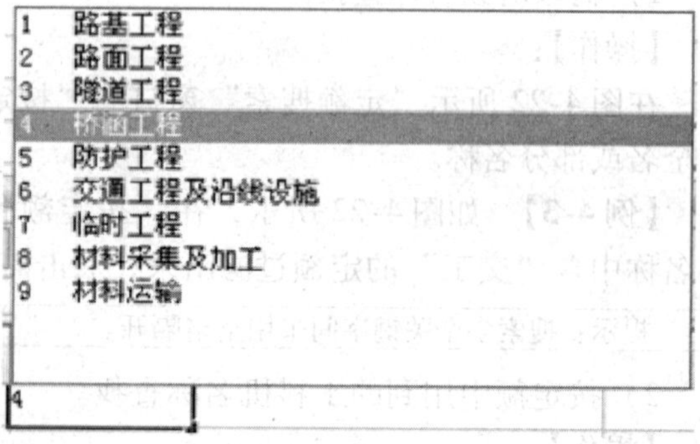

图 4-25 定额编号智能逼近

软件有智能定额逼近功能，会自动根据输入的定额编号智能逼近所需的定额，逐步提示无须死记定额号。

【例 4-6】　输入定额编号为 4 – 8 – 3 – 9 的定额。

在“造价书”界面下半部分“定额计算”窗口中“定额编号”列中输入“4 – 8 – 3 – 9”，随着数字的输入，系统自动展开下一级内容，如图 4-25 所示。输入完成后按 < Enter > 键即可。

可在显示出的定额号上双击，使用鼠标智能逼近选择定额。

> 注：《公路工程基本建设项目概算预算编制办法》附录一中的公路交工前养护费在纵横公路工程造价管理系统中已做成定额形式，需要计算此项费用，直接套用定额即可。单击“定额选择”选项卡，在第七章“临时工程”第七节“公路交工前养护费”中选择。
>
> 同样，“临时工程汽车便道养护”也已做成定额的形式，在第七章“临时工程”第一节“汽车便道”中选择。“基坑水泵台班消耗”亦然，在第四章“桥涵工程”第十六节“基坑水泵台班消耗”中选择。

4.6.2　定额调整

《公路工程概算定额》、《公路工程预算定额》作为行业标准，在发布后相当长一段时间内，是固定不变的，而实际工程千差万别，可能每个项目的运距、路面厚度、混凝土配合比均不一样，新工艺、新材料层出不穷，因此当某个施工过程的部分内容与所选定额不一致时，就需要对定额进行调整。定额调整也叫作定额抽换。

打开“定额调整”窗口：

【操作】：

在“造价书”界面，单击屏幕右侧的“定额调整”选项卡，出现“定额调整”窗口，如图 4-26 所示。“定额调整”窗口是开关式的，再单击一下“定额调整”选项卡，则会关闭窗口。

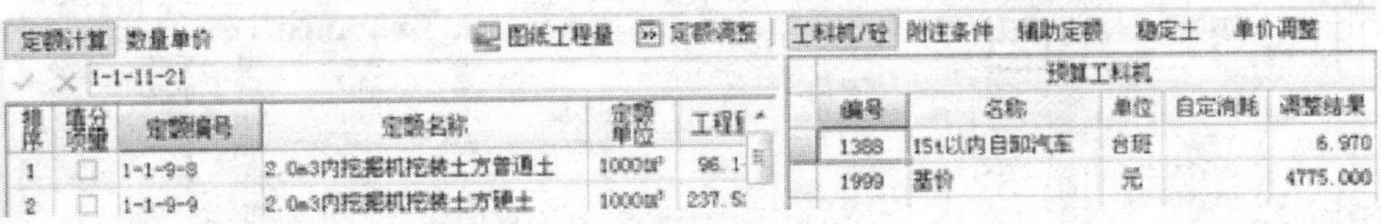

图 4-26　“定额调整”窗口（一）

纵横公路工程造价管理系统的定额调整分为工料机/砼、附注条件、辅助定额、稳定土、单价调整，如图 4-27 所示。

选中要调整的定额细目，单击“定额调整”选项卡，软件弹出“定额调整”窗口。

图 4-27　定额调整的划分

定额调整前，需先在“造价书”界面下半部分的“定额计算”窗口中选中要调整的定额。

1. “工料机/砼”调整

设计图上某个分项的施工所用人工、材料、机械设备、混凝土配合比等，如与所选定额不一致时，可在“工料机/砼”选项区中进行调整（注：只能调整定额规定可以调整的内容，否则应该选其他适用的定额）。

“工料机/砼”选项区中可进行“添加工料机、删除工料机、替换工料机、替换混凝土、替换商品混凝土、批量替换当前工料机”“自定义工料机的消耗量”等操作，其中改变水泥强度等级、碎砾石的粒径、混凝土或水泥砂浆的强度等级等操作，可单击“替换混凝土”命令进行调整。

（1）添加工料机　可以添加定额库中已有的工料机，还可以添加定额库中没有的新工料机。

【操作】：

在“工料机/砼”选项区任意位置右击，出现如图4-28所示菜单，选择“添加工料机”命令，弹出如图4-29所示的“选择工料机”对话框。

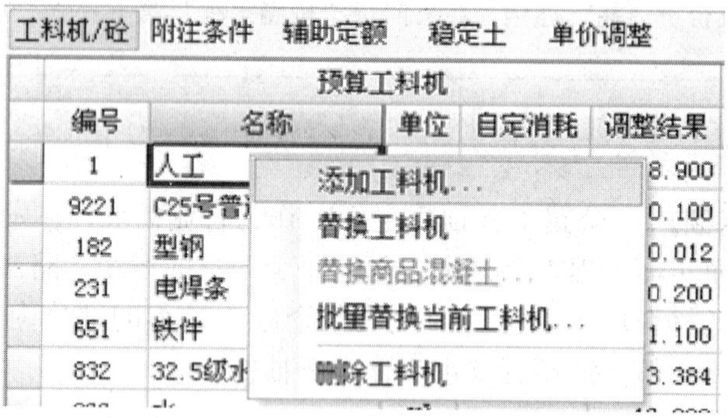

图4-28　添加工料机

图4-29　“选择工料机”对话框（一）

软件在“选择工料机”对话框的左上角“定额库工料机”下拉列表框中显示当前定额库名称，一般打开的是现行的《公路工程预算定额》。图中当前工料机列表所显示的是行业标准的工料机名称。

【操作】:

在图 4-29 所示“选择工料机”对话框的“选用”列勾选要添加的工料机，单击“确定”按钮，则选中的工料机会添加到需要调整的定额中去。

若需添加的工料机在别的定额库，则需单击“定额库工料机”下拉列表框右侧的下三角按钮，选择所需定额库为当前定额库。

如果需要添加定额库没有的新工料机，则单击图 4-29 所示“选择工料机”对话框左下角“新增工料机”按钮，出现“新工料机”对话框。可在“新工料机”对话框中输入需新增的工料机的各项属性数据。

也可以从 Excel 成批复制材料名称到“新工料机”对话框中，这个功能对绿化树苗、电缆、伸缩缝、支座等型号复杂的材料特别有用。

> 说明：可以新增的工料机类型为材料、机械和混凝土（混凝土需输入配合比）。
>
> 输入新工料机完成后，单击“新工料机”对话框中的“保存”按钮，软件统一将新增的工料机放置于“我的工料机库”内。
>
> 建立好的新工料机，可以单击“新工料机”对话框中的“导出”按钮，软件将新工料机数据以数据文件形式保存到计算机中。
>
> 当计算机中有可利用的工料机数据文件时，也可直接单击“新工料机”对话框中的“导入”按钮，导入新工料机到当前工料机列表中。

【例 4-7】 批量新增材料，如乔木。

首先，选中需要新增材料的定额，单击“定额调整”窗口中的“工料机/砼”选项卡，再右击选择“添加工料机”命令，单击左下角“新增工料机”按钮，如图 4-30 所示。

图 4-30 “新增工料机”按钮

然后，在 Excel 中编辑需批量增加的乔木的规格，如图 4-31 所示。

乔木	4cm	根	37
乔木	5cm	根	39
乔木	6cm	根	40
乔木	7cm	根	43
乔木	8cm	根	45
乔木	9cm	根	47
乔木	10cm	根	48

图 4-31 乔木示例

复制后，切换到“新工料机”对话框，在“名称”下粘贴，如图 4-32 所示。单击“保存”按钮，单击“关闭”按钮，关闭对话框后，返回“选择工料机”对话框。

材料 机械 混凝土

	编号	名称	型号规格	单位	定额价	类型	材料子类	毛重系数	一次装卸损耗率	场外运输损耗率	采购保管费率
1	220001	乔木	4cm	根	37	材料	一般材料	0	0	0	0
2	220002	乔木	5cm	根	39	材料	一般材料	0	0	0	0
3	220003	乔木	6cm	根	40	材料	一般材料	0	0	0	0
4	220004	乔木	7cm	根	43	材料	一般材料	0	0	0	0
5	220005	乔木	8cm	根	45	材料	一般材料	0	0	0	0
6	220006	乔木	9cm	根	47	材料	一般材料	0	0	0	0
7	220007	乔木	10cm	根	48	材料	一般材料	0	0	0	0

图 4-32 “新工料机”对话框

单击“确定”按钮后，就完成了批量新增材料，需要查看选用时，单击“我的新工料机”下拉列表框右侧的下三角按钮，如图 4-33 所示。找到需要添加的工料机，勾选后确定，并输入自定消耗，完成新增工料机的工作。

图 4-33　“选择工料机”对话框（二）

说明：为体现定额原貌及定额调整过程，删除功能以消耗量改为零来实现。

（2）删除工料机

【操作】：

在“定额调整”窗口的“工料机/砼”选项区中，单击需删除的工料机名称，单击出现的三个点图标[…]，选择“删除工料机”；或把鼠标指针放在需删除的工料机名称上，右击，在出现的菜单中选择“删除工料机”命令，如图 4-34 所示。

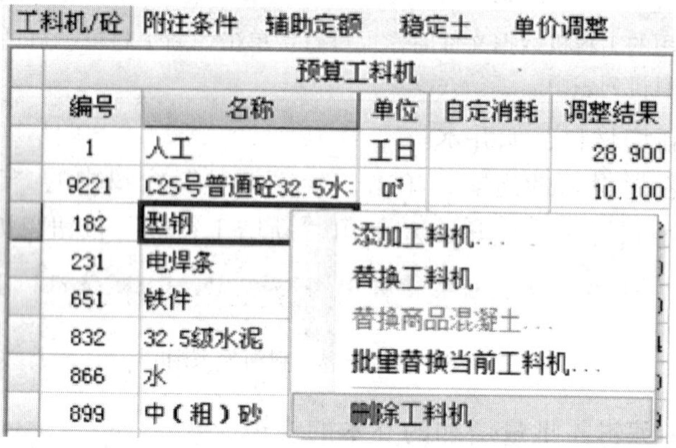

图 4-34　删除工料机

（3）替换工料机

【操作】：

在“定额调整”窗口的“工料机/砼”选项区中，单击需替换的工料机名称，单击出现的三个点图标[…]，选择“替换工料机”；或把鼠标指针放在需替换的工料机名称上，右击，在出现的菜单中选择“替换工料机”命令，如图 4-35 所示。出现“选择工料机”对话框，在“选用”列勾选替换后的工料机，单击“确定”按钮。

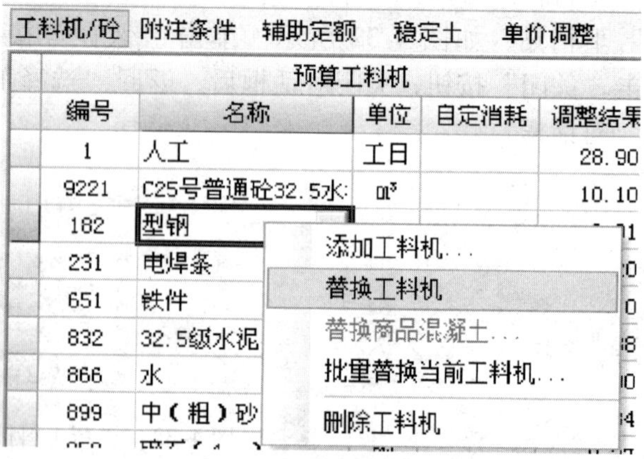

图 4-35　替换工料机

（4）自定工料机消耗　新增工料

机后，要输入其消耗量或要调整原有定额工料机消耗量时，均可在“自定消耗”中手动输入目标消耗量。

【操作】：

在“定额调整”窗口的“工料机/砼”选项区中，如图4-36所示，有一个“自定消耗”列，在“自定消耗”列内输入某工料机的目标消耗量，软件在“调整结果”列中显示调整后的工料机消耗量。

说明：①“调整结果”综合反映了各项定额调整后的消耗量数值，软件根据此列的值进行造价计算。如果输入错误，可直接在“自定消耗”列删除。

② 手动输入值是最优先进行造价计算的值，当没有进行工料机消耗量调整时，“自定消耗”列显示为空。该值不会因为其他定额调整状态的改变而改变，除非再次进行手动修改。

③“定额消耗”列显示《公路工程预算定额》中的工料机消耗量数值。其值不会改变。

注：任何时候均不宜自定义“混凝土、砂浆”等编号为9×××的消耗量，因在公路定额中，这些材料为半成品，其消耗量已分解为水泥、砂、碎石，是用分解材料的消耗量及单价进行造价计算的。可以通过新增混凝土功能新增新配合比混凝土。

（5）替换混凝土　当需改变水泥砂浆强度等级、混凝土强度等级、水泥强度等级、碎石粒径等，均应采用“替换混凝土”的办法进行，而非自定义水泥、碎石消耗量。

【例4-8】　把分项“20浆砌片石急流槽”所选定额1－2－3－3中使用的M5水泥砂浆，替换为M7.5水泥砂浆。

首先，单击选择需调整的定额1－2－3－3。

其次，单击屏幕右侧“定额调整”选项卡，出现“定额调整”窗口，选择“工料机/砼”选项卡，如图4-36所示。

图4-36　“定额调整”窗口（二）

然后，单击“M5水泥砂浆”，单击出现的三个点图标…，在弹出菜单中选择“替换混凝土”命令，出现如图4-37所示“选择工料机”对话框。

注：可以从图4-37左侧的分类中快速选择所要找的工料机。当找不到时，可输入工料机名称或工料机编号进行查找。

在图4-37中的M7.5水泥砂浆前的方框中打钩，再单击“确定”按钮。软件即把M5水泥砂浆替换成M7.5水泥砂浆，并在该定额的调整状态中可看到调整结果，如图4-38所示。

在“替换混凝土”过程中，请注意调整前后的消耗量变化，消耗量的变化是根据《公路工程预算定额》附录二中的“混凝土配合比表”进行自动替换。

注：根据《公路工程预算定额》附录的“混凝土配合比表”，碎石可用砾石替代。应通过“替换混凝土”的办法进行替换。在替换混凝土窗口中找到用砾石表示的混凝土的代号，打钩进行替换。

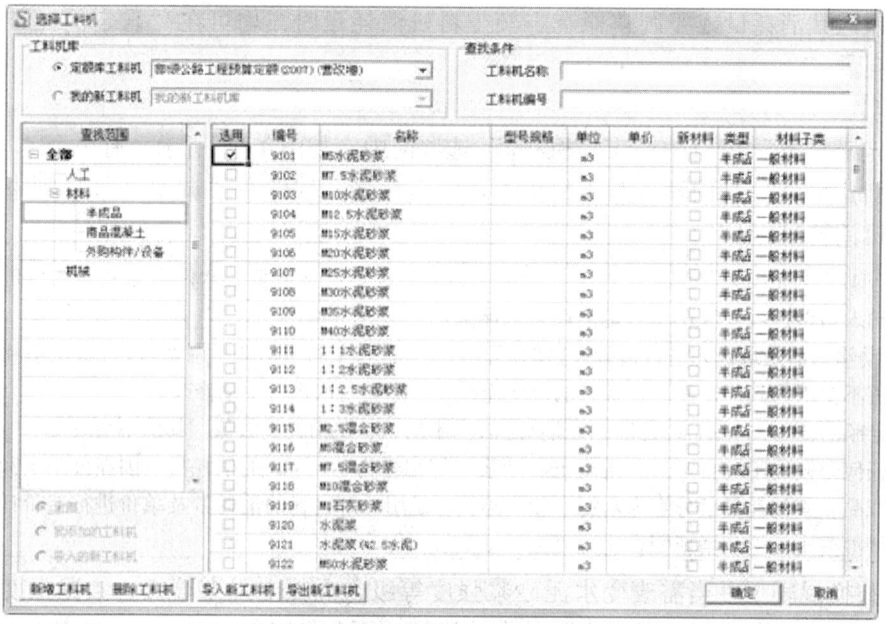

图 4-37 “选择工料机”对话框（三）

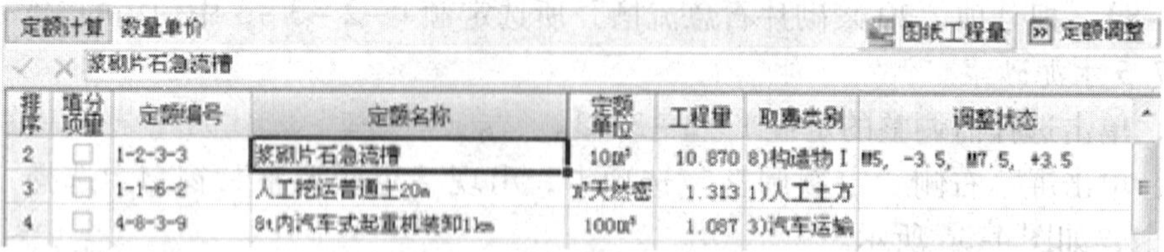

图 4-38 调整后状态

【例 4-9】 替换混凝土强度等级：C25 混凝土替换成 C30 混凝土。

选中需要调整的定额（如 4－6－1－5），单击“定额调整”按钮→“工料机/砼”选项卡，右键选中需要替换的“C25 号普通砼 32.5 水泥 4cm 碎石”，选择“替换混凝土”命令，如图 4-39 所示。在弹出的“选择工料机”对话框中选择“C30 号普通砼 32.5 水泥 4cm 碎石”，勾选确定即可，如图 4-40所示。替换混凝土强度等级和替换砂浆强度等级的操作是一样的。

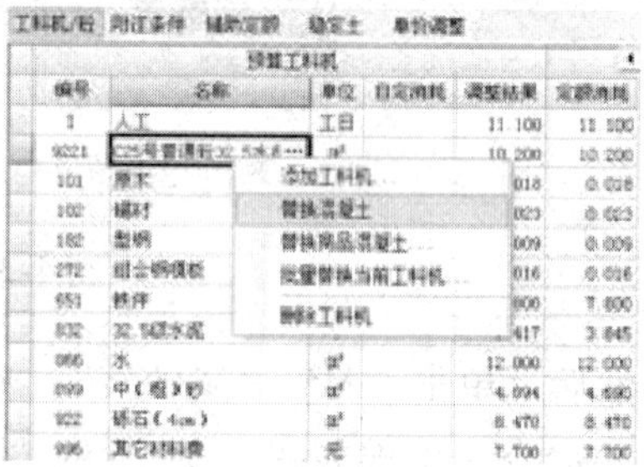

图 4-39 “工料机/砼”选项区

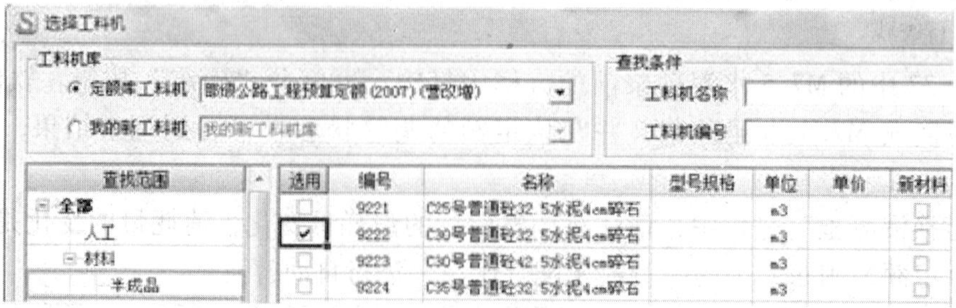

图 4-40 替换混凝土强度等级

注：在“替换混凝土“过程中，请注意调整前后的消耗量变化，消耗量的变化是根据《公路工程预算定额》附录二中的“混凝土配合比表”进行自动替换。

如果需要批量增加新工料机，可在 Excel 表中做成批量增加的材料。

【例 4-10】 替换商品混凝土。

选中需要调整的定额（如 4－6－10－2），单击“定额调整”按钮→“工料机/砼”选项卡，选中“C50 号泵送砼 42.5 水泥 2cm 碎石”，右键选择“替换商品混凝土”命令，弹出“选择工料机”对话框，找到需要替换的商品混凝土即可，如图 4-41 所示。

替换完成后，水泥、中（粗）砂、碎石的消耗量会自动扣除，水主要用于养护，所以消耗量不变。

注：① 取费类别选择构造物Ⅲ，构造物Ⅲ是指商品混凝土（包括沥青混凝土和水泥混凝土）的浇筑和外购构件及设备的安装工程。商品混凝土和外购构件及设备的费用不作为其他工程费和间接费的计算基数。详见《公路工程基本建设项目概算预算编制办法》。

② 水泥混凝土替换为商品混凝土时，系统自动弹出“询问”对话框，如图 4-42 所示，请先调整厚度。购买商品混凝土时，须知具体消耗量，即确定商品混凝土的体积。所以在软件中进行操作时，会提示“请先调整厚度，再替换商品砼”。不需要调整厚度时，确定继续操作即可。

③ 根据《公路工程预算定额》总说明第十一条：本定额中各类混凝土均按施工现场拌和进行编制，当采用商品混凝土时，可将相关定额中的水泥、中（粗）砂、碎石的消耗量扣除，并按定额中所列的混凝土消耗量增加商品混凝土的消耗。

预算工料机

编号	名称	单位	自定消耗	调整结果
1	人工	工日		15.700
9246	C50号泵送砼42.5水泥2cm碎石	m³	0.000	0.000
102	锯材	m³		0.090
182	型钢	t		0.028
271	钢模板	t		0.060
651	铁件	kg		10.100
833	42.5级水泥	t		0.000
866	水	m³		21.000
899	中（粗）砂	m³		0.000
951	碎石（2cm）	m³		0.000
996	其它材料费	元		32.400
10020	C50普通商品混凝土4cm碎石	m³	10.400	10.400
1308	60m³/h以内混凝土输送泵车	台班		0.090
1453	20t以内汽车式起重机	台班		0.470
1663	Φ100mm以内电动多级离心水泵	台班		0.300
1998	小型机具使用费	元		6.200
1999	基价	元		6272.000

图 4-41　定额调整后的工料机界面

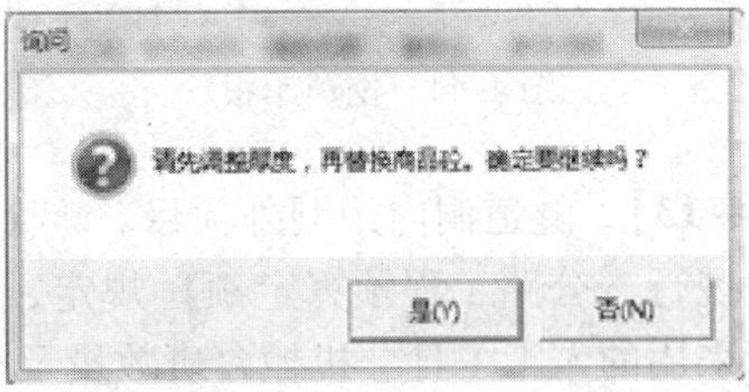

图 4-42　“询问”对话框

2. 附注条件

(1) 自定义系数　对定额中所有人工、材料、机械乘以相同的系数时，首先在“附注条件”选项区中“自定义系数”前的小方框打钩，单击下三角按钮，在框里填系数即可；如果对人工、材料、机械分别乘以不同的系数，则在相应的框中填入系数，不填之项默认为 1，如图 4-43 所示。

图 4-43　自定义系数

（2）根据定额书说明勾选系数　定额中常常出现章、节、定额附注说明，这些说明涉及定额乘系数、工料机抽换等方面，对造价结果有较大影响，而这些说明分散在章、节、定额中，必须熟悉定额的同时细心耐心，才能避免错计漏计。

纵横公路工程造价管理系统中已经将定额书中的说明做成了选项的形式，做预算时，直接根据实际情况勾选即可。

【操作】：

在“定额调整”窗口的“附注条件”选项区中，在“调整”列打钩选择相应的附注条件。

【例 4-11】　挖芦苇根。

根据现行《公路工程预算定额》规定，挖芦苇根按挖竹根乘 0.73 的系数，则挖芦苇根时需要进行定额调整。

选中需要调整的定额（1－1－1－10 挖竹根），单击“定额调整”按钮→“附注条件”选项卡，勾选“挖芦苇根定额 ×0.73”。勾选之后，软件会自动重算，自动改写调整状态。在定额的“调整状态”栏可看到“定额 ×0.73”的调整结果，如图 4-44 所示。

【例 4-12】　灌注桩桩径系数调整。

根据现行《公路工程预算定额》规定，当设计桩径与定额桩径不同时，可根据实际情况选择相应桩径。

选中需要调整的定额（如 4－4－4－43），单击“定额调整”按钮→“附注条件”选项卡，根据实际桩径勾选即可。勾选之后，定额名称会发生变化，软件会自动重算，自动改写调整状态。在定额的“调整状态”栏可看到“定额 ×0.97”的调整结果，如图 4-45 所示。

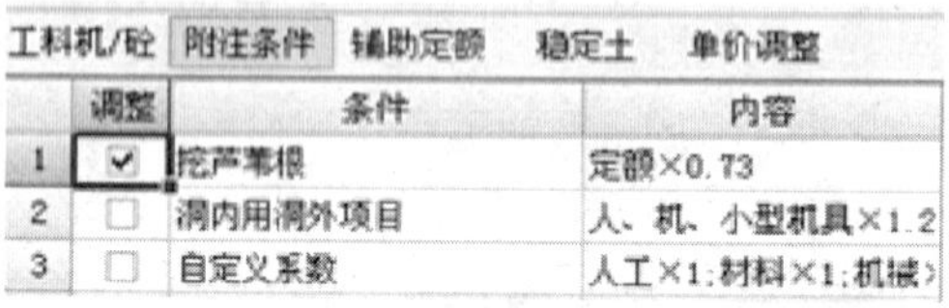

图 4-44　挖芦苇根

图 4-45　灌注桩桩径系数调整

【例 4-13】　隧道洞内用洞外项目。

根据现行《公路工程预算定额》规定，隧道洞内工程项目如需采用其他章节的有关项目时，所采用的人工工日、机械台班数量及小型机具使用费，应乘以 1.26 的系数。

如图 4-46 所示，只需勾选“洞内用洞外项目”，系统自动将所采用的定额的人工工日、机械台班数量及小型机具使用费乘以 1.26 的系数。勾选之后，软件会自动重算，自动改写调整状态。在定额的“调整状态”栏可看到“人、机、小型机具 ×1.26”的调整结果。

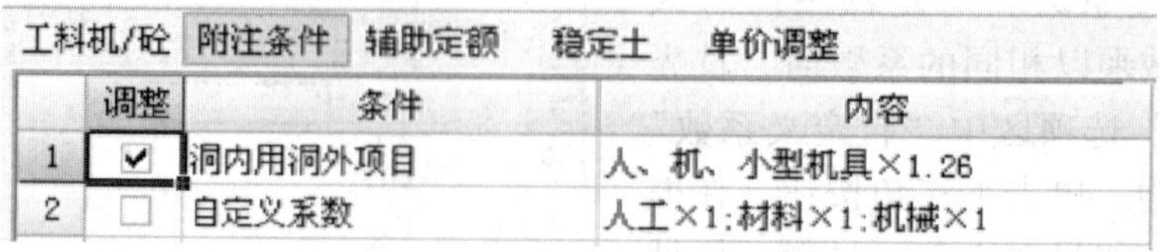

图 4-46　隧道洞内用洞外项目

对定额中所有人工、材料、机械乘以相同的系数时，首先在“附注条件”选项区中“自定义系数”前的小方框打钩，单击下三角按钮，在框里填系数即可；如果对人工、材料、机械分别乘以不同的系数，则在相应的框中填入系数，否则默认为 1。

3. 辅助定额

辅助定额主要是调整定额的运距、厚度、钢绞线的束数、强夯夯击点数次数等内容。

【操作】:

在“定额调整”窗口的“辅助定额”选项区中，在“实际值”列中输入实际的运距或厚度数字，并按 <Enter> 键。

软件将自动改写定额名称为实际运距或实际厚度，并自动进行辅助定额调整，显示调整状态，立即自动计算建筑安装工程费，刷新分项单价、金额、预算总造价。

【例 4-14】　调整运距：“8t 自卸车运土 10.2km”。

选中需要调整的定额（1－1－11－9），单击“定额调整”按钮→“辅助定额”选项卡，在“实际值”处输入“10.2”即可，软件自动选择 5km、10km、15km 以内的辅助定额，调整后，定额名称自动改变，单价随即自动计算，调整状态自动记录，如图 4-47 所示。

工料机/砼　附注条件　辅助定额　稳定土

	参数	定额值	实际值
1	运距km	1	10.2

定额编号	定额名称	定额单位	工程量	取费类别	调整状态	m3单价
1-1-11-9	8t内自卸车运土10.2km	m³天然密	21.187	3)汽车运输	+12×18	17.68

图 4-47　调整运距

注：自卸汽车运输路基土、石方定额项目和洒水汽车洒水定额项目，均按不同的运输距离综合考虑了施工便道的影响，仅适用于平均运距在 15km 以内的工程；当运距超过 15km 时，应按工程所在地社会运输的有关规定计算运费。

当运距超过第一个定额运距单位，其运距尾数不足一个增运定额单位的半数时不计，超过半数时按一个增运定额运距单位计算。

例如，平均运距为 10.2km 时，套用第一个 1km 和运距 15km 以内的增运定额 18 个单位后，尾数为 0.2km，不足一个增运定额单位（0.5km）的半数（0.25km），因此不计；如平均运距为 10.3 时，0.3km 已经超过一个增运定额单位的半数（0.25km），因此计，增运单位则合计为 19 个。

使用增运定额时要注意两点：平均运距一般不扣减第一个 1km；平均运距为整个距离内直接套用，不是分段套用。

【例 4-15】　调整水平泵送距离“圆柱式墩台混凝土（泵送 100m 内）”。

选中需要调整的定额（如 4－6－2－11），单击“定额调整”按钮→“辅助定额”选项卡，在“实际值”处输入实际泵送距离即可，人工、机械消耗量自动调整。调整后，自动计算造价，自动记录调整状态，如图 4-48 所示。

工料机/砼　附注条件　辅助定额　稳定土

	参数	定额值	实际值
1	水平泵送m	50	100

定额编号	定额名称	定额单位	工程量	取费类别	调整状态
4-6-2-11	圆柱式墩台混凝土(泵送高10m内)	10m³	322.000	8)构造物Ⅰ	+3×1

图 4-48　调整水平泵送距离

注：定额中采用泵送混凝土的项目均已包含水平和向上垂直泵送所消耗的人工、机械，当水平泵送距离超过定额综合范围时，可按定额说明增列人工及机械消耗量。向上垂直泵送不得调整。

【例 4-16】 钢绞线束数调整“预应力钢绞线束长 20m 内 3 孔 19.34 束/t”。

选中需要调整的定额（如 4－7－20－15），单击“定额调整”按钮→“辅助定额”选项卡，输入实际的钢绞线束数值即可，调整后，定额名称自动改变，单价随即自动计算，调整状态自动记录，如图 4-49 所示。

工料机/砼　附注条件　辅助定额　稳定土　单价调整

	参数	定额值	实际值
1	束数	18.94	19.34
2			
3			

图 4-49　调整钢绞线束数

4. 稳定土

当设计中水泥、石灰等各类稳定土的配合比与所选定额不一样时，可在“稳定土”窗口中进行调整。

【操作】：

在“定额调整”窗口的“稳定土”选项区中的“调整配合比”列中，手动输入调整后的各材料之间的比例即可。

【例 4-17】 调整水泥稳定碎石配合比“厂拌水泥碎石 4∶96 厚度 15cm”。

选中需要调整的定额（2－1－7－5），单击“定额调整”按钮→“稳定土”选项卡，在“调整配合比”列中输入实际配合比即可。切换到“工料机/砼”，可以看到，调整之后，水泥、碎石消耗量自动换算，无须其他任何操作，定额名称也会发生变化，单价随即自动计算，软件自动改写调整状态，如图 4-50 所示。

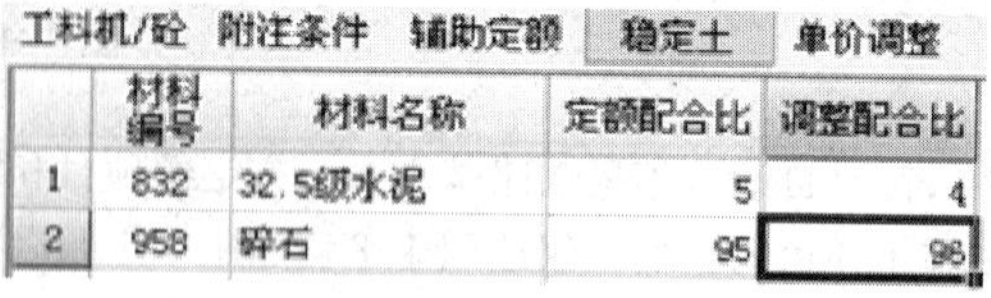

工料机/砼　附注条件　辅助定额　稳定土　单价调整

	材料编号	材料名称	定额配合比	调整配合比
1	832	32.5级水泥	5	4
2	958	碎石	95	96

图 4-50　调整配合比

5. 单价调整

材料预算单价可以在“工料机”汇总界面中进行输入或计算。也可直接在“定额调整”窗口中的“单价调整”选项区中修改材料预算价。如果在“单价调整”选项区中修改工料机预算单价，“工料机”汇总界面会自动生成一个与修改预算单价的工料机名称相同，但预算单价不同的新工料机。

【操作】：

在“定额调整”窗口的“单价调整”选项区中的“单价调整”列直接手动修改工料机的预算单价，系统会把该材料的名称后面增加后缀，并在“工料机汇总”界面中显示。

选中需要调整的定额，单击“定额调整”按钮→“单价调整”选项卡，在“单价调整”列直接输入实际单价即可。此单价调整只对本条定额相应材料单价起作用，可以看到本条定额被调价材料后会有“（1）”之类的字样，如图 4-51 所示。

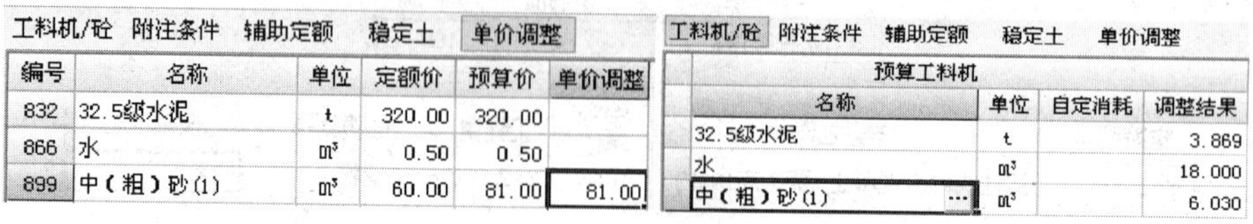

工料机/砼　附注条件　辅助定额　稳定土　单价调整

编号	名称	单位	定额价	预算价	单价调整
832	32.5级水泥	t	320.00	320.00	
866	水	m³	0.50	0.50	
899	中（粗）砂(1)	m³	60.00	81.00	81.00

工料机/砼　附注条件　辅助定额　稳定土　单价调整

预算工料机 名称	单位	自定消耗	调整结果
32.5级水泥	t		3.869
水	m³		18.000
中（粗）砂(1)	m³		6.030

图 4-51　单价调整

6. 自动统计“混凝土需计拌和量”

在“造价书”界面选中需要统计的分项，右键选择“混凝土需计拌和量”命令，弹出“混凝土合计”对话框，在对话框中可以查看混凝土的相关统计信息，选中混凝土拌和、运输定额，单击“填写工程量”按钮，软件自动将统计好的混凝土需计拌和量填写到定额工程量中。

【例 4-18】 在分项“桥台”上右键选择“混凝土需计拌和量”命令，选中“混凝土拌和”“运输定额”，单击“填写工程量”按钮，软件自动将统计好的混凝土需计拌和量（计损耗）填写到定额工程量中，如图4-52所示。

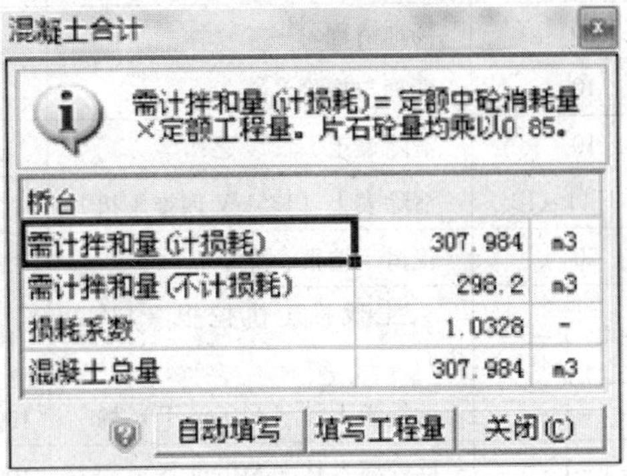

图 4-52　混凝土需计拌和量

> 提示：建筑安装工程费的计算方法有定额计算法和数量单价法。
>
> 定额计算法指的是采取套用定额的方式进行计算，具体的操作方法见第 1 章相关内容。
>
> 数量单价法指的是对某些不需套用定额或无定额可套用的部分分项，可以在“造价书”界面项目表中的“单价”列直接输入单价，也可输入单价的计算表达式，系统自动计算结果，并将计算式保留，以便修改，就像在 Excel 工作表中一样。其操作方法有：直接在项目表的“单价”列输入分项单价；在“数量单价”窗口输入数量单价直接计算分项单价。

【练习 4-5】 选定额及定额调整，见表 4-5。

表 4-5　定额选择及定额调整

编号	名称	单位	工程量	费率编号	备注
	第一部分建筑安装工程费	公路公里	13.000		
一	临时工程	公路公里	13.000		
10	临时道路	km	43.480		
10	临时道路	km	43.480		
10	临时便道的修建与维护	km	43.480		
7-1-1-1	汽车便道平微区路基宽 7m	1km	43.480	7	
7-1-1-5	汽车便道砂砾路面宽 6m	1km	43.480	7	
20	临时便桥	m/座	220/1		
7-1-2-1 改	汽车钢便桥	10m	22.000	8	997 量 9413.2
7-1-2-2 改	汽车便桥墩桩长 10m 以内	1 座	20.000	8	262 量 0.304
40	临时电力线路	km	69.000		
7-1-5-1	干线三线裸铝线输电线路	100m	435.000	8	
7-1-5-3	支线输电线路	100m	255.000	8	
50	临时电信线路	km	33.775		
7-1-5-4	双线通信线路	1000m	33.755	8	
二	路基工程	km	10.772		

（续）

编号	名称	单位	工程量	费率编号	备注
10	场地清理	km	33.775		
10	清理与掘除	m^2	973400.000		
10	清除表土	m^3	105114.000		
1-1-1-12	清除表土（135kW内推土机）	$100m^3$	1051.140	2	
20	伐树、挖根、除草	m^2	973400.000		
1-1-1-3	人工伐推土机挖根（135kW内）	10棵	6326.500	2	
1-1-1-4	砍挖灌木林（ϕ10cm下）稀	$1000m^2$	220.165	1	
1-1-1-5	砍挖灌木林（ϕ10cm下）密	$1000m^2$	753.235	1	
1-1-1-10	挖竹根	$10m^3$	1686.800	1	
20	挖方	m^3	4160135.000		
10	挖土方	m^3	654013.000		
1-1-12-17改	165kW内推土机60m松土	$1000m^3$	73.019	2	+20×4
1-1-12-19改	165kW内推土机20m硬土	$1000m^3$	70.079	2	定额×0.8
1-1-10-3	$3m^3$内装载机装土方	$1000m^3$	580.934	2	
1-1-11-21改	15t内自卸汽车运土0.5km	$1000m^3$	580.934	3	+22×(-1)
20	挖石方	m^3	3506122.000		
1-1-15-30改	165kW内推土机60m软石	$1000m^3$	756.796	5	+33×4
1-1-15-30改	165kW内推土机20m软石	$1000m^3$	2152.371	5	定额×0.8
1-1-15-31改	165kW内推土机20m次坚石	$1000m^3$	596.955	5	定额×0.8
1-1-10-5改	$2m^3$内装载机装软石	$1000m^3$	2152.371	5	定额×0.92
1-1-10-8改	$2m^3$内装载机装次坚石、坚石	$1000m^3$	596.955	5	定额×0.92
1-1-11-49改	15t内自卸汽车运石0.5km	$1000m^3$	2749.326	3	+50×(-1)，定额×0.92
30	填方	m^3	3509653.000		
10	路基填方	m^3	3509653.000		
20	利用土方填筑	m^3	218377.000		
1-1-4-3	人工挖土质台阶硬土	$1000m^2$	14.988	1	
1-1-5-3	填前夯（压）实（120kW内拖拉机）	$1000m^2$	44.335	2	
1-1-18-4	高速一级路15t内振动压路机压土	$1000m^3$	218.377	2	
40	利用石方填筑	m^3	3290676.000		
1-1-4-3	人工挖土质台阶硬土	$1000m^2$	221.702	1	
1-1-5-3	填前夯（压）实（120kW内拖拉机）	$1000m^2$	665.785	2	
1-1-15-30改	165kW内推土机20m软石	$1000m^3$	6.106	5	定额×0.8

（续）

编号	名称	单位	工程量	费率编号	备注
1-1-10-5 改	$2m^3$内装载机装软石	$1000m^3$	6.106	5	定额×0.92
1-1-11-49 改	15t 内自卸汽车运石 1km	$1000m^3$	6.106	3	定额×0.92
1-1-18-20	二级路 15t 内振动压路机压石	$1000m^3$	3290.676	5	
50	排水工程	公路公里	13.000		
10	石砌边沟、排水沟、截水沟等	m^3	68406.400		
1-2-1-3	人工挖沟硬土	$1000m^3$	6.065	1	
4-5-2-9 改	锥坡、沟、槽、池	$10m^3$	4132.600	8	M5，-3.5，M7.5，+3.5
1-2-3-2 改	浆砌块石边沟、排水沟、截水沟	$10m^3$	2708.040	8	M5，-2.7，M7.5，+2.7，添 770 量 2.87
4-11-5-1	砂砾垫层	$10m^3$	28.470	8	
4-11-7-13	沥青麻絮伸缩缝	$1m^2$	184.578	8	
60	防护与加固工程	km	13.000		
20	石砌护面墙、护坡	m^3	102525.900		
5-1-10-3 改	护面墙	$10m^3$	1495.250	8	M5，-2.7，M7.5，+2.7，人工×1.15，机械×1.15，899 价 90.00
5-1-10-3 改	实体护坡	$10m^3$	104.540	8	M5，-2.7，M7.5，+2.7，899 价 90.00
5-1-10-3 改	拱形骨架护坡	$10m^3$	7509.210	8	M5，-2.7，M7.5，+2.7，人工×1.3，机械×1.3，899 价 90.00
4-5-7-2 改	砖砌拱形骨架护坡	$10m^3$	223.880	8	M5，-2.4，M7.5，+2.4 899 价 90.00
4-7-28-10	预制混凝土块件钢模	$10m^3$	24.510	8	
4-7-28-11	小型构件钢筋	1t	59.995	13	
4-5-5-2	墩、台、墙镶面高 20m 内	$10m^3$	24.510	8	
4-5-4-2	粗料石护面墙	$10m^3$	895.140	8	
4-11-7-13	沥青麻絮伸缩缝	$1m^2$	625.960	8	
5-1-1-3	满铺边坡（高 20m 以上）	$1000m^2$	190.079	8	
5-1-2-2	三维植被挂网	$1000m^2$	190.079	8	
4-11-6-17	水泥砂浆抹面（厚 2cm）	$100m^2$	394.070	8	
1-1-6-2 改	人工挖运普通土 50m	$1000m^3$	25.285	1	+4×3
4-11-11-1	混凝土搅拌机拌和（250L 内）	$10m^3$	24.755	8	
25	石砌护肩、护脚	m^3	1694.000		
4-5-3-1 改	护肩	$10m^3$	6.500	8	899 价 90.00
4-5-3-1 改	粗料石护肩	$10m^3$	1.500	8	899 价 90.00

（续）

编号	名称	单位	工程量	费率编号	备注
4-5-3-10 改	护脚	$10m^3$	161.400	8	M5，-2.7，M7.5，+2.7 899 价 90.00
4-1-1-1 改	人工挖基坑深 3m 内干处土	$1000m^3$	0.369	8	定额×0.6
4-11-7-13	沥青麻絮伸缩缝	$1m^2$	1.000	8	
三	路面工程	km	13.000		
10	路面垫层	m^2	781878.000		
10	碎石垫层	m^2	781878.000		
2-1-3-31 改	石灰土碎石 5:15:80 稳拌机厚 20cm	$1000m^2$	781.878	7	+32×5
20	路面底基层	m^2	745012.000		
30	石灰粉煤灰稳定碎石底基层	m^2	733810.000		
2-1-7-31 改	厂拌石灰粉煤灰碎石 7:13:80 厚度 20cm	$1000m^2$	733.810	7	+32×5，7:13:80
2-1-8-21 改	稳定土运输 15t 内 4km	$1000m^3$	14.676	3	+22×6
2-1-9-6	平地机铺筑底基层（150kW 内）	$1000m^2$	733.810	7	
30	路面基层	m^2	740088.000		
30	石灰粉煤灰稳定碎石基层	m^2	729904.000		
2-1-7-31 改	厂拌石灰粉煤灰碎石 7:13:80 厚度 20cm	$1000m^2$	729.904	7	+32×5，7:13:80
2-1-8-21 改	稳定土运输 15t 内 4km	$1000m^3$	145.981	3	+22×6
2-1-9-5	平地机铺筑基层（150kW 内）	$1000m^2$	729.904	7	
31	稳定土拌和站	处	2.000		
2-1-10-4	厂拌设备安拆（300t/h 内）	1 座	6.000	10	
4-11-1-3	推土机平整场地	$1000m^2$	12.500	8	
2-1-1-5	人工铺碎石垫层厚 15cm	$1000m^2$	2.500	7	
7-1-1-1	汽车便道平微区路基宽 7m	1km	2.500	7	
7-1-1-5	汽车便道砂砾路面宽 6m	1km	2.500	7	
40	透层、黏层、封层	m^2	747960.000		
10	透层	m^2	747960.000		
2-2-16-3	石油沥青半刚性基层透层	$1000m^2$	747.960	7	
20	黏层	m^2	1869900.000		
2-2-16-5	石油沥青沥青层黏层	$1000m^2$	1869.900	7	
30	下封层	m^2	747960.000		
2-2-16-11	石油沥青层铺法下封层	$1000m^2$	747.960	7	
50	沥青混凝土面层	m^2	747960.000		

（续）

编号	名称	单位	工程量	费率编号	备注
10	沥青混凝土下面层 6cm	m^2	747960.000		
2-2-11-4	粗粒沥青混凝土拌和（160t/h 内）	$1000m^3$	44.878	6	
2-2-13-21 改	混合料运输 15t 内 8km	$1000m^3$	44.878	3	+23×14
2-2-14-42	机铺沥青混凝土粗粒式 160t/h 内	$1000m^3$	44.878	6	
20	沥青混凝土中面层 6cm	m^2	956167.000		
2-2-11-10	中粒沥青混凝土拌和（160t/h 内）	$1000m^3$	57.370	6	
2-2-13-21 改	混合料运输 15t 内 8km	$1000m^3$	57.370	3	+23×14
2-2-14-43	机铺沥青混凝土中粒式 160t/h 内	$1000m^3$	57.370	6	
30	沥青混凝土面层 4cm	m^2	837504.000		
2-2-12-2 改	沥青玛琋脂碎石拌和（160t/h 内）	$1000m^3$	33.500	6	965 价 80.00
2-2-13-21 改	混合料运输 15t 内 8km	$1000m^3$	33.500	3	+23×14
2-2-14-56	机铺沥青玛琋脂碎石 240t/h 内	$1000m^3$	33.500	6	
51	沥青拌和站	处	1.000		
2-2-15-4	混合料拌和设备安拆（160t/h 内）	1 座	2.000	10	
4-11-1-3	推土机平整场地	$1000m^2$	3.000	8	
2-1-1-5	人工铺碎石垫层厚 15cm	$1000m^2$	2.500	7	
7-1-1-1	汽车便道平微区路基宽 7m	1km	1.000	7	
7-1-1-5	汽车便道砂砾路面宽 6m	1km	1.000	7	
60	水泥混凝土面层	m^2	9258.000		
10	水泥混凝土路面 26cm	m^2	5025.000		
2-2-17-1 改	人工铺筑混凝土厚 26cm	$1000m^2$	5.025	6	+2×6
2-2-19-5 改	水泥混凝土运输 6t 内 4km	$1000m^3$	1.307	3	+6×6
2-2-17-13	拉杆传力杆（人工轨道摊铺机铺）	1t	3.285	13	
15	水泥混凝土路面 24cm	m^2	4233.000		
2-2-17-1 改	人工铺筑混凝土厚 24cm	$1000m^2$	4.233	6	+2×4
2-2-19-5 改	水泥混凝土运输 6t 内 4km	$1000m^3$	1.016	3	+6×6
2-2-17-13	拉杆传力杆（人工轨道摊铺机铺）	1t	2.770	13	

4.7 计算第二、三部分费用

4.7.1 第二部分设备、工具、器具及家具购置费的计算

根据现行《公路工程基本建设项目概算预算编制办法》的规定，第二部分费用包括设备购置费、工器具购置费、办公和生活用家具购置费三部分。设备购置费包括了设备原价、运杂费、运输保险费、采购及保管费。工器具购置费的计算方法同设备购置费。设备、工器具购置费等于购置清单中设备、工器具购置数量乘以运到工地施工现场的单价，其计算公式为

$$设备、工器具购置费 = \Sigma（设备、工具、器具购置数量 \times 单价 + 运杂费）\times（1 + 采购保管费率）$$

设备、工具、器具购置费的计算分为两种情况。

（1）已知设备、工器具运至工地施工现场的购置价格

【操作】：

在“造价书”界面下半部分“数量单价”窗口中，输入设备、工器具购置的数量和购置价格（运至工地施工现场的价格），如图 4-53 所示。

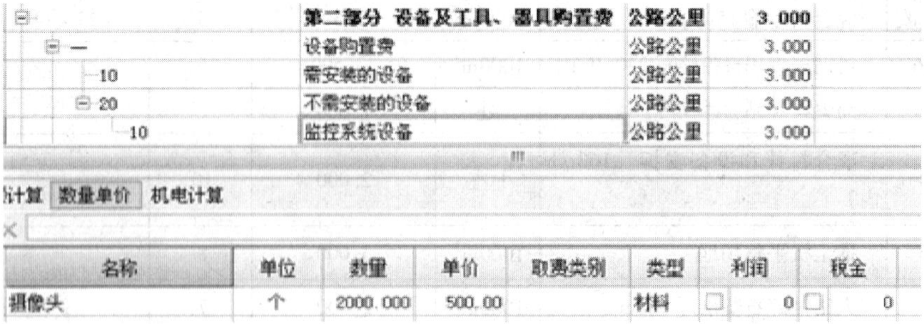

图 4-53 “数量单价”窗口

（2）只知设备、工器具原价（即出厂价或供应价） 如果只知道出厂价或供应地点的供应价，需在软件中计算设备、工器具运到施工现场的价格。

【操作】：

在“造价书”界面下半部分的“机电计算”窗口中输入设备、工器具购置名称、数量及设备和工器具的原价、运杂费费率、运输保险费费率、采购及保管费费率等数据，软件自动计算运至施工现场的价格和所需的购置费，如图 4-54 所示。

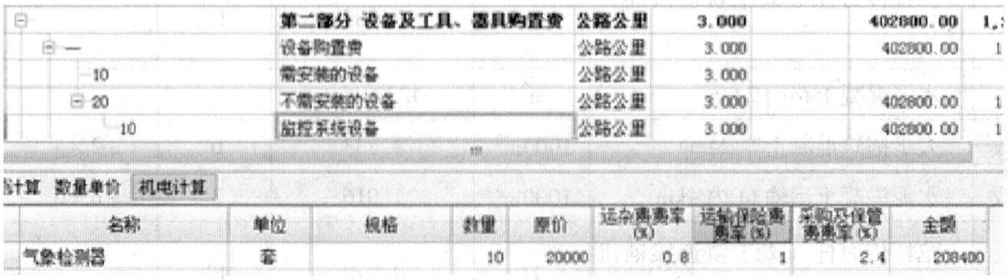

图 4-54 “机电计算”窗口

4.7.2 办公和生活用家具购置费的计算

根据现行《公路工程基本建设项目概算预算编制办法》规定了不同道路等级（桥梁等级）每公里（每座桥）的办公和生活用家具购置费用标准。

【操作】:

在“造价书”界面“项目表”窗口的“单价”列输入每公里（每座桥）的办公和生活用家具购置费，软件自动乘以公里数（桥梁座数），得到办公和生活用家具购置费，如图4-55所示。

⊟		第二部分 设备及工具、器具购置费	公路公里	3.000	17500.00
	三	办公及生活用家具购置	公路公里	3.000	17500.00

图4-55 办公及生活用家具购置费

【练习4-6】 根据表4-6计算办公及生活用家具购置费。

表4-6 办公及生活用家具购置费

编号	项目名称	单位	数量	计算方法
三	办公及生活用家具购置	公路公里	13.000	
	路线工程	公路公里	33.760	单价：17500元

4.7.3 工程建设其他费用计算

工程建设其他费用包括了土地征用及拆迁补偿费、建设项目管理费、研究试验费、建设期贷款利息等费用，这些费用的计算方法有“数量单价”法和“基数计算”法两种。

1. “数量单价”法

例如：拆迁补偿费的计算，是根据设计图列出的需拆迁征用数量乘以地方政府规定的拆迁征用补偿单价，用“数量单价”法计算。

【操作】:

在“造价书”界面下半部分“数量单价”窗口中逐项输入拆迁征用土地建筑物等的数量、补偿单价，软件自动计算其费用。

2. “基数计算”法

例如：现行《公路工程基本建设项目概算预算编制办法》规定建设项目管理费中的建设单位（业主）管理费、工程质量监督费、工程监理费等费用采用计算基数乘以相应的费率计算。在软件中，单击对应分项“金额”单元格，单击三个点图标…，在弹出的“表达式编辑器”对话框中输入相应公式即可。

【例4-19】 计算工程监理费。

分析：现行《公路工程基本建设项目概算预算编制办法》中规定，工程监理费等于建筑安装工程费（简称建安费）乘以工程监理费费率。

1）单击“造价书”界面“项目表”窗口中“工程监理费”的“金额”单元格，单击三个点图标…，出现如图4-56所示的“表达式编辑器”对话框。

2）在图4-56“表达式编辑器”对话框左侧的“计算基数”列表框中，下拉滚动条找

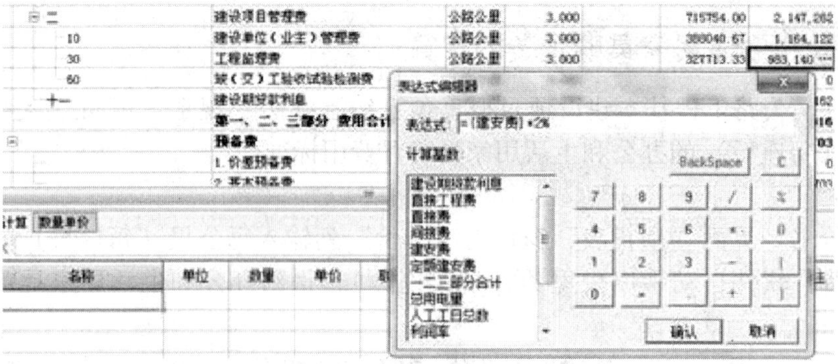

图 4-56　工程监理费计算

到“建安费”，双击“建安费”，该基数即显示在“表达式编辑器”对话框中的“表达式”文本框中，再继续输入“＊2%”即得到工程监理费的计算公式，显示在“表达式”文本框中，如图 4-56 所示，单击“确认”按钮，软件会自动按公式计算工程监理费。

注：① 建设单位（业主）管理费费率不固定而是变化的，建筑安装工程费在不同的金额时，费率不同，其费率按累进办法计算，故软件将建设单位管理费的计算基数定义为“累进办法建管费”，而不是“建安费”。

② 软件自动根据建安费大小设置了建设单位（业主）管理费费率，故不用再在“表达式”文本框中输入费率，其计算公式就是“累进办法建管费”。

③ 建设单位管理费默认是以“建安费”为基数计算，我们也可从“文件”菜单→“项目属性”命令→“计算参数”列表框中选择以“定额建安费”总额为基数计算建设单位管理费。根据各省的编制办法，建设单位管理费已做成基数。

【例 4-20】 计算建设期贷款利息。

把鼠标指针放在“造价书”界面“项目表”窗口中的“建设期贷款利息”这一行上，右击，选择“建设期贷款利息设置”命令，弹出“建设期贷款利息”编辑器对话框，如图 4-57 所示。

建设期贷款利息有固定金额计算模式和基数比例计算模式两种计算方式。

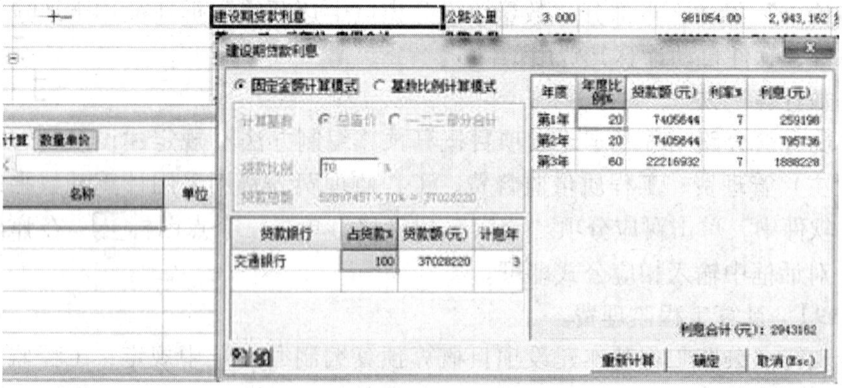

图 4-57　固定金额计算模式

（1）固定金额计算模式　在图 4-57“建设期贷款利息”编辑器对话框中选择“固定金额计算模式”，输入贷款计息年、每年贷款额、利率等相关数值，单击“确定”按钮即可。

(2) 基数比例计算模式 在图4-58“建设期贷款利息”编辑器对话框中选择“基数比例计算模式”，输入贷款银行、占贷款（最终和为100%）、计息年、年度比例（最终和为100%）、利率等数据。

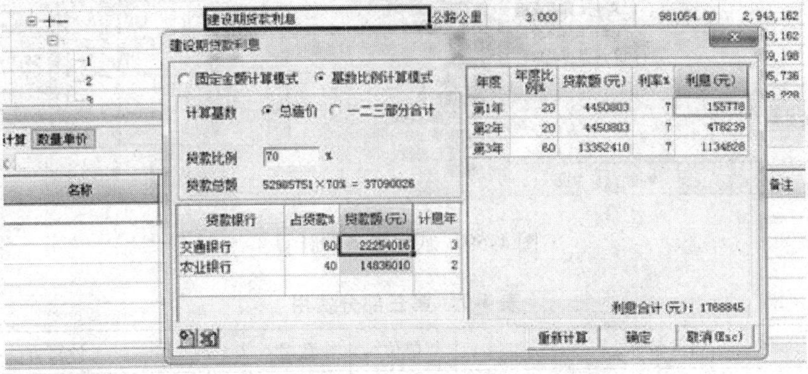

图4-58 基数比例计算模式

注：根据财综［2008］78号文，工程质量监督费、工程定额测定费已经取消。施工机构迁移费、供电贴费、固定资产投资方向调节税目前暂不计。价差预备费因发改委自1999年以来未发布工程造价增涨率，故也未计。

4.7.4 预备费计算

1. 价差预备费

价差预备费以概（预）算或修正概算第一部分建筑安装工程费总额为基数，按设计文件编制年始至建设项目工程竣工年终的年数和年工程造价增涨率计算。计算公式为

$$价差预备费 = P[(1+i)^{n-1}-1]$$

式中 P——建筑安装工程费总额；

i——年工程造价增涨率（%）；

n——设计文件编制年至建设项目开工年+建设项目建设期限。

计算方法同前述“基数计算”法，在“表达式编辑器”对话框中输入计算公式。

2. 基本预备费

基本预备费以第一、二、三部分费用之和（扣除固定资产投资方向调节税和建设期贷款利息两项费用）为基数按下列费率计算：

设计概算按5%计列；修正概算按4%计列；施工图预算按3%计列。

其计算公式涉及以“金额列的任一单元格”为计算基数。

【例4-21】 计算基本预备费。

如图4-59所示，单击“项目表”窗口中基本预备费的“金额”列，单击三个点图标 ..., 弹出“表达式编辑器”对话框；输入“=（{一二三部分合计}－F75）*3%”。其中，F75为第75行，建设期贷款利息的金额值，指建设期贷款利息的计算基数要减去贷款利息本身。

【练习4-7】 根据表4-7中的计算方法，计算表中所列各费用。

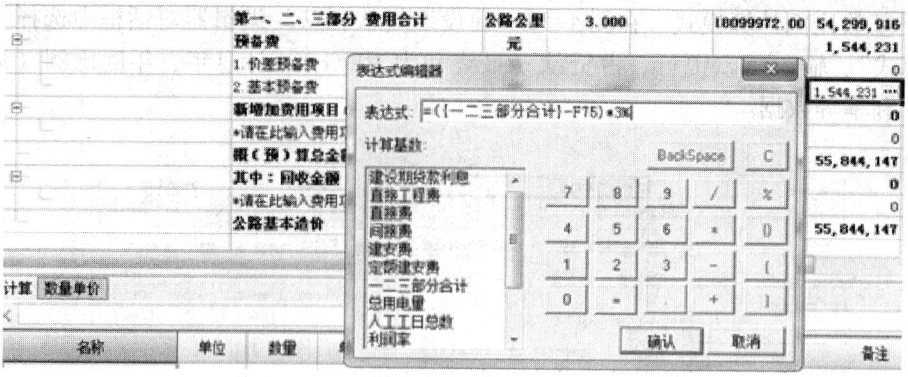

图 4-59　基本预备费计算

表 4-7　第三部分费用

编号	项目名称	单位	数量	计算方法
二	建设项目管理费	公路公里	13.000	
10	建设单位（业主）管理费	公路公里	13.000	{累进办法建管费}
30	工程监理费	公路公里	13.000	{建安费}×2%
50	设计文件审查费	公路公里	13.000	{建安费}×0.1%
60	竣（交）工验收试验检测费	公路公里	13.000	
四	建设项目前期工作费	公路公里	13.000	
	勘察设计费	元	1.000	单价：19982983
	林地占用可行性研究费用	元	1.000	单价：250000
	文物普查费用	元	1.000	单价：800000
十一	建设期贷款利息	公路公里	13.000	{建设期贷款利息}
十二	新增加费用项目（作预备费基数）	公路公里	13.000	
10	招标代理服务费	公路公里	13.000	
	招标代理服务费	元	1.000	单价：600000
30	水保、地灾评估费	公路公里	13.000	{建安费}×0.01%
	预备费	元		
	基本预备费	元	1.000	({一二三部分合计}-{建设期贷款利息})×3%
	新增加费用项目（不作预备费基数）	元		
1	水土保持方案报告书编制费用	公路公里	13.000	
	水土保持方案报告书编制费用	元	1.000	单价：480000
2	地质灾害危险性评估费用	公路公里	13.000	
	地质灾害危险性评估费用	元	1.000	单价：380000
3	环境评估报告书编制费用	公路公里	13.000	
	环境评估报告书编制费用	元	1.000	单价：340000

4.8 补充定额的调整及编制

4.8.1 调用补充定额

补充定额是指《公路工程预算定额》（或概算定额）内没有包含的定额，如为新工艺作的补充定额，系统已内置各省近年公路工程的大量新工艺定额，内容包括路基、路面、隧道、桥涵、防护、绿化、交通工程及沿线设施等，可直接调用。

下面介绍如何调用其他省份的补充定额及如何新建补充定额。

首先，在“造价书”界面，单击 定额库 ，单击左下角“增加定额库”，在弹出的“打开”对话框中进行选择，如图4-60所示。

单击定额库旁边的▾，即可切换当前定额库，调用补充定额。

注：调用完补充定额后，切换回部颁定额。

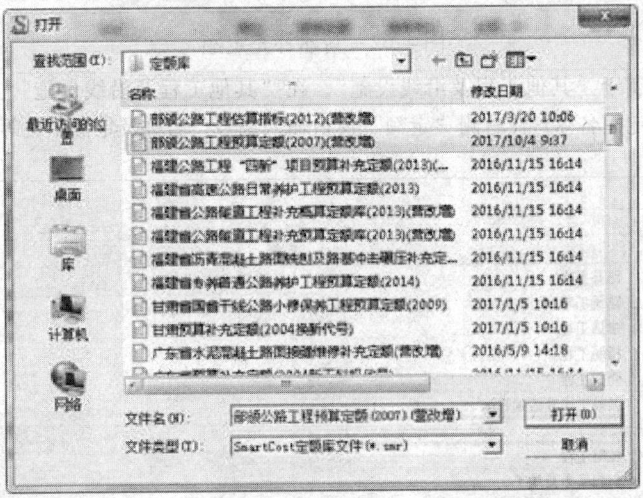

图4-60 定额库

4.8.2 新建补充定额

【例4-22】 新建“防抛网”补充定额。防抛网的工料机消耗如图4-61所示。

6 -1-1 防抛网

50 m

序号	工料机名称	单位	代号	工料机单价	防抛网(一)	防抛网(二)
					1	2
1	人工	工日	1	49.2	5.3	4
2	钢丝	kg	131	4.97	33.9	33.9
3	钢管	t	191	5610	0.124	0.155
4	螺栓	kg	240	10.65	42.931	1.131
5	膨胀螺栓	套	242	3.3	120	
6	铁丝编制网	m^2	693	18.84	99	82.5
7	其他材料费	元	996	1	28	25
8	4t以内载货汽车	台班	1372	293.84	0.15	0.15
9	小型机具使用费	元	1998	1	23	23
10	基价	元	1999	1	3938	2893

图4-61 防抛网工料机消耗

建立补充定额操作如下：

在“工具”菜单中选择“定额库编辑器”命令，在“SmartCost 定额库编辑器”界面中单击“新建”按钮，如图 4-62 所示。

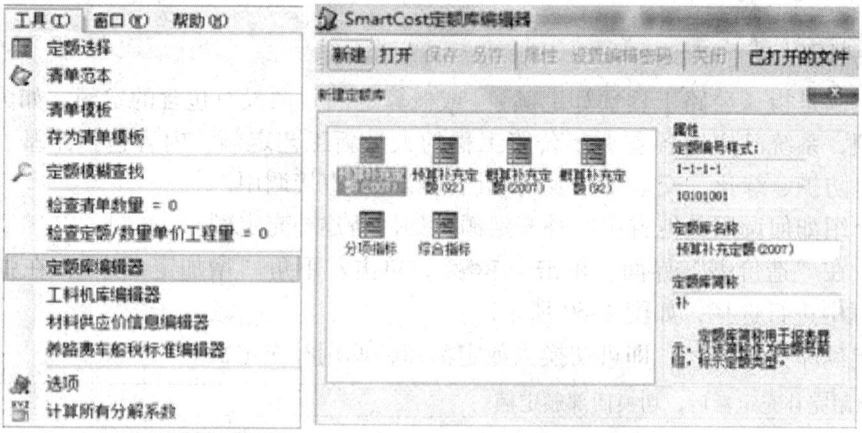

图 4-62　新建补充定额

注：此新建定额属于“其他工程及沿线设施”，在“其他工程及沿线设施”上右击选择“增加子项”命令，输入补充定额名称，在右侧“定额”窗口输入编号、名称及定额单位等基本信息，如图4-63所示。

图 4-63　新增定额编号

建立好补充定额项后，在“工料机”窗口右击添加工料机，输入定额消耗。软件自动计算该补充定额的基价，单击“保存”按钮，如图 4-64 所示，即可调用新增补充定额。

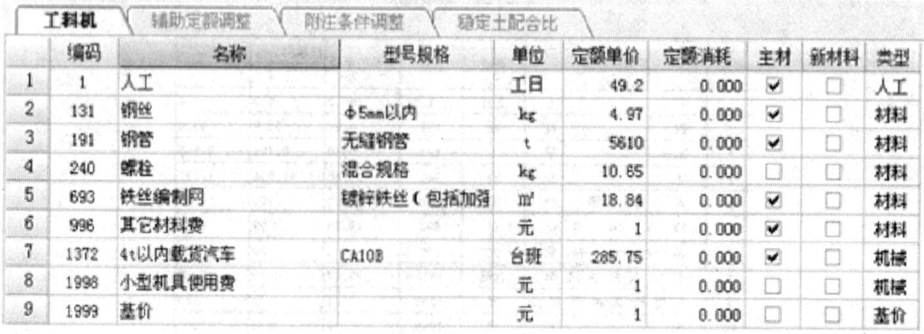

	编码	名称	型号规格	单位	定额单价	定额消耗	主材	新材料	类型
1	1	人工		工日	49.2	0.000	☑	☐	人工
2	131	钢丝	ϕ5mm以内	kg	4.97	0.000	☑	☐	材料
3	191	钢管	无缝钢管	t	5610	0.000	☑	☐	材料
4	240	螺栓	混合规格	kg	10.65	0.000	☐	☐	材料
5	693	铁丝编制网	镀锌铁丝（包括加强	m²	18.84	0.000	☑	☐	材料
6	996	其它材料费		元	1	0.000	☑	☐	材料
7	1372	4t以内载货汽车	CA10B	台班	285.75	0.000	☑	☐	机械
8	1998	小型机具使用费		元	1	0.000	☐	☐	机械
9	1999	基价		元	1	0.000	☐	☐	基价

图 4-64　新增定额的工料机

4.9 工料机预算单价计算

当选择好并完成所有工程所需的定额后，软件会自动汇总所用到的人工、材料、施工机械台班名称和数量。为了计算人工费、材料费、施工机械使用费，需确定工料机预算单价。本节介绍如何确定工料机预算单价。

1. 工料机汇总界面

【操作】：

在“造价书”界面，单击屏幕左侧的“工料机”图标，切换到“工料机”汇总界面，如图4-65所示。“工料机”汇总界面显示了本造价文件所有定额内包含的工料机，可在此界面修改或计算工料机的预算单价。

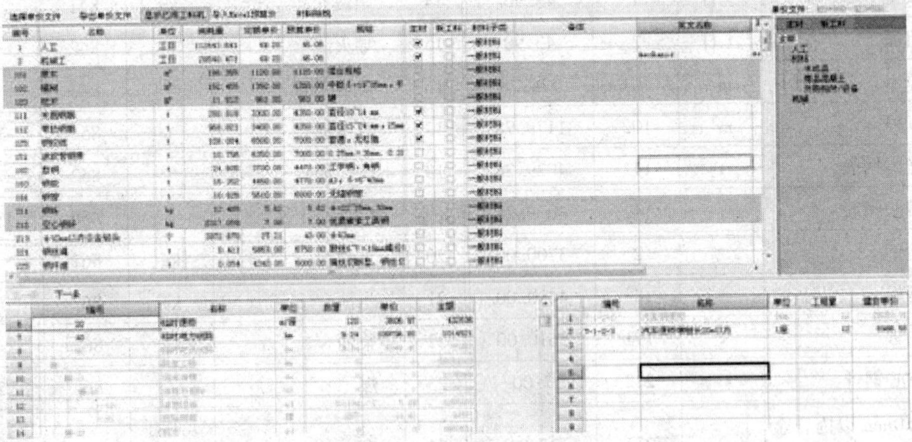

图4-65 “工料机”汇总界面

“工料机”汇总界面中，有名称、消耗量、定额单价、预算单价、主材、相关分项、相关定额、全部显示、材料计算、机械单价等数据。

“工料机”汇总界面显示本标段文件所有定额内包含的工料机，可直接在此窗口修改或计算工料机的预算单价，如图4-66所示。

编号	名称	单位	消耗量	定额单价	预算单价	规格	主材
1	人工	工日	69863.000	49.20	43.15		✔
2	机械工	工日	5220.500	49.20	43.15		✔
101	原木	m^3	0.000	1120.00	1120.00	混合规格	✔

图4-66 工料机预算单价

2. 确定工料机预算单价

工料机预算单价可以直接输入，或从单价文件中导入，也可通过计算得出。

（1）直接输入工料机预算单价

【操作】：

在“工料机”汇总界面，在“预算单价”列，直接输入工料机的预算单价。

说明：人工预算单价一般应参考本省发布的部颁编制办法补充规定输入，补充规定中的人工预算单价只用于编制概（预）算，不作为实发工资的依据。

提示：

① 如果材料的预算单价是在软件的“材料计算”窗口中计算的，则不能直接在“预算单价”列中直接修改材料预算单价，否则软件会提示“当前工料机已有计算材料，不允许直接编辑单价”，这时应采用修改原计算数据的方式来重新计算预算单价。

② 有时出现这个提示，主要是因为无意中双击了该材料（软件默认双击为添加计算材料的快捷键），使该材料成为计算预算单价的材料而无法在“工料机”汇总界面中直接输入预算单价。这时请在左下角的“材料计算”窗口中，右击删除该材料，即可直接在“预算单价”列输入预算单价（详见材料预算单价计算中）。

【练习 4-8】 根据前面的练习，输入表 4-8 所示工料机的预算单价。

表 4-8 工料机单价表格

序号	名称	单位	代号	预算单价/元	序号	名称	单位	代号	预算单价/元
1	人工	工日	1	43.90	14	硝铵炸药	kg	841	6.00
2	机械工	工日	2	43.90	15	导火线	m	842	0.80
3	原木	m^3	101	974.78	16	普通雷管	个	845	0.70
4	锯材	m^3	102	1179.78	17	石油沥青	t	851	3800.00
5	光圆钢筋	t	111	4029.28	18	改性沥青	t	852	5400.00
6	带肋钢筋	t	112	4029.28	19	纤维稳定剂	t	856	18000.00
7	型钢	t	2	3700.00	20	重油	kg	861	2.80
8	钢板	t	183	4450.00	21	汽油	kg	862	5.20
9	钢管	t	191	5610.00	22	柴油	kg	863	4.90
10	空心钢钎	kg	212	7.00	23	煤	t	864	265.00
11	ϕ50mm 以内合金钻头	个	213	27.21	24	电	kW·h	865	0.55
12	焊条	kg	231	4.90	25	水	m^3	866	0.50

（2）使用单价文件中的工料机预算单价 工料机预算单价文件是指包含工料机预算单价信息的文件。如果有一个预先保存的能适用于当前项目的工料机预算单价文件，则可以选择这个工料机预算单价文件，导入文件中工料机预算单价作为本项目的工料机预算单价，而不用一个一个地输入工料机预算单价。

1）选择单价文件。

【操作】：

在“工料机”汇总界面，单击如图 4-67 所示屏幕左上角的“选择单价文件”按钮，出现“选择单价文件”对话框，如图 4-68 所示。

图 4-67 “选择单价文件”按钮

在“当前项目单价文件”列表框中选择适用的单价文件，再单击“确定”按钮。选中的单价文件将作为当前项目的单价文件来计算造价。

2）导入单价文件。适用的单价文件如果不在“当前项目单价文件”列表框而在计算机数据盘中，可导入单价文件。

【操作】:

单击图4-68中的“导入”按钮，从别处先导入到图4-68中的“当前项目单价文件”列表框中，再在列表框中选中该单价文件后，单击“确定”按钮。

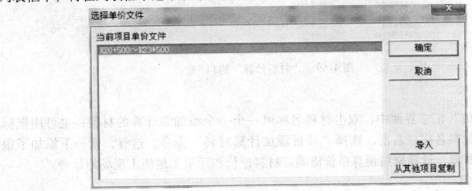

图4-68 “选择单价文件”对话框

选择新单价文件后，原“工料机”汇总界面中的工料机预算单价将被选择的新单价文件中的工料机预算单价覆盖，软件将根据新工料机预算单价重新进行造价计算。

> 注：①多个造价文件可采用同一个单价文件。有些项目是分为几段来计算造价的，各分段造价文件可选择同一个工料机预算单价文件，即这些项目的工料机预算单价都采用同样的单价文件。
>
> ② 造价文件保存时，单价文件自动同时保存；且凡用到该单价文件的各造价文件均自动重算。要立即刷新分项单价，单击工具栏“造价计算”按钮，项目表的分项单价立即刷新。

3）计算人工单价。在“工料机”汇总界面“预算单价”列输入人工单价，可通过纵横公路工程造价管理系统“帮助”中的“2008编制办法及定额章节说明”，查看各省补充编制办法中规定的人工单价。

> 注：人工费单价仅作为编制概（预）算的依据，不作为施工企业实发工资的依据。

4）计算材料单价。在编制造价时，材料预算单价可以像前面介绍的一样在“工料机”汇总界面中直接输入，也可导入工料机预算单价文件中的价格数据；此外，可通过“原价”及“运费”相加的方式计算得到材料预算单价（含自采材料及自办运输，常见于管理部门编制预算）。

① 运费计算操作要点：

添加计算材料；双击或右键选中需要添加的材料，单击“添加计算材料”命令。

② 运费计算。

单击“运费计算”选项，输入起讫地点、原价、运价、运距、装卸费单价、装卸次数、其他费用等信息。

A. 进入“材料计算”窗口。

【操作】:

在“工料机”汇总界面，单击“材料计算”图标，进入“材料计算”窗口，在此窗口进行材料预算单价的计算，如图4-69所示。

B. 添加需要计算的材料。

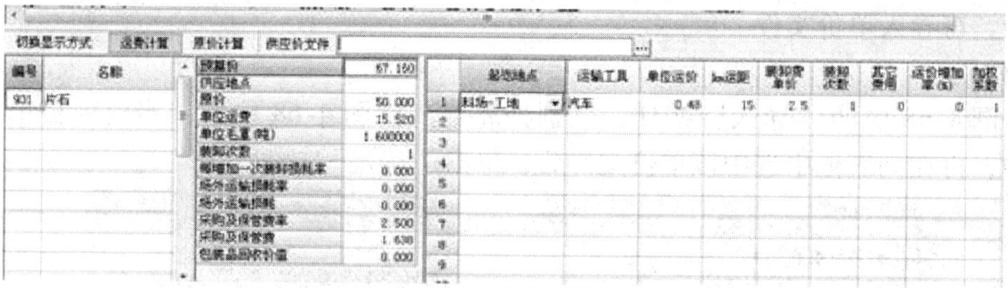

图 4-69 “材料计算”窗口

【操作】：

在“工料机”汇总界面中，双击材料名称可一个一个添加需计算的材料；也可用鼠标拖动选择数个材料名称，右击，选择“成批添加计算材料”命令，这样，就一下添加了很多个需计算的材料。计算材料预算单价需确定材料原价和运至工地施工现场的运费。

C. 运费计算。

运费计算有以下几种方式：

第一种，逐项输入材料运费计算数据。在“材料计算”窗口的“运费计算”选项区中，逐项输入需计算材料的运费数据，如“起讫地点、运价、运距、装卸费”等，软件自动计算单位运费，并自动刷新预算单价，如图 4-70 所示。

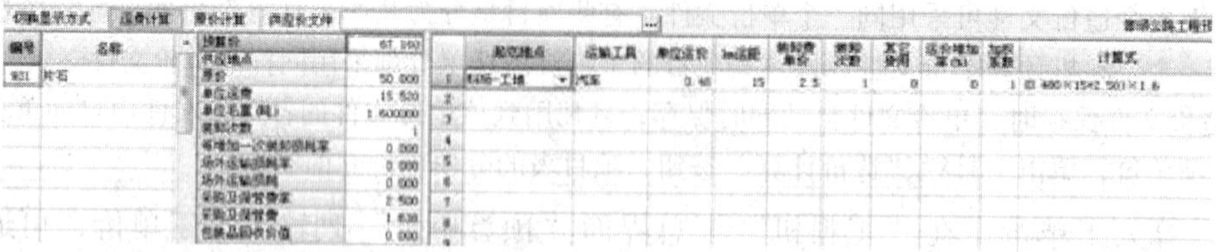

图 4-70 材料运费计算

第二种，成批设置材料的运费数据。一般情况下，同一供应地点的同类材料的运费计算数据大致相同，逐个输入十分烦琐。因此，软件特别设计了“成批设置材料的起讫地点”的功能，不必来回切换材料。

【操作】：

在材料名称处右击，选择“成批添加运输起讫地点”命令，如图 4-71 所示。

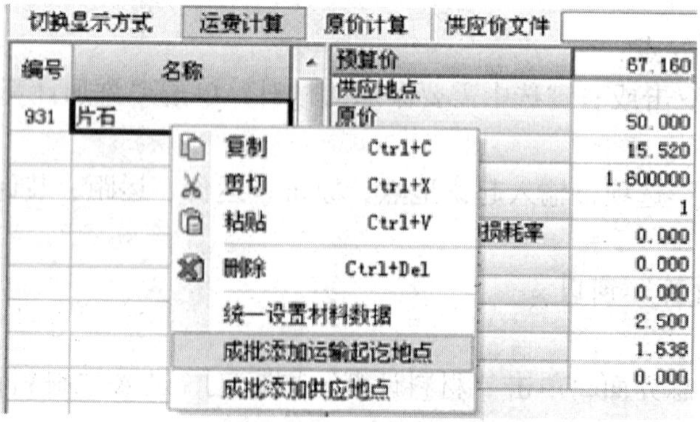

图 4-71 成批添加运输起讫地点

在弹出的对话框中打钩选择统一设置运费数据的材料，输入运费计算参数。勾选“替换原有起讫地点”复选框，如图 4-72 所示，单击“确定”按钮。则这些勾选的材料以本次数据为准进行计算运费。

图 4-72　给同类材料统一设置运费数据

D. 调用已保存好的起讫地点数据。作为对成批设置材料计算数据的补充，我们也可以保存某一起讫地点的运费计算数据，在需要时再调用。

a. 保存运输起讫点数据。

【操作】：

输入某个材料的运距计算数据后，在图 4-73 的运费数据位置右击，选择“保存运输起讫地点”命令。

图 4-73　选择“保存运输起讫地点”

b. 调用起讫点数据。当计算材料的运费时，只要在图 4-74 所示的“起讫地点”列双击，单击下三角按钮，选择已保存的起讫点，则该起讫点的运费数据自动进入需计算的材料中。

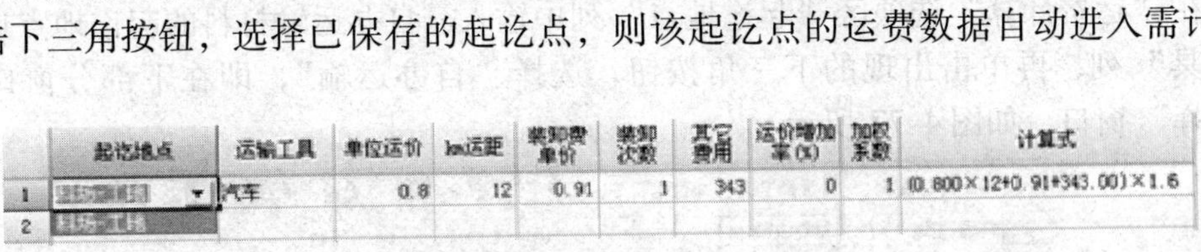

图 4-74　调用保存的起讫地点

说明：“采购及保管费”“单位毛重”等数据是编制办法规定的，除项目所在省有特别规定外，一般无须修改。如果项目所在省对采购及保管费费率有特别规定，则可选择该省的采购及保管费费率数据。

选择某个省的材料采购及保管费率操作如下。

【操作】：在如图 4-75 的“材料计算”窗口中右击选择“统一设置材料数据”命令。

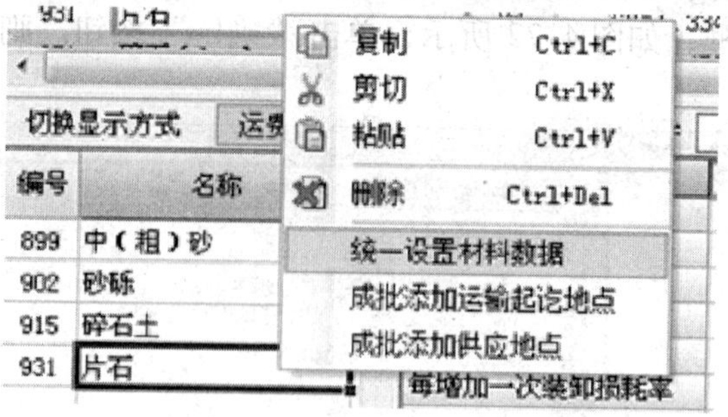

图 4-75　统一设置材料数据

注：弹出图 4-76 所示的“编辑材料计算数据”对话框，在此对话框的左下角，单击下三角按钮，选择某省的材料采购及保管费费率，单击“确定”按钮。

图 4-76　“编辑材料计算数据”对话框

5）施工单位自办运输情况下的运费计算。若当地无社会运输力量，也可选择自办运输计算材料运价，即通过《公路工程预算定额》第九章的材料运输定额计算运费。

【操作】：

1）在“运费计算”选项区“起讫地点”列中输入需自办运输材料的起讫地点后，单击“运输工具”列，再单击出现的下三角按钮，选择“自办运输”，即在下部分窗口中出现“定额选择”窗口，如图 4-77 所示。

图 4-77　自办运输计算

2）双击图4-77所示“定额编号”列的单元格，选择相应的运输定额。定额选择方法同前面章节讲过的“输入定额编号”或“定额逼近”方法选择定额一样。

自办运输定额的数量，是一个单位材料的工程量，无须改变，若需调整运距时，只需输入总运距即可。

> 注：当工程位于青海、西藏等高原地区时，可根据要求计算高原取费。

【操作】：

在图4-77所示的界面中“高原取费类别”列，直接输入定额所属的取费类别编号；或单击“高原取费类别”单元格，再单击出现的下三角按钮，选择定额所属的高原取费类别。软件根据编制办法自动计算。高原取费类别的费率值来源于费率窗口的费率值。

6）原价计算。材料原价也称为出厂价、供应价。可以使用各省供应价文件中的供应价，也可以直接一个一个输入或成批设置材料的供应价，还可利用定额计算自采材料的原价。

> 注：材料预算价由材料原价、运杂费、场外运输损耗、采购及保管费组成。
> 材料预算价格 =（材料原价 + 运杂费）×（1 + 场外运输损耗率）×（1 + 采购及保管费率）- 包装品回收价值。原价又叫供应价、购买价、出厂价，对自采材料而言，叫作料场价。

① 调用材料供应价文件中的材料原价。

如果某个材料供应价文件中已有适用的材料供应价，则可直接调用该供应价文件中的材料原价数据。

【操作】：

A. 在“材料计算”窗口中，单击“原价计算”选项卡，出现“原价计算”选项区，如图4-78所示，单击窗口上侧的“供应价文件”文本框右侧的三个点图标[…]。

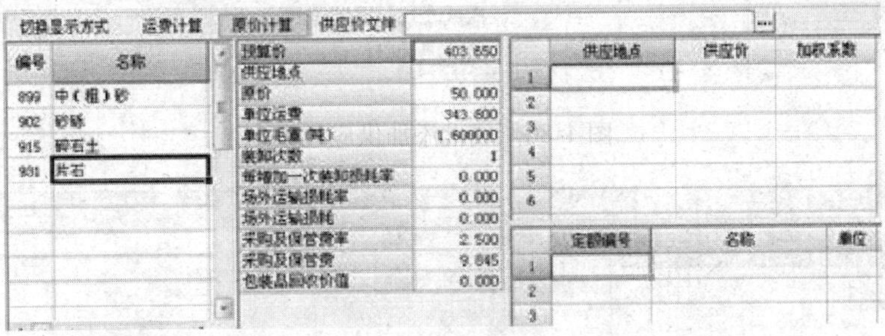

图4-78　原价计算

B. 在出现的“打开”文件对话框中选择适用于本项目的材料供应价文件后，单击“打开”按钮。

C. 软件将提示“需自动替换所有材料的供应价吗”，如果真的要用所选择供应价文件中的材料原价来替换当前材料的原价，则单击“确定”按钮即可，如果不替换，则单击“取消”按钮。

> 注：系统已内置部分省份的材料价信息，你只需选择即可，系统自动根据选择的单价文件重算造价。

② 逐项输入材料的供应价和供应地点。

【操作】：

在“材料计算”窗口的“原价计算”选项区中，如图 4-79 所示的“供应地点”和“供应价”列的单元格，输入供应地点和供应价。

图 4-79　材料原价计算

7）成批设置材料原价数据。

【操作】：

在“材料计算”窗口中右击，在如图 4-80 的菜单中选择“成批添加供应地点”命令，出现如图 4-81 所示的“成批添加供应地点”对话框。在“成批添加供应地点”对话框中打钩选择需成批设置原价的材料，并在“供应地点”“供应价”列中分别输入供应地点和供应价格数据；或者选择供应价文件中的供应价数据，如图 4-82 所示。

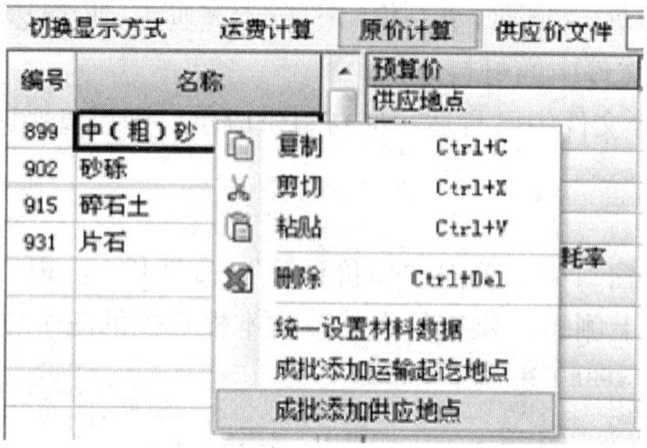

图 4-80　成批添加供应地点

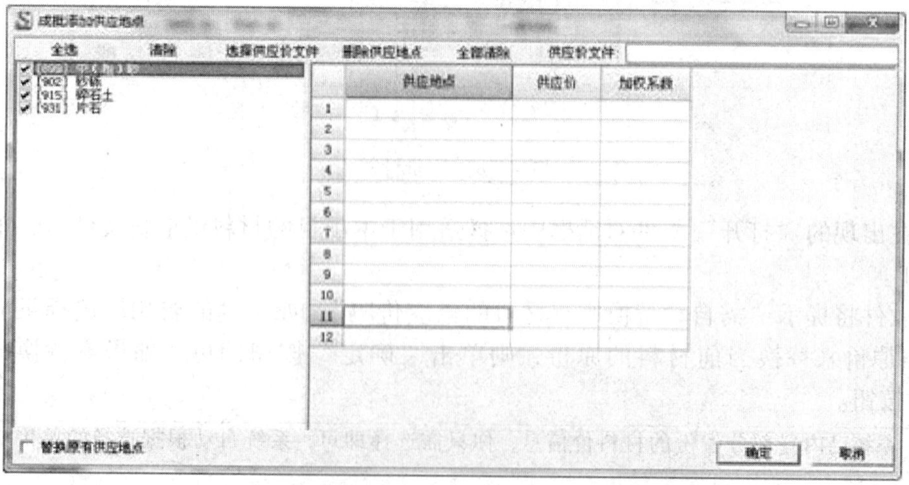

图 4-81　设置原始供应地点和供应价

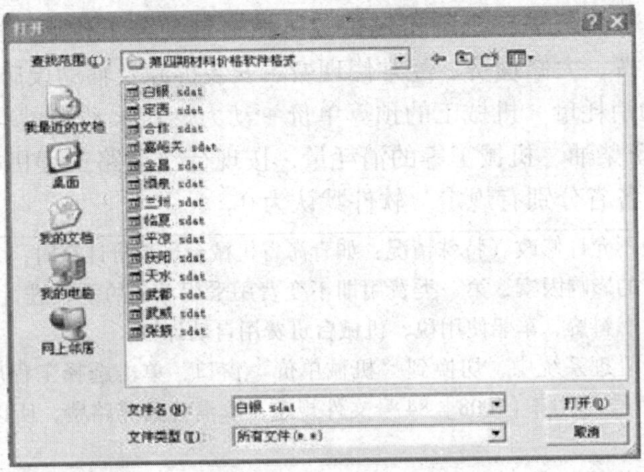

图4-82　选择供应价文件

注：①不同材料可以成批选择不同的供应价文件。例如，某项目已有甘肃省各地区的材料供应价，钢材从“兰州”供应，水泥及其他材料是从“天水市”供应。

② 一种材料可以选择多个不同的供应价文件。例如，公路是线性构造物，材料很可能从不同的供应地提供。操作同前，只是需输入不同供应地供应量的加权系数。

8）自采材料的原价计算。当地方材料为施工单位自采加工时，可用预算定额计算材料的原价，定额选择方法与自办运输运费计算相似，省略。

【练习4-9】　计算表4-9中的材料预算单价。

表4-9　材料价格计算信息表

序号	规格名称	单位	原价/元	运杂费			场外运输损耗	采购及保管费
				供应地点	运输方式、比例及运距	毛重系数或单位毛重	费率（%）	费率（%）
11	原木	m^3	920.000	木料场—工地	汽车，1.00，25km	1.000000		2.500
22	锯材	m^3	1120.000	木料场—工地	汽车，1.00，25km	1.000000		2.500
33	光圆钢筋	t	3850.000	钢筋场—工地	汽车，1.00，75km	1.000000		2.500
44	带肋钢筋	t	3850.000	钢筋场—工地	汽车，1.00，75km	1.000000		2.500
55	32.5级水泥	t	325.000	水泥厂—工地	汽车，1.00，25km	1.010000	1.00	2.500
66	中（粗）砂	m^3	85.000	砂厂—工地	汽车，1.00，25km	1.500000	2.50	2.500
77	碎石（2cm）	m^3	45.000	石厂—工地	汽车，1.00，6km	1.500000	1.00	2.500
88	碎石（4cm）	m^3	45.000	石厂—工地	汽车，1.00，6km	1.500000	1.00	2.500

注：25km以上运价0.45元/(t·km)，6km的运价1.08元/(t·km)，外购材料装卸费为5元/(t·次)，地方材料装卸费为2元/(t·次)。

3. 机械台班预算单价

机械台班预算单价为机械台班的市场价。机械台班预算单价由不变费用和可变费用组成。不变费用为折旧费、大修理费、经常修理费、安装拆卸及辅助设施费。可变费用＝各机械每台班｛机械工的消耗量×机械工的预算单价＋动力燃料×动力燃料预算单价＋养路费、车船税｝。其中每台班柴油、机械工等的消耗量，按现行《公路工程机械台班费用定额》取值。养路费车船税，各省分别有规定，软件默认为0。

> 注：不变费用一般不允许修改（特殊情况：如青海省机械台班单价计算时，考虑高寒边远地区维修工资、配件材料等价差的影响因素，第一类费用即不变费用采用1.1的系数进行调整），可变费用只需确定机械工单价、动力燃料费、车船使用税，机械台班费用自动计算。
>
> 纵横公路工程造价管理系统中，切换到“机械单价”窗口，单击选择工程所在地“车船税标准”即可。国发［2008］37号、财综［2008］84号文件规定，取消公路养路费，所以选取各省不含养路费标准。

（1）不变费用计算

【操作】：

在“工料机”汇总界面，单击左下侧的机械单价图标，进入机械单价的计算窗口。软件自动列出了各机械设备的不变费用。

不变费用采用《公路工程机械台班费用定额》中的数据，一般不宜修改。除非本企业有准确的相应数据时，才允许修改。

（2）可变费用计算　可变费用中的动力燃料消耗量一般不宜修改，可以改变的是动力燃料的预算单价。动力燃料的预算单价可按材料预算单价的确定方法来确定。若修改动力燃料的预算单价后，系统会自动重算机械单价。可变费用小计随相关材料预算单价（如汽油、柴油、机械工等）改变而变。

机械设备的车船税从车船税标准中获得，车船税标准由各省当地的造价主管部门发布。软件列出了各省的车船税标准供选择使用，选择方法如下：

【操作】：

① 在“机械单价”窗口中，单击如图4-83所示的“养路费车船税标准”文本框右侧的三个点图标，出现“打开”文件对话框。

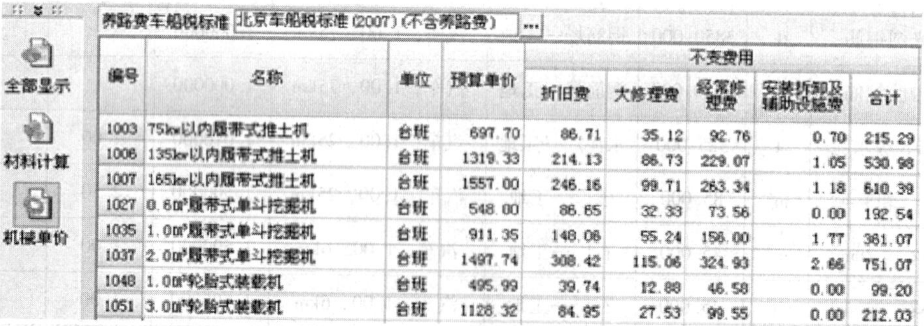

编号	名称	单位	预算单价	不变费用				
				折旧费	大修理费	经常修理费	安装拆卸及辅助设施费	合计
1003	75kw以内履带式推土机	台班	697.70	86.71	35.12	92.76	0.70	215.29
1006	135kw以内履带式推土机	台班	1319.33	214.13	86.73	229.07	1.05	530.98
1007	165kw以内履带式推土机	台班	1557.00	246.16	99.71	263.34	1.18	610.39
1027	0.6m³履带式单斗挖掘机	台班	548.00	86.65	32.33	73.56	0.00	192.54
1035	1.0m³履带式单斗挖掘机	台班	911.35	148.06	55.24	156.00	1.77	361.07
1037	2.0m³履带式单斗挖掘机	台班	1497.74	308.42	115.06	324.93	2.66	751.07
1048	1.0m³轮胎式装载机	台班	495.99	39.74	12.88	46.58	0.00	99.20
1051	3.0m³轮胎式装载机	台班	1128.32	84.95	27.53	99.55	0.00	212.03

图4-83　选择养路费车船税标准

② 单击选择工程所在省份的车船税标准，单击“打开”按钮，即把该省的车船税标准

导入到本项目中。

> 注：车船税标准可以编辑，具体操作如下：
>
> 【操作】：
>
> 单击“工具”菜单中的“养路费车船税标准编辑器”命令。系统预置的标准不允许修改，需要修改请另存一个文件名，在“机械计算”窗口中选择要修改的标准即可。

【练习 4-10】 选择“安徽车船税标准”作为当前用于计算造价的车船税标准。

4.10 报表输出与打印

4.10.1 报表输出

【操作】：在“造价书”界面，单击“报表”图标，进入“报表”界面。

《公路工程基本建设项目设计文件编制办法》（交公路发［2007］358 号）规定：概（预）算文件一共由 01 表到 12 表，分为甲组文件和乙组文件，甲组文件为各项费用计算表，乙组文件为建筑安装工程费各项基础数据计算表，只供审批使用。软件已将这些表分成两组文件排列，显示在“报表”界面左侧，如图 4-84 所示。想查看哪个表的数据只需在“报表”界面左侧中单击该表，右侧窗口即显示该表中的数据。

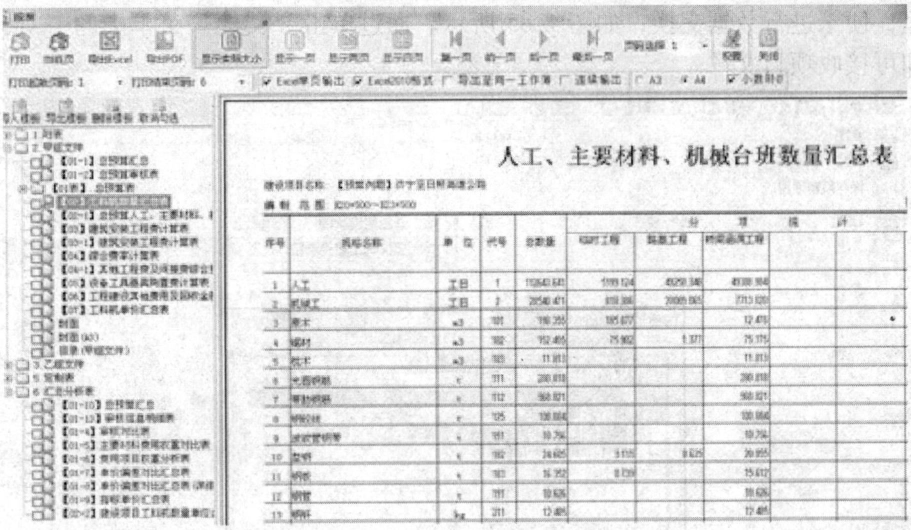

图 4-84　“报表”界面

“报表”界面中有以下功能：

可以对所要输出的报表格式进行设置。

【操作】：

在“报表”界面中，单击“设置”图标。

1）纸张设置。进行纸张边距、打印机等设置，该设置结果影响所有报表。

2）页面设置。进行字体、边框线等设置，该设置结果影响所有报表。

3）报表格式设置。因公路报表一般较复杂，不建议自行更改设置，请与纵横客服联系报表定制服务。

4.10.2 报表打印

优先选中需要打印的报表，再单击“打印”按钮，进行打印。学习版不能打印。软件中的报表数据可以 Excel 文件和 PDF 文件格式输出。

【操作】：

在“报表”界面，单击“导出 Excel”，即可导出数据到 Excel 中。

> 注：当导出张数较多的报表时，如08表，软件自动将每20页分为一个文件。如1～20，21～40…，分别输出。导出 Excel 格式可勾选“Excel 单页输出”，如当前使用 Excel 版本为2010，请勾选“Excel2010 格式”输出。可成批导出报表，勾选所需输出的报表直接单击导出相应的格式即可。

4.11 交换数据

交换数据是编制造价文件的最后一个步骤，有两种操作方法。

【操作1】：

在“文件”菜单中，单击“导出”命令→“成批导出建设项目”命令，选择需要导出的项目，可以把整个建设项目的项目文件、单价文件和费率文件等统一压缩在一个 .sbp 格式文件里，便于进行数据交换，如图4-85所示。通过单击“文件”菜单中的“导入”命令的操作即可接收项目文件。

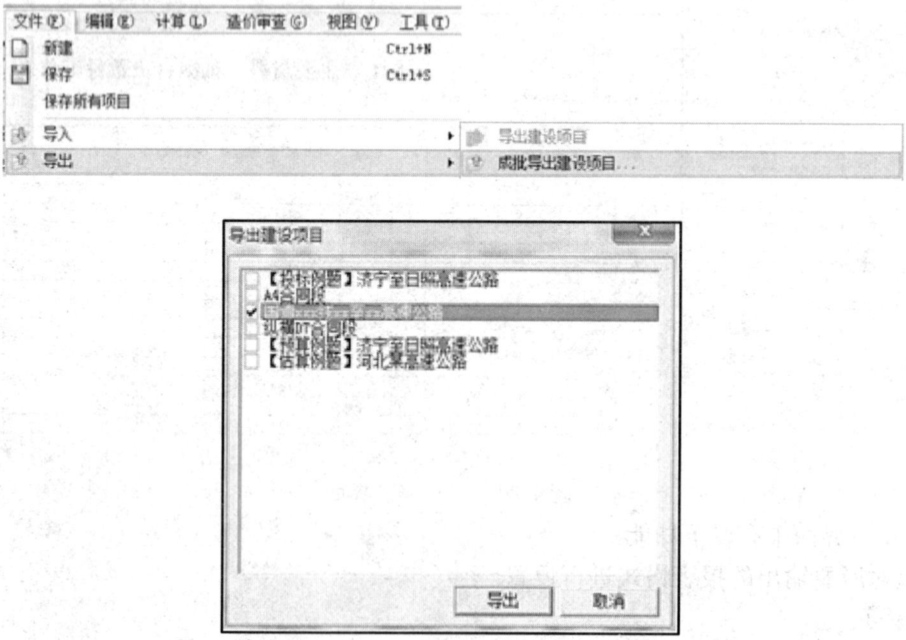

图4-85 导出建设项目（一）

【操作2】：

在“项目管理”界面中，把鼠标指针放在要导出的建设项目上，右击选择“导出建设项目”命令，如图 4-86 所示。

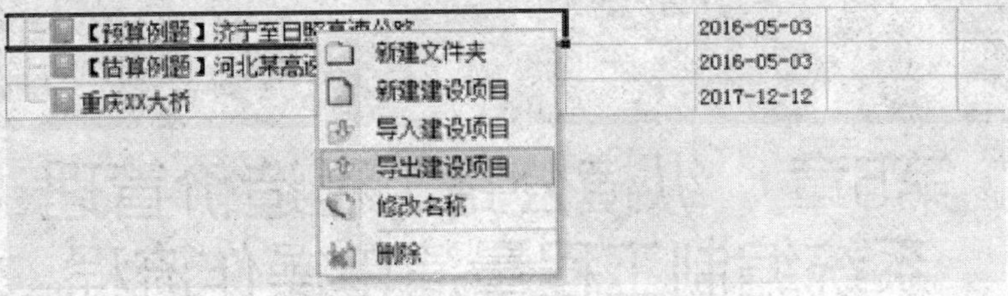

图 4-86　导出建设项目（二）

第5章　纵横公路工程造价管理系统编制工程量清单操作流程

5.1　编制工程量清单预算的操作流程

编制工程量清单预算的操作流程如图 5-1 所示。

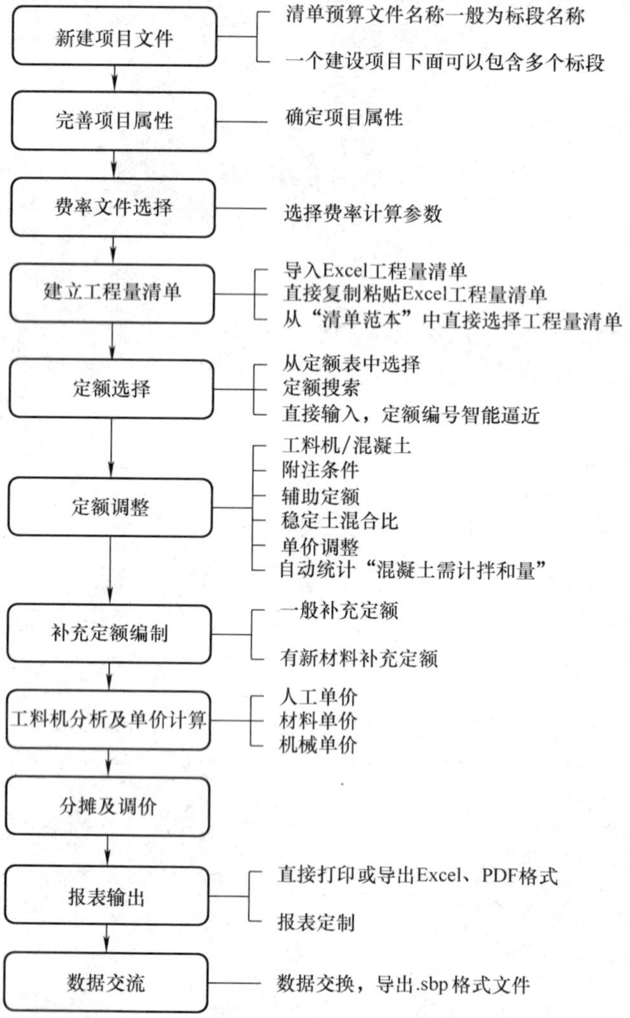

图 5-1　编制工程量清单预算的操作流程

5.2　新建项目文件、费率文件

5.2.1　建立项目文件

新建项目文件、标段文件、费率文件和单价文件的方法如下：

1）打开纵横公路工程造价管理系统，如图5-2所示。

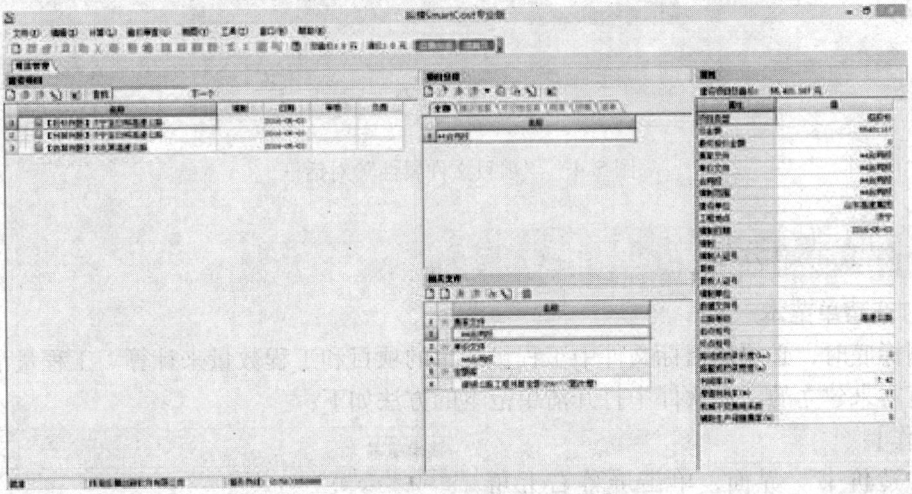

图5-2　“项目管理”界面

2）单击软件左上方“文件”菜单中的“新建项目文件”命令，或工具栏中的“新建项目文件”图标，在弹出的空白文本框输入文件名称、建设项目名称，如A8合同段（K17+300~K19+900）、国道×××线××至××高速公路。选择“项目类型”，软件默认“2009清单范本”，单击“确定”按钮，项目文件、标段文件、费率文件、单价文件同时建立（系统默认单价文件、费率文件与标段文件同名），如图5-3所示。

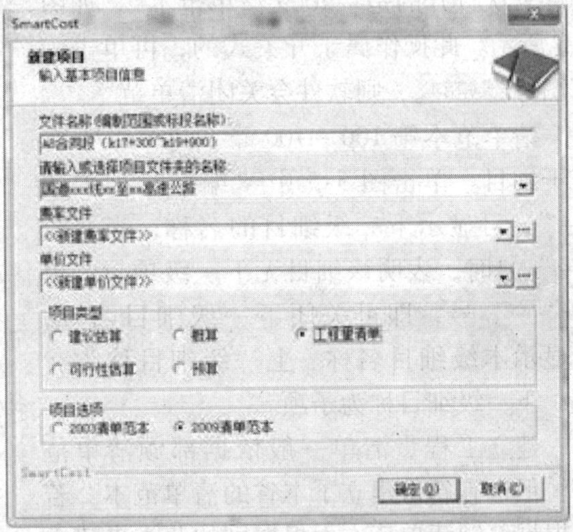

图5-3　“新建项目”对话框

3）确定项目属性。“项目属性”是指利润、税金等费用的取值。单击“文件”菜单中的“项目属性”命令或单击“项目属性”图标，在弹出的“项目文件属性”对话框（见图5-4）中，按实际工程情况填写基本信息、技术参数、计算参数、其他取费、小数位数。具体操作参见4.3.2节。

4）确定费率文件。同第4章4.4.3节。

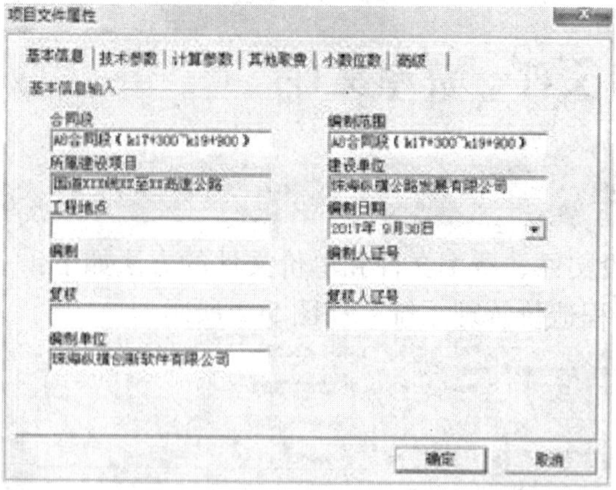

图 5-4 “项目文件属性”对话框

5.2.2 建立清单分项

1. 打开清单范本

编制标底时，必须按招标文件中工程量清单的项目和工程数量来计算。工程量清单是根据清单范本来建立的。在软件中打开清单范本的方法如下：

【操作】：

在“造价书”界面，单击屏幕右上角的图标 清单范本，出现“清单范本”窗口，软件默认打开的是“2009 清单范本”，如图 5-5 所示。此操作属于开关式的，再单击一下图标 清单范本，则软件会关闭清单范本。

图 5-5 清单范本

清单范本第 100 ~ 700 章，每一章下有若干细目。单击图 5-5 中“编号”列中的“+”，可显示下一级细目的名称；当变成“-”号时，表明该细目无下一级项目，单击“-”号，即可关闭下一级细目名称，只显示本级细目名称。上一级细目称为父项，下一级细目称为子项。

建立工程量清单一般依据部颁清单范本。但也有省份建立了本省的清单范本。若不根据部颁清单范本而根据别的范本来建立清单，需更改当前清单范本，方法如下：

【操作】：

单击“清单范本（2009）”下拉列表框右侧的下三角按钮，出现软件中内置的清单范本列表，如图 5-6 所示，选择目标清单范本。

2. 建立当前造价文件的工程量清单

在软件中建立招标文件的工程量清单，有以下几种方法：

（1）直接从清单范本中添加　有两种操作方法。

【操作 1】：

在图 5-6 所示“清单范本”窗口中的“选用”列方框中逐项勾选目标添加细目，再单击图中的“添加”按钮。则清单范本中已勾选的细目添加进当前造价文件的工程量清单中。

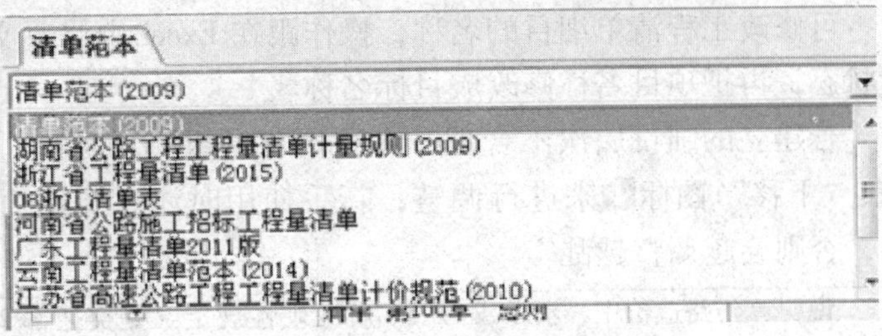

图 5-6　各省的清单范本选择

注：当勾选父项时，子项全部自动选择；当勾选个别子项时，父项自动选择。

【操作 2】：

双击图 5-7 所示清单范本中需添加的细目的名称，可直接将该细目添加到当前造价文件工程量清单中。

注：当双击父项时，仅仅选择父项，子项不会自动选择；当双击子项时，父项自动选择。

若添加的项目有误，可在项目表中选中要删除的项目，单击屏幕上方的“删除”图标，或者右击选择“删除”命令。当删除父项时，子项全部删除；当删除个别子项时，父项不会删除。

（2）添加清单范本中没有的工程细目　若清单范本中没有期望的清单细目，即需添加清单范本中没有的细目，有两种操作方法。

【操作 1】：

单击需添加的细目所在的位置，再单击“造价书”界面左上角的“插入”图标。则在当前鼠标指针位置后面插入一空行，在空行中输入相应的清单编号、名称、单位即可。

【例 5-1】　在“厚 220mm 水泥稳定土”细目后面添加“厚 250mm 水泥稳定土”。

在“造价书”界面，单击工程量清单中“水泥稳定土基层”的子项“厚 220mm”所在行，单击“造价书”界面左上角的“插入”图标，则在“厚 220mm”细目后增加了一空行，如图 5-7 所示，在空行中输入清单编号、工程细目名称“250mm”，并在“单位”列中选择该细目的工程量单位。

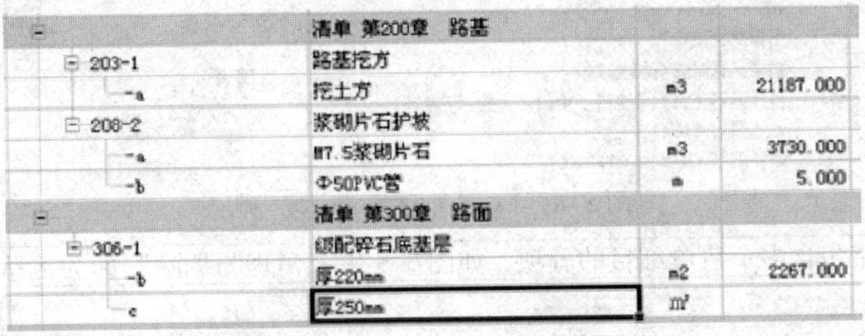

⊟	清单 第200章　路基		
⊟ 203-1	路基挖方		
-a	挖土方	m3	21187.000
⊟ 208-2	浆砌片石护坡		
-a	M7.5浆砌片石	m3	3730.000
-b	Φ50PVC管	m	5.000
⊟	清单 第300章　路面		
⊟ 306-1	级配碎石底基层		
-b	厚220mm	m2	2267.000
c	厚250mm	m²	

图 5-7　添加非标准清单项

【操作 2】：

把鼠标指针移动在需添加的位置，如移动在“厚 220mm”所在行上，右击选择“插入”命令。则在工程量清单的“厚 220mm”细目后增加了一空行，如图 5-7 所示，输入新增细目的清单编号、名称、单位。

可修改工程清单细目的名称，操作跟在 Excel 中修改文字一样。双击项目名称，进入修改状态，再把项目名称修改成目标名称。

若建立的细目层次不合理，可利用“升级”图标、“降级”图标、“上移”图标、“下移”图标来进行调整，新手使用时注意要谨慎，注意各分项的上下级、前后关系，否则会越调整越乱。

> 说明：公路造价中，清单编号及名称无硬性规定（是交通部 2018 年《公路工程标准施工招标文件范本》，而非规范），新增清单可参考《公路工程标准施工招标文件范本》相近清单编号及名称编制。

（3）直接在系统中录入清单　如果招标文件所列工程量清单与《公路工程标准施工招标文件范本》相差较大，宜根据招标文件的工程量清单逐项输入，分别输入章、分项、清单细目。

> 注：当招标文件所列工程量清单与《公路工程标准施工招标文件范本》相差较大时，建议使用 Excel 输入清单，再复制到系统中。

（4）使用 Excel 输入清单，再导入到系统中　使用此方式建立工程量清单时，在 Excel 中只需按招标文件清单格式输入（一般由打字员完成），在 Excel 中输入工程量清单如图5-8所示。导入到纵横工程造价软件中会自动建立清单汇总项层次结构。

	清单 第100章 总则		
101-1	保险费		
-a	按合同条款规定：提供建筑工程一切险	总 额	1
-b	按合同条款规定，提供第三方责任险	总 额	1
102-4	工程管理软件及培训费	总 额	1
	清单 第200章 路基		
202-1	清理与掘除		
-a	清理现场	m2	23518
203-1	路基挖方		
-a	挖土方	m3	21167
208-2	浆砌片石护坡		
-a	M7.5浆砌片石	m3	3730
-b	Φ50PVC管	m	5
	清单 第300章 路 面		
306-1	级配碎石底基层		
-a	厚150mm	m2	5100
-b	厚200mm	m2	2267
312-1	水泥混凝土面板		
-b	厚220mm（混凝土弯拉强度5.0Mpa）	m2	4400
	清单 第400章 桥梁、涵洞		
401-1	桥梁荷载试验		
-a	桥梁荷载试验(暂定金额)	总 额	1
403-1	基础钢筋（包括灌注桩、承台、沉桩、沉井等）		
-a	光圆钢筋（I级）	kg	51295
-b	带肋钢筋（HRB335、HRB400）	kg	932271

图 5-8　Excel 中清单范本示例

> 说明：汇总项指包含多个清单细目的分项，如图 5-9 中“清理与掘除”即为汇总项。

⊟ 202-1	清理与掘除			
-a	清理现场	m²	201194.000	4.43
-c	挖除树根	棵	3877.000	10.34

图 5-9　“清理与掘除”汇总项

（5）导入 Excel 清单文件到纵横工程造价软件中

【操作】：

单击主菜单“文件”→选择“导入”命令→选择“导入 EXCEL 清单文件”命令（见图5-10），软件弹出对话框（见图5-11），单击“确定”按钮，导入路径下的清单文件即可。

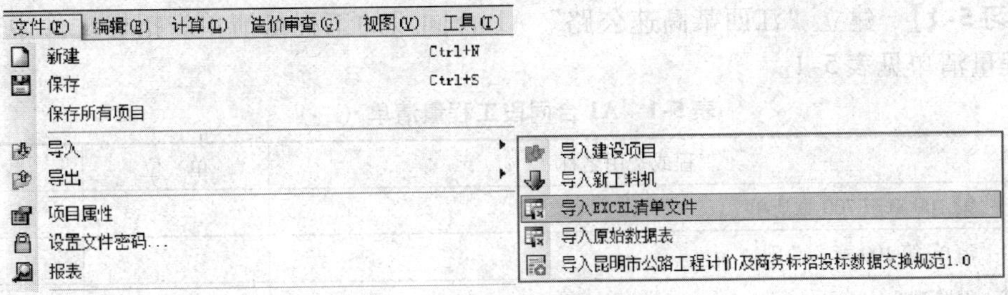

图 5-10 导入 Excel 清单文件

注：在 Excel 中只需按招标文件清单格式输入，输入格式示例参考主菜单中“帮助\ Excel 清单示例”。输入格式说明：

① 无须在行与行，章与章之间留空行。

② 无须输入表头（即无须输入“编号、名称、单位、工程量”行）。

③ 当清单分项单位为 m^2或 m^3时，只需输入 m2 或 m3，系统自动转换 m^2或 m^3。

④ 只需输入100 ~ 700 章清单分项即可，暂列金额、计日工等系统已默认建立，无须输入，如图5-8 所示。

提示：导入 Excel 清单时，会覆盖原项目中的所有数据。

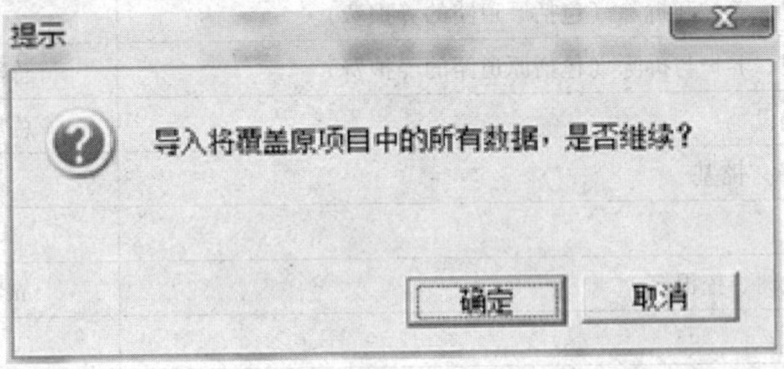

图 5-11 导入 Excel 时的软件提示

导入到软件中后，清单层次结构自动建立完成，如图 5-12 所示。

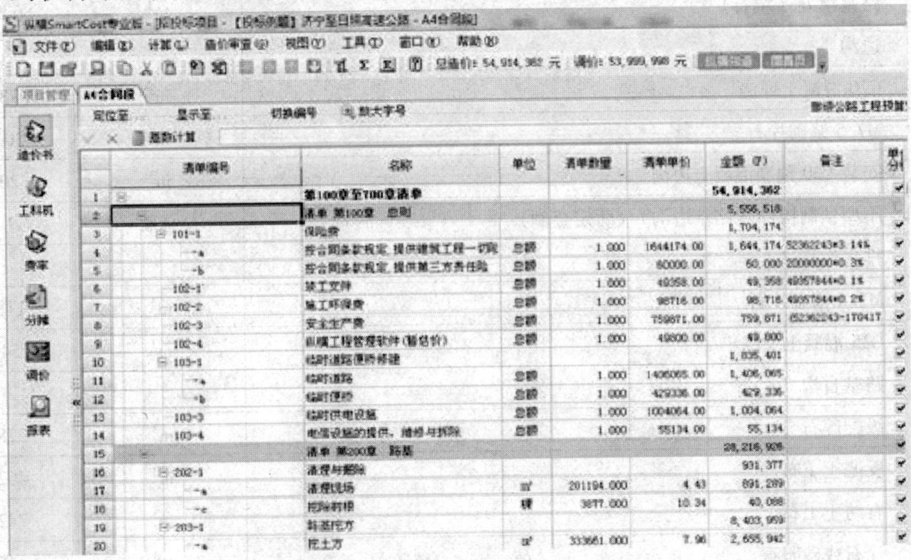

图 5-12 建立好的工程量清单示例

【练习5-1】 建立“江西某高速公路”A1合同段的工程量清单。招标文件中A1合同段的工程量清单见表5-1。

表5-1 A1合同段工程量清单（一）

清单编号	工程或费用名称	单 位	数 量
	第100章至700章清单		
	清单 第100章 总则		
101－1	保险费		
－a	按合同条款规定；提供建筑工程一切险	总 额	1.000
－b	按合同条款规定，提供第三方责任险	总 额	1.000
102－1	竣工文件	总 额	1.000
102－3	安全文明施工费		
－a	安全文明施工	总 额	1.000
－b	安全施工设备措施费	总 额	1.000
－c	安全人员及培训费	总 额	1.000
102－4	纵横公路工程管理软件及培训费	总 额	1.000
103－1	临时道路修建、养护和拆除（包括原道路的养护费）		
－a	临时道路修建、养护与拆除（包括原道路的养护费）	总额	1.000
104－1	承包人驻地建设	总额	1.000
	清单 第200章 路基		
202－1	清理与掘除		
－a	清理现场、砍树、挖根等	m^3	23518.000
203－1	路基挖方		
－a	挖土石方	m^3	188437.000
204－1	路基填筑（包括填前压实）		
－a	路基填方（填石）	m^3	86793.000
207－1	边沟		
－b	C20混凝土现浇	m^3	73.000
－c	M7.5浆砌片石	m^3	301.000
－j	安装C30预制混凝土边沟	m^3	20.000
－k	小型预制构件（路基边沟）（暂定金额）	总额	1.000
207－2	排水沟		
－a	M7.5浆砌片石	m^3	118.000
－b	C25混凝土现浇	m^3	1540.000
207－5	路基盲沟		
－a	级配碎石	m^3	228.000
－b	反滤土工布	m^3	462.000
－e	有纺土工布	m^3	742.000
－f	片石或砂卵石	m^3	345.000

（续）

清单编号	工程或费用名称	单 位	数 量
208-3	浆砌片石护坡		
-a	M7.5 浆砌片石	m^3	3730.000
-b	砂垫层	m^3	576.000
	清单 第300章 路 面		
302-1	碎石垫层		
-a	未筛分水泥碎石垫层厚20cm	m^2	6369.000
	计日工合计		
	劳务		
101	普工	工日	500.000
102	技工	工日	500.000
	材料		
202	钢筋	t	30.000
203	钢绞线	t	10.000
	机械		
301	135kW 以内履带式推土机	台班	150.000
305	15t 以内振动压路机	台班	150.000
306	250L 以内混凝土搅拌机	台班	150.000
307	10t 以内自卸汽车	台班	200.000
310	50t 以内汽车式起重机	台班	50.000
311	30kN 内单筒慢动卷扬机	台班	50.000

5.3 分项的定额选择与定额调整

5.3.1 定额选择常用方法

同第4章4.6.1节定额选择。

5.3.2 定额调整

同第4章4.6.2节定额调整。

【练习5-2】 根据表5-2选择定额。

表5-2 A1合同段工程量清单（二）

编号	名 称	单 位	工程量	费率编号	备注
	清单 第100章 总则				
103-1	临时道路修建、养护和拆除（包括原道路的养护费）				

（续）

编号	名　　称	单 位	工程量	费率编号	备注
-a	临时道路修建、养护与拆除（包括原道路的养护费）	总额	1.000		
7-1-1-1	临时施工便道	km	1.000	1	
7-1-1-7 改	养护12个月	1km·月	1.000	7	定额×12
104-1	承包人驻地建设	总 额	1.000		
	承包人驻地建设	元	1.000		单价：1570541
	清单 第200章　路基				
202-1	清理与掘除				
-a	清理现场、砍树、挖根等	m^3	23518.000		
1-1-1-12	清除表土（135kW内推土机）	$100m^3$	47.036	2	
1-1-10-2 改	$2m^3$内装载机装土方	$1000m^3$	4.704	2	定额×0.6
1-1-11-9 改	8t内自卸汽车运土1km	$1000m^3$	4.704	3	定额×0.6
203-1	路基挖方				
-a	挖土石方	m^3	188437.000		
1-1-9-8 改	$2.0m^3$内挖掘机挖装土方普通土	$1000m^3$	3.277	2	定额×0.9
1-1-9-9 改	$2.0m^3$内挖掘机挖装土方硬土	$1000m^3$	17.911	2	定额×0.9
1-1-11-17 改	12t内自卸汽车运土3km	$1000m^3$	21.188	3	+18×4，定额×0.85
1-1-15-30 改	165kW内推土机20m软石	$1000m^3$	60.388	5	定额×0.85
1-1-15-31 改	165kW内推土机20m次坚石	$1000m^3$	65.781	5	定额×0.85
1-1-15-32 改	165kW内推土机20m坚石	$1000m^3$	41.081	5	定额×0.85
1-1-10-5 改	$2m^3$内装载机装软石	$1000m^3$	58.979	5	定额×0.8
1-1-10-8 改	$2m^3$内装载机装次坚石、坚石	$1000m^3$	57.387	5	定额×0.8
1-1-11-45 改	12t内自卸汽车运石3km	$1000m^3$	116.362	3	+46×4，定额×0.8
204-1	路基填筑（包括填前压实）				
-a	路基填方（填石）	m^3	86793.000		
1-1-4-3	人工挖土质台阶硬土	$1000m^2$	1.239	1	
1-1-5-4	填前夯（压）实12～15t光轮压路机	$1000m^2$	34.717	2	
1-1-18-17	高速一级路15t内振动压路机压石	$1000m^3$	73.719	5	
1-1-19-5	填石路堤堆砌边坡	$1000m^3$	13.020	1	
1-1-20-1	机械整修路拱	$1000m^2$	5.582	2	
1-1-20-3	整修边坡二级及以上等级公路	1km	0.230	1	
207-1	边沟				
-b	C20混凝土现浇	m^3	73.000		
1-2-4-5	现浇混凝土边沟	$10m^3$	7.300	8	

（续）

编号	名　　称	单位	工程量	费率编号	备注
1-1-6-3	人工挖运硬土20m	$1000m^3$	0.073	1	
-c	M7.5浆砌片石	m^3	301.000		
1-2-3-1改	浆砌片石边沟、排水沟、截水沟	$10m^3$	30.100	8	M5，-3.5，M7.5，+3.5，人工×0.65
1-1-6-3	人工挖运硬土20m	$1000m^3$	0.376	1	
-j	安装C30预制混凝土边沟	m^3	20.000		
1-2-4-7	铺砌排（截）水沟矩形	$10m^3$	2.000	8	
-k	小型预制构件（路基边沟）（暂定金额）	总额	1.000		
	小型预制构件（路基边沟）（暂定金额）	元	1.000		单价：11760
207-2	排水沟				
-a	M7.5浆砌片石	m^3	118.000		
1-2-3-1改	浆砌片石边沟 排水沟 截水沟	$10m^3$	11.800	8	M5，-3.5，M7.5，+3.5，人工×0.65
1-2-1-3	人工挖沟硬土	$1000m^3$	0.012	1	
-b	C25混凝土现浇	m^3	1540.000		
1-2-4-5改	现浇混凝土边沟	$10m^3$	154.000	8	普C20-32.5-2，-10.2，普C25-32.5-2，+10.2
1-2-1-3	人工挖沟硬土	$1000m^3$	1.540	1	
207-5	路基盲沟				
-a	级配碎石	m^3	228.000		
1-2-1-3	人工挖沟硬土	$1000m^3$	0.228	1	
4-11-5-2	填碎（砾）石垫层	$10m^3$	22.800	8	
-b	反滤土工布	m^2	462.000		
1-3-9-1	软基土工布处理	$1000m^2$	0.462	7	
-e	有纺土工布	m^3	742.000		
1-3-9-1改	软基土工布处理	$1000m^2$	0.742	7	770价10.80
-f	片石或砂卵石	m^3	345.000		
1-2-1-2	人工挖沟普通土	$1000m^3$	0.345	1	
4-11-5-3改	填片石垫层	$10m^3$	34.500	8	931量12
208-3	浆砌片石护坡				
-a	M7.5浆砌片石	m^3	3730.000		
5-1-10-2改	浆砌片石护坡	$10m^3$	373.000	8	M5，-3.5，M7.5，+3.5，人工×0.8

（续）

编号	名　　称	单　位	工程量	费率编号	备注
1－1－6－3	人工挖运硬土 20m	$1000m^3$	4.198	1	
4－11－7－13	沥青麻絮伸缩缝	$1m^2$	11.190	8	
－b	砂垫层	m^3	576.000		
5－1－25－2	砂砾泄水层	$100m^3$	5.760	8	
	清单 第 300 章　路　面				
302－1	碎石垫层				
－a	未筛分水泥碎石垫层厚 20cm	m^2	6369.000		
2－1－2－23 改	水泥碎石 5∶95 稳拌机厚 20cm	$1000m^2$	6.369	7	+24×5

5.4 补充定额的调用及编制

同第 4 章 4.8 节。

5.5 清单第 100 章费用计算

一般来说，清单第 100 章总则费用可采用基数计算。

【例 5-2】 计算工程一切险。

分析：根据《公路工程标准施工招标文件》（2009 年版），工程一切险 = 第 100 章到 700 章合计（不含工程一切险、第三方责任险）×0.3%。

单击一切险的“金额”列（F 列）的三个点图标 …，弹出表达式编辑器；双击“计算基数”列表框中的“各章清单合计”，完成输入“=（{各章清单合计}－F5）*0.3%”计算式（其中“各章清单合计”不含工程一切险本身，“F5”为第三方责任险金额），系统自动计算金额，如图 5-13 所示。

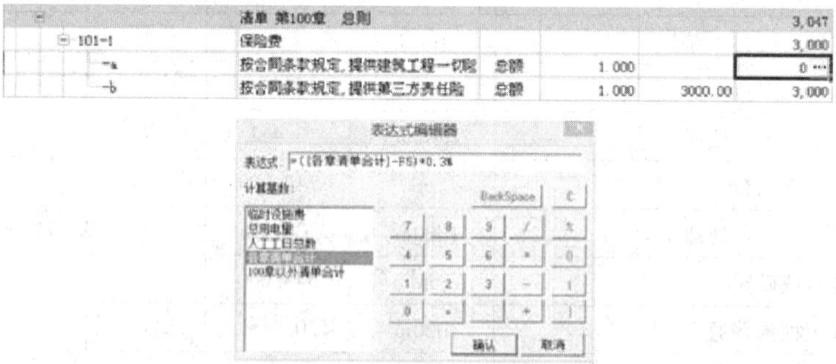

图 5-13　工程一切险计算

对某些已知单价的清单分项，可以在“数量单价”列直接输入单价，系统自动计算结果。

对于专项暂定金额项目，在软件“造价书”界面的“专项暂定”列勾选，下拉选择

“材料”“工程设备”“专项工程”即可。

【练习5-3】 计算表5-3中的费用。

表 5-3

清单编号	工程或费用名称	单位	数量	单价/元
	第100章至700章清单			
	清单 第100章 总则			
101-1	保险费			
-a	按合同条款规定，提供建筑工程一切险	总额	1.000	{100章至700章合计} ×0.3%
-b	按合同条款规定，提供第三方责任险	总额	1.000	5000000×0.3%

5.6 分摊

分摊的目的，在于将工程量清单中没有单独列项、而在实际施工过程中必须发生的合理费用，分摊到“多个”相关清单分项内。常见的分摊项目有“拌和站建设费”“弃土场建设费”等。

【例5-3】 将混凝土拌和站一座（金额150000元）分摊到清单中路面的306-1和312-1。

5.6.1 建立分摊项目

切换到“分摊”界面，输入分摊项“名称”：混凝土拌和站，输入分摊“单位”：座，确定分摊项金额，采用“数量单价”进行分摊，在计算窗口的“数量单价”中输入，“混凝土拌和站建设费，单位总额，数量为1，金额150000元”，不计利润及税金，如图5-14所示。

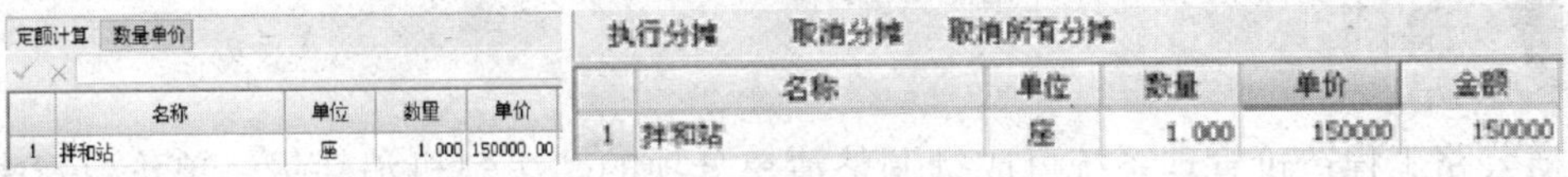

图5-14 建立分摊项目

5.6.2 执行分摊

单击窗口左上角的“执行分摊”选项卡，勾选参与费用分摊的清单分项，选择分摊方式，单击“确定”按钮即可，如图5-15所示。

5.6.3 查看分摊结果

执行分摊后，在“造价书”界面已分摊清单分项下的“数量单价”窗口中可查看。分摊项在清单或者报表里，是作为一项独立的费用出现的。

5.6.4 取消分摊

单击窗口左上角的“取消分摊”选项卡即可，如图5-16所示。

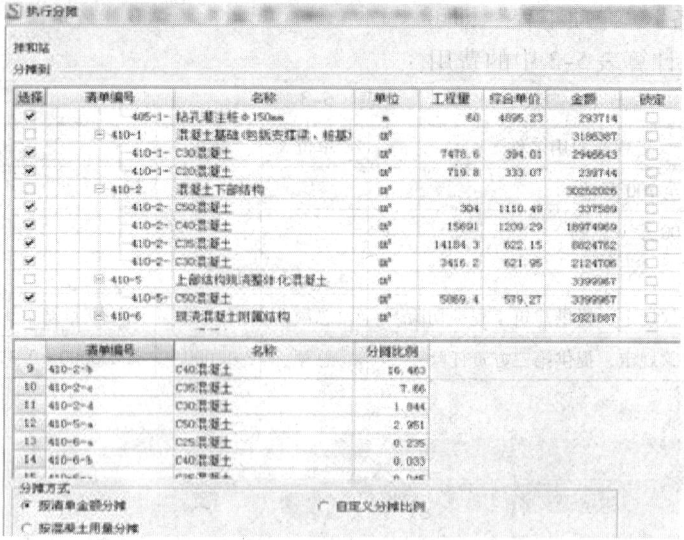

图 5-15　执行分摊

图 5-16　取消分摊

注：纵横公路工程造价管理系统是将被分摊项的数量，按设定的分摊比例进行分配，并记入相关的清单项目内。如拌和站数量为“1”，可按混凝土用量的比例分配到不同的路面清单的“数量单价”计算类中。

这种方式的优点：在各类单价分析表中清晰显示包含分摊项目的单价组合，而不仅仅是将分摊项作为一金额列出。利于招标人、投标人进行单价分析。

5.7 调价

纵横公路工程造价管理系统可成批调整清单分项的“工料机消耗量、单价、费率”，乘系数后，所有单价分析表数据自动调整。

调价时，可自由选择调价范围、自由选择调价方式：调工料机消耗量、调费率、调工料机预算单价、直接调整清单细目的综合单价。软件保存调价前、调价后两套数据报表（所有报表数据均为两套）。调价基本操作如下：

5.7.1 正向调价

1）单击左侧“调价”按钮进入到调价对话框。

2）单击“成批调整消耗”，在“人工”“材料”“机械”文本框内分别输入系数；或者选择“调整综合单价”进行调价，勾选所有清单分项，单击“确定”按钮，如图 5-17 所示。

工料机消耗量与“费率/单价调整”可同时调价。若只调“费率/单价调整”则跳过此步。

3）单击“费率/单价调整”，在弹出对话框中输入调价比例。费率、单价与工料机消耗量调价可同时进行。若只调“工料机消耗量”则跳过此步，如图5-18所示。

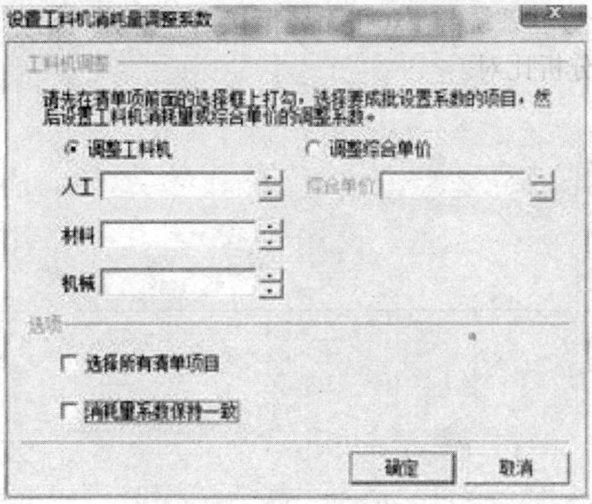

图5-17 设置工料机调整系数

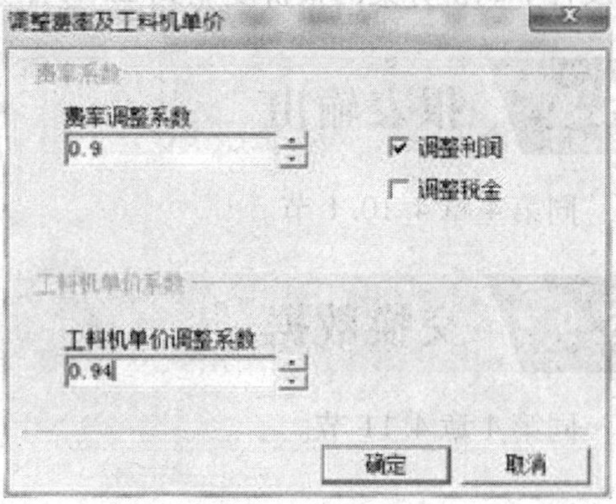

图5-18 设置费率调整系数

注：① 可在工料机窗口，勾选设置具体的工料机不参与调价。

② 调价时，可设置具体的清单不参与调价。

③ 调价时，可设置清单中的人工、材料、机械不参与调价。

④ 调价是出报表前的最后工作，应于计算完所有项目后再进行。

⑤ 在调整材料系数时，应慎重，以免出现不合理的现象，如混凝土的定额消耗单位为$10m^3$，定额消耗量一般为$10.2m^3$，若材料统一乘系数0.9后，则出现“每$10m^3$混凝土定额”只使用“$9m^3$混凝土材料”的问题。特别是要求详细单价分析表的情况下，明显不合理。

⑥ 若必须调整材料系数，建议对不同的定额选择范围分批调价。

4）调价后，可观察到调价前后的清单单价、总额的变化。当已有消耗量系数，若需删除，可单击“清空消耗量系数”选项卡进行清空，重新设置。

5.7.2 反向调价

在“反向目标”选项区中，输入“综合单价”“金额”等信息，单击“反向调价”，如图5-19所示。

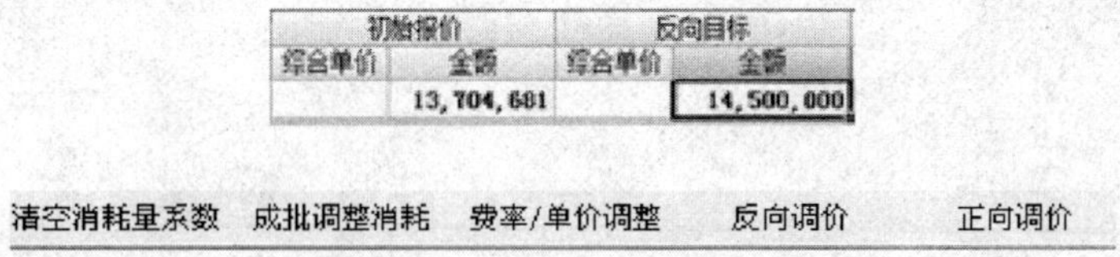

图5-19 反向调价

当某清单有目标综合单价和金额时，则优先计算该清单，再计算总造价。

注：① 反向调价是根据设置的目标综合单价/金额快速计算出调整后报价/金额，计算过程中可能存在计算的正常误差。

② 建议“反向调价”与“费率/单价调整”不同时进行，减少精度误差。

③ 若已进行消耗量调整，单击“反向调价”时会清空原始的消耗量调整系数。

纵横公路工程造价管理系统中保存了“调价前”与“调价后”两套报表（全部报表），用户按招标文件的要求选择任意一套报表打印。在招标过程中，常需对几个报价方案进行对比分析，这时，就可以利用纵横公路工程造价管理系统与 Excel 无缝衔接的特点，将清单分项及各个调价方案的报价复制到 Excel 中进行分析比对。

5.8 报表输出

同第 4 章 4.10.1 节。

5.9 交换数据

同第 4 章 4.11 节。

习　题

1. 如何使用纵横公路工程造价管理系统使用调价功能?
2. 简述使用纵横公路工程造价管理系统编制公路工程工程量清单预算的基本操作流程。

第6章　纵横公路工程造价管理系统应用实例

6.1　公路工程施工图预算编制实例

6.1.1　编制说明

本施工图预算案例采用纵横公路工程造价管理系统编制。

1. 编制范围

××段一级公路，全线均为平原微丘区，设计标准采用一级干线公路标准，设计速度为100km/h，荷载等级采用公路－Ⅰ级，采用全幅断面，全幅路基宽度为26m。路线始于××镇南，与××高速公路连接，通过与××高速公路可实现与省道及过道的连接，终点与××公路顺接，路线总长为42.983km。

2. 编制依据

1）交通部（2007年第33号文）公布的《公路工程基本建设项目概算预算编制办法》，以下简称《编制办法》。

2）交通部（2007年第33号文）公布的《公路工程概算定额》。

3）交通部（2007年第33号文）公布的《公路工程预算定额》。

4）交通部（2007年第33号文）公布的《公路工程机械台班费用定额》。

5）安徽省交通运输部门定额（造价管理）站所发布的《公路工程基本建设项目概算预算编制办法补充规定》。

6）项目所在地区价格信息。

7）本项目提供的设计工程量、图样。

8）经济调查的有关文件。

9）纵横Smart Cost公路工程造价软件。

3. 各项费用规定

（1）人工费　按有关规定的人工费标准执行。

（2）材料费

1）钢材、木材、水泥、沥青等外购材料采用项目所在地区价格信息，其他零星材料为市场调查价格。砂石等地方材料按自采加工控制造价。

2）汽车运费按照当地有关规定标准计算。

（3）施工机械使用费　机械台班单价采用《公路工程机械台班费用定额》计算。其中养路费及车船使用税按国家有关规定进行计算。

（4）施工用地　根据本工程实际情况，预制场、拌和场按外接电考虑，其他用电均按自备发电考虑。

（5）其他工程费　费率标准根据《公路工程基本建设项目概算预算编制办法》计算。

1）冬季施工增加费：按《公路工程基本建设项目概算预算编制办法》规定的费率计算。

2）雨季施工增加费：按《公路工程基本建设项目概算预算编制办法》规定的费率计算。

3）夜间施工增加费：按《公路工程基本建设项目概算预算编制办法》规定的费率计算。

4）高原地区施工增加费：按《公路工程基本建设项目概算预算编制办法》规定的费率计算。

5）风沙地区施工增加费：按《公路工程基本建设项目概算预算编制办法》规定的费率计算。

6）沿海地区施工增加费：按《公路工程基本建设项目概算预算编制办法》规定不计。

7）行车干扰施工增加费：按《公路工程基本建设项目概算预算编制办法》规定不计。

8）安全及文明施工措施费：按《公路工程基本建设项目概算预算编制办法》规定的费率计算。

9）临时设施费：按《公路工程基本建设项目概算预算编制办法》规定的费率计算。

10）施工辅助增加费：按《公路工程基本建设项目概算预算编制办法》规定的费率计算。

11）工地转移费：按《公路工程基本建设项目概算预算编制办法》规定的费率计算。

（6）间接费　规费按项目所在地区的规定计算。

（7）企业管理费

1）基本费用：按《公路工程基本建设项目概算预算编制办法》规定的费率计算。

2）主副食运输补贴费：按《公路工程基本建设项目概算预算编制办法》规定的费率计算。

3）职工探亲路费：按《公路工程基本建设项目概算预算编制办法》规定的费率计算。

4）职工取暖补贴费：按《公路工程基本建设项目概算预算编制办法》规定的费率计算。

5）财务费用：按《公路工程基本建设项目概算预算编制办法》规定的费率计算。

（8）利润和税金

1）利润：按《公路工程基本建设项目概算预算编制办法》规定的费率计算。

2）税金：按《公路工程基本建设项目概算预算编制办法》规定的费率计算。

（9）设备、工具、器具及家具购置费

1）设备及工具、器具购置费：由交通工程设计计入预算。

2）办公和生活用家具购置费：按《公路工程基本建设项目概算预算编制办法》规定的标准取定计列。

（10）工程建设其他费用

1）土地征用及拆迁补偿费：按照相关规定及相关协议计列。

2）建设项目管理费：

① 建设单位（业主）管理费：按《公路工程基本建设项目概算预算编制办法》的规定计算，即采用分段累进办法计算。

② 工程监理费：按《公路工程基本建设项目概算预算编制办法》规定的费率计算。

③ 设计文件审查费：按《公路工程基本建设项目概算预算编制办法》规定的费率计算。

④ 竣（交）工验收试验检测费：按《公路工程基本建设项目概算预算编制办法》的规定计算。

3）研究试验费：根据实际情况本项目不计列研究试验费。

4）建设项目前期费用：按国家计委、建设部关于发布《工程勘察设计收费管理规定》的通知（计价格［2002］10号）规定计算。

5）专项评价（估）费：环境影响评估费、水土保持评估费、压覆矿藏评估费、地质灾害评估等依据有关文件计列。

6）施工机构迁移费、供电贴费：根据有关规定暂不计列。

7）联合试运转费：根据《公路工程基本建设项目概算预算编制办法》的规定计列。

8）生产人员培训费：根据《公路工程基本建设项目概算预算编制办法》的规定，暂按设计定员和每人2000元标准计算。

9）固定资产投资方向调节税：根据《公路工程基本建设项目概算预算编制办法》不计列。

10）建设期贷款利息：根据该项目的《工程可行性研究报告》批复文件，按《公路工程基本建设项目概算预算编制办法》的规定计算利息。

（11）预备费　预备费按《公路工程基本建设项目概算预算编制办法》的规定计列。价差预备费不计。基本预备费按《公路工程基本建设项目概算预算编制办法》的规定计列。

6.1.2　××段公路工程施工图预算编制详表

具体预算编制详见：

1）文件属性表（见表6-1）。

2）预算编制原始数据表（见表6-2）。

3）预算文件组成表（见表6-3～表6-13）。

表 6-1　文件属性表

项目文件名称	K0 +000 ~ K42 +983
编制人（盖章）	× × ×
编制证号	
计划利润率（%）	7.42
税金综合税率（%）	11.00
路线公里长/km	42.983
公路等级	一级公路
地形	
冬季施工增工率（%）	0
雨季施工增工率（%）	1.35
夜间施工增工率（%）	4.00
年造价上涨率（%）	0
上涨计费年限	0
建管费累进办法	4
单价文件名称	单价
潜水人工单价	61.2
船舶工日单价	61.2
不变费用系数	1
辅助生产间接费率	0.05
高原生产费率文件	安徽公路工程 × ×项目
养路费、车船税标准	安徽车船税标准（2012）
费率文件名称	安徽公路工程 × ×项目
工程所在地	安徽
费率标准	安徽概预算 - 皖交建管函［2016］347 号
冬季施工	准一区
雨季施工	Ⅱ区 3 个月
夜间施工	计
高原施工	不计
风沙施工	不计
沿海地区	不计
行车干扰	不计
施工安全	计
临时设施	计
施工辅助	计
工地转移/km	178
养老保险（%）	20
失业保险（%）	2
医疗保险（%）	8.1
住房公积金（%）	6
工伤保险（%）	2
基本费用	计
综合里程/km	4
粮食	4
燃料	4
蔬菜	4
水	4
职工探亲	计
职工取暖	不计
财务费用	计

表 6-2　预算编制原始数据表

建设项目名称：安徽公路工程××项目预算编制实例

编制范围：K0 +000 ~ K42 +983　　　　第 1 页　　共 52 页

编号	名　称	单位	工程量	费率编号	定额调整情况
	第一部分 建筑安装工程费	公路公里	42.350		
一	临时工程	公路公里	42.350		
1	临时道路	km	52.721		
1	临时道路	km	52.721		
1	临时便道的修建与维护	km	52.721		
7-1-1-1	汽车便道平微区路基宽 7m	km	52.721	7	
7-1-1-5	汽车便道砂砾路面宽 6m	km	52.721	7	
7-1-1-7	便道养护路基宽 7m	km·月	948.978	7	
2	临时轨道铺设	km	1.000		
7-1-4-3	钢轨重 32kg/m 在路基上	100m	5.000	8	
7-1-4-4	钢轨重 32kg/m 在桥面上	100m	5.000	8	
3	临时电力线路	km	11.200		
7-1-5-3	支线输电线路	100m	112.000	8	
4	临时电信线路	km	6.200		
7-1-5-4	双线通信线路	1000m	6.200	8	
5	拌和站预制厂	处	6.000		
4-11-11-8	混凝土搅拌站（楼）安拆（$60m^3$/h 内）	座	2.000	14	
4-11-1-3	推土机平整场地	$1000m^2$	200.00	8	
4-11-5-1	填砂砾（砂）垫层	$10m^3$	2000.00	8	
4-11-5-6	混凝土垫层	$10m^3$	1000.00	8	
4-7-31-3	跨墩门架高 9m	10t	12.980	13	
二	路基工程	km	41.862		
1	场地清理	km	41.862		
1	清理与掘除	m^2	1403084.000		

编制：×××　　　　复核：×××

（续）

建设项目名称：安徽公路工程××项目预算编制实例

编制范围：K0+000~K42+983　　　　第2页　　共52页

编号	名　称	单位	工程量	费率编号	定额调整情况
1	清除表土	m^3	420925.000		
1-1-5-4	填前夯（压）实12~15t光轮压路机	$1000m^2$	1403.084	2	
1-1-1-12	清除表土（135kW内推土机）	$100m^3$	4209.250	2	
1-1-10-3	$3m^3$内装载机装土方	$1000m^3$	420.925	2	
1-1-11-21	15t内自卸汽车运土1km	$1000m^3$	420.925	3	
2	伐树、挖根、除草	m^2	8705.000		
1-1-1-5	砍挖灌木林（ϕ10cm下）密	$1000m^2$	8.705	1	
1-1-1-3	人工伐推土机挖根（135kW内）	10棵	39.400	2	
2	挖方	m^3	2356341.000		
1	挖土方	m^3	2167411.000		
1	挖路基土方	m^3	2167411.000		
1-1-12-19	165kW内推土机20m硬土	$1000m^3$天然密实方	113.473	2	
1-1-9-9	$2.0m^3$内挖掘机挖装土方硬土	$1000m^3$	2053.938	2	
2	挖石方	m^3	188930.000		
1	挖路基石方	m^3	188930.000		
1-1-15-30	165kW内推土机20m软石	$1000m^3$天然密实方	94.465	5	
1-1-10-6	$3m^3$内装载机装软石	$1000m^3$天然密实方	94.465	5	
1-1-15-31	165kW内推土机20m次坚石	$1000m^3$天然密实方	94.465	5	
1-1-10-9	$3m^3$内装载机装次坚石、坚石	$1000m^3$天然密实方	94.465	5	
3	弃方运输	m^3	94465.000		
1-1-11-49改	15t内自卸汽车运石3.1km	$1000m^3$	94.465	3	+50×4
3	填方	m^3	2830633.000		
1	路基填方	m^3	2753367.000		
1	利用土方填筑	m^3	2167411.000		

编制：×××　　　　复核：×××

（续）

建设项目名称：安徽公路工程××项目预算编制实例

编制范围：K0+000~K42+983　　第3页　　共52页

编号	名　称	单位	工程量	费率编号	定额调整情况
1-1-11-21改	15t内自卸汽车运土1km	1000m^3	2053.938	3	定额×1.03
1-1-18-5	高速一级路20t内振动压路机压土	1000m^3	2167.411	2	
1-1-22-9改	8000L内洒水汽车洒水3km	1000m^3	117.560	3	+10×4
1-1-20-1	机械整修路拱	1000m^2	145.366	2	
1-1-20-3	整修边坡二级及以上等级公路	km	5.591	1	
2	借土方填筑	m^3	1237686.000		
1-1-9-9改	2.0m^3内挖掘机挖装土方硬土	1000m^3	1237.686	2	
1-1-11-21改	15t内自卸汽车运土3.9km	1000m^3	1237.686	3	+22×6
1-1-18-5	高速一级路20t内振动压路机压土	1000m^3	1016.664	2	
1-1-22-9改	8000L内洒水汽车洒水3km	1000m^3	73.200	3	+10×4
1-1-20-1	机械整修路拱	1000m^2	994.318	2	
1-1-20-3	整修边坡二级及以上等级公路	km	38.243	1	
3	利用石方填筑	m^3	102680.000		
1-1-11-49改	15t内自卸汽车运石3.7km	1000m^3	94.465	3	+50×5
1-1-18-18	高速一级路20t内振动压路机压石	1000m^3	102.680	5	
4	借石方填筑	m^3	65264.000		
1-1-15-30	165kW内推土机20m软石	1000m^3	60.027	5	
1-1-10-6	3m^3内装载机装软石	1000m^3	60.027	5	
1-1-11-49改	15t内自卸汽车运石3.7km	1000m^3	60.027	3	+50×5
1-1-18-18	高速一级路20t内振动压路机压石	1000m^3	65.264	5	
2	结构物台背回填	m^3	75969.000		
1-1-4-3	人工挖土质台阶硬土	1000m^2	12.488	1	
1-3-12-4改	软基碎（砾）石垫层	1000m^3	75.969	7	985换100001，100001量1200
1-1-9-9	2.0m^3内挖掘机挖装土方硬土	1000m^3	4.608	2	

编制：×××　　复核：×××

（续）

建设项目名称：安徽公路工程××项目预算编制实例

编制范围：K0+000~K42+983　　　　第4页　　　　共52页

编号	名　称	单位	工程量	费率编号	定额调整情况
1-1-11-21改	15t内自卸汽车运土3.1km	$1000m^3$	4.608	3	+22×4
4	特殊路基处理	km	10.861		
1	低填浅挖	km	6.184		
1-3-12-3	软基石渣垫层	$1000m^3$	113.117	7	
1-1-9-9	$2.0m^3$ 内挖掘机挖装土方硬土	$1000m^3$	85.536	2	
1-1-11-21改	15t内自卸汽车运土3.1km	$1000m^3$	85.536	3	+22×4
1-1-12-17改	165kW内推土机20m松土	$1000m^3$	71.340	2	定额×1.23
1-1-12-19	165kW内推土机20m硬土	$1000m^3$ 天然密实方	71.340	2	
1-1-18-5	高速一级路20t内振动压路机压土	$1000m^3$	71.340	2	
1-1-22-9改	8000L内洒水汽车洒水3km	$1000m^3$	5.136	3	+10×4
2	陡坡路堤	km	0.570		
1-3-9-3改	软基（或路面基层）土工格栅处理	$1000m^2$	15.071	7	775量22.4
1-1-4-1	人工挖土质台阶松土	$1000m^2$	6.022	1	
1-1-4-3	人工挖土质台阶硬土	$1000m^2$	1.271	1	
1-1-12-19	165kW内推土机20m硬土	$1000m^3$	2.248	2	
1-1-12-17改	165kW内推土机20m松土	$1000m^3$	2.248	2	定额×1.23
1-1-18-5	高速一级路20t内振动压路机压土	$1000m^3$	2.248	2	
1-1-22-9改	8000L内洒水汽车洒水3km	$1000m^3$	0.162	3	+10×4
3	特殊路基（封层）	km	30.869		
1-1-9-7	$2.0m^3$ 内挖掘机挖装土方松土	$1000m^3$	65.079	2	
1-1-9-9	$2.0m^3$ 内挖掘机挖装土方硬土	$1000m^3$	4.303	2	
1-1-11-21改	15t内自卸汽车运土3.1km	$1000m^3$	69.382	3	+22×4
1-3-12-4改	软基碎（砾）石垫层	$1000m^3$	268.256	7	958换915，915量1200
4	基底、路床换填	km	4.637		

编制：×××　　　　复核：×××

（续）

建设项目名称：安徽公路工程××项目预算编制实例

编制范围：K0 +000 ~ K42 +983　　　　第5页　　　　共52页

编号	名称	单位	工程量	费率编号	定额调整情况
1-1-9-9	2.0m^3 内挖掘机挖装土方硬土	1000m^3	5.450	2	
1-1-11-21 改	15t 内自卸汽车运土 ±3.14km	1000m^3	5.450	3	+22×4
1-3-12-3	软基石渣垫层	1000m^3	113.437	7	
1-3-12-4 改	软基碎（砾）石垫层	1000m^3	63.565	7	958 换 931，931 量 1200
5	翻松碾压	km	24.591		
1-1-12-17 改	165kW 内推土机 20m 松土	1000m^3	296.407	2	定额×1.23
1-1-12-19	165kW 内推土机 20m 硬土	1000m^3	296.407	2	
1-1-18-5	高速一级路 20t 内振动压路机压土	1000m^3	296.406	2	
1-1-22-9 改	8000L 内洒水汽车洒水 3km	1000m^3	21.341	3	+10×4
5	排水工程	km	41.862		
1	排水沟	m^3/m	8340/38268		
1	浅蝶形排水沟	m^3/m	8340/38268		
1-2-1-3	人工挖沟硬土	1000m^3	12.509	1	
4-11-4-1	胶泥防水层	10m^3	834.000	8	
2	截水沟	m^3/m	1475/2950		
1-2-1-3	人工挖沟硬土	1000m^3	3.245	1	
4-11-4-1	胶泥防水层	10m^3	147.500	8	
3	急流槽	m^3/m	4256/18700		
1-2-3-3 改	浆砌片石急流槽	10m^3	267.200	8	M5，-3.5，M7.5，+3.5
1-2-4-14 改	现浇混凝土急流槽	10m^3	21.500	8	普 C20-32.5-2，-10.2，普 C25-32.5-2，+10.2，定额×1.01
1-2-4-12 改	预制混凝土预制块急流槽	10m^3	136.900	8	普 C20-32.5-2，-10.1，普 C25-32.5-2，+10.1
1-2-4-13	铺砌混凝土预制块急流槽	10m^3	136.900	8	
1-2-4-10 改	水沟盖板钢筋	t	104.529	8	111 量 1.025，112 量 0
4-11-5-1	填砂砾（砂）垫层	10m^3	121.200	8	

编制：×××　　　　复核：×××

（续）

建设项目名称：安徽公路工程××项目预算编制实例

编制范围：K0+000～K42+983　　　　第6页　　　　共52页

编号	名　称	单位	工程量	费率编号	定额调整情况
1-2-1-3	人工挖沟硬土	$1000m^3$	7.826	1	
4	挡水埝	m^3/m	256/1000		
1-1-12-19改	165kW内推土机20m硬土	$1000m^3$	0.256	2	定额×1.09
1-1-7-2	夯土机夯实填土	$1000m^3$	0.256	2	
6	防护与加固工程	km	41.862		
2	植草护坡	m^2	32839.000		
5-1-2-8	机械液压喷播植草（挖方边坡）	$1000m^2$	30.070	8	
5-1-2-7	机械液压喷播植草（填方边坡）	$1000m^2$	2.769	8	
3	拱形骨架植草	m^3	16949.000		
5-1-10-2改	浆砌片石护坡	$10m^3$	1694.900	8	M5，-3.5，M7.5，+3.5，人工×1.3
5-1-2-11	客土喷播植草（厚度8cm）	$1000m^2$	76.910	8	
4-11-6-17改	水泥砂浆抹面（厚2cm）	$100m^2$	300.729	8	M10，-2.6，M12.5，+2.6
2-3-4-5改	现浇混凝土路缘石	$10m^3$	57.576	8	普C25-32.5-4，-10.2，普C15-32.5-4，+10.2
4-1-3-3	基坑≤$1500m^3$，$1.0m^3$内挖掘机挖土	$1000m^3$	27.380	8	
1-1-11-22	15t内自卸汽车运土增0.5km（5km内）	$1000m^3$天然密实方	27.380	3	
4	浆砌片石护坡	m^3	9492.000		
5-1-10-2改	浆砌片石护坡	$10m^3$	949.200	8	M5，-3.5，M7.5，+3.5
4-11-6-17	水泥砂浆抹面（厚2cm）	$100m^2$	463.697	8	
5-1-2-7	机械液压喷播植草（填方边坡）	$1000m^2$	152.781	8	
4-1-3-3	基坑≤$1500m^3$，$1.0m^3$内挖掘机挖土	$1000m^3$	10.037	8	
1-1-11-22	15t内自卸汽车运土增0.5km（5km内）	$1000m^3$天然密实方	10.037	3	
三	路面工程	km	41.862		
1	路面垫层	m^2	79742.000		
2-1-1-15改	机械铺碎石垫层厚20cm	$1000m^2$	79.742	7	+20×5，958换100001，100001量248.86

编制：×××　　　　复核：×××

（续）

建设项目名称：安徽公路工程××项目预算编制实例

编制范围：K0 +000 ~ K42 +983　　第 7 页　　共 52 页

编号	名　称	单位	工程量	费率编号	定额调整情况
2	路面底基层	m^2	988887.000		
2-1-7-5 改	厂拌水泥碎石 4:96 厚度 32cm	$1000m^2$	493.937	7	+6×17，4:96
2-1-7-5 改	厂拌水泥碎石 4:96 厚度 20cm	$1000m^2$	494.950	7	+6×5，4:96
2-1-8-21 改	稳定土运输 15t 内 6km	$1000m^3$	257.050	3	+23×10
2-1-9-12 改	摊铺机铺筑底基层（12.5m 内）	$1000m^2$	493.937	7	拖平压机×2，人工+3
2-1-19-12 改	摊铺机铺筑底基层（12.5m 内）	$1000m^2$	494.950	7	拖平压机×2，人工+3
2-1-10-4	稳定土厂拌设备安拆（300t/h 内）	座	0.500	14	
3	路面基层	m^2	947200.000		
2-1-7-5 改	厂拌水泥碎石 5:95 厚度 20cm	$1000m^2$	947.200	7	+6×5
2-1-8-21 改	稳定土运输 15t 内 6km	$1000m^3$	189.440	3	+23×10
2-1-9-11 改	摊铺机铺筑基层（12.5m 内）	$1000m^2$	947.200	7	拖平压机×2，人工+3
2-1-10-4	稳定土厂拌设备安拆（300t/h 内）	座	0.500	14	
4	透层、黏层、封层	m^2	1894400.000		
1	黏层	m^2	947200.000		
2-2-16-6 改	乳化沥青沥青层黏层	$1000m^2$	947.200	7	853 换 100005，100005 量 0.464
2	封层	m^2	947200.000		
2-2-16-14 改	乳化沥青稀浆封层 ES-2 型	$1000m^2$	947.200	7	853 换 100005，100005 量 1.476
5	沥青混凝土面层	m^2	947200.000		
2-2-11-12 改	中粒沥青混凝土拌和（320t/h 内）	$1000m^3$	47.360	6	851 换 852，852 量 113.465，996 量 8739.875，897 换 100002，100002 量 389.79
2-2-11-6 改	粗粒沥青混凝土拌和（320t/h 内）	$1000m^3$	66.304	6	851 换 852，852 量 105.857，996 量 8130.975，897 换 100002，100002 量 296.66
2-2-13-21 改	沥青混合料运输 15t 内 6km	$1000m^3$	113.664	3	+23×10
2-2-14-51	机铺沥青混凝土中粒式 320t/h 内	$1000m^3$	47.360	6	

编制：×××　　复核：×××

（续）

建设项目名称：安徽公路工程××项目预算编制实例

编制范围：K0+000～K42+983　　　　第8页　　　　共52页

编号	名　称	单位	工程量	费率编号	定额调整情况
2-2-14-50	机铺沥青混凝土粗粒式320t/h内	$1000m^3$	66.304	6	
2-2-15-6	沥青混合料拌和设备安拆（320t/h内）	座	2.000	14	
6	路槽、路肩及中央分隔带	km	41.862		
2-3-4-4改	预制安砌混凝土路缘石	$10m^3$	397.100	8	定额×1.01
2-3-5-1	制铺预制块镶边	$10m^3$	316.500	8	
4-11-5-1	填砂砾（砂）垫层	$10m^3$	703.200	8	
4-11-6-17	水泥砂浆抹面（厚2cm）	$100m^2$	802.400	8	
6-1-5-3	中间带填土	$10m^3$	2668.200	8	
1-1-12-19改	165kW内推土机100m硬土	$1000m^3$	26.682	2	+20×8
2-3-3-5改	培路肩厚度32cm	$1000m^2$	90.190	7	+6×12，添915量326.4
2-3-3-1	挖路槽深20cm土质	$1000m^2$	79.742	7	
2-3-6-2	制铺预制块加固土路肩	$10m^3$	89.400	8	
2-3-3-5	培路肩厚度20cm	$1000m^2$	49.152	7	
2-3-3-5改	培路肩厚度32cm	$1000m^2$	53.982	7	+6×12
1-1-9-7改	$2.0m^3$内挖掘机挖装土方松土	$1000m^3$	27.105	2	定额×1.23
1-1-11-21改	15t内自卸汽车运土3.9km	$1000m^3$	27.105	3	+22×6，定额×1.26
2-3-4-4改	预制安砌混凝土路缘石	$10m^3$	351.700	8	普C25-32.5-4，-10.1，普C30-32.5-4，+10.1，定额×1.01
77	桥梁涵洞工程	km	2.440		
1	涵洞工程	m/道	1632.07/47		
1	钢筋混凝土管涵	m/道	577.4/17		
1	圆管涵	m/道	577.4/17		
4-7-4-2改	预制ϕ2m内混凝土	$10m^3$	48.130	8	定额×1.01
4-7-4-3改	普通钢筋	t	45.515	13	111量0.234，添112量0.791
4-7-5-4	起重机安装ϕ1.0m上圆管涵	$10m^3$	48.130	8	

编制：×××　　　　复核：×××

（续）

建设项目名称：安徽公路工程××项目预算编制实例

编制范围：K0+000～K42+983

第9页　　共52页

编号	名　称	单位	工程量	费率编号	定额调整情况
4-7-5-5改	现浇管座混凝土	$10m^3$	127.650	8	普C15-32.5-4，-10.2，普C30-32.5-4，+10.2
4-6-1-12改	基础、支撑梁钢筋	t	33.065	13	111量0.418，112量0.607
5-1-18-2改	现浇混凝土挡土墙	$10m^3$	15.890	8	普C20-32.5-8，-10.2，普C30-32.5-4，+10.2
4-7-28-2改	预制桥涵缘（帽）石混凝土钢模	$10m^3$	0.680	8	普C15-32.5-2，-10.1，普C30-32.5-2，+10.1
4-7-29-1	安装桥涵缘（帽）石	$10m^3$	0.680	8	
4-5-2-5改	浆砌片石实体式台、墙高10m内	$10m^3$	23.260	8	M7.5，-3.5，M10，+3.5
4-5-2-1改	浆砌片石基础、护底、截水墙	$10m^3$	23.210	8	M7.5，-3.5，M10，+3.5
4-11-6-17	水泥砂浆抹面（厚2cm）	$100m^2$	1.322	8	
4-5-2-1改	浆砌片石基础、护底、截水墙	$10m^3$	7.790	8	M7.5，-3.5，M10，+3.5
4-11-5-1	填砂砾（砂）垫层	$10m^3$	11.200	8	
5-1-10-2改	浆砌片石护坡	$10m^3$	60.190	8	M5，-3.5，M10，+3.5
4-11-4-5	涂沥青防水层	$10m^2$	701.080	8	
4-11-7-13	沥青麻絮伸缩缝	m^2	246.100	8	
1-1-7-2	夯土机夯实填土	$1000m^3$	3.395	2	
4-1-3-4	基坑≤$1500m^3$，$2.0m^3$内挖掘机挖土	$1000m^3$	12.658	8	
4-11-11-12	混凝土搅拌站拌和（$60m^3/h$内）	$100m^3$	17.999	8	
4-11-11-20改	$6m^3$内混凝土搅运车运8.3km	$100m^3$	17.999	3	+21×14.6
2	暗板涵	m/道	1054.67/30		
4-7-9-1改	预制矩形板混凝土（跨径4m内）	$10m^3$	213.025	8	普C30-32.5-4，-10.1，普C35-32.5-4，+10.1
4-7-9-3改	矩形板钢筋	t	406.190	13	111量0.376，112量0.649
4-7-10-2	起重机安装矩形板	$10m^3$	213.025	8	
4-7-28-2改	预制桥涵缘（帽）石混凝土钢模	$10m^3$	1.099	8	普C15-32.5-2，-10.1，普C30-32.5-2，+10.1，定额×1.01
4-7-29-1	安装桥涵缘（帽）石	$10m^3$	1.099	8	
4-6-2-1改	轻型墩台钢筋混凝土	$10m^3$	821.334	8	普C25-32.5-4，-10.2，普C30-32.5-4，+10.2

编制：×××　　复核：×××

（续）

建设项目名称：安徽公路工程××项目预算编制实例

编制范围：K0+000～K42+983

第10页　　共52页

编号	名　称	单位	工程量	费率编号	定额调整情况
4-6-2-8改	实体式墩台钢筋	t	198.223	13	111量0.601，112量0.424
4-6-1-1改	轻型墩台基础混凝土（跨径4m内）	$10m^3$	626.193	8	普C15-32.5-8，-10.2，普C30-32.5-4，+10.2
4-6-1-5改	支撑梁混凝土	$10m^3$	11.446	8	普C20-32.5-4，-10.2，普C30-32.5-4，+10.2
4-6-1-12改	基础、支撑梁钢筋	t	15.392	13	111量0.227，112量0.798
4-5-2-5改	浆砌片石实体式台、墙高10m内	$10m^3$	276.450	8	M7.5，-3.5，M10，+3.5
4-5-2-1改	浆砌片石基础、护底、截水墙	$10m^3$	328.530	8	M7.5，-3.5，M10，+3.5
4-11-6-17	水泥砂浆抹面（厚2cm）	$100m^2$	4.344	8	
5-1-10-2改	浆砌片石护坡	$10m^3$	53.100	8	M5，-3.5，M10，+3.5
4-5-2-1改	浆砌片石基础、护底、截水墙	$10m^3$	506.900	8	M7.5，-3.5，M10，+3.5
4-11-5-1	填砂砾（砂）垫层	$10m^3$	113.960	8	
4-11-4-4	沥青卷材防水层	$10m^2$	616.070	8	
4-11-4-5	涂沥青防水层	$10m^2$	2496.380	8	
4-11-7-13	沥青麻絮伸缩缝	m^2	3991.500	8	
1-3-12-2	软基砂砾垫层	$1000m^3$	37.494	7	
4-1-3-4	基坑≤$1500m^3$，$2.0m^3$内挖掘机挖土	$1000m^3$	36.173	8	
4-1-2-2	人挖卷扬机吊运湿处土方	$1000m^3$	3.554	8	
1-3-12-2	软基砂砾垫层	$1000m^3$	4.594	7	
1-1-9-9	$2.0m^3$内挖掘机挖装土方硬土	$1000m^3$	4.594	2	
1-1-11-21	15t内自卸汽车运土1km	$1000m^3$	4.594	3	
1-1-12-19改	165kW内推土机100m硬土	$1000m^3$	0.432	2	+20×8
4-11-11-12	混凝土搅拌站拌和（$60m^3/h$内）	$100m^3$	170.443	8	
4-11-11-20改	$6m^3$内混凝土搅运车运8.3km	$100m^3$	170.443	3	+21×14.6
2	小桥工程	m/座	319.95/21		
1	1～8m小桥（预制混凝土空心板）	m/座	288.4/20		

编制：×××　　　　复核：×××

（续）

建设项目名称：安徽公路工程××项目预算编制实例

编制范围：K0 +000 ~ K42 +983　　　　第 11 页　　　　共 52 页

编号	名　称	单位	工程量	费率编号	定额调整情况
4 - 7 - 9 - 4	预制空心板混凝土	$10m^3$	147. 200	8	
4 - 7 - 10 - 4	起重机安装空心板	$10m^3$	147. 200	8	
4 - 7 - 9 - 5 改	空心板钢筋	t	350. 358	13	111 量 0. 273，112 量 0. 752
4 - 6 - 13 - 2 改	行车道铺装面层水泥混凝土（非泵送）	$10m^3$	58. 690	8	普 C30 - 32. 5 - 4，- 10. 2，普 C50 - 42. 5 - 4，+ 10. 2
4 - 6 - 13 - 7	行车道铺装沥青混凝土	$10m^3$	33. 120	8	
4 - 6 - 13 - 9 改	水泥及防水混凝土钢筋 ϕ8mm 内	t	74. 676	13	111 量 0，112 量 1. 025
4 - 11 - 4 - 6	防水剂	$1000m^2$	3. 680	8	
6 - 1 - 2 - 3 改	现浇混凝土墙体防撞护栏	$10m^3$	10. 000	8	普 C25 - 32. 5 - 4，- 10. 2，普 C30 - 32. 5 - 4，+ 10. 2
6 - 1 - 2 - 4 改	墙体护栏钢筋	t	13. 030	13	添 191 量 0. 121
4 - 6 - 2 - 61 改	板式支座垫石混凝土	$10m^3$	0. 240	8	普 C30 - 32. 5 - 4，- 10. 2，普 C40 - 32. 5 - 4，+ 10. 2
4 - 6 - 2 - 62 改	支座垫石钢筋	t	3. 815	13	添 111 量 0. 231，112 量 0. 794
4 - 7 - 30 - 3	板式橡胶支座	dm^3	677. 800	13	
4 - 6 - 3 - 2	墩、台帽混凝土（钢模非泵送）	$10m^3$	60. 760	8	
4 - 6 - 3 - 9 改	桥（涵）台帽钢筋	t	40. 664	13	111 量 0. 206，112 量 0. 819
4 - 6 - 2 - 25	肋形埋置式桥台混凝土（高 8m 内）	$10m^3$	348. 510	8	
4 - 6 - 2 - 28 改	肋形埋置式桥台钢筋	t	440. 837	13	111 量 0，112 量 1. 025
4 - 6 - 4 - 9 改	耳背墙混凝土	$10m^3$	9. 360	8	普 C25 - 32. 5 - 4，- 10. 2，普 C35 - 32. 5 - 4，+ 10. 2
4 - 6 - 4 - 13 改	耳背墙钢筋	t	14. 766	13	111 量 0. 152，112 量 0. 873
4 - 6 - 1 - 2 改	轻型墩台基础混凝土（跨径 8m 内）	$10m^3$	40. 050	8	普 C5 - 32. 5 - 8，- 10. 2，泵 C25 - 32. 5 - 4，+ 10. 2
4 - 6 - 1 - 12 改	基础、支撑梁钢筋	t	8. 739	13	111 量 0. 583，112 量 0. 442
4 - 6 - 1 - 5 改	支撑梁混凝土	$10m^3$	18. 890	8	普 C20 - 32. 5 - 4，- 10. 2，普 C25 - 32. 5 - 4，+ 10. 2
4 - 6 - 1 - 12 改	基础、支撑梁钢筋	t	43. 517	13	111 量 0. 094，112 量 0. 931
4 - 11 - 5 - 1	填砂砾（砂）垫层	$10m^3$	1. 870	8	
4 - 6 - 1 - 10	承台混凝土（泵送无底模）	$10m^3$	364. 290	8	

编制：×××　　　　复核：×××

（续）

建设项目名称：安徽公路工程××项目预算编制实例

编制范围：K0 +000 ~ K42 +983

第 12 页　　共 52 页

编号	名　称	单位	工程量	费率编号	定额调整情况
4-6-1-13	承台钢筋	t	283.014	13	
4-4-5-17	陆地 φ120cm 内回旋钻机钻孔深 40m 内砂土	10m	60.670	9	
4-4-5-18	陆地 φ120cm 内回旋钻机钻孔深 40m 内黏土	10m	91.000	9	
4-4-7-14	回旋潜水钻 φ150cm 起重机吊斗混凝土	$10m^3$	803.680	9	
4-4-7-22 改	焊接连接钢筋	t	684.229	13	111 量 0.134，112 量 0.891
4-4-8-7	埋设钢护筒干处	t	74.061	13	
4-6-14-1	搭板混凝土	$10m^3$	165.600	8	
4-6-14-3 改	桥头搭板钢筋	t	258.205	13	添 111 量 0.012，112 量 1.013
4-5-2-9 改	浆砌片石锥坡、沟、槽、池	$10m^3$	16.030	8	M5，-3.5，M10，+3.5
4-5-2-5	浆砌片石实体式台、墙高 10m 内	$10m^3$	129.830	8	
4-5-2-1 改	浆砌片石基础、护底、截水墙	$10m^3$	260.060	8	M7.5，-3.5，M10，+3.5
5-1-10-2 改	浆砌片石护坡	$10m^3$	152.770	8	M5，-8.5，M10，+3.5
4-11-5-1	填砂砾（砂）垫层	$10m^3$	100.010	8	
4-1-3-4	基坑≤$1500m^3$，$2.0m^3$ 内挖掘机挖土	$1000m^3$	23.835	8	
4-11-11-12	混凝土搅拌站拌和（$60m^3/h$ 内）	$100m^3$	221.066	8	
4-11-11-20 改	$6m^3$ 内混凝土搅运车运 4.7km	$100m^3$	221.066	3	+21×7.4
4-8-2-19	重 25t 内龙门架装拖头牵引 50m	$100m^3$	14.720	8	
4-8-4-3 改	重 25t 内龙门架装车 4.7km	$100m^3$	14.720	3	+11×7
2	1~13m 小桥（预应力混凝土空心板）	m/座	31.55/1		
4-7-13-1 改	预制预应力空心板混凝土非泵送	$10m^3$	10.300	8	普 C40-42.5-2，-10.1，普 C50-42.5-2，+10.1
4-7-13-7	起重机安装空心板跨径 20m 内	$10m^3$	10.300	8	
4-7-9-5 改	空心板钢筋	t	17.381	13	111 量 0.131，112 量 0.894
4-11-10-2	60m 钢绞线、钢筋张拉台座 6000kN	座	1.000	8	
4-7-21-5	先张法钢绞线	t	3.120	13	

编制：×××　　复核：×××

（续）

建设项目名称：安徽公路工程××项目预算编制实例

编制范围：K0+000～K42+983　　　　第13页　　共52页

编号	名　　称	单位	工程量	费率编号	定额调整情况
4-6-13-2改	行车道铺装面层水泥混凝土（非泵送）	$10m^3$	3.700	8	普C30-32.5-4，-10.2，普C50-42.5-4，+10.2
4-6-13-7	行车道铺装沥青混凝土	$10m^3$	2.800	8	
4-6-13-9改	水泥及防水混凝土钢筋 ϕ8mm内	t	5.732	13	111量0，112量1.025
4-11-4-6	防水剂	$1000m^2$	0.234	8	
4-11-7-5改	预留槽混凝土	$10m^3$	0.400	8	225量0.765
4-11-7-6改	预留槽钢筋	t	0.427	13	111量0，112量1.025
4-11-7-1	模数伸缩缝伸缩量80～480mm	t	1.446	13	
4-11-7-14	泄水管	10个	0.400	8	
6-1-2-3改	现浇混凝土墙体防撞护栏	$10m^3$	1.400	8	普C25-32.5-4，-10.2，普C30-32.5-4，+10.2
6-1-2-4改	墙体护栏钢筋	t	1.697	13	111量0.173，添112量0.852
6-1-2-5改	铸铁柱及栏杆	t	0.093	13	191量0，561量1000
4-6-2-61改	板式支座垫石混凝土	$10m^3$	0.100	8	普C30-32.5-4，-10.2，普C40-32.5-4，+10.2
4-6-2-62改	支座垫石钢筋	t	1.093	13	添111量0.733，112量0.292
4-7-30-3	板式橡胶支座	$1dm^3$	98.470	13	
4-6-4-2改	盖梁混凝土（钢模非泵送）	$10m^3$	6.400	8	普C30-32.5-4，-10.2，普C35-32.5-4，+10.2
4-6-4-11改	盖梁钢筋	t	9.938	13	111量0.281，112量0.744
4-6-2-9改	圆柱式墩台混凝土（非泵送高10m内）	$10m^3$	0.300	8	普C25-32.5-4，-10.2，普C30-32.5-4，+10.2
4-6-2-19改	柱式墩台焊接钢筋（高10m内）	t	1.130	13	111量0.129，112量0.896
4-6-4-9改	耳背墙混凝土	$10m^3$	1.700	8	普C25-32.5-4，-10.2，普C35-32.5-4，+10.2
4-6-4-13改	耳背墙钢筋	t	3.220	13	111量0，112量1.025
4-4-5-17	陆地 ϕ120cm内回旋钻机钻孔深40m内砂土	10m	13.200	9	
4-4-5-18	陆地 ϕ120cm内回旋钻机钻孔深40m内黏土	10m	11.700	9	
4-4-7-14改	回旋潜水钻 ϕ150cm起重机吊斗混凝土	$10m^3$	28.100	9	水C25-32.5-4，-12.01，水C30-32.5-4，+12.01
4-4-7-22改	焊接连接钢筋	t	23.867	13	111量0.132，112量0.893

编制：×××　　　　复核：×××

（续）

建设项目名称：安徽公路工程××项目预算编制实例

编制范围：K0+000~K42+983　　　　第14页　　　　共52页

编号	名　称	单位	工程量	费率编号	定额调整情况
4-4-7-24	检测管	t	3.571	13	
4-4-8-7	埋设钢护筒干处	t	4.288	13	
4-6-14-1	搭板混凝土	$10m^3$	3.800	8	
4-6-14-3	桥头搭板钢筋	t	9.600	13	
4-11-5-6 改	混凝土垫层	$10m^3$	4.400	8	普 C10-32.5-4，-10.2，普 C20-32.5-4，+10.2
4-11-4-4	沥青卷材防水层	$10m^2$	2.900	8	
4-5-2-9 改	浆砌片石锥坡、沟、槽、池	$10m^3$	12.800	8	M5，-3.5，M10，+3.5
4-11-2-1 改	锥坡填土	$10m^3$	26.200	8	添 902 量 10.2
4-11-6-17	水泥砂浆抹面（厚 2cm）	$100m^2$	0.970	8	
4-5-2-1 改	浆砌片石基础、护底、截水墙	$10m^3$	63.500	8	M7.5，-3.5，M10，+3.5
5-1-10-2 改	浆砌片石护坡	$10m^3$	11.00	8	M5，-3.5，M10，+3.5
4-11-5-1	填砂砾（砂）垫层	$10m^3$	18.100	8	
4-1-2-2	人挖卷扬机吊运湿处土方	$1000m^3$	0.072	8	
4-11-11-12	混凝土搅拌站拌和（$6m^3/h$ 内）	$100m^3$	7.126	8	
4-11-11-20 改	$6m^3$ 内混凝土搅运车运 4.7km	$100m^3$	7.126	3	+21×7.4
4-8-2-19	重 25t 内龙门架装拖头牵引 50m	$100m^3$	0.983	8	
4-8-4-3 改	重 25t 内龙门架装车 4.7km	$100m^3$	0.983	3	+11×7
1-1-12-19 改	165kW 内推土机 100m 硬土	$1000m^3$	1.515	2	+20×8
3	中桥工程	m/座	81.4/1		
1	K7+475 中桥（简支小箱梁）	m^2/m	2075.7/81.4		
4-7-16-1	预制等截面箱梁混凝土非泵送	$10m^3$	65.500	8	
4-7-16-5	双导梁安装连续梁	$10m^3$	65.500	8	
4-7-31-2	双导梁	10t	11.570	13	
4-11-9-1	平面底座	$10m^2$	24.948	8	

编制：×××　　　　复核：×××

（续）

建设项目名称：安徽公路工程××项目预算编制实例

编制范围：K0+000～K42+983　　　　第15页　　共52页

编号	名称	单位	工程量	费率编号	定额调整情况
4-7-16-3改	预应力箱梁钢筋	t	162.614	13	111量0.226，112量0.799
4-7-16-6	现浇连续梁接缝混凝土	$10m^3$	9.600	8	
4-7-20-27改	钢绞线束长40m内3孔9.15束/t	t	20.979	13	+28×0.24
4-7-20-17改	钢绞线束长20m内7孔16.36束/t	t	4.890	13	+18×8.24
4-6-13-2改	行车道铺装面层水泥混凝土（非泵送）	$10m^3$	15.200	8	普C30-32.5-4，-10.2，普C50-42.5-4，+10.2
4-6-13-7	行车道铺装沥青混凝土	$10m^3$	20.900	8	
4-6-13-9改	水泥及防水混凝土钢筋 ϕ8mm内	t	14.996	13	111换113，113量1.025
4-11-4-6	防水剂	$1000m^2$	1.705	8	
4-7-30-3	板式橡胶支座	$1dm^3$	503.849	13	
4-7-30-4	四氟板式橡胶组合支座	$1dm^3$	147.027	13	
4-11-7-5改	预留槽混凝土	$10m^3$	1.500	8	225量0.765
4-11-7-6改	预留槽钢筋	t	0.992	13	111量0，112量1.025
4-11-7-1	模数伸缩缝伸缩量80～480mm	t	3.680	13	
4-11-7-14	泄水管	10个	3.000	8	
1-2-2-1改	碎石料盲沟20cm×30cm	10m	15.000	8	770换772，772量3.06，952量0.061
6-1-2-3改	现浇混凝土墙体防撞护栏	$10m^3$	8.700	8	普C25-32.5-4，-10.2，普C30-32.5-4，+10.2
6-1-2-4改	墙体护栏钢筋	t	13.871	13	111量0.122，添112量0.903
6-1-2-5改	铸铁柱及栏杆	t	4.927	13	191量0.474，561量544.429
4-6-4-2改	盖梁混凝土（钢模非泵送）	$10m^3$	21.900	8	普C30-32.5-4，-10.2，普C35-32.5-4，+10.2
4-6-4-11改	盖梁钢筋	t	42.831	13	111量0.234，112量0.791
4-6-2-61改	板式支座垫石混凝土	$10m^3$	0.500	8	普C30-32.5-4，-10.2，普C40-32.5-4，+10.2
4-6-2-9改	圆柱式墩台混凝土（非泵送高10m内）	$10m^3$	4.100	8	普C25-32.5-4，-10.2，普C35-32.5-4，+10.2
4-6-2-19改	柱式墩台焊接钢筋（高10m内）	t	6.416	13	111量0.151，112量0.874
4-6-4-9改	耳背墙混凝土	$10m^3$	4.500	8	普C25-32.5-4，-10.2，普C35-32.5-4，+10.2

编制：×××　　　　复核：×××

（续）

建设项目名称：安徽公路工程××项目预算编制实例

编制范围：K0+000～K42+983　　　　第16页　　共52页

编号	名　称	单位	工程量	费率编号	定额调整情况
4-6-4-13改	耳背墙钢筋	t	7.778	13	111量0，112量1.025
4-4-5-41	陆地 ϕ150cm内回旋钻机钻孔深40m内砂土	10m	73.640	9	
4-4-5-42	陆地 ϕ150cm内回旋钻机钻孔深40m内黏土	10m	4.360	9	
4-4-7-14改	回旋潜水钻 ϕ150cm起重机吊斗混凝土	$10m^3$	137.800	9	水C25-32.5-4，-12.01，水C30-32.5-4，+12.01
4-4-7-22改	焊接连接钢筋	t	78.474	13	111量0.141，112量0.884
4-4-8-7	埋设钢护筒干处	t	11.572	13	
4-4-7-24	检测管	t	10.805	13	
4-6-14-1	搭板混凝土	$10m^3$	15.100	8	
4-6-14-3	桥头搭板钢筋	t	23.067	13	
4-11-5-6改	混凝土垫层	$10m^3$	12.700	8	普C10-32.5-4，-10.2，普C20-32.5-4，+10.2
4-5-2-9改	浆砌片石锥坡、沟、槽、池	$10m^3$	44.600	8	M5，-3.5，M10，+3.5
4-5-2-1改	浆砌片石基础、护底、截水墙	$10m^3$	28.800	8	M7.5，-3.5，M10，+3.5
4-11-5-1	填砂砾（砂）垫层	$10m^3$	11.800	8	
4-11-7-13	沥青麻絮伸缩缝	$1m^2$	33.000	8	
4-11-2-1	锥坡填土	$10m^3$	194.300	8	
4-11-6-17	水泥砂浆抹面（厚2cm）	$100m^2$	0.360	8	
1-1-9-9	2.0m^3 内挖掘机挖装土方硬土	$1000m^3$	0.076	2	
1-1-11-21	15t内自卸汽车运土1km	$1000m^3$	0.076	3	
4-1-2-2	人挖卷扬机吊运湿处土方	$1000m^3$	2.452	8	
4-11-4-4	沥青卷材防水层	$10m^2$	8.400	8	
4-11-11-12	混凝土搅拌站拌和（60m^3/h内）	$100m^3$	30.550	8	
4-11-11-20	6m^3 内混凝土搅运车运1km	$100m^3$	30.550	3	
4-8-2-21改	重80t内龙门架装拖头牵引50m	$100m^3$	6.550	8	1500换1501，1501量0.75
4-8-4-4改	重40t内龙门架装车1km	$100m^3$	6.550	3	1396换1397，1397量0.97，1500换1501，1501量1.65

编制：×××　　　　复核：×××

（续）

建设项目名称：安徽公路工程××项目预算编制实例

编制范围：K0 +000 ~ K42 +983　　　　第 17 页　　　　共 52 页

编号	名　称	单位	工程量	费率编号	定额调整情况
1-1-9-9	2.0m^3 内挖掘机挖装土方硬土	1000m^3	25.000	2	
1-1-11-21	15t 内自卸汽车运土 1km	1000m^3	25.000	3	
4	大桥工程	m/座	406.4/1		
1	K38 +493 大桥	m^2/m	10363.2/406.4		
1	桩基础	m^3	5513.500		
4-4-8-7	埋设钢护筒干处	t	73.550	13	
4-4-5-66 改	陆地 ϕ180cm 内回旋钻机钻孔深 40m 内黏土	10m	30.181	9	定额 ×0.89
4-4-5-70 改	陆地 ϕ180cm 内回旋钻机钻孔深 40m 内软石	10m	84.980	9	定额 ×0.89
4-4-5-70	陆地 ϕ200cm 内回旋钻机钻孔深 40m 内软石	10m	20.130	9	
4-4-5-66	陆地 ϕ200cm 内回旋钻机钻孔深 40m 内黏土	10m	11.325	9	
4-4-5-102	陆地 ϕ250cm 内回旋钻机钻孔深 40m 内软石	10m	32.486	9	
4-4-7-18	回旋潜水钻 ϕ250cm 输送泵混凝土	10m^3	551.350	9	
4-4-7-22 改	焊接连接钢筋	t	38.043	13	111 量 1.025，112 量 0
4-4-7-23 改	套筒连接钢筋	t	395.483	13	111 量 0，112 量 1.01
4-4-7-24	检测管	t	24.094	13	
4-11-11-12	混凝土搅拌站拌和（60m^3/h 内）	100m^3	65.997	8	
4-11-11-20	6m^3 内混凝土搅运车运 1km	100m^3	65.997	3	
2	桥台	m^3	145.240		
4-6-3-4 改	墩、台帽混凝土（钢模泵送）	10m^3 实体	9.271	8	泵 C30-32.5-4，-10.4，泵 C35-32.5-4，+10.4
4-6-4-9 改	耳背墙混凝土	10m^3	5.253	8	普 C25-32.5-4，-10.2，普 C35-42.5-4，+10.2
4-6-4-13 改	耳背墙钢筋	t	6.662	13	111 量 0，112 量 1.025
4-6-4-13 改	耳背墙钢筋	t	0.087	13	111 量 1.025，112 量 0
4-6-3-9 改	桥（涵）台帽钢筋	t	9.997	13	111 量 0，112 量 1.025
4-11-11-12	混凝土搅拌站拌和（60m^3/h 内）	100m^3	1.500	8	

编制：×××　　　　复核：×××

（续）

建设项目名称：安徽公路工程××项目预算编制实例

编制范围：K0 +000 ~ K42 +983　　　　第 18 页　　　　共 52 页

编号	名　称	单位	工程量	费率编号	定额调整情况
4-11-11-20	$6m^3$ 内混凝土搅运车运 1km	$100m^3$	1.500	3	
3	桥墩	m^3	1134.960		
4-6-4-2 改	盖梁混凝土（钢模非泵送）	$10m^3$	91.650	8	普 C30-32.5-4，-10.2，普 C35-32.5-4，+10.2
4-6-4-11 改	盖梁钢筋	t	148.103	13	111 量 0.259，112 量 0.766
4-6-2-61 改	板式支座垫石混凝土	$10m^3$	1.716	8	普 C30-32.5-4，-10.2，普 C40-32.5-4，+10.2
4-6-2-9 改	圆柱式墩台混凝土（非泵送高 10m 内）	$10m^3$	20.130	8	普 C25-32.5-4，-10.2，普 C30-32.5-4，+10.2
4-6-2-19 改	柱式墩台焊接钢筋（高 10m 内）	t	37.276	13	111 量 0.155，112 量 0.87
4-11-11-12	混凝土搅拌站拌和（$60m^3/h$ 内）	$100m^3$	11.577	8	
4-11-11-20 改	$6m^3$ 内混凝土搅运车运 1km	$100m^3$	11.577	3	
4	上部构造	m^3	4005.600		
4-7-16-1	预制等截面箱梁混凝土非泵送	$10m^3$	347.360	8	
4-7-16-5	双导梁安装连续梁	$10m^3$	347.360	8	
4-7-31-2	双导梁	10t	11.570	13	
4-11-9-1	平面底座	$10m^2$	66.528	8	
4-7-16-3 改	预应力箱梁钢筋	t	875.420	13	111 量 0.219，112 量 0.806
4-7-16-6	现浇连续梁接缝混凝土	$10m^3$	53.200	8	
4-7-20-27 改	钢绞线束长 40m 内 3 孔 9.36 束/t	t	109.434	13	+28×0.45
4-7-20-17 改	钢绞线束长 20m 内 7 孔 16.36 束/t	t	29.338	13	+18×8.24
4-8-2-21 改	重 80t 内龙门架装拖头牵引 50m	$100m^3$	34.736	8	1500 换 1501，1501 量 0.75
4-8-4-4 改	重 40t 内龙门架装车 1km	$100m^3$	34.736	3	1396 换 1397，1397 量 0.97，1500 换 1501，1501 量 1.65
4-11-11-12	混凝土搅拌站拌和（$60m^3/h$ 内）	$100m^3$	40.510	8	
4-11-11-20 改	$6m^3$ 内混凝土搅运车运 1km	$100m^3$	40.510	3	
5	桥面铺装等附属工程	m^3	3167.130		
4-6-13-2 改	行车道铺装面层水泥混凝土（非泵送）	$10m^3$	81.215	8	普 C30-32.5-4，-10.2，普 C50-42.5-4，+10.2

编制：×××　　　　复核：×××

（续）

建设项目名称：安徽公路工程××项目预算编制实例

编制范围：K0+000~K42+983　　　　第19页　　共52页

编号	名　称	单位	工程量	费率编号	定额调整情况
4-6-13-7	行车道铺装沥青混凝土	$10m^3$	111.830	8	
4-6-13-9改	水泥及防水混凝土钢筋 φ8mm 内	t	80.208	13	111换113，113量1.025
4-11-4-6	防水剂	$1000m^2$	9.121	8	
4-7-30-3	板式橡胶支座	$1dm^3$	3023.092	13	
4-7-30-4	四氟板式橡胶组合支座	$1dm^3$	882.159	13	
4-11-7-5改	预留槽混凝土	$10m^3$	3.680	8	225量0.765
4-11-7-6改	预留槽钢筋	t	4.344	13	111量0.044，112量0.981
4-11-7-1	模数伸缩缝伸缩量80~480mm	t	17.180	13	
4-11-7-14	泄水管	10个	3.200	8	
1-2-2-1改	碎石料盲沟20cm×30cm	10m	80.000	8	770换772，772量3.06，952量0.061
6-1-2-3改	现浇混凝土墙体防撞护栏	$10m^3$	46.528	8	普C25-32.5-4，-10.2，普C30-32.5-4，+10.2
6-1-2-4改	墙体护栏钢筋	t	74.013	13	111量0.122，添112量0.903
6-1-2-5改	铸铁柱及栏杆	t	26.420	13	191量0.507，561量512.136
4-6-14-1	搭板混凝土	$10m^3$	14.880	8	
4-6-14-3	桥头搭板钢筋	t	23.067	13	
4-11-5-6改	混凝土垫层	$10m^3$	12.680	8	普C10-32.5-4，-10.2，普C20-32.5-4，+10.2
4-5-2-9改	浆砌片石锥坡、沟、槽、池	$10m^3$	25.400	8	M5，-3.5，M10，+3.5
4-5-2-1改	浆砌片石基础、护底、截水墙	$10m^3$	20.500	8	M7.5，-3.5，M10，+3.5
4-11-5-1	填砂砾（砂）垫层	$10m^3$	6.700	8	
4-11-2-1	锥坡填土	$10m^3$	93.600	8	
1-1-9-9	$2.0m^3$ 内挖掘机挖装土方硬土	$1000m^3$ 天然密实方	25.000	2	
1-1-11-21	15t内自卸汽车运土1km	$1000m^3$ 天然密实方	25.000	3	
4-11-4-4	沥青卷材防水层	$10m^2$	8.400	8	
4-11-11-12	混凝土搅拌站拌和（$60m^3/h$ 内）	$100m^3$	10.177	8	

编制：×××　　　　复核：×××

（续）

建设项目名称：安徽公路工程××项目预算编制实例

编制范围：K0+000～K42+983

第20页　共52页

编号	名　称	单位	工程量	费率编号	定额调整情况
4-11-11-20改	$6m^3$ 内混凝土搅运车运 1km	$100m^3$	10.177	3	
五	交叉工程	处	15.000		
1	平面交叉道	处	13.000		
2-2-11-12改	中粒沥青混凝土拌和（320t/h 内）	$1000m^3$	0.197	6	996 量 8739.875，897 换 100002，100002 量 389.79
2-2-13-21改	沥青混合料运输 15t 内 6km	$1000m^3$	0.197	3	+23×10
2-2-14-51	机铺沥青混凝土中粒式 320t/h 内	$1000m^3$	0.197	6	
2-1-7-5改	厂拌水泥碎石 5:95 厚度 20cm	$1000m^2$	3.935	7	+6×5
2-1-8-21改	稳定土运输 15t 内 6km	$1000m^3$	0.787	3	+23×10
2-1-9-11改	摊铺机铺筑基层（12.5m 内）	$1000m^2$	3.935	7	拖平压机×2，人工+3
1-1-9-7改	$2.0m^3$ 内挖掘机挖装土方松土	$1000m^3$ 天然密实方	10.366	2	定额×1.23
1-1-11-21改	15t 内自卸汽车运土 3.7km	$1000m^3$ 天然密实方	10.366	3	+22×5，定额×1.26
1-1-18-7	二级路 18～21t 压路机压土	$1000m^3$ 压实方	5.183	2	
1-1-18-9	二级路 15t 内振动压路机压土	$1000m^3$ 压实方	5.183	2	
1-1-22-9改	8000L 内洒水汽车洒水 3km	$1000m^3$ 水	0.746	3	+10×4
2-3-4-4	预制安砌混凝土路缘石	$10m^3$	3.900	8	
5-1-2-5	人工撒草籽	$1000m^2$	2.777	8	
2	分离式立体交叉	处	1.000		
1	K2+195.444 公铁立交	m^2/m	2478.6/97.2		
4-7-16-1	预制等截面箱梁混凝土非泵送	$10m^3$	85.500	8	
4-7-16-5	双导梁安装连续梁	$10m^3$	85.500	8	
4-7-31-2	双导梁	10t	13.000	13	
4-11-9-1	平面底座	$10m^2$	29.568	8	
4-7-16-3改	预应力箱梁钢筋	t	212.062	13	111 量 0.231，112 量 0.794
4-7-16-6	现浇连续梁接缝混凝土	$10m^3$	12.500	8	

编制：×××　　复核：×××

（续）

建设项目名称：安徽公路工程××项目预算编制实例

编制范围：K0+000~K42+983　　　　第21页　　　　共52页

编号	名　称	单位	工程量	费率编号	定额调整情况
4-7-20-27改	钢绞线束长40m内3孔7.41束/t	t	10.792	13	+28×-1.5
4-7-20-29改	钢绞线束长40m内7孔5.9束/t	t	18.977	13	+30×2.08
4-7-20-17改	钢绞线束长20m内7孔19.36束/t	t	5.786	13	+18×11.24
4-6-13-2改	行车道铺装面层水泥混凝土（非泵送）	$10m^3$	18.300	8	普C30-32.5-4，-10.2，普C50-42.5-4，+10.2
4-6-13-7	行车道铺装沥青混凝土	$10m^3$	25.100	8	
4-6-13-9改	水泥及防水混凝土钢筋 ϕ8mm内	t	18.028	13	111换113，113量1.025
4-11-4-6	防水剂	$1000m^2$	2.050	8	
4-7-30-3	板式橡胶支座	$1dm^3$	503.849	13	
4-7-30-4	四氟板式橡胶组合支座	$1dm^3$	267.852	13	
4-11-7-5改	预留槽混凝土	$10m^3$	1.700	8	225量0.765
4-11-7-6改	预留槽钢筋	t	1.189	13	111量0，112量1.025
4-11-7-1	模数伸缩缝伸缩量80~480mm	t	4.248	13	
4-11-7-14	泄水管	10个	3.600	8	
1-2-2-1改	碎石料盲沟20cm×30cm	10m	18.000	8	770换772，772量3.06，952量0.061
6-1-2-3改	现浇混凝土墙体防撞护栏	$10m^3$	10.500	8	普C25-32.5-4，-10.2，普C30-32.5-4，+10.2
6-1-2-4改	墙体护栏钢筋	t	17.175	13	111量0.119，添112量0.906
6-1-2-5改	铸铁柱及栏杆	t	6.034	13	191量0.464，561量553.688
4-6-4-2改	盖梁混凝土（钢模非泵送）	$10m^3$	28.900	8	普C30-32.5-4，-10.2，普C35-32.5-4，+10.2
4-6-4-11改	盖梁钢筋	t	48.327	13	111量0.153，112量0.872
4-6-2-61改	板式支座垫石混凝土	$10m^3$	0.700	8	普C30-32.5-4，-10.2，普C40-32.5-4，+10.2
4-6-2-9改	圆柱式墩台混凝土（非泵送高10m内）	$10m^3$	14.500	8	普C25-32.5-4，-10.2，普C30-32.5-4，+10.2
4-6-2-19改	柱式墩台焊接钢筋（高10m内）	t	20.212	13	111量0.122，112量0.903
4-6-4-5	系梁混凝土（地面下非泵送）	$10m^3$	3.100	8	
4-6-4-12改	系梁钢筋	t	3.059	13	111量0，112量1.025

编制：×××　　　　复核：×××

（续）

建设项目名称：安徽公路工程××项目预算编制实例

编制范围：K0 +000 ~ K42 +983　　　　第 22 页　　　　共 52 页

编号	名　　称	单位	工程量	费率编号	定额调整情况
4-6-4-9 改	耳背墙混凝土	$10m^3$	5.800	8	普 C25-32.5-4，-10.2，普 C35-32.5-4，+10.2
4-6-4-13 改	耳背墙钢筋	t	9.844	13	111 量 0，112 量 1.025
4-4-5-41	陆地 ϕ150cm 内回旋钻机钻孔深 40m 内砂土	10m	141.600	9	
4-4-7-14 改	回旋潜水钻 ϕ150cm 起重机吊斗混凝土	$10m^3$	250.300	9	水 C25-32.5-4，-12.01，水 C30-32.5-4，+12.01
4-4-7-22 改	焊接连接钢筋	t	156.654	13	111 量 0.129，112 量 0.896
4-4-8-7	埋设钢护筒干处	t	20.830	13	
4-4-7-24	检测管	t	20.204	13	
4-6-14-1	搭板混凝土	$10m^3$	151.200	8	
4-6-14-3	桥头搭板钢筋	t	27.555	13	
4-11-5-6 改	混凝土垫层	$10m^3$	12.700	8	普 C10-32.5-4，-10.2，普 C20-32.5-4，+10.2
5-1-6-1 改	预制混凝土块、席块	$10m^3$	32.500	8	普 C20-32.5-4，-10.1，普 C25-32.5-4，+10.1，定额×1.01
4-7-29-1	安装桥涵缘（帽）石	$10m^3$	32.500	8	
5-1-2-5	人工撒草籽	$1000m^2$	1.719	8	
4-5-2-9 改	浆砌片石锥坡、沟、槽、池	$10m^3$	33.500	8	M5，-3.5，M10，+3.5
4-5-2-1 改	浆砌片石基础、护底、截水墙	$10m^3$	46.900	8	M7.5，-3.5，M10，+3.5
4-11-5-1	填砂砾（砂）垫层	$10m^3$	9.600	8	
4-11-7-13	沥青麻絮伸缩缝	$1m^2$	83.000	8	
4-11-2-1	锥坡填土	$10m^3$	1266.500	8	
4-11-6-17	水泥砂浆抹面（厚 2cm）	$100m^2$	0.640	8	
1-1-9-9	2.0m^3 内挖掘机挖装土方硬土	$1000m^3$ 天然密实方	0.076	2	
1-1-11-21	15t 内自卸汽车运土 1km	$1000m^3$ 天然密实方	0.076	3	
4-1-3-4	基坑≤1500m^3，2.0m^3 内挖掘机挖土	$1000m^3$	4.721	8	
4-11-4-4	沥青卷材防水层	$10m^2$	8.400	8	
4-11-11-12	混凝土搅拌站拌和（60m^3/h 内）	$100m^3$	70.164	8	

编制：×××　　　　复核：×××

（续）

建设项目名称：安徽公路工程××项目预算编制实例

编制范围：K0+000～K42+983　　　　第23页　　共52页

编号	名　称	单位	工程量	费率编号	定额调整情况
4-11-11-16	1t 机动翻斗车运 100m	$100m^3$	8.550	3	
4-11-11-20 改	$6m^3$ 内混凝土搅运车运 8.3km	$100m^3$	61.607	3	+21×14.6
4-8-2-21 改	重 80t 内龙门架装拖头牵引 50m	$100m^3$	8.550	8	1500 换 1501，1501 量 0.75
4-8-4-4 改	重 40t 内龙门架装车 8.3km	$100m^3$	8.550	3	+16×15，1396 换 1397，1397 量 2.92，1500 换 1501，1501 量 1.65
1-1-9-9	$2.0m^3$ 内挖掘机挖装土方硬土	$1000m^3$ 天然密实方	25.000	2	
1-1-11-21	15t 内自卸汽车运土 1km	$1000m^3$ 天然密实方	25.000	3	
4-6-2-25 改	肋形埋置式桥台混凝土（高 8m 内）	$10m^3$	26.600	8	普 C25-32.5-4，-10.2，普 C30-32.5-4，+10.2
4-6-2-28 改	肋形埋置式桥台钢筋	t	38.713	13	111 量 0，112 量 1.025
4-6-1-7 改	承台混凝土（起重机配吊斗无底模）	$10m^3$	45.200	8	普 C25-32.5-4，-10.2，普 C30-32.5-4，+10.2
4-6-1-13	承台钢筋	t	36.848	13	
3	互通式立体交叉	处	1.000		
1	K0+700 互通	处	1.000		
1	土方	m^3	357467.000		
1-1-12-17	165kW 内推土机 20m 松土	$1000m^3$ 天然密实方	6.768	2	
1-1-13-9 改	$12m^3$ 内铲运机 300m 松土	$1000m^3$ 天然密实方	8.843	2	+12×4
1-1-9-7	$2.0m^3$ 内挖掘机挖装土方松土	$1000m^3$ 天然密实方	387.755	2	
1-1-11-21 改	15t 内自卸汽车运土 2km	$1000m^3$ 天然密实方	387.755	3	+22×2，定额×1.03
1-1-9-7	$2.0m^3$ 内挖掘机挖装土方松土	$1000m^3$ 天然密实方	5.679	2	
1-1-11-21 改	15t 内自卸汽车运土 2km	$1000m^3$ 天然密实方	5.679	3	+22×2
1-1-18-2	高速一级路 18～21t 压路机压土	$1000m^3$ 压实方	128.791	2	
1-1-18-5	高速一级路 20t 内振动压路机压土	$1000m^3$ 压实方	128.791	2	
1-1-22-9 改	8000L 内洒水汽车洒水 3km	$1000m^3$ 水	18.546	3	+10×4
1-1-20-4	整修边坡三、四级公路	km	4.969	1	
1-1-20-3	整修边坡二级及以上等级公路	km	0.700	1	

编制：×××　　　　复核：×××

（续）

建设项目名称：安徽公路工程××项目预算编制实例

编制范围：K0+000～K42+983　　　　第 24 页　　　　共 52 页

编号	名　称	单位	工程量	费率编号	定额调整情况
1-1-20-1	机械整修路拱	$1000m^2$	53.490	2	
1-1-5-4	填前夯（压）实 12～15t 光轮压路机	$1000m^2$	116.538	2	
1-1-1-12	清除表土（135kW 内推土机）	$100m^3$	349.620	2	
1-1-10-3	$3m^3$ 内装载机装土方	$1000m^3$ 天然密实方	34.962	2	
1-1-11-21	15 内自卸汽车运土 1km	$1000m^3$ 天然密实方	34.962	3	
1-1-9-7 改	$2.0m^3$ 内挖掘机挖装土方松土（封层）	$1000m^3$ 天然密实方	-37.735	2	定额×1.23
1-1-11-21 改	15t 内自卸汽车运土 2km	$1000m^3$ 天然密实方	-37.735	3	+22×2，定额×1.26
1-1-9-7 改	$2.0m^3$ 内挖掘机挖装土方松土（换填）	$1000m^3$ 天然密实方	-36.491	2	定额×1.23
1-1-11-21 改	15t 内自卸汽车运土 2km	$1000m^3$ 天然密实方	-36.491	3	+22×2，定额×1.26
1-1-9-7 改	$2.0m^3$ 内挖掘机挖装土方松土（桥头）	$1000m^3$ 天然密实方	-31.094	2	定额×1.23
1-1-11-21 改	15t 内自卸汽车运土 2km	$1000m^3$ 天然密实方	-31.094	3	+22×2，定额×1.26
1-1-9-7 改	$2.0m^3$ 内挖掘机挖装土方松土（清表污）	$1000m^3$ 天然密实方	34.962	2	定额×1.23
1-1-11-21 改	15t 内自卸汽车运土 2km	$1000m^3$ 天然密实方	34.962	3	+22×2，定额×1.26
2	特殊路基处理	km	1.863		
1-3-12-3 改	软基石渣垫层	$1000m^3$	38.443	7	939 换 915，915 量 1200
1-1-9-7	$2.0m^3$ 内挖掘机挖装土方松土	$1000m^3$ 天然密实方	0.708	2	
1-1-11-21 改	15t 内自卸汽车运土 2km	$1000m^3$ 天然密实方	0.708	3	+22×2
1-3-12-4 改	软基碎（砾）石垫层	$1000m^3$	23.251	7	958 换 931，931 量 1200
1-3-12-3	软基石渣垫层	$1000m^3$	13.239	7	
1-1-12-17 改	165kW 内推土机 20m 松土	$1000m^3$ 天然密实方	35.346	2	定额×1.23
1-1-12-19	165kW 内推土机 20m 硬土	$1000m^3$ 天然密实方	35.346	2	
1-1-18-2	高速一级路 18～21t 压路机压土	1000^3 压实方	17.673	2	
1-1-18-5	高速一级路 20t 内振动压路机压土	$1000m^3$ 压实方	17.673	2	
1-1-22-9 改	8000L 内洒水汽车洒水 3km	$1000m^3$ 水	2.543	3	+10×4

编制：×××　　　　复核：×××

（续）

建设项目名称：安徽公路工程××项目预算编制实例

编制范围：K0 +000 ~ K42 +983　　　　第 25 页　　　　共 52 页

编号	名　称	单位	工程量	费率编号	定额调整情况
1 -1 -4 -1	人工挖土质台阶松土	$1000m^2$	4.036	1	
1 -3 -12 -4 改	软基碎（砾）石垫层	$1000m^3$	31.094	7	958 换 100001，100001 量 1200
1 -1 -9 -7	2.0m^3 内挖掘机挖装土方松土	$1000m^3$ 天然密实方	0.364	2	
1 -1 -11 -21 改	15t 内自卸汽车运土 2km	$1000m^3$ 天然密实方	0.364	3	+22 ×2
3	排水工程	m^3/km	599/2.535		
4 -11 -4 -1	胶泥防水层	$10m^3$	2.250	8	
1 -2 -1 -1	人工挖沟松土	$1000m^3$	0.034	1	
1 -2 -3 -3 改	浆砌片石急流槽	$10m^3$	34.960	8	M5，-3.5，M7.5，+3.5
1 -2 -4 -14 改	现浇混凝土急流槽	$10m^3$	2.760	8	普 C20 -32.5 -2，-10.2，普 C25 -32.5 -2，+10.2
1 -2 -4 -12 改	预制混凝土预制块急流槽	$10m^3$	22.270	8	普 C20 -32.5 -2，-10.1，普 C25 -32.5 -2，+10.1，定额 ×1.01
1 -2 -4 -13	铺砌混凝土预制块急流槽	$10m^3$	22.270	8	
1 -2 -4 -10 改	水沟盖板钢筋	t	17.001	8	111 量 1.025，112 量 0
4 -11 -5 -1	填砂砾（砂）垫层	$10m^3$	17.930	8	
1 -2 -1 -1	人工挖沟松土	$1000m^3$	1.146	1	
4	防护工程	m^3/km	245.4/26.664		
5 -1 -6 -4 改	预制混凝土菱形格	$10m^3$	24.540	8	普 C20 -32.5 -4，-10.1，普 C30 -32.5 -4，+10.1，定额 ×1.01
4 -7 -29 -1	安装桥涵缘（帽）石	$10m^3$	24.540	8	
5 -1 -2 -5	人工撒草籽	$1000m^2$	1.296	8	
5 -1 -13 -6 改	防风固沙草方格沙障	$1000m^2$	211.660	8	996 量 3125
1 -1 -6 -1	人工挖运松土 20m	$1000m^3$ 天然密实方	53.102	1	
1 -1 -6 -3	人工挖运硬土 20m	$1000m^3$ 天然密实方	0.440	1	
5	路面工程	m^2	53490.000		
2 -2 -11 -12 改	中粒沥青混凝土拌和（320t/h 内）	$1000m^3$	2.675	6	851 换 852，852 量 113.465，996 量 8739.875，897 换 100002，100002 量 389.79

编制：×××　　　　复核：×××

（续）

建设项目名称：安徽公路工程××项目预算编制实例

编制范围：K0+000~K42+983　　第26页　　共52页

编号	名　　称	单位	工程量	费率编号	定额调整情况
2-2-11-6 改	粗粒沥青混凝土拌和（320t/h 内）	1000m^3	3.744	6	851 换 852，852 量 105.857，996 量 8130.975，897 换 100002，100002 量 296.66
2-2-13-21 改	沥青混合料运输 15t 内 6km	1000m^3	6.419	3	+23×10
2-2-14-51	机铺沥青混凝土中粒式 320t/h 内	1000m^3	2.675	6	
2-2-14-50	机铺沥青混凝土粗粒式 320t/h 内	1000m^3	3.744	6	
2-1-7-5 改	厂拌水泥碎石 5:95，厚度 20cm	1000m^2	53.490	7	+6×5
2-1-8-21 改	稳定土运输 15t 内 6km	1000m^3	10.698	3	+23×10
2-1-9-11 改	摊铺机铺筑基层（12.5m 内）	1000m^2	53.490	7	拖平压机×2，人工+3
2-1-7-5 改	厂拌水泥碎石 4:96，厚度 20cm	1000m^2	32.269	7	+6×5，4:96
2-1-8-21 改	稳定土运输 15t 内 6km	1000m^3	6.454	3	+23×10
2-1-9-12 改	摊铺机铺筑底基层（12.5m 内）	1000m^2	32.269	7	拖平压机×2，人工+3
2-1-7-5 改	厂拌水泥碎石 4:96，厚度 32cm	1000m^2	25.540	7	+6×17，4:96
2-1-8-21 改	稳定土运输 15t 内 6km	1000m^3	8.173	3	+23×10
2-1-9-11 改	摊铺机铺筑基层（12.5m 内）	1000m^2	25.540	7	拖平压机×2，人工+3
2-2-16-6 改	乳化沥青沥青层黏层	1000m^2	53.490	7	853 换 100005，100005 量 0.464
2-2-16-14 改	乳化沥青稀浆封层 ES-2 型	1000m^2	53.490	7	853 换 100005，100005 量 1.476
2-3-4-4 改	预制安砌混凝土路缘石	10m^3	9.140	8	定额×1.01
2-3-4-1 改	制铺人行道预制块	1000m^2	0.030	8	定额×1.01
4-11-5-1	填砂砾（砂）垫层	10m^3	6.670	8	
4-11-6-17	水泥砂浆抹面（厚 2cm）	100m^2	11.200	8	
6-1-5-3	中间带填土	10m^3	22.380	8	
1-1-12-19 改	165kW 内推土机 100m 硬土	1000m^3 天然密实方	0.224	2	+20×8
2-3-3-5 改	培路肩厚度 32cm	1000m^2	11.200	7	+6×12，添 915 量 326.4
2-3-3-5	培路肩厚度 20cm	1000m^2	18.200	7	

编制：×××　　复核：×××

（续）

建设项目名称：安徽公路工程××项目预算编制实例

编制范围：K0+000～K42+983　　　　第27页　　共52页

编号	名　称	单位	工程量	费率编号	定额调整情况
2-3-6-2改	制铺预制块加固土路肩	$10m^3$	31.650	8	定额×1.01
2-3-4-4改	预制安砌混凝土路缘石	$10m^3$	14.850	8	普C25-32.5-4，-10.1，普C30-32.5-4，+10.1，定额×1.01
1-1-9-7改	$2.0m^3$ 内挖掘机挖装土方松土	$1000m^3$ 天然密实方	3.640	2	定额×1.23
1-1-11-21改	15t内自卸汽车运土3.7km	$1000m^3$ 天然密实方	3.640	3	+22×5，定额×1.26
6	圆管涵	m/道	168.8/4		
4-7-4-2改	预制 ϕ2m内混凝土	$10m^3$	14.070	8	定额×1.01
4-7-4-3改	普通钢筋	t	13.770	13	111量0.226，添112量0.799
4-7-5-4	起重机安装 ϕ1.0m上圆管涵	$10m^3$	14.070	8	
4-7-5-5改	现浇管座混凝土	$10m^3$	37.310	8	普C15-32.5-4，-10.2，普C30-32.5-4，+10.2
4-6-1-12改	基础、支撑梁钢筋	t	9.662	13	111量0.419，112量0.606
5-1-18-2改	现浇混凝土挡土墙	$10m^3$	3.840	8	普C20-32.5-8，-10.2，普C30-32.5-4，+10.2
4-7-28-2改	预制桥涵缘（帽）石混凝土钢模	$10m^3$	0.160	8	普C15-32.5-2，-10.1，普C30-32.5-2，+10.1
4-7-29-1	安装桥涵缘（帽）石	$10m^3$	0.160	8	
5-1-15-7改	浆砌片石墙身	$10m^3$	4.580	8	M5，-3.5，M7.5，+3.5
5-1-15-5改	浆砌片石基础	$10m^3$	4.720	8	M5，-3.5，M7.5，+3.5
4-11-6-17	水泥砂浆抹面（厚2cm）	$100m^2$	0.269	8	
4-5-2-1改	浆砌片石基础、护底、截水墙	$10m^3$	1.550	8	M7.5，-3.5，M10，+3.5
4-11-5-1	填砂砾（砂）垫层	$10m^3$	2.250	8	
5-1-10-2改	浆砌片石护坡	$10m^3$	13.030	8	M5，-3.5，M10，+3.5
4-11-4-5	涂沥青防水层	$10m^2$	205.670	8	
4-11-7-13	沥青麻絮伸缩缝	m^2	65.800	8	
1-1-7-2	夯土机夯实填土	$1000m^3$ 压实方	0.992	2	
4-1-3-4	基坑≤$1500m^3$，$2.0m^3$ 内挖掘机挖土	$1000m^3$	3.700	8	
4-11-11-12	混凝土搅拌站拌和（$60m^3$/h内）	$100m^3$	5.243	8	

编制：×××　　　　复核：×××

（续）

建设项目名称：安徽公路工程××项目预算编制实例

编制范围：K0 +000 ~ K42 +983　　第28页　　共52页

编号	名　　称	单位	工程量	费率编号	定额调整情况
4-11-11-16	1t机动翻斗车运100m	$100m^3$	1.407	3	
4-11-11-20	$6m^3$ 内混凝土搅运车运1km	$100m^3$	3.836	3	
7	A匝道跨线桥	m^2/m	2947.68/128.16		
4-6-10-1	支架现浇箱梁混凝土（非泵送）	$10m^3$	198.300	8	
4-6-10-4改	箱梁钢筋	t	481.324	13	111量0，112量1.025
4-9-3-10改	满堂式轻型钢支架（墩台高10m内）	$10m^2$	79.200	8	定额×1.92
4-9-6-1	支架预压	$10m^3$	198.300	8	
4-7-20-47改	钢绞线束长120m，内22孔，0.56束/t	t	86.361	13	+48×0.15
4-7-20-23改	钢绞线束长20m，内22孔，5.07束/t	t	1.972	13	+24×2.49
4-6-13-7	行车道铺装沥青混凝土	$10m^3$	31.600	8	
4-6-13-5改	行车道铺装面层防水混凝土（非泵送）	$10m^3$	21.900	8	防C30-32.5-4，-10.2，防C40-42.5-4，+10.2
4-6-13-10改	水泥及防水混凝土钢筋 ϕ8mm上	t	27.246	13	111量0.211，112换113，113量0.814
4-11-7-1	模数伸缩缝伸缩量80~480mm	t	8.064	13	
4-11-7-5改	预留槽混凝土	$10m^3$	1.100	8	225量0.765
4-11-7-6改	预留槽钢筋	t	1.515	13	111量0.108，112量0.917
4-7-30-6	钢盆式橡胶支座反力4000kN	个	8.000	13	
4-7-30-9	钢盆式橡胶支座反力10000kN	个	8.000	13	
4-7-30-10	钢盆式橡胶支座反力15000kN	个	1.000	13	
4-7-30-11	钢盆式橡胶支座反力20000kN	个	1.000	13	
6-1-2-3改	现浇混凝土墙体防撞护栏	$10m^3$	8.000	8	普C25-32.5-4，-10.2，普C30-32.5-4，+10.2
6-1-2-4改	墙体护栏钢筋	t	12.236	13	111量0.173，添112量0.852
6-1-2-5改	铸铁柱及栏杆	t	3.825	13	191量0.488，561量530.544
4-11-7-14	泄水管	10个	2.000	8	
1-2-2-1改	碎石料盲沟20cm×30cm	10m	10.000	8	770换772，772量3.06，952量0.061

编制：×××　　复核：×××

（续）

建设项目名称：安徽公路工程××项目预算编制实例

编制范围：K0+000~K42+983　　第29页　　共52页

编号	名　称	单位	工程量	费率编号	定额调整情况
4-6-2-60改	盆式支座垫石混凝土	$10m^3$	0.300	8	普C30-32.5-4，-10.2，普C50-52.5-4，+10.2
4-6-2-60改	盆式支座垫石混凝土	$10m^3$	0.300	8	普C30-32.5-4，-10.2，普C40-32.5-4，+10.2
4-6-2-62	支座垫石钢筋	t	4.301	13	
4-6-4-9改	耳背墙混凝土	$10m^3$	6.700	8	普C25-32.5-4，-10.2，普C35-32.5-4，+10.2
4-6-4-13改	耳背墙钢筋	t	9.656	13	111量0，112量1.025
4-6-4-2改	盖梁混凝土（钢模非泵送）	$10m^3$	11.800	8	普C30-32.5-4，-10.2，普C35-32.5-4，+10.2
4-6-4-11改	盖梁钢筋	t	21.520	13	111量0.005，112量1.02
4-6-2-9改	圆柱式墩台混凝土（非泵送高10m内）	$10m^3$	20.200	8	普C25-32.5-4，-10.2，普C30-32.5-4，+10.2
4-6-2-19改	柱式墩台焊接钢筋（高10m内）	t	41.322	13	111量0.061，112量0.964
4-6-2-25改	肋形埋置式桥台混凝土（高8m内）	$10m^3$	19.800	8	普C25-32.5-4，-10.2，普C30-32.5-4，+10.2
4-6-2-28改	肋形埋置式桥台钢筋	t	22.045	13	111量0.224，112量0.801
4-6-1-7改	承台混凝土（起重机配吊斗无底模）	$10m^3$	95.100	8	普C25-32.5-4，-10.2，普C30-32.5-4，+10.2
4-6-1-13	承台钢筋	t	127.657	13	
4-4-5-41	陆地φ150cm内回旋钻机钻孔深40m内砂土	10m	157.500	9	
4-4-5-42	陆地φ150cm内回旋钻机钻孔深40m内黏土	10m	23.300	9	
4-4-7-14改	回旋潜水钻φ150cm起重机吊斗混凝土	$10m^3$	319.500	9	水C25-32.5-4，-12.01，水C30-32.5-4，+12.01
4-4-7-22改	焊接连接钢筋	t	246.554	13	111量0.204，112量0.821
4-4-8-7	埋设钢护筒干处	t	25.458	13	
4-4-7-24	检测管	t	25.789	13	
4-6-14-1	搭板混凝土	$10m^3$	9.000	8	
4-6-14-3	桥头搭板钢筋	t	18.468	13	
4-11-5-6改	混凝土垫层	$10m^3$	7.900	8	普C10-32.5-4，-10.2，普C30-32.5-4，+10.2
4-11-6-17	水泥砂浆抹面（厚2cm）	$100m^2$	0.500	8	
4-5-2-9改	浆砌片石锥坡、沟、槽、池	$10m^3$	143.300	8	M5，-3.5，M7.5，+3.5

编制：×××　　复核：×××

（续）

建设项目名称：安徽公路工程××项目预算编制实例

编制范围：K0+000～K42+983　　　　第30页　　　共52页

编号	名　称	单位	工程量	费率编号	定额调整情况
4-5-2-1	浆砌片石基础、护底、截水墙	$10m^3$	48.900	8	
4-11-7-13	沥青麻絮伸缩缝	$1m^2$	54.000	8	
4-11-4-4	沥青卷材防水层	$10m^2$	5.300	8	
4-11-5-1	填砂砾（砂）垫层	$10m^3$	39.200	8	
4-11-2-1	锥坡填土	$10m^3$	1178.500	8	
4-1-3-4	基坑≤$1500m^3$，$2.0m^3$ 内挖掘机挖土	$1000m^3$	7.724	8	
4-11-11-12	混凝土搅拌站拌和（$60m^3/h$ 内）	$100m^3$	77.591	8	
4-11-11-20 改	$6m^3$ 内混凝土搅运车运 10.9km	$100m^3$	77.591	3	+21×19.8
七	公路设施及预埋管线工程	公路公里	42.350		
1	安全设施	公路公里	42.350		
1	钢筋混凝土防撞护栏	m	100.000		
6-1-2-4 改	墙体护栏钢筋	t	2.430	13	111 量 0.12，添 112 量 0.905
6-1-2-3 改	现浇混凝土墙体防撞护栏	$10m^3$	2.650	8	普 C25-32.5-4，-10.2，普 C30-32.5-4，+10.2，添 740 量 49.8
2	波形钢板护栏	m	14364.000		
1	路侧普通型护栏	m	1819.000		
6-1-3-3	打入钢管立柱	t	17.249	15	
6-1-3-5	单面波形钢板	t	29.735	15	
2	路侧加强型护栏	m	655.000		
6-1-3-3	打入钢管立柱	t	5.690	15	
6-1-3-5	单面波形钢板	t	4.904	15	
6-1-3-2	埋入钢管立柱	t	4.463	15	
6-1-3-5	单面波形钢板	t	5.803	15	
3	路侧三波形护栏	m	2882.000		
6-1-3-3	打入钢管立柱	t	92.910	15	

编制：×××　　　　复核：×××

（续）

建设项目名称：安徽公路工程××项目预算编制实例

编制范围：K0+000~K42+983　　　　第31页　　共52页

编号	名　称	单位	工程量	费率编号	定额调整情况
6-1-3-5	单面波形钢板	t	78.940	15	
4	中央分隔带普通型护栏	m	1157.000		
6-1-3-3	打入钢管立柱	t	12.380	15	
6-1-3-5	单面波形钢板	t	18.913	15	
5	中央分隔带加强型护栏	m	6636.000		
6-1-3-2	埋入钢管立柱	t	42.973	15	
6-1-3-5	单面波形钢板	t	32.826	15	
6-1-3-3	打入钢管立柱	t	98.340	15	
6-1-3-5	单面波形钢板	t	75.115	15	
6	中央分隔带三波形护栏	m	1074.000		
6-1-3-3	打入钢管立柱	t	38.369	15	
6-1-3-5	单面波形钢板	t	27.616	15	
7	A端头	m	101.000		
6-1-3-2	埋入钢管立柱	t	1.088	15	
6-1-3-5	单面波形钢板	t	1.655	15	
8	B端头	m	36.000		
6-1-3-2	埋入钢管立柱	t	0.635	15	
6-1-3-5	单面波形钢板	t	0.850	15	
9	C端头	m	4.000		
6-1-3-3改	打入钢管立柱	t	0.075	15	添251量29.61
6-1-3-5	单面波形钢板	t	0.066	15	
10	护栏基础	m^3	56.440		
6-1-3-1	混凝土基础	$10m^3$	5.644	8	
6-1-7-5	金属标志牌基础钢筋	t	2.359	13	

编制：×××　　　　复核：×××

（续）

建设项目名称：安徽公路工程××项目预算编制实例

编制范围：K0+000～K42+983　　　　第32页　　共52页

编号	名　称	单位	工程量	费率编号	定额调整情况
3	防护网	km	0.120		
6-1-4-5改	钢板网	$100m^2$	1.397	15	添182量0.486
6-1-4-4	型钢立柱	t	0.410	15	
4	公路标线	km	42.350		
1	热熔标线	m^2	20086.000		
6-1-9-4	沥青路面热熔标线	$100m^2$	200.860	8	
2	振动标线	m^2	198.000		
	振动标线	m^2	198.000		单价：150
3	减速带	m	147.000		
	减速带	m	147.000		单价：150
4	防撞垫	个	4.000		
	防撞垫	个	4.000		单价：30000
5	轮廓标	个	5445.000		
1	附着式轮廓标	个	2795.000		
6-1-8-3改	栏式轮廓标	100块	26.350	13	208换182，182量0.023，740量1.35，添100004量101
6-1-8-3改	栏式轮廓标	100块	1.600	13	208块242，242量202，740量0，添100004量101
2	柱式轮廓标	个	2650.000		
6-1-8-2	玻璃钢柱式轮廓标	100根	26.5000	8	
6	里程碑、百米桩、公路界碑	个	1405.000		
1	里程标	块	84.000		
6-1-7-4	金属标志牌混凝土基础	$10m^3$	0.499	8	
6-1-7-5	金属标志牌基础钢筋	t	0.004	13	
6-1-7-16改	单柱式铝合金标志立柱	10t	0.053	15	247量9.868，652量521.676
6-1-7-17改	单柱式铝合金标志面板	10t	0.015	15	652量0，668量10.5，740量668.6

编制：×××　　　　复核：×××

（续）

建设项目名称：安徽公路工程××项目预算编制实例

编制范围：K0+000~K42+983　　　　第33页　　　　共52页

编号	名　称	单位	工程量	费率编号	定额调整情况
2	百米标	个	847.000		
6-1-8-3	栏式轮廓标	100块	8.470	15	
3	公路界碑	个	474.000		
6-1-11-3改	界碑	100块	4.740	8	111量0.274
7	各类标志牌	块	176.000		
1	单柱式标志牌	块	130.000		
1	D1型	套	6.000		
6-1-7-16	单柱式铝合金标志立柱	10t	0.035	15	
6-1-7-17	单柱式铝合金标志面板	10t	0.003	15	
6-1-7-4	金属标志牌混凝土基础	$10m^3$	0.201	8	
6-1-7-5	金属标志牌基础钢筋	t	0.040	13	
1	D2型	套	20.000		
6-1-7-16	单柱式铝合金标志立柱	10t	0.237	15	
6-1-7-17	单柱式铝合金标志面板	10t	0.059	15	
6-1-7-4	金属标志牌混凝土基础	$10m^3$	5.762	8	
6-1-7-5	金属标志牌基础钢筋	t	0.467	13	
1	D4型	套	104.000		
6-1-7-16	单柱式铝合金标志立柱	10t	0.171	15	
6-1-7-17	单柱式铝合金标志面板	10t	0.061	15	
2	双柱式标志牌	块	21.000		
2	S1型	套	4.000		
6-1-7-18	双柱式铝合金标志立柱	10t	0.426	15	
6-1-7-19	双柱式铝合金标志面板	10t	0.052	15	
6-1-7-4	金属标志牌混凝土基础	$10m^3$	0.230	8	

编制：×××　　　　复核：×××

（续）

建设项目名称：安徽公路工程××项目预算编制实例

编制范围：K0+000~K42+983　　第34页　　共52页

编号	名　称	单位	工程量	费率编号	定额调整情况
6-1-7-5	金属标志牌基础钢筋	t	0.187	13	
2	S2型	套	14.000		
6-1-7-18	双柱式铝合金标志立柱	10t	1.285	15	
6-1-7-19	双柱式铝合金标志面板	10t	0.252	15	
6-1-7-4	金属标志牌混凝土基础	$10m^3$	17.248	8	
6-1-7-5	金属标志牌基础钢筋	t	1.326	13	
2	S3型	套	3.000		
6-1-7-18	双柱式铝合金标志立柱	10t	0.767	15	
6-1-7-19	双柱式铝合金标志面板	10t	0.090	15	
6-1-7-4	金属标志牌混凝土基础	$10m^3$	6.451	8	
6-1-7-5	金属标志牌基础钢筋	t	0.369	13	
3	单悬臂式标志牌	块	17.000		
3	F1型	套	8.000		
6-1-7-20	单悬臂铝合金标志立柱	10t	1.011	15	
6-1-7-21	单悬臂铝合金标志面板	10t	0.102	15	
6-1-7-4	金属标志牌混凝土基础	$10m^3$	8.368	8	
6-1-7-5	金属标志牌基础钢筋	t	0.560	13	
3	F2型	套	9.000		
6-1-7-20	单悬臂铝合金标志立柱	10t	2.021	15	
6-1-7-21	单悬臂铝合金标志面板	10t	0.215	15	
6-1-7-4	金属标志牌混凝土基础	$10m^3$	11.034	8	
6-1-7-5	金属标志牌基础钢筋	t	0.851	13	
4	双悬臂式标志牌	块	7.000		
4	SF1型	套	2.000		

编制：×××　　复核：×××

（续）

建设项目名称：安徽公路工程××项目预算编制实例

编制范围：K0+000~K42+983　　第35页　　共52页

编号	名　称	单位	工程量	费率编号	定额调整情况
6-1-7-22	双悬臂铝合金标志立柱	10t	0.446	15	
6-1-7-23	双悬臂铝合金标志面板	10t	0.056	15	
6-1-7-4	金属标志牌混凝土基础	$10m^3$	1.632	8	
6-1-7-5	金属标志牌基础钢筋	t	0.126	13	
4	SF2 型	套	5.000		
6-1-7-22	双悬臂铝合金标志立柱	10t	1.529	15	
6-1-7-23	双悬臂铝合金标志面板	10t	0.274	15	
6-1-7-4	金属标志牌混凝土基础	$10m^3$	6.130	8	
6-1-7-5	金属标志牌基础钢筋	t	0.474	13	
5	门架式标志牌	块	1.000		
5	M1 型	套	1.000		
6-1-7-24	门架式铝合金标志立柱	10t	0.500	15	
6-1-7-25	门架式铝合金标志面板	10t	0.032	15	
6-1-7-4	金属标志牌混凝土基础	$10m^3$	2.272	8	
6-1-7-5	金属标志牌基础钢筋	t	0.434	13	
2	服务设施	公路公里	42.350		
1	服务区	处	1.000		
1	服务区土建	处	1.000		
1	土方	m^3	10545.000		
1-1-12-17	165kW 内推土机 20m 松土	$1000m^3$ 天然密实方	0.244	2	
1-1-13-9 改	$12m^3$ 内铲运机 150m 松土	$1000m^3$ 天然密实方	1.434	2	+12×1
1-1-13-9 改	$12m^3$ 内铲运机 300m 松土	$1000m^3$ 天然密实方	5.199	2	+12×4
1-1-9-7	$2.0m^3$ 内挖掘机挖装土方松土	$1000m^3$ 天然密实方	5.837	2	
1-1-11-21 改	15t 内自卸汽车运土 2km	$1000m^3$ 天然密实方	5.837	3	+22×2

编制：×××　　复核：×××

（续）

建设项目名称：安徽公路工程××项目预算编制实例

编制范围：K0+000～K42+983

第36页　　共52页

编号	名　称	单位	工程量	费率编号	定额调整情况
1-1-18-2	高速一级路18～21t压路机压土	$1000m^3$ 压实方	0.913	2	
1-1-18-5	高速一级路20t内振动压路机压土	$1000m^3$ 压实方	0.913	2	
1-1-22-9改	8000L内洒水汽车洒水3km	$1000m^3$ 水	0.329	3	+10×4
1-1-20-1	机械整修路拱	$1000m^2$	5.766	2	
1-1-20-3	整修边坡二级及以上等级公路	km	2.100	1	
1-1-20-4	整修边坡三、四级公路	km	0.383	1	
1-1-5-4	填前夯（压）实12～15t光轮压路机	$1000m^2$	8.214	2	
1-1-1-12	清除表土（135kW内推土机）	$100m^3$	24.640	2	
1-1-10-3	$3m^3$ 内装载机装土方	$1000m^3$ 天然密实方	2.464	2	
1-1-11-21	15t内自卸汽车运土1km	$1000m^3$ 天然密实方	2.464	3	
1-1-13-9改	$12m^3$ 内铲运机100m松土	$1000m^3$ 天然密实方	-1.576	2	+12×1，定额×1.23
1-1-13-9改	$12m^3$ 内铲运机150m松土	$1000m^3$ 天然密实方	-2.039	2	+12×1，定额×1.23
1-1-13-9改	$12m^3$ 内铲运机150m松土	$1000m^3$ 天然密实方	-2.616	2	+12×1，定额×1.23
1-1-13-9改	$12m^3$ 内铲运机150m松土	$1000m^3$ 天然密实方	2.464	2	+12×1，定额×1.23
1	特殊路基处理	km	1.919		
1-3-12-3改	软基石渣垫层	$1000m^3$	2.393	7	939换915，915量1200
1-1-9-7	$2.0m^3$ 内挖掘机挖装土方松土	$1000m^3$ 天然密实方	0.817	2	
1-1-11-21改	15t内自卸汽车运土2km	$1000m^3$ 天然密实方	0.817	3	+22×2
1-3-12-3	软基石渣垫层	$1000m^3$	2.331	7	
1-1-12-17改	165kW内推土机20m松土	$1000m^3$ 天然密实方	2.137	2	定额×1.23
1-1-12-19	165kW内推土机20m硬土	$1000m^3$ 天然密实方	2.137	2	
1-1-18-2	高速一级路18～21t压路机压土	$1000m^3$ 压实方	1.069	2	
1-1-18-5	高速一级路20t内振动压路机压土	$1000m^3$ 压实方	1.069	2	
1-1-22-9改	8000L内洒水汽车洒水3km	$1000m^3$ 水	0.385	3	+10×4

编制：×××　　　　复核：×××

（续）

建设项目名称：安徽公路工程××项目预算编制实例

编制范围：K0+000~K42+983　　　　第37页　　　共52页

编号	名　称	单位	工程量	费率编号	定额调整情况
1	排水工程	m^3/km	75.58/.329		
4-11-4-1	胶泥防水层	$10m^3$	3.150	8	
1-2-1-1	人工挖沟松土	$1000m^3$	0.047	1	
1-2-3-3 改	浆砌片石急流槽	$10m^3$	2.856	8	M5，-3.5，M7.5，+3.5
1-2-4-14 改	现浇混凝土急流槽	$10m^3$	0.240	8	普C20-32.5-2，-10.2，普C25-32.5-2，+10.2
1-2-4-12 改	预制混凝土预制块急流槽	$10m^3$	1.308	8	普C20-32.5-2，-10.1，普C25-32.5-2，+10.1，定额×1.01
1-2-4-13	铺砌混凝土预制块急流槽	$10m^3$	1.308	8	
1-2-4-10 改	水沟盖板钢筋	t	0.999	8	111量1.025，112量0
4-11-5-1	填砂砾（砂）垫层	$10m^3$	1.220	8	
1-2-1-1	人工挖沟松土	$1000m^3$	0.081	1	
1	防护工程	m^3/km	17.8/.662		
5-1-6-4 改	预制混凝土菱形格	$10m^3$	1.780	8	普C20-32.5-4，-10.1，普C30-32.5-4，+10.1，定额×1.01
4-7-29-1	安装桥涵缘（帽）石	$10m^3$	1.780	8	
5-1-2-5	人工撒草籽	$1000m^2$	0.103	8	
5-1-13-6 改	防风固沙草方格沙障	$1000m^2$	5.564	8	996量3125
1-1-6-1	人工挖运松土20m	$1000m^3$ 天然密实方	1.405	1	
1-1-6-3	人工挖运硬土20m	$1000m^3$ 天然密实方	0.032	1	
2	路面工程	m^2	5766.000		
2-2-11-12 改	中粒沥青混凝土拌和（320t/h内）	$1000m^3$	0.288	6	851换852，852量113.465，996量8739.875，897换100002，100002量38979
2-2-11-6 改	粗粒沥青混凝土拌和（320t/h内）	$1000m^3$	0.404	6	851换852，852量105.857，996量8130.975，897换100002，100002量296.66
2-2-13-21 改	沥青混合料运输15t内6km	$1000m^3$	0.692	3	+23×10
2-2-14-51	机铺沥青混凝土中粒式320t/h内	$1000m^3$	0.288	6	

编制：×××　　　　复核：×××

（续）

建设项目名称：安徽公路工程××项目预算编制实例

编制范围：K0+000～K42+983

第 38 页　　共 52 页

编号	名　称	单位	工程量	费率编号	定额调整情况
2-2-14-50	机铺沥青混凝土粗粒式 320t/h 内	$1000m^3$	0.404	6	
2-1-7-5 改	厂拌水泥碎石 5:95，厚度 20cm	$1000m^2$	5.766	7	+6×5
2-1-8-21 改	稳定土运输 15t 内 6km	$1000m^3$	1.153	3	+23×10
2-1-9-11 改	摊铺机铺筑基层（12.5m 内）	$1000m^2$	5.766	7	拖平压机×2，人工+3
2-1-7-5 改	厂拌水泥碎石 4:96，厚度 20cm	$1000m^2$	3.041	7	+6×5，4:96
2-1-8-21 改	稳定土运输 15t 内 6km	$1000m^3$	0.608	3	+23×10
2-1-9-12 改	摊铺机铺筑底基层（12.5m 内）	$1000m^2$	3.041	7	拖平压机×2，人工+3
2-1-7-5 改	厂拌水泥碎石 4:96 厚度，32cm	$1000m^2$	2.903	7	+6×17，4:96
2-1-8-21 改	稳定土运输 15t 内 6km	$1000m^3$	0.929	3	+23×10
2-1-9-11 改	摊铺机铺筑基层（12.5m 内）	$1000m^2$	2.903	7	拖平压机×2，人工+3
2-2-16-6 改	乳化沥青沥青层黏层	$1000m^2$	5.766	7	853 换 100005，100005 量 0.464
2-2-16-14 改	乳化沥青稀浆封层 ES-2 型	$1000m^2$	5.766	7	853 换 100005，100005 量 1.476
2-3-4-4 改	预制安砌混凝土路缘石	$10m^3$	2.550	8	定额×1.01
2-3-3-5 改	培路肩厚度 32cm	$1000m^2$	0.574	7	+6×12，添 915 量 326.4
2-3-3-5	培路肩厚度 20cm	$1000m^2$	1.089	7	
1-1-13-9 改	$12m^3$ 内铲运机 150m 松土	$1000m^3$ 天然密实方	0.218	2	+12×1
2	圆管涵	m/道	122/2		
4-7-4-2 改	预制 ϕ2m 内混凝土	$10m^3$	10.170	8	定额×1.01
4-7-4-3 改	普通钢筋	t	9.310	13	111 量 0.242，添 112 量 0.783
4-7-5-4	起重机安装 ϕ1.0m 上圆管涵	$10m^3$	10.170	8	
4-7-5-5 改	现浇管座混凝土	$10m^3$	26.970	8	普 C15-32.5-4，-10.2，普 C30-32.5-4，+10.2
4-6-1-12 改	基础、支撑梁钢筋	t	6.983	13	111 量 0.419，112 量 0.606
5-1-18-2 改	现浇混凝土挡土墙	$10m^3$	1.870	8	普 C20-32.5-8，-10.2，普 C30-32.5-4，+10.2
4-7-28-2 改	预制桥涵缘（帽）石混凝土钢模	$10m^3$	0.080	8	普 C15-32.5-2，-10.1，普 C30-32.5-2，+10.1

编制：×××　　复核：×××

（续）

建设项目名称：安徽公路工程××项目预算编制实例

编制范围：K0+000~K42+983　　第39页　　共52页

编号	名　　称	单位	工程量	费率编号	定额调整情况
4-7-29-1	安装桥涵缘（帽）石	$10m^3$	0.080	8	
5-1-15-7改	浆砌片石墙身	$10m^3$	3.040	8	M5，-3.5，M10，+3.5
5-1-15-5改	浆砌片石基础	$10m^3$	2.980	8	M5，-3.5，M10，+3.5
4-11-6-17	水泥砂浆抹面（厚2cm）	$100m^2$	0.171	8	
4-5-2-1改	浆砌片石基础、护底、截水墙	$10m^3$	0.970	8	M7.5，-3.5，M10，+3.5
4-11-5-1	填砂砾（砂）垫层	$10m^3$	1.440	8	
5-1-10-2改	浆砌片石护坡	$10m^3$	7.460	8	M5，-3.5，M10，+3.5
4-11-4-5	涂沥青防水层	$10m^2$	149.120	8	
4-11-7-13	沥青麻絮伸缩缝	m^2	40.700	8	
1-1-7-2	夯土机夯实填土	$1000m^3$ 压实方	0.717	2	
4-1-3-4	基坑≤$1500m^3$，$2.0m^3$ 内挖掘机挖土	$1000m^3$	2.675	8	
4-11-11-12	混凝土搅拌站拌和（$60m^3/h$ 内）	$100m^3$	3.796	8	
4-11-11-16	1t机动翻斗车运100m	$100m^3$	1.017	3	
4-11-11-20	$6m^3$ 内混凝土搅运车运1km	$100m^3$	2.779	3	
2	服务区其他	处	1.000		
2	厂区硬化	m^2	4083.000		
2	外网工程	项	1.000		
2	构筑物及其他	项	1.000		
3	管理、养护设施	公路公里	42.350		
1	收费系统设施	处	1.000		
1	设备安装	处	1.000		
1	收费站设备安装	处	1.000		
6-2-1-1	专用服务器（含软件）	套	1.000	14	
6-2-1-10	普通光盘机	套	1.000	14	

编制：×××　　复核：×××

（续）

建设项目名称：安徽公路工程××项目预算编制实例

编制范围：K0+000~K42+983

第 40 页　　共 52 页

编号	名　称	单位	工程量	费率编号	定额调整情况
6-2-1-2	工作站（含软件）	套	3.000	14	
6-2-1-6	以太网交换机 10M、100M	套	1.000	14	
6-2-2-2	矩阵切换设备≤64 路	台	1.000	14	
6-2-4-10	非接触式 IC 卡读写机	套	1.000	14	
6-2-2-8	音频、视频分配器	台	1.000	14	
6-2-2-12	彩色监视器	套	12.000	14	
6-2-2-32	数字硬盘录像机≤16 路	台	1.000	14	
6-2-8-5	CCD 彩色摄像机一般室内	套	1.000	14	
6-2-2-5	多画面分割器（合成器）4 画面	台	1.000	14	
6-2-3-12	有线对讲主机 16 路	套	1.000	14	
6-2-3-10	报警控制器 32 路	套	1.000	14	
6-2-2-16	视频数据光端机	套	2.000	14	
6-2-3-14	标准机柜 19″	台	1.000	14	
6-2-2-13	监视器列架（2×2）	套	1.000	14	
6-2-1-13	综合大型控制台	套	1.000	14	
6-2-3-3	交流净化稳压器	套	1.000	14	
6-2-3-6	UPS 不间断电源 10kV·A 内	台	2.000	14	
1	收费车道设备安装	个	4.000		
6-2-4-3	专用键盘	套	4.000	14	
6-2-4-2	终端显示器	套	4.000	14	
6-2-4-1	车道控制机	套	4.000	14	
6-2-4-10	非接触式 IC 卡读写机	套	4.000	14	
6-2-4-4	电动栏杆	套	4.000	14	
6-2-4-19	雨篷信号灯（单相）	套	12.000	14	

编制：×××　　复核：×××

（续）

建设项目名称：安徽公路工程××项目预算编制实例

编制范围：K0+000~K42+983　　　　第41页　　共52页

编号	名　称	单位	工程量	费率编号	定额调整情况
6-2-4-21	雾灯	套	6.000	14	
6-2-4-5	手动栏杆	套	6.000	14	
6-2-4-20	车辆通行信号灯	套	4.000	14	
6-2-4-6	费用显示及报价器	套	4.000	14	
6-2-4-7	收据打印机	套	4.000	14	
6-2-5-2	双通道环形线圈车辆检测器	套	4.000	14	
6-2-1-6	以太网交换机10M、100M	套	1.000	14	
6-2-3-14	标准机柜19″	台	1.000	14	
6-2-4-17	紧急脚踏开关	套	4.000	14	
6-2-8-1	CCD彩色摄像机收费亭内	套	4.000	14	
6-2-8-2	CCD彩色摄像机收费岛上	套	4.000	14	
6-2-8-3	CCD彩色摄像机收费广场、主线	套	2.000	14	
6-2-2-18	多路视频复用机	套	4.000	14	
6-6-13-7	浪涌保护器安装	个	4.000	14	
6-2-1-24	站级软件（包括系统应用软件）	套	2.000	14	
6-2-10-1	系统试运行（5个站以内）	系统月	1.000	14	
6-2-9-8	收费站10车道以内	套	1.000	14	
2	收费大棚	处	1.000		
	收费大棚	处	1.000		单价：1575000
3	收费亭	个	5.000		
3	单项收费亭	个	4.000		
6-2-11-1	收费岛混凝土	$10m^3$	0.528	8	
6-2-11-2改	收费岛钢筋	t	0.684	13	111量0.354，添112量0.671
	单项收费亭	个	4.000		单价：33000

编制：×××　　　　复核：×××

（续）

建设项目名称：安徽公路工程××项目预算编制实例

编制范围：K0 +000 ~ K42 +983　　　　第 42 页　　　　共 52 页

编号	名　　称	单位	工程量	费率编号	定额调整情况
3	双向收费亭	个	1.000		
6 -2 -11 -1	收费岛混凝土	$10m^3$	0.166	8	
6 -2 -11 -2 改	收费岛钢筋	t	0.212	13	111 量 0.381，添 112 量 0.644
	双向收费亭	个	1.000		单价：36000
4	收费岛	个	5.000		
4	单向入口收费岛	个	2.000		
6 -2 -11 -1 改	收费岛混凝土	$10m^3$	3.960	8	182 量 0.418，添 183 量 1.408，740 量 6.67，740 价 374.55
6 -2 -11 -1 改	收费岛混凝土	$10m^3$	1.956	8	普 C25 -32.5 -4，-10.2，普 C40 -32.5 -4，+10.2
6 -2 -11 -2 改	收费岛钢筋	t	0.915	13	111 量 0.096，添 112 量 0.929
6 -2 -11 -4 改	镀锌钢管防撞护栏	t	1.374	13	添 182 量 0.644，添 182 量 0.009，191 量 0.372
6 -2 -11 -5	钢管防撞柱	t	0.664	13	
6 -2 -11 -8	敷设电线钢套管	t	0.743	13	
4	单向出口收费岛	个	2.000		
6 -2 -11 -1 改	收费岛混凝土	$10m^3$	3.960	8	182 量 0.418，添 183 量 1.408，740 量 6.67，740 价 374.55
6 -2 -11 -1 改	收费岛混凝土	$10m^3$	1.956	8	普 C25 -32.5 -4，-10.2，普 C40 -32.5 -4，+10.2
6 -2 -11 -2 改	收费岛钢筋	t	0.915	13	111 量 0.096，添 112 量 0.929
6 -2 -11 -4 改	镀锌钢管防撞护栏	t	1.374	13	添 182 量 0.644，添 183 量 0.009，191 量 0.372
6 -2 -11 -5	钢管防撞柱	t	0.664	13	
6 -2 -11 -8	敷设电线钢套管	t	0.743	13	
4	双向收费岛	个	1.000		
6 -2 -11 -1 改	收费岛混凝土	$10m^3$	2.260	8	182 量 0.576，添 183 量 1.863，740 量 9.25，740 价 374.55
6 -2 -11 -1 改	收费岛混凝土	$10m^3$	1.956	8	普 C25 -32.5 -4，-10.2，普 C40 -32.5 -4，+10.2
6 -2 -11 -2 改	收费岛钢筋	t	0.510	13	111 量 0.079，添 112 量 0.946
6 -2 -11 -4 改	镀锌钢管防撞护栏	t	0.687	13	添 182 量 0.644，添 183 量 0.009，191 量 0.372

编制：×××　　　　复核：×××

（续）

建设项目名称：安徽公路工程××项目预算编制实例

编制范围：K0+000～K42+983　　　　第43页　　共52页

编号	名　　称	单位	工程量	费率编号	定额调整情况
6-2-11-5	钢管防撞柱	t	0.664	13	
6-2-11-8	敷设电线钢套管	t	0.561	13	
4	预埋管线	m	2112.000		
6-5-6-1	塑料子管1孔	1000m	1.384	8	
6-6-3-4	钢管地埋敷设 φ100mm内	1000m	0.328	8	
6-6-3-4	钢管地埋敷设 φ100mm内	1000m	0.400	8	
4	线缆敷设	公路公里	42.350		
6-5-2-2	光缆终端盒28芯内	10个	0.200	8	
6-6-11-2	铜板接地极制作安装	块	1.000	8	
6-5-12-2	安装金属线槽宽度300mm下	1000m	0.100	8	
6-5-10-1	布放同轴电缆	1000m	0.698	8	
6-5-8-1	敷设双绞线缆4对内	1000m	0.206	8	
6-5-1-1	光缆穿放管（槽）12芯内	100m	4.200	8	
6-5-7-1	穿放、布放电话线20对内	1000m	0.600	8	
6-5-1-8	光纤配线架架内跳线布放尾纤	10根	0.800	8	
6-5-15-1改	水平电缆敷设截面面积 $35mm^2$ 内	1000m	1.828	8	人工×1.2，机械×1.2
6-5-15-1	水平电缆敷设截面面积 $35mm^2$ 内	1000m	0.970	8	
5	收费站其他	公路公里	42.350		
5	人孔	个	7.000		
6-2-12-1	现浇混凝土人孔2.2×1.4×2.17	个	2.000	8	
6-2-12-1	现浇混凝土人孔2.2×1.4×2.17	个	5.000	8	
5	收费岛设备基础	个	42.000		
6-2-11-3改	设备基础混凝土	$10m^3$	0.342	8	111量0.227，183量0.858
4-1-1-1	人工挖基坑深3m内干处土	$1000m^3$	0.005	1	

编制：×××　　　　复核：×××

（续）

建设项目名称：安徽公路工程××项目预算编制实例

编制范围：K0+000~K42+983　　第44页　　共52页

编号	名　称	单位	工程量	费率编号	定额调整情况
5	雨篷立柱手孔	个	6.000		
6-2-11-3改	设备基础混凝土	$10m^3$	0.038	8	183量1.8
4-1-1-1	人工挖基坑深3m内干处土	$1000m^3$	0.001	1	
5	广场配电分线箱用手孔	个	2.000		
6-2-11-3改	设备基础混凝土	$10m^3$	0.028	8	111量0，183量0.895
6	广场摄像机基础及手孔	个	2.000		
6-1-7-4	金属标志牌混凝土基础	$10m^3$	0.596	8	
6-1-7-5	金属标志牌基础钢筋	t	0.108	13	
6-2-12-2	现浇混凝土手孔1.19×1.19×1.1	个	2.000	8	
	接地系统	项	14.000		单价：520
6	外网工程	项	1.000		
6	构筑物及其他	项	1.000		
6	收费站路面	处	1.000		
2-2-17-3改	轨道摊铺机铺筑混凝土厚28cm	$1000m^2$	49.588	6	+4×8
2-2-17-13改	拉杆传力杆（人工轨道摊铺机铺）	t	627.411	13	111量0.947，112量0.191
2-1-7-5改	厂拌水泥碎石5:95，厚度20cm	$1000m^2$	49.941	7	+6×5
2-1-8-21改	稳定土运输15t内6km	$1000m^3$	9.988	3	+23×10
2-1-9-11改	摊铺机铺筑基层（12.5m内）	$1000m^2$	49.941	7	拖平压机×2，人工+3
2-1-7-5改	厂拌水泥碎石4:96，厚度20cm	$1000m^2$	50.294	7	+6×5，4:96
2-1-8-21改	稳定土运输15t内6km	$1000m^3$	10.059	3	+23×10
2-1-9-12改	摊铺机铺筑底基层（12.5m内）	$1000m^2$	50.294	7	拖平压机×2，人工+3
2-3-3-5改	培路肩厚度68cm	$1000m^2$	1.468	7	+6×48
2-3-4-4改	预制安砌混凝土路缘石	$10m^3$	5.930	8	定额×1.01
4-6-14-1	搭板混凝土	$10m^3$	4.440	8	

编制：×××　　复核：×××

（续）

建设项目名称：安徽公路工程××项目预算编制实例

编制范围：K0+000～K42+983　　　　第45页　　　　共52页

编号	名　称	单位	工程量	费率编号	定额调整情况
2-2-16-7	石油沥青水泥混凝土黏层	$1000m^2$	0.147	7	
2	场区监控系统设施	项	1.000		
1	设备安装	项	1.000		
6-2-8-6	高速智能球形摄像机	套	20.000	14	
6-2-1-9	磁盘阵列	套	2.000	14	
6-2-1-2	工作站（含软件）	套	2.000	14	
6-2-1-7	以太网交换机100M、1000M	套	2.000	14	
6-2-2-20	光纤收发器	套	20.000	14	
6-2-7-2	LED可变道路情报板悬臂门架式	套	2.000	14	
6-2-1-3	综合大型控制台	套	2.000	14	
6-2-3-14	标准机柜19″	台	4.000	14	
6-3-6-2	功率放大器	台	8.000	14	
6-3-6-6	安装调试多媒体广播工控机	台	1.000	14	
6-3-6-1	专用麦克风	个	1.000	14	
2	光（电）缆敷设	项	1.000		
6-5-8-1改	敷设双绞线缆4对内	1000m	0.300	8	708价5.80
6-5-3-1改	敷设管道光缆12芯内	100m	0.010	8	701价4.50
3	供电、照明系统设施	公路公里	42.350		
1	设备安装	公路公里	42.350		
6-4-1-1	变压器容量100kV·A内	台	1.000	14	
6-4-1-2	变压器容量250kV·A内	台	1.000	14	
6-4-2-1	10kV/变压器容量250kV·A内	台	2.000	14	
6-4-5-4	配电（电源）屏低压开关柜	台	10.000	14	
6-4-5-5	高压成套配电双母线柜断路器柜	台	4.000	14	

编制：×××　　　　复核：×××

（续）

建设项目名称：安徽公路工程××项目预算编制实例

编制范围：K0+000~K42+983 第46页 共52页

编号	名　称	单位	工程量	费率编号	定额调整情况
6-4-7-1	柴油发电机组功率30kW内	组	1.000	14	
6-4-7-2	柴油发电机组功率75kW内	组	1.000	14	
6-4-8-1	柴油发电机组外排系统（120kW内）	套	2.000	14	
6-4-8-5	安装燃油箱	套	2.000	14	
6-4-6-1	送配电系统隔离开关（10kV以下）	系统	2.000	14	
6-4-6-5	变压器系统10kV内560kV·A内	系统	2.000	14	
6-4-6-7	备用电机自投装置	套	2.000	14	
2	广场照明灯、箱	公路公里	42.350		
6-4-5-8	同期小屏控制箱	台	1.000	14	
6-4-11-2	立灯杆高15m内	根	8.000	14	
6-4-12-1	成套型金属杆座	10只	0.800	14	
6-4-13-2	高杆灯具（单弧灯具）高15m内	套	16.000	14	
3	电缆敷设	公路公里	42.350		
6-6-11-4	镀锌扁钢暗敷设接地母线	10m	20.000	8	
6-5-16-1	终端头电缆截面面积$35mm^2$内	10个	0.400	8	
6-5-16-2	终端头电缆截面面积$120mm^2$内	10个	0.300	8	
6-4-6-11	电缆试验	次	4.000	8	
6-4-6-12	母线（段）试验	根	4.000	8	
6-5-15-1改	水平电缆敷设截面面积$35mm^2$内	1000m	0.030	8	人工×1.2，机械×1.2
6-5-15-2改	水平电缆敷设截面面积$120mm^2$内	1000m	0.030	8	人工×1.2，机械×1.2
6-5-15-1	水平电缆敷设截面面积$35mm^2$内	1000m	0.650	8	
6-5-15-1改	水平电缆敷设截面面积$35mm^2$内	1000m	0.600	8	人工×1.2，机械×1.2
6-6-3-2	钢管地埋敷设ϕ50mm内	1000m	0.400	8	
6-6-11-2	铜板接地极制作安装	块	80.000	8	

编制：××× 复核：×××

（续）

建设项目名称：安徽公路工程××项目预算编制实例

编制范围：K0 +000 ~ K42 +983　　　　第 47 页　　共 52 页

编号	名　称	单位	工程量	费率编号	定额调整情况
6-6-11-1 改	角钢接地极制作安装	根	40.000	8	652 量 6.2
6-6-11-1	角钢接地极制作安装	根	32.000	8	
6-5-15-2	水平电缆敷设截面面积 $120mm^2$ 内	1000m	0.470	8	
6-5-15-1 改	水平电缆敷设截面面积 $35mm^2$ 内	1000m	0.400	8	人工×1.2，机械×1.2
4	土建工程	公路公里	42.350		
6-2-12-2	现浇混凝土手孔 1.19×1.19×1.1	个	8.000	8	
	灯杆和基础接线	基	4500.000		单价：4000
	照明配电箱基础	套	1.000		单价：3200
5	外线工程	km	1.500		
	10kV 高压外线	km	1.500		单价：200000
4	其他工程	公路公里	42.350		
1	改路	km	3.183		
2-2-4-3 改	机械铺天然砂砾路面厚度 20cm	$1000m^2$	21.360	7	+4×10
1-1-13-9 改	$12m^3$ 内铲运机 100m 松土	$1000m^3$ 天然密实方	1.688	2	定额×1.23
1-1-9-7	$2.0m^3$ 内挖掘机挖装土方松土	$1000m^3$ 天然密实方	19.529	2	
1-1-11-21 改	15t 内自卸汽车运土 3.1km	$1000m^3$ 天然密实方	19.529	3	+22×4
1-1-9-7 改	$2.0m^3$ 内挖掘机挖装土方松土	$1000m^3$ 天然密实方	4.860	2	定额×1.23
1-1-11-21 改	15t 内自卸汽车运土 3.7km	$1000m^3$ 天然密实方	4.860	3	+22×5，定额×1.26
1-1-18-7	二级路 18~21t 压路机压土	$1000m^3$ 压实方	3.274	2	
1-1-18-9	二级路 15t 内振动压路机压土	$1000m^3$ 压实方	3.274	2	
1-1-22-9 改	8000L 内洒水汽车洒水 3km	$1000m^3$ 水	1.179	3	+10×4
2	公路交工前养护费	km	42.350		
7-1-7-1	二级及以上路交工前养护费	km·月	127.056	1	
八	绿化及环境保护工程	公路公里	42.350		

编制：×××　　　　复核：×××

（续）

建设项目名称：安徽公路工程××项目预算编制实例

编制范围：K0+000~K42+983　　第48页　　共52页

编号	名　称	单位	工程量	费率编号	定额调整情况
1	撒播草种和铺植草皮	m^2	1476750.000		
1	撒播草种	m^2	1476750.000		
5-1-13-3	防风固沙播草籽	$1000m^2$	1473.000	8	
1-1-12-19	165kW内推土机20m硬土	$1000m^3$天然密实方	294.549	2	
5-1-10-2改	浆砌片石护坡	$10m^3$	110.000	8	M5，-3.5，M7.5，+3.5
2	种植乔、灌木	株	109599.000		
1	种植乔木	株	770.000		
6-7-1-1	挖树穴松土	$100m^3$	3.850	8	
6-7-2-13	裸根植乔木胸径3~5cm	100株	7.700	8	
6-7-6-7	浇水15kg/株洒水汽车运水1km	1000株	0.770	8	
6-7-8-1	乔木保养胸径10cm下	100株·月	92.400	8	
2	种植灌木	株	108829.000		
6-7-1-1	挖树穴松土	$100m^3$	543.750	8	
6-7-3-9	裸根植灌木株高80cm内	100株	1087.490	8	
6-7-6-7	浇水15kg/株洒水汽车运水1km	1000株	108.749	8	
6-7-8-4	灌木保养	100株·月	13049.880	8	
九	管理、养护及服务房屋	项	1.000		
1	收费站、养护工区	m^2	4510.500		
1	收费站、养护工区综合楼	m^2	3650.000		
	收费站综合楼	元	1.000		单价：10767500
2	附属房屋	m^2	860.500		
	附属房屋	元	1.000		单价：1677975
2	服务区	m^2	6616.000		
1	服务区综合楼	m^2	5635.500		

编制：×××　　复核：×××

（续）

建设项目名称：安徽公路工程××项目预算编制实例

编制范围：K0+000~K42+983 第49页 共52页

编号	名称	单位	工程量	费率编号	定额调整情况
	服务区综合楼	元	1.000		单价：18315375
2	附属房屋	m^2	986.500		
	附属房屋	元	1.000		单价：2855918
	第二部分 设备及工具、器具购置费	公路公里	42.350		
一	设备购置费	公路公里	42.350		
1	需安装的设备	公路公里	42.350		
1	监控系统设备	元	1.000		
2	收费系统设备	元	1.000		
3	供电照明系统设备	元	1.000		
4	房屋建筑	元	1.000		
2	不需安装的设备	公路公里	42.350		
1	管理养护设备	元	1.000		
二	工具、器具购置	公路公里	42.350		
	工具、器具购置	元	1.000		
三	办公及生活用家具购置	公路公里	42.350		
	办公及生活用家具购置	km	42.350		
	第三部分 工程建设其他费用	公路公里	42.350		
一	土地征用及拆迁补偿费	公路公里	42.350		
1	土地补偿费	公路公里	42.350		
1	林地	亩	171.770		
2	草地	亩	2478.080		
3	灌木	亩	777.980		
4	临时占地（草地）	亩	2215.120		
5	退耕地	亩	19.780		

编制：××× 复核：×××

（续）

建设项目名称：安徽公路工程××项目预算编制实例

编制范围：K0+000~K42+983　　第50页　　共52页

编号	名　称	单位	工程量	费率编号	定额调整情况
2	征用耕地安置补助费	公路公里	42.350		
1	旱地	亩	22.220		
2	水浇地	亩	43.170		
3	拆迁补偿费	公路公里	42.350		
1	10cm 树苗	株	7.000		
2	10~20cm 树苗	株	15.000		
3	20cm 树苗	株	379.000		
4	灌木	株	1908.000		
5	砖瓦房	m^2	150.000		
6	围栏	m	9430.000		
7	水井	眼	2.000		
8	畜圈	处	1.000		
9	35kV 电力	根	1.000		
10	10kV 电力	根	6.000		
11	套管	m	60.000		
12	光缆	m	240.000		
13	土坟	座	7.000		
14	土房	m^2	190.000		
4	复耕费	公路公里	42.350		
1	复耕费	亩	2215.120		
5	耕地开垦费	公路公里	42.350		
1	旱地	亩	22.220		
2	水浇地	亩	43.170		
6	森林植被恢复费	公路公里	42.350		

编制：×××　　复核：×××

（续）

建设项目名称：安徽公路工程××项目预算编制实例

编制范围：K0+000～K42+983 第51页 共52页

编号	名 称	单位	工程量	费率编号	定额调整情况
1	恢复费	亩	949.750		
7	其他	公路公里	42.350		
1	征地管理费	元	1.000		
2	林地管理费	元	1.000		
3	耕地占用税	亩	65.390		
4	草原植被恢复费	亩	2478.080		
二	建设项目管理费	公路公里	42.350		
1	建设单位（业主）管理费	公路公里	42.350		{累进办法建管费}
2	工程监理费	公路公里	42.350		{建安费}×2.5%
3	设计文件审查费	公路公里	42.350		{建安费}×0.1%
4	竣（交）工验收试验检测费	公路公里	42.350		
四	建设项目前期工作费	公路公里	42.350		
1	前期工作费	元	1.000		
五	专项评价（估）费	公路公里	42.350		
1	专项评估费	km	42.350		
2	文物勘探费	元	1.000		
八	联合试运转费	公路公里	42.350		{建安费}×0.05%
九	生产人员培训费	公路公里	42.350		
1	培训费	人	220.000		
十一	建设期贷款利息	公路公里	42.350		
	预备费	元			
	1. 价差预备费	元	1.000		{价差预备费}
	2. 基本预备费	元	1.000		({一二三部分合计}-61591661)×0.03
	新增加费用项目（不作预备费基数）	元			

编制：××× 复核：×××

（续）

建设项目名称：安徽公路工程××项目预算编制实例

编制范围：K0+000～K42+983

第 52 页　　共 52 页

编号	名　称	单位	工程量	费率编号	定额调整情况
	*请在此输入费用项目				
	概（预）算总金额	元	1.000		{一二三部分合计}+{预备费}+{新增加费用项目（不作预备费基数）}
	其中：回收金额	元			
	*请在此输入费用项目				
	公路基本造价	公路公里	42.350		{概（预）算总金额}－{其中：回收金额}

编制：×××　　复核：×××

表 6-3　总预算表

建设项目名称：安徽公路工程××项目预算编制实例
编制范围：K0+000~K42+983　　　　第 1 页　　　　第 11 页　　　　01 表

项	目	节	细目	工程或费用名称	单位	数量	预算金额/元	技术经济指标	各项费用比例(%)	备注
				第一部分　建筑安装工程费	公路公里	42.350	804990486	19008039.81	78.21	
一				临时工程	公路公里	42.350	18011464	425300.21	1.75	
	1			临时道路	km	52.721	9322762	176832.04	0.91	
		1		临时道路	km	52.721	9322762	176832.04	0.91	
			1	临时便道的修建与维护	km	52.721	9322762	176832.04	0.91	
	2			临时轨道铺设	km	1.000	133982	133982.00	0.01	
	3			临时电力线路	km	11.200	483708	43188.21	0.05	
	4			临时电信线路	km	6.200	47585	7675.00		
	5			拌和站预制厂	处	6.000	8023427	1337237.83	0.78	
二				路基工程	km	41.862	167255110	3995392.24	16.25	
	1			场地清理	km	41.862	5160700	123278.87	0.50	
		1		清理与掘除	m^2	1403084.000	5160700	3.68	0.50	
			1	清除表土	m^3	420925.000	5134433	12.20	0.50	
			2	伐树、挖根、除草	m^2	8705.000	26267	3.02		
	2			挖方	m^3	2356341.000	12753686	5.41	1.24	
		1		挖土方	m^3	2167411.000	7094600	3.27	0.69	
			1	挖路基土方	m^3	2167411.000	7094600	3.27	0.69	
		2		挖石方	m^3	188930.000	4315320	22.84	0.42	
			1	挖路基石方	m^3	188930.000	4315320	22.84	0.42	
		3		弃方运输	m^3	94465.000	1343766	14.23	0.13	
	3			填方	m^3	2830633.000	70174307	24.79	6.82	
		1		路基填方	m^3	2753367.000	58271733	21.16	5.66	
			1	利用土方填筑	m^3	2167411.000	27513904	12.69	2.67	
			2	借土方填筑	m^3	1237686.000	25265466	20.41	2.45	

编制：×××　　　　复核：×××

（续）

建设项目名称：安徽公路工程××项目预算编制实例

编制范围：K0+000～K42+983

第2页　第11页　01表

项	目	节	细目	工程或费用名称	单位	数量	预算金额/元	技术经济指标	各项费用比例(%)	备注
			3	利用石方填筑	m^3	102680.000	2711074	26.40	0.26	
			4	借石方填筑	m^3	65264.000	2781289	42.62	0.27	
		2		结构物台背回填	m^3	75969.000	11902574	156.68	1.16	
	4			特殊路基处理	km	10.861	52476902	4831682.35	5.10	
		1		低填浅挖	km	6.184	13981318	2260885.83	1.36	
		2		陡坡路堤	km	0.570	372164	652919.30	0.04	
		3		特殊路基（封层）	km	30.869	13560661	439297.06	1.32	
		4		基底、路床换填	km	4.637	20622155	4447305.37	2.00	
		5		翻松碾压	km	24.591	3940604	160245.78	0.38	
	5			排水工程	km	41.862	8766829	209422.13	0.85	
		1		排水沟	m^3/m	8340.000/38268.000	4336686	519.99/113.32	0.42	
			1	浅蝶形排水沟	m^3/m	8340.000/38268.000	4336686	519.99/113.32	0.42	
		2		截水沟	m^3/m	1475.000/2950.000	793686	538.09/269.05	0.08	
		3		急流槽	m^3/m	4256.000/18700.000	3632719	853.55/194.26	0.35	
		4		挡水埝	m^3/m	256.000/1000.000	3738	14.60/3.74		
	6			防护与加固工程	km	41.862	17922686	428137.36	1.74	
		2		植草护坡	m^2	32839.000	648134	19.74	0.06	
		3		拱形骨架植草	m^3	16949.000	10577361	624.07	1.03	
		4		浆砌片石护坡	m^3	9492.000	6697191	705.56	0.65	
三				路面工程	km	41.862	342566033	8183221.85	33.28	
	1			路面垫层	m^2	79742.000	2549572	31.97	0.25	
	2			路面底基层	m^2	988887.000	80260995	81.16	7.80	
	3			路面基层	m^2	947200.000	62555860	66.04	6.08	
	4			透层、黏层、封层	m^2	1894400.000	14336259	7.57	1.39	

编制：×××　　复核：×××

（续）

建设项目名称：安徽公路工程××项目预算编制实例

编制范围：K0 +000 ~ K42 +983　　　　第 3 页　　　　第 11 页　　　　01 表

项	目	节	细目	工程或费用名称	单位	数量	预算金额/元	技术经济指标	各项费用比例(%)	备注
		1		黏层	m^2	947200.000	2798565	2.95	0.27	
		2		封层	m^2	947200.000	11537694	12.18	1.12	
	5			沥青混凝土面层	m^2	947200.000	166666884	175.96	16.19	
	6			路槽、路肩及中央分隔带	km	41.862	16196463	386901.32	1.57	
四				桥梁涵洞工程	km	2.440	106013934	43448333.61	10.30	
	1			涵洞工程	m/道	1632.070/47.000	30746824	18839.16/654187.74	2.99	
		1		钢筋混凝土管涵	m/道	577.400/17.000	2962478	5130.72/174263.41	0.29	
			1	圆管涵	m/道	577.400/17.000	2962478	5130.72/174263.41	0.29	
		2		暗板涵	m/道	1054.670/30.000	27784346	26344.11/926144.87	2.70	
	2			小桥工程	m/座	319.950/21.000	33062305	103335.85/1574395.48	3.21	
		1		1～8m 小桥（预制混凝土空心板）	m/座	288.400/20.000	31275490	108444.83/1563774.50	3.04	
		2		1～13m 小桥（预应力混凝土空心板）	m/座	31.550/1.000	1786815	56634.39/1786815.00	0.17	
	3			中桥工程	m/座	81.400/1.000	7435684	91347.47/7435684.00	0.72	
		1		K7 +475 中桥（简支小箱梁）	m^2/m	2075.700/81.400	7435684	3582.25/91347.47	0.72	
	4			大桥工程	m/座	406.400/1.000	34769121	85553.94/34769121.00	3.38	
		1		K38 +493 大桥	m^2/m	10363.200/406.400	34769121	3355.06/85553.94	3.38	
			1	桩基础	m^3	5513.500	13994336	2538.19	1.36	
			2	桥台	m^3	145.240	223042	1535.68	0.02	
			3	桥墩	m^3	1134.960	2157935	1901.33	0.21	
			4	上部构造	m^3	4005.600	12302608	3071.35	1.20	
			5	桥面铺装等附属工程	m^3	3167.130	6091200	1923.26	0.59	
五				交叉工程	处	15.000	71055308	4737020.53	6.90	
	1			平面交叉道	处	13.000	795998	61230.62	0.08	
	2			分离式立体交叉	处	1.000	13254002	13254002.00	1.29	

编制：×××　　　　复核：×××

（续）

建设项目名称：安徽公路工程××项目预算编制实例

编制范围：K0 +000 ~ K42 +983　　　　第 4 页　　　　第 11 页　　　　01 表

项	目	节	细目	工程或费用名称	单位	数量	预算金额/元	技术经济指标	各项费用比例(%)	备注
		1		K2 +195.444 公铁立交	m^2/m	2478.600/97.200	13254002	5347.37/136358.05	1.29	
	3			互通式立体交叉	处	1.000	57005308	57005308.00	5.54	
		1		K0 +700 互通	处	1.000	57005308	57005308.00	5.54	
			1	土方	m^3	357467.000	5657751	15.83	0.55	
			2	特殊路基处理	km	1.863	11681193	6270098.23	1.13	
			3	排水工程	m^3/km	599.000/2.535	547210	913.54/215861.93	0.05	
			4	防护工程	m^3/km	245.400/26.664	1867993	7612.03/70056.74	0.18	
			5	路面工程	m^2	53490.000	19013596	355.46	1.85	
			6	圆管涵	m/道	168.800/4.000	813802	4821.10/203450.50	0.08	
			7	A 匝道跨线桥	m^2/m	2947.680/128.160	17423763	5911.01/135953.21	1.69	
七				公路设施及预埋管线工程	公路公里	42.350	55740086	1316176.77	5.42	
	1			安全设施	公路公里	42.350	9580908	226231.59	0.93	
		1		钢筋混凝土防撞护栏	m	100.000	67580	675.80	0.01	
		2		波形钢板护栏	m	14364.000	5470289	380.83	0.53	
			1	路侧普通型护栏	m	1819.000	429537	236.14	0.04	
			2	路侧加强型护栏	m	655.000	193629	295.62	0.02	
			3	路侧三波形护栏	m	2882.000	1568224	544.14	0.15	
			4	中央分隔带普通型护栏	m	1157.000	286003	247.19	0.03	
			5	中央分隔带加强型护栏	m	6636.000	2304396	347.26	0.22	
			6	中央分隔带三波形护栏	m	1074.000	601889	560.42	0.06	
			7	A 端头	m	101.000	25839	255.83		
			8	B 端头	m	36.000	14016	389.33		
			9	C 端头	m	4.000	1312	328.00		
			10	护栏基础	m^3	56.440	45444	805.17		

编制：×××　　　　复核：×××

（续）

建设项目名称：安徽公路工程××项目预算编制实例

编制范围：K0+000～K42+983　　第5页　　第11页　　01表

项	目	节	细目	工程或费用名称	单位	数量	预算金额/元	技术经济指标	各项费用比例(%)	备注
		3		防护网	km	0.120	15401	128341.67		
		4		公路标线	km	42.350	1385258	32709.75	0.13	
			1	热熔标线	m^2	20086.000	1213508	60.42	0.12	
			2	振动标线	m^2	198.000	29700	150.00		
			3	减速带	m	147.000	22050	150.00		
			4	防撞垫	个	4.000	120000	30000.00	0.01	
		5		轮廓标	个	5445.000	967992	177.78	0.09	
			1	附着式轮廓标	个	2795.000	542513	194.10	0.05	
			2	柱式轮廓标	个	2650.000	425479	160.56	0.04	
		6		里程碑、百米桩、公路界碑	个	1405.000	58855	41.89	0.01	
			1	里程标	块	84.000	14452	172.05		
			2	百米标	个	847.000	5217	6.16		
			3	公路界碑	个	474.000	39186	82.67		
		7		各类标志牌	块	176.000	1615533	9179.16	0.16	
			1	单柱式标志牌	块	130.000	134563	1035.10	0.01	
			1	D1 型	套	6.000	5939	989.83		
			1	D2 型	套	20.000	85301	4265.05	0.01	
			1	D4 型	套	104.000	43323	416.57		
			2	双柱式标志牌	块	21.000	548862	26136.29	0.05	
			2	S1 型	套	4.000	62992	15748.00	0.01	
			2	S2 型	套	14.000	338091	24149.36	0.03	
			2	S3 型	套	3.000	147779	49259.67	0.01	
			3	单悬臂式标志牌	块	17.000	525046	30885.06	0.05	
			3	F1 型	套	8.000	185171	23146.38	0.02	

编制：×××　　复核：×××

（续）

建设项目名称：安徽公路工程××项目预算编制实例

编制范围：K0+000～K42+983　　第6页　　第11页　　01表

项	目	节	细目	工程或费用名称	单位	数量	预算金额/元	技术经济指标	各项费用比例（%）	备注
			3	F2型	套	9.000	339875	37763.89	0.03	
			4	双悬臂式标志牌	块	7.000	334557	47793.86	0.03	
			4	SF1型	套	2.000	68079	34039.50	0.01	
			4	SF2型	套	5.000	266478	53295.60	0.03	
			5	门架式标志牌	块	1.000	72505	72505.00	0.01	
			5	M1型	套	1.000	72505	72505.00	0.01	
	2			服务设施	公路公里	42.350	5118744	120867.63	0.50	
		1		服务区	处	1.000	5118744	5118744.00	0.50	
			1	服务区土建	处	1.000	3244936	3244936.00	0.32	
			1	土方	m^3	10545.000	181165	17.18	0.02	
			1	特殊路基处理	km	1.919	401946	209455.97	0.04	
			1	排水工程	m^3/km	75.580/0.329	51076	675.79/155246.20		
			1	防护工程	m^3/km	17.800/0.662	61110	3433.15/92311.18	0.01	
			2	路面工程	m^2	5766.000	1982588	343.84	0.19	
			2	圆管涵	m/道	122.000/2.000	567051	4647.96/283525.50	0.06	
			2	服务区其他	处	1.000	1873808	1873808.00	0.18	
			2	厂区硬化	m^2	4083.000	826808	202.50	0.08	
			2	外网工程	项	1.000	782000	782000.00	0.08	
			2	构筑物及其他	项	1.000	265000	265000.00	0.03	
	3			管理、养护设施	公路公里	42.350	39924789	942734.10	3.88	
		1		收费系统设施	处	1.000	21271250	21271250.00	2.07	
			1	设备安装	处	1.000	87586	87586.00	0.01	
			1	收费站设备安装	处	1.000	20197	20197.00		
			1	收费车道设备安装	个	4.000	67389	16847.25	0.01	

编制：×××　　复核：×××

（续）

建设项目名称：安徽公路工程××项目预算编制实例

编制范围：K0+000~K42+983　　第7页　　第11页　　01表

项	目	节	细目	工程或费用名称	单位	数量	预算金额/元	技术经济指标	各项费用比例(%)	备注
			2	收费大棚	处	1.000	1575000	1575000.00	0.15	
			3	收费亭	个	5.000	178507	35701.40	0.02	
			3	单项收费亭	个	4.000	140006	35001.50	0.01	
			3	双向收费亭	个	1.000	38501	38501.00		
			4	收费岛	个	5.000	738475	147695.00	0.07	
			4	单向入口收费岛	个	2.000	126661	63330.50	0.01	
			4	单向出口收费岛	个	2.000	126661	63330.50	0.01	
			4	双向收费岛	个	1.000	94221	94221.00	0.01	
			4	预埋管线	m	2112.000	92114	43.61	0.01	
			4	线缆敷设	公路公里	42.350	298818	7055.91	0.03	
			5	收费站其他	公路公里	42.350	1433001	33837.10	0.14	
			5	人孔	个	7.000	39712	5673.14		
			5	收费岛设备基础	个	42.000	7420	176.67		
			5	雨篷立柱手孔	个	6.000	1005	167.50		
			5	广场配电分线箱用手孔	个	2.000	571	285.50		
			6	广场摄像机基础及手孔	个	2.000	14293	7146.50		
			6	外网工程	项	1.000	705000	705000.00	0.07	
			6	构筑物及其他	项	1.000	665000	665000.00	0.06	
			6	收费站路面	处	1.000	17258681	17258681.00	1.68	
		2		场区监控系统设施	项	1.000	39547	39547.00		
			1	设备安装	项	1.000	36825	36825.00		
			2	光（电）缆敷设	项	1.000	2722	2722.00		
		3		供电、照明系统设施	公路公里	42.350	18613992	439527.56	1.81	
			1	设备安装	公路公里	42.350	40494	956.17		

编制：×××　　复核：×××

（续）

建设项目名称：安徽公路工程××项目预算编制实例

编制范围：K0 +000 ~ K42 +983　　第 8 页　　第 11 页　　01 表

项	目	节	细目	工程或费用名称	单位	数量	预算金额/元	技术经济指标	各项费用比例(%)	备注
			2	广场照明灯、箱	公路公里	42. 350	51547	1217. 17	0. 01	
			3	电缆敷设	公路公里	42. 350	207388	4897. 00	0. 02	
			4	土建工程	公路公里	42. 350	18014563	425373. 39	1. 75	
			5	外线工程	km	1. 500	300000	20000000	0. 03	
	4			其他工程	公路公里	42. 350	1115645	26343. 45	0. 11	
		1		改路	km	3. 183	831909	261360. 04	0. 08	
		2		公路交工前养护费	km	42. 350	283736	6699. 79	0. 03	
八				绿化及环境保护工程	公路公里	42. 350	10731783	253406. 92	1. 04	
	1			撒播草种和铺植草皮	m^2	1476750. 000	5334656	3. 61	0. 52	
		1		撒播草种	m^2	1476750. 000	5334656	3. 61	0. 52	
	2			种植乔、灌木	株	109599. 000	5397127	49. 24	0. 52	
		1		种植乔木	株	770. 000	54452	70. 72	0. 01	
		2		种植灌木	株	108829. 000	5342675	49. 09	0. 52	
九				管理、养护及服务房屋	项	1. 000	33616768	33616768. 00	3. 27	
	1			收费站、养护工区	m^2	4510. 500	12445475	2759. 22	1. 21	
		2		收费站、养护工区综合楼	m^2	3650. 000	10767500	2950. 00	1. 05	
		2		附属房屋	m^2	860. 500	1677975	1950. 00	0. 16	
	2			服务区	m^2	6616. 000	21171293	3200. 01	2. 06	
		1		服务区综合楼	m^2	5635. 500	18315375	3250. 00	1. 78	
		2		附属房屋	m^2	986. 500	2855918	2895. 00	0. 28	
				第二部分　设备及工具、器具购置费	公路公里	42. 350	29910660	706272. 96	2. 91	
一				设备购置费	公路公里	42. 350	27000000	637544. 27	2. 62	
	1			需安装的设备	公路公里	42. 350	20500000	484061. 39	1. 99	
		1		监控系统设备	元	1. 000	2500000	2500000. 00	0. 24	

编制：×××　　复核：×××

（续）

建设项目名称：安徽公路工程××项目预算编制实例

编制范围：K0+000~K42+983 第9页 第11页 01表

项	目	节	细目	工程或费用名称	单位	数量	预算金额/元	技术经济指标	各项费用比例(%)	备注
		2		收费系统设备	元	1.000	11000000	11000000.00	1.07	
		3		供电照明系统设备	元	1.000	3000000	3000000.00	0.29	
		4		房屋建筑	元	1.000	4000000	4000000.00	0.39	
	2			不需安装的设备	公路公里	42.350	6500000	153482.88	0.63	
		1		管理养护设备	元	1.000	6500000	6500000.00	0.63	
二				工具、器具购置	公路公里	42.350	2250000	53128.69	0.22	
				工具、器具购置	元	1.000	2250000	2250000.00	0.22	
三				办公及生活用家具购置	公路公里	42.350	660660	15600.00	0.06	
				办公及生活用家具购置	km	42.350	660660	15600.00	0.06	
				第三部分 工程建设其他费用	公路公里	42.350	166223431	3924992.47	16.15	
一				土地征用及拆迁补偿费	公路公里	42.350	52929162	1249803.12	5.14	
	1			土地补偿费	公路公里	42.350	29744360	702346.16	2.89	
		1		林地	亩	171.770	3435400	20000.00	0.33	
		2		草地	亩	2478.080	9912320	4000.00	0.96	
		3		灌木	亩	777.980	11669700	15000.00	1.13	
		4		临时占地（草地）	亩	2215.120	4430240	2000.00	0.43	
		5		退耕地	亩	19.780	296700	15000.00	0.03	
	2			征用耕地安置补助费	公路公里	42.350	1477940	34898.23	0.14	
		1		旱地	亩	22.220	355520	16000.00	0.03	
		2		水浇地	亩	43.170	1122420	26000.00	0.11	
	3			拆迁补偿费	公路公里	42.350	4538220	107159.86	0.44	
		1		10cm 树苗	株	7.000	140	20.00		
		2		10~20cm 树苗	株	15.000	750	50.00		
		3		20cm 树苗	株	379.000	56850	150.00	0.01	

编制：××× 复核：×××

（续）

建设项目名称：安徽公路工程××项目预算编制实例

编制范围：K0 +000 ~ K42 +983　　第 10 页　　第 11 页　　01 表

项	目	节	细目	工程或费用名称	单位	数量	预算金额/元	技术经济指标	各项费用比例(%)	备注
		4		灌木	株	1908.000	19080	10.00		
		5		砖瓦房	m^2	150.000	225000	1500.00	0.02	
		6		围栏	m	9430.000	565800	60.00	0.05	
		7		水井	眼	2.000	100000	50000.00	0.01	
		8		畜圈	处	1.000	600	600.00		
		9		35kV 电力	根	1.000	350000	350000.00	0.03	
		10		10kV 电力	根	6.000	3000000	500000.00	0.29	
		11		套管	m	60.000	6000	100.00		
		12		光缆	m	240.000	48000	200.00		
		13		土坟	座	7.000	14000	2000.00		
		14		土房	m^2	190.000	152000	800.00	0.01	
	4			复耕费	公路公里	42.350	4430240	104610.15	0.43	
		1		复耕费	亩	2215.120	4430240	2000.00	0.43	
	5			耕地开垦费	公路公里	42.350	363327	8579.15	0.04	
		1		旱地	亩	22.220	99990	4500.00	0.01	
		2		水浇地	亩	43.170	263337	6100.00	0.03	
	6			森林植被恢复费	公路公里	42.350	5698500	134557.26	0.55	
		1		恢复费	亩	949.750	5698500	6000.00	0.55	
	7			其他	公路公里	42.350	6676575	157652.30	0.65	
		1		征地管理费	元	1.000	240192	240192.00	0.02	
		2		林地管理费	元	1.000	154018	154018.00	0.01	
		3		耕地占用税	亩	65.390	87165	1333.00	0.01	
		4		草原植被恢复费	亩	2478.080	6195200	2500.00	0.60	
二				建设项目管理费	公路公里	42.350	31987363	755309.63	3.11	

编制：×××　　复核：×××

（续）

建设项目名称：安徽公路工程××项目预算编制实例

编制范围：K0+000~K42+983　　第11页　　第11页　　01表

项	目	节	细目	工程或费用名称	单位	数量	预算金额/元	技术经济指标	各项费用比例(%)	备注
	1			建设单位（业主）管理费	公路公里	42.350	10549411	249100.61	1.02	10549411
	2			工程监理费	公路公里	42.350	20124762	475200.99	1.96	804990486×2.5%
	3			设计文件审查费	公路公里	42.350	804990	19008.03	0.08	804990486×0.1%
	4			竣（交）工验收试验检测费	公路公里	42.350	508200	12000.00	0.05	
四				建设项目前期工作费	公路公里	42.350	15600000	368358.91	1.52	
	1			前期工作费	元	1.000	15600000	15600000.00	1.52	
五				专项评价（估）费	公路公里	42.350	3272750	77278.63	0.32	
	1			专项评估费	km	42.350	2752750	65000.00	0.27	
	2			文物勘探费	元	1.000	520000	520000.00	0.05	
八				联合试运转费	公路公里	42.350	402495	9504.01	0.04	804990486×0.05%
九				生产人员培训费	公路公里	42.350	440000	10389.61	0.04	
	1			培训费	人	220.000	440000	2000.00	0.04	
十一				建设期贷款利息	公路公里	42.350	61591661	1454348.55	5.98	贷款总额：652050083.3元。其中×××银行贷款额652050083.3元，计息年0年
				第一、二、三部分费用合计	公路公里	42.350	1001124577	23639305.24	97.26	804990486+2991060+166223431
				预备费	元		28185987		2.74	
				1. 价差预备费	元	1.000				
				2. 基本预备费	元	1.000	28185987	28185987.00	2.74	(1001124577−61591661)×0.03
				新增加费用项目（不作预备费基数）	元					
				*请在此输入费用项目						
				概（预）算总金额	元	1.000	1029310564	1029310564.00	100.00	1001124577+28185987+0
				其中：回收金额	元					
				*请在此输入费用项目						
				公路基本造价	公路公里	42.350	1029310564	24304853.93	100.00	1029310564−0

编制：×××　　复核：×××

表 6-4 人工、主要材料、机械台班数量汇总表

建设项目名称：安徽公路工程××项目预算编制实例

编制范围：K0 +000 ~ K42 +983　　第 1 页　　共 22 页　　02 表

序号	规格名称	单位	代号	总数量	分项统计						辅助生产	其他	场外运输损耗	
					临时工程	路基工程	路面工程	桥梁涵洞工程	交叉工程	公路设施及预埋管线工程			%	数量
1	人工	工日	1	1332524.375	43193.783	194373.132	137193.764	202035.753	94375.108	29415.182	573946.72	12835.58		
2	机械工	工日	2	219661.536	4408.231	93077.348	27601.31	20830.086	16054.378	4285.857				
3	原木	m^3	101	251.409	79.801			149.744	9.061	0.503	12.3			
4	锯材	m^3	102	395.787	11.73		0.06	308.602	64.846	10.548				
5	枕木	m^3	103	33.75	33.75									
6	光圆钢筋	t	111	1783.8	0.238	107.142		888.965	175.396	612.059				
7	带肋钢筋	t	112	5815.736		21.083		4180.64	1476.505	137.509				
8	冷轧带肋钢筋网	t	113	138.241				97.584	40.657					
9	钢绞线	t	125	303.502				174.659	128.844					
10	波纹管钢带	t	151	23.985				17.37	6.615					
11	型钢	t	182	121.862	0.192		27.559	67.11	18.035	8.966				
12	钢板	t	183	53.872	0.224		1.967	22.607	5.08	23.994				
13	钢管	t	191	148.187				84.921	56.456	6.81				
14	镀锌钢管	t	192	10.34						10.34				
15	镀锌钢板	t	208	0.367						0.367				
16	空心钢钎	kg	212	6671.851		3090.798					3581.05			
17	ϕ50mm 以内合金钻头	个	213	10154.622		4987.989					5166.63			
18	钢丝绳	t	221	3.882	0.273			1.007	0.145	2.458				
19	钢纤维	t	225	6.411				4.269	2.142					
20	电焊条	kg	231	30006.577	1.298		269.639	20780.403	6874.741	2080.497				
21	钢筋连接套筒	个	232	5872.928				5872.928						
22	螺栓	kg	240	15143.205						15143.205				

编制：×××　　复核：×××

（续）

建设项目名称：安徽公路工程××项目预算编制实例

编制范围：K0+000~K42+983　　　　第2页　　　　共22页　　　　02表

序号	规格名称	单位	代号	总数量	分项统计						辅助生产	其他	场外运输损耗	
					绿化及环境保护工程								%	数量
1	人工	工日	1	1346472.733	45155.357						587895.08	12835.58		
2	机械工	工日	2	221604.371	826.213									
3	原木	m^3	101	251.409							12.30			
4	锯材	m^3	102	395.787										
5	枕木	m^3	103	33.750										
6	光圆钢筋	t	111	1783.800										
7	带肋钢筋	t	112	5815.736										
8	冷轧带肋钢筋网	t	113	138.241										
9	钢绞线	t	125	303.502										
10	波纹管钢带	t	151	23.985										
11	型钢	t	182	121.862										
12	钢板	t	183	53.872										
13	钢管	t	191	148.187										
14	镀锌钢管	t	192	10.340										
15	镀锌钢板	t	208	0.367										
16	空心钢钎	kg	212	6671.851							3581.05			
17	ϕ50mm以内合金钻头	个	213	10154.622							5166.63			
18	钢丝绳	t	221	3.882										
19	钢纤维	t	225	6.411										
20	焊条	kg	231	30006.577										
21	钢筋连接套筒	个	232	5872.928										
22	螺栓	kg	240	15143.205										

编制：×××　　　　复核：×××

（续）

建设项目名称：安徽公路工程××项目预算编制实例

编制范围：K0+000~K42+983　　第3页　　共22页　　02表

序号	规格名称	单位	代号	总数量	分项统计						辅助生产	其他	场外运输损耗	
					临时工程	路基工程	路面工程	桥梁涵洞工程	交叉工程	公路设施及预埋管线工程			%	数量
23	镀锌螺栓	kg	241	130.566						130.566				
24	膨胀螺栓	套	242	1395.836						1395.836				
25	钢管立柱	t	247	374.436						374.436				
26	型钢立柱	t	248	0.410						0.410				
27	波形钢板	t	249	276.423						276.423				
28	柱帽	个	251	2.221						2.221				
29	钢护筒	t	263	20.976				16.347	4.629					
30	钢模板	t	271	31.493		12.869		11.100	6.115	1.410				
31	组合钢模板	t	272	122.903	0.414	0.430	0.522	101.982	18.664	0.891				
32	门式钢支架	t	273	9.859				4.264	5.564	0.031				
33	四氟板式橡胶组合支座	dm^3	401	1297.038				1029.186	267.852					
34	板式橡胶支座	dm^3	402	4807.060				4303.211	503.849					
35	盆式橡胶支座（4000kN）	套	509	8.000					8.000					
36	盆式橡胶支座（10000kN）	套	515	8.000					8.000					
37	盆式橡胶支座（15000kN）	套	517	1.000					1.000					
38	盆式橡胶支座（20000kN）	套	519	1.000					1.000					
39	模数式伸缩缝	t	541	34.618				22.306	12.312					
40	铸铁	kg	561	23622.319				16306.035	5370.284	1946.000				
41	钢绞线群锚（3孔）	套	572	2618.641				2457.084	161.556					
42	钢绞线群锚（7孔）	套	576	1583.570				1131.064	452.505					
43	钢绞线群锚（22孔）	套	586	118.040					118.040					
44	钢件	kg	651	73753.085	681.660	132.462	3256.007	58699.016	10014.957	722.994	245.99			

编制：×××　　复核：×××

（续）

建设项目名称：安徽公路工程××项目预算编制实例

编制范围：K0+000～K42+983　　第4页　　共22页　　02表

序号	规格名称	单位	代号	总数量	分项统计						辅助生产	其他	场外运输损耗	
					绿化及环境保护工程								%	数量
23	镀锌螺栓	kg	241	130.566										
24	膨胀螺栓	套	242	1395.836										
25	钢管立柱	t	247	374.436										
26	型钢立柱	t	248	0.410										
27	波形钢板	t	249	276.423										
28	柱帽	个	251	2.221										
29	钢护筒	t	263	20.976										
30	钢模板	t	271	31.493										
31	组合钢模板	t	272	122.903										
32	门式钢支架	t	273	9.859										
33	四氟板式橡胶组合支座	dm^3	401	1297.038										
34	板式橡胶支座	dm^3	402	4807.060										
35	盆式橡胶支座（4000kN）	套	509	8.000										
36	盆式橡胶支座（10000kN）	套	515	8.000										
37	盆式橡胶支座（15000kN）	套	517	1.000										
38	盆式橡胶支座（20000kN）	套	519	1.000										
39	模数式伸缩缝	t	541	34.618										
40	铸铁	kg	561	23622.319										
41	钢绞线群锚（3孔）	套	572	2618.641										
42	钢绞线群锚（7孔）	套	576	1583.570										
43	钢绞线群锚（22孔）	套	586	118.040										
44	钢件	kg	651	73753.085							245.99			

编制：×××　　复核：×××

（续）

建设项目名称：安徽公路工程××项目预算编制实例

编制范围：K0+000～K42+983　　第5页　　共22页　　02表

序号	规格名称	单位	代号	总数量	分项统计						辅助生产	其他	场外运输损耗	
					临时工程	路基工程	路面工程	桥梁涵洞工程	交叉工程	公路设施及预埋管线工程			%	数量
45	镀锌钢件	kg	652	30389.954						30389.954				
46	钢钉	kg	653	1157.989	14.894			988.619	105.626	48.850				
47	8～12号钢丝	kg	655	2216.966	886.774			1098.546	139.261	92.385				
48	20～22号钢丝	kg	656	22738.904		376.304		16343.612	5408.475	610.513				
49	铜接地板	kg	660	81.000						81.000				
50	铝合金标志	t	668	8.148						8.148				
51	铸铁管	kg	682	1708.000				924.000	784.000					
52	钢板网	m^2	692	143.193						143.193				
53	照明灯具	盏	698	16.000						16.000				
54	通信子管	m	700	1397.840						1397.840				
55	光缆	m	701	428.400						428.400				
56	光缆（1）	m	701	1.020						1.020				
57	光缆接头盒（48芯以内）	个	704	2.040						2.040				
58	尾纤	根	707	8.160						8.160				
59	电缆	m	708	6546.820						6546.820				
60	电缆（1）	m	708	303.000						303.000				
61	屏蔽线	m	710	96.000						96.000				
62	电线	m	711	1903.600						1903.600				
63	裸铝（铜）线	m	712	224.472						224.472				
64	皮线	m	714	35840.000	35840.000									
65	户外终端盒（热塑头）	套	717	7.140						7.140				
66	铜接线端子	个	719	7.140						7.140				

编制：×××　　　　复核：×××

（续）

建设项目名称：安徽公路工程××项目预算编制实例

编制范围：K0+000～K42+983　　第6页　　共22页　　02表

序号	规格名称	单位	代号	总数量	分项统计						辅助生产	其他	场外运输损耗	
					绿化及环境保护工程								%	数量
45	镀锌钢件	kg	652	30389.954										
46	钢钉	kg	653	1157.989										
47	8～12号钢丝	kg	655	2216.966										
48	20～22号钢丝	kg	656	22738.904										
49	铜接地板	kg	660	81.000										
50	铝合金标志	t	668	8.148										
51	铸铁管	kg	682	1708.000										
52	钢板网	m^2	692	143.193										
53	照明灯具	盏	698	16.000										
54	通信子管	m	700	1397.840										
55	光缆	m	701	428.400										
56	光缆（1）	m	701	1.020										
57	光缆接头盒（48芯以内）	个	704	2.040										
58	尾纤	根	707	8.160										
59	电缆	m	708	6546.820										
60	电缆（1）	m	708	303.000										
61	屏蔽线	m	710	96.000										
62	电线	m	711	1903.600										
63	裸铝（铜）线	m	712	224.472										
64	皮线	m	714	35840.000										
65	户外终端盒（热塑头）	套	717	7.140										
66	铜接线端子	个	719	7.140										

编制：×××　　复核：×××

（续）

建设项目名称：安徽公路工程××项目预算编制实例

编制范围：K0 +000 ~ K42 +983　　第 7 页　　共 22 页　　02 表

序号	规格名称	单位	代号	总数量	分项统计						辅助生产	其他	场外运输损耗	
					临时工程	路基工程	路面工程	桥梁涵洞工程	交叉工程	公路设施及预埋管线工程			%	数量
67	线槽	m	720	105.000						105.000				
68	油漆	kg	732	412.258				254.664	79.858	77.736				
69	标线漆	kg	733	108.823						108.823				
70	桥面防水涂料	kg	735	41975.000				36850.000	5125.000					
71	热熔涂料	kg	738	94203.340						94203.340				
72	反光玻璃珠	kg	739	7431.820						7431.820				
73	反光膜	m^2	740	1397.991						1397.991				
74	反光膜（1）	m^2	740	73.731						73.731				
75	柱式轮廓标	根	744	2650.000						2650.000				
76	环氧树脂	kg	746	131.200					115.200	16.000				
77	玻璃纤维布	m^2	771	47347.800				41566.800	5781.000					
78	土工格栅	m^2	772	16873.097		16496.717		290.700	85.680					
79	U 形锚钉	kg	775	337.590		337.590								
80	塑料软管	kg	782	5.500						5.500				
81	塑料弹簧软管（ϕ50mm）	m	783	70.600						70.600				
82	草籽	kg	821	24468.029		8667.316			377.148	9.407			1.00	242.258
83	乔木	株	823	808.500										
84	灌木	株	824	115328.315									1.00	1141.865
85	油毛毡	m^2	825	18506.235				18204.835	301.400					
86	32.5 级水泥	t	832	97662.188	2368.518	4409.510	49736.003	23114.188	8759.989	8193.288			1.00	966.952
87	42.5 级水泥	t	833	5247.529				3413.568	1782.005				1.00	51.956
88	52.5 级水泥	t	834	1.945					1.926				1.00	0.019

编制：×××　　复核：×××

（续）

建设项目名称：安徽公路工程××项目预算编制实例

编制范围：K0+000～K42+983　　第8页　　共22页　　02表

序号	规格名称	单位	代号	总数量	分项统计						辅助生产	其他	场外运输损耗	
					绿化及环境保护工程								%	数量
67	线槽	m	720	105.000										
68	油漆	kg	732	412.258										
69	标线漆	kg	733	108.823										
70	桥面防水涂料	kg	735	41975.000										
71	热熔涂料	kg	738	94203.340										
72	反光玻璃珠	kg	739	7431.820										
73	反光膜	m^2	740	1397.991										
74	反光膜（1）	m^2	740	73.731										
75	柱式轮廓标	根	744	2650.000										
76	环氧树脂	kg	746	131.200										
77	玻璃纤维布	m^2	771	47347.800										
78	土工格栅	m^2	772	16873.097										
79	U形锚钉	kg	775	337.590										
80	塑料软管	kg	782	5.500										
81	塑料弹簧软管（ϕ50mm）	m	783	70.600										
82	草籽	kg	821	24468.029	15171.900								1.00	242.258
83	乔木	株	823	808.500	808.500									
84	灌木	株	824	115328.315	114186.450								1.00	1141.865
85	油毛毡	m^2	825	18506.235										
86	32.5级水泥	t	832	97662.188	113.740								1.00	966.952
87	42.5级水泥	t	833	5247.529									1.00	51.956
88	52.5级水泥	t	834	1.945									1.00	0.019

编制：×××　　复核：×××

（续）

建设项目名称：安徽公路工程××项目预算编制实例

编制范围：K0+000～K42+983　　　　第9页　　　　共22页　　　　02表

序号	规格名称	单位	代号	总数量	分项统计						辅助生产	其他	场外运输损耗	
					临时工程	路基工程	路面工程	桥梁涵洞工程	交叉工程	公路设施及预埋管线工程			%	数量
89	硝铵炸药	kg	841	75409.571		36838.703					38570.87			
90	导火线	m	842	198572.451		97192.485					101379.97			
91	普通雷管	个	845	169567.830		77395.021					92172.81			
92	石油沥青	t	851	644.216				500.381	107.020	18.051			3.00	18.764
93	改性沥青	t	852	13562.769			12392.445		699.847	75.444			3.00	395.032
94	重油	kg	861	1591143.206			1464622.776	24220.838	93382.761	8916.830				
95	汽油	kg	862	84432.982		27617.522	28158.325	8312.117	4438.500	14368.897				
96	柴油	kg	863	7076126.688	100379.679	4749472.608	1138266.922	209432.078	539349.709	106680.316				
97	煤	t	864	1.411						1.397			1.00	0.014
98	电	kW·h	865	7736829.238	3146.490	15302.923	1352002.723	2303781.582	650504.912	105896.661				
99	水	m^3	866	375067.409	18442.752	90668.453	91036.914	101141.530	40234.083	7384.797				
100	青（红）砖	千块	877	177.284	172.120								3.00	5.164
101	生石灰	t	891	0.440					0.427				3.00	0.013
102	土	m^3	895	4.123					4.003				3.00	0.120
103	砂	m^3	897	1706.904			568.320	794.342	299.151	3.460			2.50	41.632
104	中（粗）砂	m^3	899	88146.304	5360.48	15623.739	10691.861	36740.619	9776.907	7345.738			2.50	2149.910
105	砂砾	m^3	902	103160.460	26170.560	1575.600	9141.600	58426.310	1082.600	5742.399			1.00	1021.391
106	天然级配	m^3	908	80798.833	79998.845								1.00	799.988
107	黏土	m^3	911	20287.750		10207.600		5969.488	3486.361	33.397			3.00	590.905
108	碎石土	m^3	915	408233.365		321907.200	29438.016		49787.280	3058.954			1.00	4041.915
109	片石	m^3	931	169255.287		109757.950	2261.580	23925.922	31845.816	199.019				
110	石渣	m^3	939	293454.288		271864.800			15886.800	2797.200			1.00	2905.488

编制：×××　　　　复核：×××

（续）

建设项目名称：安徽公路工程××项目预算编制实例

编制范围：K0+000～K42+983　　　　第10页　　　　共22页　　　　02表

序号	规格名称	单位	代号	总数量	分项统计						辅助生产	其他	场外运输损耗	
					绿化及环境保护工程								%	数量
89	硝铵炸药	kg	841	75409.571							38570.87			
90	导火线	m	842	198572.451							101379.97			
91	普通雷管	个	845	169567.830							92172.81			
92	石油沥青	t	851	644.216									3.00	18.764
93	改性沥青	t	852	13562.769									3.00	395.032
94	重油	kg	861	1591143.206										
95	汽油	kg	862	84432.982	1537.647									
96	柴油	kg	863	7076126.688	47147.133									
97	煤	t	864	1.411									1.00	0.014
98	电	kW·h	865	7736829.238										
99	水	m^3	866	375067.409	26158.880									
100	青（红）砖	千块	877	177.284									3.00	5.164
101	生石灰	t	891	0.440									3.00	0.013
102	土	m^3	895	4.123									3.00	0.120
103	砂	m^3	897	1706.904									2.50	41.632
104	中（粗）砂	m^3	899	88146.304	457.050								2.50	2149.910
105	砂砾	m^3	902	103160.460									1.00	1021.391
106	天然级配	m^3	908	80798.833									1.00	799.988
107	黏土	m^3	911	20287.750									3.00	590.905
108	碎石土	m^3	915	408233.365									1.00	4041.915
109	片石	m^3	931	169255.287	1265.000									
110	石渣	m^3	939	293454.288									1.00	2905.488

编制：×××　　　　复核：×××

（续）

建设项目名称：安徽公路工程××项目预算编制实例

编制范围：K0+000~K42+983　　第11页　　共22页　　02表

序号	规格名称	单位	代号	总数量	分项统计						辅助生产	其他	场外运输损耗	
					临时工程	路基工程	路面工程	桥梁涵洞工程	交叉工程	公路设施及预埋管线工程			%	数量
111	粉煤灰	m^3	945	299.481		290.758							3.00	8.723
112	矿粉	t	949	13685.690			12210.620	216.547	785.578	74.332			3.00	398.612
113	碎石（2cm）	m^3	951	9440.433		1282.995		5325.969	2602.246	135.752			1.00	93.470
114	碎石（4cm）	m^3	952	83623.323	9000.880	499.182	10225.425	39930.208	10298.570	12841.104			1.00	827.954
115	碎石（6cm）	m^3	953	107.414	106.350								1.00	1.064
116	碎石（8cm）	m^3	954	294.663				163.599	52.528	75.619			1.00	2.917
117	碎石	m^3	958	739287.284			659809.878		38580.631	33577.099			1.00	7319.676
118	石屑	m^3	961	27290.860		162.939	24680.812	440.177	1586.487	150.238			1.00	270.207
119	路面用碎石（1.5cm）	m^3	965	37218.617			33085.033	1219.340	2344.342	201.401			1.00	368.501
120	路面用碎石（2.5cm）	m^3	966	47816.436			44459.105		2613.302	270.599			1.00	473.430
121	路面用碎石（3.5cm）	m^3	967	33392.332			31115.141		1756.984	189.589			1.00	330.617
122	块石	m^3	981	2965.820			2965.820							
123	未筛分碎石	m^3	10001	149803.396		91162.800	19844.594		37312.800				1.00	1483.202
124	机制砂	m^3	10002	40998.406			38130.199		2230.172	232.110			1.00	405.925
125	反射器	个	10004	2822.950						2822.950				
126	改性乳化石油沥青	t	10005	1952.525			1837.568		103.771	11.186				
127	其他材料费	元	996	4494149.224	9337.662	2196959.566	980317.916	260058.749	764522.409	114616.217	8568.67			
128	设备摊销费	元	997	608752.681	52954.440		321127.498	146394.292	86753.010	1523.442				
129	75kW以内履带式推土机	台班	1003	4133.960	549.353	2949.136	7.345	218.519	388.923	20.684				
130	105kW以内履带式推土机	台班	1005	390.964	128.000						262.96			
131	135kW以内履带式推土机	台班	1006	735.726		675.844			55.939	3.942				
132	165kW以内履带式推土机	台班	1007	2254.037		1641.233	110.197	8.041	97.160	5.656				

编制：×××　　复核：×××

（续）

建设项目名称：安徽公路工程××项目预算编制实例

编制范围：K0 +000 ~ K42 +983　　　　第12页　　　　共22页　　　　02表

序号	规格名称	单位	代号	总数量	分项统计						辅助生产	其他	场外运输损耗	
					绿化及环境保护工程								%	数量
111	粉煤灰	m^3	945	299.481									3.00	8.723
112	矿粉	t	949	13685.690									3.00	398.612
113	碎石（2cm）	m^3	951	9440.433									1.00	93.470
114	碎石（4cm）	m^3	952	83623.323									1.00	827.954
115	碎石（6cm）	m^3	953	107.414									1.00	1.064
116	碎石（8cm）	m^3	954	294.663									1.00	2.917
117	碎石	m^3	958	739287.284									1.00	7319.676
118	石屑	m^3	961	27290.860									1.00	270.207
119	路面用碎石（1.5cm）	m^3	965	37218.617									1.00	368.501
120	路面用碎石（2.5cm）	m^3	966	47816.436									1.00	473.430
121	路面用碎石（3.5cm）	m^3	967	33392.332									1.00	330.617
122	块石	m^3	981	2965.820										
123	未筛分碎石	m^3	10001	149803.396									1.00	1483.202
124	机制砂	m^3	10002	40998.406									1.00	405.925
125	反射器	个	10004	2822.950										
126	改性乳化石油沥青	t	10005	1952.525										
127	其他材料费	元	996	4494149.224	159768.039						8568.67			
128	设备摊销费	元	997	608752.681										
129	75kW 以内履带式推土机	台班	1003	4133.960										
130	105kW 以内履带式推土机	台班	1005	390.964							262.96			
131	135kW 以内履带式推土机	台班	1006	735.726										
132	165kW 以内履带式推土机	台班	1007	2254.037	391.750									

编制：×××　　　　复核：×××

（续）

建设项目名称：安徽公路工程××项目预算编制实例

编制范围：K0 +000 ~ K42 +983　　第 13 页　　共 22 页　　02 表

序号	规格名称	单位	代号	总数量	分项统计						辅助生产	其他	场外运输损耗	
					临时工程	路基工程	路面工程	桥梁涵洞工程	交叉工程	公路设施及预埋管线工程			%	数量
133	$12m^3$ 以内拖式(含头)铲运机	台班	1025	33.822					22.638	11.184				
134	$0.6m^3$ 履带式单斗挖掘机	台班	1027	55.700			55.700							
135	$1.0m^3$ 履带式单斗挖掘机	台班	1035	138.151		117.490		10.989	9.672					
136	$2.0m^3$ 履带式单斗挖掘机	台班	1037	5112.095		4440.792	33.664	208.590	391.485	37.563				
137	$1.0m^3$ 轮胎式装载机	台班	1048	246.734		7.485		186.842	51.344	1.063				
138	$2.0m^3$ 轮胎式装载机	台班	1050	262.964							262.96			
139	$3.0m^3$ 轮胎式装载机	台班	1051	2891.857		907.806	1685.122		136.639	162.290				
140	120kW 以内平地机	台班	1057	6444.837		5895.704	26.315		499.183	23.634				
141	6 ~ 8t 光轮压路机	台班	1075	9539.125	2137.309	5849.733	887.593	83.385	527.747	53.358				
142	8 ~ 10t 光轮压路机	台班	1076	346.552	178.700	159.556			7.489	0.807				
143	10 ~ 12t 光轮压路机	台班	1077	36.056				26.984	9.072					
144	12 ~ 15t 光轮压路机	台班	1078	8922.079	317.908	2469.856	5150.039		686.909	297.367				
145	18 ~ 21t 光轮压路机	台班	1080	661.612					643.517	18.096				
146	0.6t 手扶式振动碾	台班	1083	1973.610	297.874		1447.960		194.460	33.317				
147	15t 以内振动压路机	台班	1088	13.954					8.552	5.402				
148	20t 以内振动压路机	台班	1089	6842.238		6580.973			257.777	3.488				
149	200 ~ 620N · m 蛙式夯土机	台班	1094	419.366		20.029		265.625	77.614	56.098				
150	机动液压喷播机	台班	1139	553.380		553.380								
151	300t/h 以内稳定土厂拌设备	台班	1160	860.882			776.814		45.309	38.758				
152	摊铺宽 12.5m 稳定土摊铺机	台班	1166	778.776			696.991		41.484	40.300				
153	4000L 以内液态沥青运输车	台班	1185	301.937			284.160		16.047	1.730				
154	4000L 以内沥青洒布车	台班	1193	42.276			37.888	1.769	2.386	0.234				

编制：×××　　复核：×××

（续）

建设项目名称：安徽公路工程××项目预算编制实例

编制范围：K0 +000 ~ K42 +983　　第 14 页　　共 22 页　　02 表

序号	规格名称	单位	代号	总数量	分项统计						辅助生产	其他	场外运输损耗	
					绿化及环境保护工程								%	数量
133	$12m^3$ 以内拖式(含头)铲运机	台班	1025	33.822										
134	$0.6m^3$ 履带式单斗挖掘机	台班	1027	55.700										
135	$1.0m^3$ 履带式单斗挖掘机	台班	1035	138.151										
136	$2.0m^3$ 履带式单斗挖掘机	台班	1037	5112.095										
137	$1.0m^3$ 轮胎式装载机	台班	1048	246.734										
138	$2.0m^3$ 轮胎式装载机	台班	1050	262.964							262.96			
139	$3.0m^3$ 轮胎式装载机	台班	1051	2891.857										
140	120kW 以内平地机	台班	1057	6444.837										
141	6 ~ 8t 光轮压路机	台班	1075	9539.125										
142	8 ~ 10t 光轮压路机	台班	1076	346.552										
143	10 ~ 12t 光轮压路机	台班	1077	36.056										
144	12 ~ 15t 光轮压路机	台班	1078	8922.079										
145	18 ~ 21t 光轮压路机	台班	1080	661.612										
146	0.6t 手扶式振动碾	台班	1083	1973.610										
147	15t 以内振动压路机	台班	1088	13.954										
148	20t 以内振动压路机	台班	1089	6842.238										
149	200 ~ 620N · m 蛙式夯土机	台班	1094	419.366										
150	机动液压喷播机	台班	1139	553.380										
151	300t/h 以内稳定土厂拌设备	台班	1160	860.882										
152	摊铺宽 12.5m 稳定土摊铺机	台班	1166	778.776										
153	4000L 以内液态沥青运输车	台班	1185	301.937										
154	4000L 以内沥青洒布车	台班	1193	42.276										

编制：×××　　复核：×××

（续）

建设项目名称：安徽公路工程××项目预算编制实例

编制范围：K0+000~K42+983　　第15页　　共22页　　02表

序号	规格名称	单位	代号	总数量	分项统计						辅助生产	其他	场外运输损耗	
					临时工程	路基工程	路面工程	桥梁涵洞工程	交叉工程	公路设施及预埋管线工程			%	数量
155	30t/h以内沥青拌和设备	台班	1201	36.056				26.984	9.072					
156	320t/h以内沥青拌和设备	台班	1207	162.807			152.973		8.903	0.931				
157	12.5m以内带自动找平沥青混合料摊铺机	台班	1214	175.915			165.286		9.622	1.006				
158	2.5~3.5m稀浆封层机	台班	1216	312.001			293.632		16.582	1.787				
159	16~20t以内轮胎式压路机	台班	1224	100.912			94.815		5.520	0.577				
160	20~25t以内轮胎式压路机	台班	1225	236.401			222.118		12.930	1.352				
161	热熔标线设备	台班	1227	110.473						110.473				
162	2.5~4.5m轨道式水泥混凝土摊铺机	台班	1235	31.240						31.240				
163	电动混凝土刻纹机	台班	1243	441.829						441.829				
164	电动混凝土切缝机	台班	1245	337.772				133.396	33.768	170.607				
165	机动混凝土路缘石铺筑机	台班	1251	22.455		22.455								
166	250L以内强制式混凝土搅拌机	台班	1272	832.154	5.740	248.107	454.794	44.472	64.435	14.606				
167	$3m^3$混凝土搅拌运输车	台班	1304	13.818		13.818								
168	$6m^3$混凝土搅拌运输车	台班	1307	1709.955				1128.295	386.527	195.134				
169	$60m^3/h$以内混凝土输送泵	台班	1316	79.785				79.785						
170	$15m^3/h$以内水泥混凝土搅拌站	台班	1323	7.485		7.485								
171	$40m^3/h$以内水泥混凝土搅拌站	台班	1325	69.423						69.423				
172	$60m^3/h$以内水泥混凝土搅拌站	台班	1327	242.134				190.392	50.489	1.253				
173	拉伸力900kN以内预应力拉伸机	台班	1344	1.622				1.622						
174	拉伸力5000kN以内预应力拉伸机	台班	1347	1.622				1.622						
175	油泵、千斤顶各1钢绞线拉伸设备	台班	1349	651.629				534.310	117.319					
176	含钢带点焊机波纹管卷制机	台班	1352	107.668				83.235	24.433					

编制：×××　　复核：×××

（续）

建设项目名称：安徽公路工程××项目预算编制实例

编制范围：K0＋000～K42＋983　　第16页　　共22页　　02表

序号	规格名称	单位	代号	总数量	分项统计						辅助生产	其他	场外运输损耗	
					绿化及环境保护工程								%	数量
155	30t/h 以内沥青拌和设备	台班	1201	36.056										
156	320t/h 以内沥青拌和设备	台班	1207	162.807										
157	12.5m 以内带自动找平沥青混合料摊铺机	台班	1214	175.915										
158	2.5～3.5m 稀浆封层机	台班	1216	312.001										
159	16～20t 以内轮胎式压路机	台班	1224	100.912										
160	20～25t 以内轮胎式压路机	台班	1225	236.401										
161	热熔标线设备	台班	1227	110.473										
162	2.5～4.5m 轨道式水泥混凝土摊铺机	台班	1235	31.240										
163	电动混凝土刻纹机	台班	1243	441.829										
164	电动混凝土切缝机	台班	1245	337.772										
165	机动混凝土路缘石铺筑机	台班	1251	22.455										
166	250L 以内强制式混凝土搅拌机	台班	1272	832.154										
167	$3m^3$ 混凝土搅拌运输车	台班	1304	13.818										
168	$6m^3$ 混凝土搅拌运输车	台班	1307	1709.955										
169	$60m^3/h$ 以内混凝土输送泵	台班	1316	79.785										
170	$15m^3/h$ 以内水泥混凝土搅拌站	台班	1323	7.485										
171	$40m^3/h$ 以内水泥混凝土搅拌站	台班	1325	69.423										
172	$60m^3/h$ 以内水泥混凝土搅拌站	台班	1327	242.134										
173	拉伸力 900kN 以内预应力拉伸机	台班	1344	1.622										
174	拉伸力 5000kN 以内预应力拉伸机	台班	1347	1.622										
175	油泵、千斤顶各1钢绞线拉伸设备	台班	1349	651.629										
176	含钢带点焊机波纹管卷制机	台班	1352	107.668										

编制：×××　　复核：×××

（续）

建设项目名称：安徽公路工程××项目预算编制实例

编制范围：K0+000～K42+983　　第17页　　共22页　　02表

序号	规格名称	单位	代号	总数量	分项统计						辅助生产	其他	场外运输损耗	
					临时工程	路基工程	路面工程	桥梁涵洞工程	交叉工程	公路设施及预埋管线工程			%	数量
177	2t以内载货汽车	台班	1370	170.309						170.309				
178	4t以内载货汽车	台班	1372	532.795		392.964				139.831				
179	6t以内载货汽车	台班	1374	1.567						1.567				
180	15t以内载货汽车	台班	1378	53.769				31.201	22.568					
181	3t以内自卸汽车	台班	1382	193.801				145.039	48.762					
182	5t以内自卸汽车	台班	1383	176.114			165.476		9.631	1.007				
183	15t以内自卸汽车	台班	1388	42349.509		31127.013	7249.236	304.512	3111.323	557.424				
184	20t平板拖车组	台班	1393	29.760			29.760							
185	30t平板拖车组	台班	1394	44.911				44.911						
186	40t平板拖车组	台班	1395	5.760	5.760									
187	80t平板拖车组	台班	1397	65.013				40.047	24.966					
188	4000L以内洒水汽车	台班	1404	737.613		392.964	284.160		16.047	1.730				
189	6000L以内洒水汽车	台班	1405	812.504			638.463		35.723	138.319				
190	8000L以内洒水汽车	台班	1406	3780.871		3408.816			342.373	29.682				
191	1.0t以内机动翻斗车	台班	1408	556.996				336.419	212.682	7.896				
192	功率30kW轨道拖车头	台班	1411	5.871				5.187	0.684					
193	3t以内电瓶车	台班	1416	7.200						7.200				
194	15t以内履带式起重机	台班	1432	53.444				30.876	22.568					
195	5t以内汽车式起重机	台班	1449	210.088				127.559	44.981	37.548				
196	8t以内汽车式起重机	台班	1450	242.074				240.589	0.998	0.486				
197	12t以内汽车式起重机	台班	1451	1413.007	4.180		11.360	1017.840	378.587	1.040				
198	20t以内汽车式起重机	台班	1453	543.075				286.037	257.038					

编制：×××　　复核：×××

（续）

建设项目名称：安徽公路工程××项目预算编制实例

编制范围：K0+000～K42+983　　第18页　　共22页　　02表

序号	规格名称	单位	代号	总数量	分项统计						辅助生产	其他	场外运输损耗	
					绿化及环境保护工程								%	数量
177	2t以内载货汽车	台班	1370	170.309										
178	4t以内载货汽车	台班	1372	532.795										
179	6t以内载货汽车	台班	1374	1.567										
180	15t以内载货汽车	台班	1378	53.769										
181	3t以内自卸汽车	台班	1382	193.801										
182	5t以内自卸汽车	台班	1383	176.114										
183	15t以内自卸汽车	台班	1388	42349.509										
184	20t平板拖车组	台班	1393	29.760										
185	30t平板拖车组	台班	1394	44.911										
186	40t平板拖车组	台班	1395	5.760										
187	80t平板拖车组	台班	1397	65.013										
188	4000L以内洒水汽车	台班	1404	737.613	42.712									
189	6000L以内洒水汽车	台班	1405	812.504										
190	8000L以内洒水汽车	台班	1406	3780.871										
191	1.0t以内机动翻斗车	台班	1408	556.996										
192	功率30kW轨道拖车头	台班	1411	5.871										
193	3t以内电瓶车	台班	1416	7.200										
194	15t以内履带式起重机	台班	1432	53.444										
195	5t以内汽车式起重机	台班	1449	210.088										
196	8t以内汽车式起重机	台班	1450	242.074										
197	12t以内汽车式起重机	台班	1451	1413.007										
198	20t以内汽车式起重机	台班	1453	543.075										

编制：×××　　复核：×××

（续）

建设项目名称：安徽公路工程××项目预算编制实例

编制范围：K0+000～K42+983　　　第19页　　　共22页　　　02表

序号	规格名称	单位	代号	总数量	分项统计						辅助生产	其他	场外运输损耗	
					临时工程	路基工程	路面工程	桥梁涵洞工程	交叉工程	公路设施及预埋管线工程			%	数量
199	30t以内汽车式起重机	台班	1455	18.902	10.740			5.562	2.600					
200	40t以内汽车式起重机	台班	1456	55.470			55.470							
201	75t以内汽车式起重机	台班	1458	55.470			55.470							
202	最大作业高度15m高空作业车	台班	1462	4.000						4.000				
203	30kN以内单筒慢动电动卷扬机	台班	1499	1510.704	73.856			1189.050	247.797					
204	50kN以内单筒慢动电动卷扬机	台班	1500	2845.040				2354.300	490.740					
205	80kN以内单筒慢动电动卷扬机	台班	1501	119.606				99.086	20.520					
206	4t以内内燃叉车	台班	1548	6.600						6.600				
207	300kg以内液压升降机	台班	1560	6.500						6.500				
208	ϕ1500mm以内回旋钻机	台班	1600	1115.190				480.918	634.272					
209	ϕ2500mm以内回旋钻机	台班	1602	1683.444				1683.444						
210	100～150L泥浆搅拌机	台班	1624	488.919				295.479	193.440					
211	ϕ100mm以内电动多级离心水泵	台班	1663	59.490					59.490					
212	32kV·A交流电弧焊机	台班	1726	5163.639	0.779		41.601	3575.502	1221.051	324.706				
213	100kV·A交流对焊机	台班	1746	137.511				114.184	23.327					
214	150kV·A交流对焊机	台班	1747	4.813					4.813					
215	$9m^3/min$以内机动空压机	台班	1842	4310.216		1975.822					2334.39			
216	光纤熔接机	台班	1948	1.960						1.960				
217	光时域反射仪	台班	1950	3.600						3.600				
218	光纤测试仪	台班	1952	5.000						5.000				
219	微机硬盘测试仪	台班	1954	4.000						4.000				
220	网络分析仪	台班	1958	5.000						5.000				

编制：×××　　　　复核：×××

（续）

建设项目名称：安徽公路工程××项目预算编制实例

编制范围：K0+000~K42+983　　第20页　　共22页　　02表

序号	规格名称	单位	代号	总数量	分项统计						辅助生产	其他	场外运输损耗	
					绿化及环境保护工程								%	数量
199	30t 以内汽车式起重机	台班	1455	18.902										
200	40t 以内汽车式起重机	台班	1456	55.470										
201	75t 以内汽车式起重机	台班	1458	55.470										
202	最大作业高度15m 高空作业车	台班	1462	4.000										
203	30kN 以内单筒慢动电动卷扬机	台班	1499	1510.704										
204	50kN 以内单筒慢动电动卷扬机	台班	1500	2845.040										
205	80kN 以内单筒慢动电动卷扬机	台班	1501	119.606										
206	4t 以内内燃叉车	台班	1548	6.600										
207	300kg 以内液压升降机	台班	1560	6.500										
208	ϕ1500mm 以内回旋钻机	台班	1600	1115.190										
209	ϕ2500mm 以内回旋钻机	台班	1602	1683.444										
210	100~150L 泥浆搅拌机	台班	1624	488.919										
211	ϕ100mm 以内电动多级离心水泵	台班	1663	59.490										
212	32kV·A 交流电弧焊机	台班	1726	5163.639										
213	100kV·A 交流对焊机	台班	1746	137.511										
214	150kV·A 交流对焊机	台班	1747	4.813										
215	$9m^3$/min 以内机动空压机	台班	1842	4310.216							2334.39			
216	光纤熔接机	台班	1948	1.960										
217	光时域反射仪	台班	1950	3.600										
218	光纤测试仪	台班	1952	5.000										
219	微机硬盘测试仪	台班	1954	4.000										
220	网络分析仪	台班	1958	5.000										

编制：×××　　复核：×××

（续）

建设项目名称：安徽公路工程××项目预算编制实例

编制范围：K0+000～K42+983　　　　第21页　　　　共22页　　　　02表

序号	规格名称	单位	代号	总数量	分项统计						辅助生产	其他	场外运输损耗	
					临时工程	路基工程	路面工程	桥梁涵洞工程	交叉工程	公路设施及预埋管线工程			%	数量
221	高压试验变压器全套装置	台班	1971	2.000						2.000				
222	继电保护测试仪	台班	1972	2.000						2.000				
223	三相精密测试电源	台班	1973	1.000						1.000				
224	直流高压发生器	台班	1974	4.000						4.000				
225	轻型试验变压器	台班	1975	4.000						4.000				
226	电能校验仪	台班	1977	7.000						7.000				
227	真空断路器测试仪	台班	1979	2.000						2.000				
228	功率90kW以内工程修理车	台班	1987	7.000						7.000				
229	小型机具使用费	元	1998	418183.547	272.956	90909.655	4662.320	151526.934	49318.320	30641.141	87128.56			

编制：×××　　　　复核：×××

（续）

建设项目名称：安徽公路工程××项目预算编制实例

编制范围：K0 +000 ~ K42 +983　　　　第 22 页　　　　共 22 页　　　　02 表

序号	规格名称	单位	代号	总数量	分项统计							场外运输损耗	
					绿化及环境保护工程					辅助生产	其他	%	数量
221	高压试验变压器全套装置	台班	1971	2.000									
222	继电保护测试仪	台班	1972	2.000									
223	三相精密测试电源	台班	1973	1.000									
224	直流高压发生器	台班	1974	4.000									
225	轻型试验变压器	台班	1975	4.000									
226	电能校验仪	台班	1977	7.000									
227	真空断路器测试仪	台班	1979	2.000									
228	功率 90kW 以内工程修理车	台班	1987	7.000									
229	小型机具使用费	元	1998	418183.547	3723.664					87128.56			

编制：×××　　　　复核：×××

表 6-5 建筑安装工程费计算表

建设项目名称：安徽公路工程××项目预算编制实例

编制范围：K0+000～K42+983

第1页 共7页 03表

序号	工程名称	单位	工程量	直接费/元						间接费/元	利润/元	税金/元	建筑安装工程费	
				直接工程费				其他工程费	合计		费率 7.42%	综合税率 11%	合计/元	单价/元
				人工费	材料费	机械使用费	合计							
1	临时便道的修建与维护	km	52.721	784140	4780389	1255034	6819563	385305	7204868	634503	559513	923878	9322762	176832.04
2	临时轨道铺设	km	1.000	9255	86731		95986	6576	102562	10049	8094	13277	133982	133982.00
3	临时电力线路	km	11.200	23790	325748		349538	23943	373481	32817	29475	47935	483708	43188.21
4	临时电信线路	km	6.200	3978	29897		33875	2320	36195	3818	2856	4716	47585	7675.00
5	拌和站预制厂	处	6.000	1051288	4314227	179222	5544737	405171	5949908	806780	471625	795114	8023427	1337237.83
6	清除表土	m^3	420925.000	243294		3692524	3935818	132867	4068685	243820	313110	508818	5134433	12.20
7	伐树、挖根、除草	m^2	8705.000	12767		3287	16054	664	16718	5647	1299	2603	26267	3.02
8	挖路基土方	m^3	2167411.000	469786		4815669	5285455	228861	5514316	448087	429129	703068	7094600	3.27
9	挖路基石方	m^3	188930.000	438581	673145	2043351	3155077	147658	3302735	327943	256997	427645	4315320	22.84
10	弃方运输	m^3	94465.000			1072779	1072779	26176	1098955	28023	83622	133166	1343766	14.23
11	利用土方填筑	m^3	2167411.000	363478		21062103	21425581	712292	22137873	946819	1702608	2726604	27513904	12.69
12	借土方填筑	m^3	1237686.000	958678		18543893	19502571	632021	20134592	1080063	1547026	2503785	25265466	20.41
13	利用石方填筑	m^3	102680.000	359210		1645749	2004959	67900	2072859	210295	159255	268665	2711074	26.40
14	借石方填筑	m^3	65264.000	302478	176162	1580123	2058763	79873	2138636	201913	165118	275622	2781289	42.62
15	结构物台背回填	m^3	75969.000	185272	8478140	307350	8970762	505052	9475814	511411	735814	1179535	11902574	156.68
16	低填浅挖	km	6.184	281612	8407760	1867126	10556498	563603	11120101	613043	862638	1385536	13981318	2260885.83
17	陡坡路堤	km	0.570	41969	206027	21318	269314	14706	284020	29208	22055	36881	372164	652919.30
18	特殊路基（封层）	km	30.869	541333	8047680	1548757	1013770	555202	10692972	694213	829626	1343850	13560661	439297.06
19	基底、路床换填	km	4.637	350304	14513953	666848	15531105	876091	16407196	897237	1274085	2043637	20622155	4447305.37

编制：×××　　复核：×××

（续）

建设项目名称：安徽公路工程××项目预算编制实例

编制范围：K0 +000 ~ K42 +983　　　　第2页　共7页　03表

序号	工程名称	单位	工程量	直接费/元						间接费/元	利润/元	税金/元	建筑安装工程费	
				直接工程费				其他工程费	合计		费率7.42%	综合税率11%	合计/元	单价/元
				人工费	材料费	机械使用费	合计							
20	翻松碾压	km	24.591	166012		2810600	2976612	124104	3100716	208526	240852	390510	3940604	160245.78
21	浅蝶形排水沟	m^3/m	8340.000	423383	2653284		3076667	205213	3281880	366317	258727	429762	4336686	519.99
22	截水沟	m^3/m	1475.000	90431	469256		559687	36902	596589	71432	47011	78654	793686	538.09
23	急流槽	m^3/m	4256.000	776246	1657834	9788	2443868	163939	2607807	459279	205633	360000	3632719	853.55
24	挡水埝	m^3/m	256.000	1189		1292	2481	107	2588	579	201	370	3738	14.60
25	植草护坡	m^2	32839.000	31540	360716	76204	468460	32089	500549	43852	39503	64230	648134	19.74
26	拱形骨架植草	m^3	16949.000	1580210	5068240	665385	7313835	500281	7814116	1098403	616636	1048206	10577361	624.07
27	浆砌片石护坡	m^3	9492.000	808300	3556993	325220	4690513	321038	5011551	626464	395490	663686	6697191	705.56
28	路面垫层	m^2	79742.000	2765	1845547	84590	1932902	109209	2042111	96215	158586	252660	2549572	31.97
29	路面底基层	m^2	988887.000	537472	53758531	6514575	60810578	3363601	64174179	3152574	4980450	7953792	80260995	81.16
30	路面基层	m^2	947200.000	466386	41421305	5483018	47370709	2625951	49996660	2479430	3880541	6199229	62555860	66.04
31	黏层	m^2	947200.000		2102647	19997	2122644	119929	2242573	104504	174153	277335	279856.5	2.95
32	封层	m^2	947200.000	258685	7298019	1111378	8668082	489747	9157829	525314	711176	1143375	11537694	12.18
33	沥青混凝土面层	m^2	947200.000	507558	114967752	11611039	127086349	8102349	135188698	4603422	10358226	16516538	166666884	175.96
34	路槽、路肩及中央分隔带	km	41.862	4174480	5790790	760322	10725592	695843	11421435	2271937	898035	1605056	16196463	86901.32
35	圆管涵	m/道	577.400	458985	1416429	180122	2055536	136742	2192278	304347	172274	293579	2962478	5130.72
36	暗板涵	m/道	1054.670	2688366	15739415	1427655	19855436	1287874	21143310	2229382	1658252	2753402	27784346	26344.11
37	1~8m小桥（预制混凝土空心板）	m/座	288.400	2514480	17489885	2405561	22409926	1564122	23974048	2321991	1880078	3099373	31275490	108444.83
38	1~13m小桥（预应力混凝土空心板）	m/座	31.550	149315	954825	170383	1274523	89871	1364394	138090	107260	177071	1786815	56634.39

编制：×××　　　　复核：×××

（续）

建设项目名称：安徽公路工程××项目预算编制实例

编制范围：K0+000～K42+983

第3页　共7页　03表

序号	工程名称	单位	工程量	直接费/元						间接费/元	利润/元	税金/元	建筑安装工程费	
				直接工程费				其他工程费	合计		费率7.42%	综合税率11%	合计/元	单价/元
				人工费	材料费	机械使用费	合计							
39	K7+475中桥（简支小箱梁）	m^2/m	2075.700	663145	3826995	816972	5307112	369920	5677032	576515	445266	736871	7435684	3582.25
40	桩基础	m^3	5513.500	474830	5210681	4298295	9983806	814380	10798186	950962	858362	1386826	13994336	2538.19
41	桥台	m^3	145.240	19897	123249	17014	160160	10663	170823	16760	13356	22103	223042	1535.68
42	桥墩	m^3	1134.960	179046	1202358	174630	1556034	103492	1659526	154986	129575	213848	2157935	1901.33
43	上部构造	m^3	4005.600	1250140	6678718	899974	8828832	581997	9410829	939917	732683	1219179	12302608	3071.35
44	桥面铺装等附属工程	m^3	3167.130	360049	3650341	427727	4438117	291195	4729312	388679	369578	603631	6091200	1923.26
45	平面交叉道	处	13.000	16345	375064	214531	605940	31232	637172	30840	49105	78881	795998	61230.62
46	K2+195.444公铁立交	m^2/m	2478.600	1261547	6734242	1428350	9424139	658564	10082703	1066251	791587	1313461	13254002	5347.37
47	土方	m^3	357467.000	154051		4222820	4376871	146730	4523601	225447	348025	560678	5657751	15.83
48	特殊路基处理	km	1.863	233557	7832250	724613	8790420	490933	9281353	521477	720767	1157596	11681193	6270098.23
49	排水工程	m^3/km	599.000	110157	258113	1566	369836	25078	394914	66915	31153	54228	547210	913.54
50	防护工程	m^3/km	245.400	454690	793542	1275	1249507	77149	1326656	251944	104277	185116	1867993	7612.03
51	路面工程	m^2	53490.000	286735	12656531	1455672	14398938	851956	15250894	702814	1175658	1884230	19013596	355.46
52	圆管涵	m/道	168.800	128071	392891	42605	563567	37843	601410	84472	47272	80648	813802	4821.10
53	A匝道跨线桥	m^2/m	2947.680	1446002	9356370	1665421	12467793	876739	13344532	1306336	1046218	1726677	17423763	5911.01
54	钢筋混凝土防撞护栏	m	100.000	4593	43762	323	48678	3305	51983	4816	4084	6697	67580	675.80
55	路侧普通型护栏	m	1819.000	6403	311370	6110	323883	19822	343705	16703	26562	42567	429537	236.14
56	路侧加强型护栏	m	655.000	5246	136515	3483	145244	8889	154133	8395	11912	19189	193629	295.62
57	路侧三波形护栏	m	2882.000	32724	1116292	30472	1179488	72185	1251673	64413	96729	155409	1568224	544.14

编制：×××　　复核：×××

（续）

建设项目名称：安徽公路工程××项目预算编制实例

编制范围：K0+000~K42+983　　　　第4页　共7页　03表

序号	工程名称	单位	工程量	直接费/元						间接费/元	利润/元	税金/元	建筑安装工程费	
				直接工程费				其他工程费	合计		费率7.42%	综合税率11%	合计/元	单价/元
				人工费	材料费	机械使用费	合计							
58	中央分隔带普通型护栏	m	1157.000	4542	206709	4313	215564	13193	228757	11224	17679	28343	286003	247.19
59	中央分隔带加强型护栏	m	6636.000	65157	1615684	46859	1727700	105735	1833435	100912	141686	228363	2304396	347.26
60	中央分隔带三波形护栏	m	1074.000	13406	426580	12434	452420	27688	480108	25031	37103	59647	601889	560.42
61	A端头	m	101.000	795	18156	401	19352	1185	20537	1155	1587	2560	25839	255.83
62	B端头	m	36.000	461	9796	231	10488	642	11130	637	860	1389	14016	389.33
63	C端头	m	4.000	26	937	25	988	60	1048	53	81	130	1312	328.00
64	护栏基础	m^3	56.440	7467	23972		31439	2125	33564	4745	2631	4504	45444	805.17
65	防护网	km	0.120	1351	7992	1910	11253	688	11941	1011	923	1526	15401	128341.67
66	热熔标线	m^2	20086.000	44407	720726	116540	881673	60395	942068	76835	74347	120258	1213508	60.42
67	振动标线	m^2	198.000		29700		29700		29700				29700	150.00
68	减速带	m	147.000		22050		22050		22050				22050	150.00
69	防撞垫	个	4.000		120000		120000		120000				120000	30000.00
70	附着式轮廓标	个	2795.000	1332	408209		409541	26866	436407	18618	33725	53763	542513	194.10
71	柱式轮廓标	个	2650.000	15508	285785	7857	309150	21177	330327	26918	26069	42165	425479	160.56
72	里程标	块	84.000	532	9894	312	10738	672	11410	726	884	1432	14452	172.05
73	百米标	个	847.000	404	3425		3829	234	4063	323	314	517	5217	6.16
74	公路界碑	个	474.000	6945	18989	817	26751	1832	28583	4464	2256	3883	39186	82.67
75	D1型	套	6.000	243	4015	147	4405	276	4681	306	363	589	5939	989.83
76	D2型	套	20.000	5973	54823	1341	62137	3983	66120	5577	5151	8453	85301	4265.05

编制：×××　　　　复核：×××

（续）

建设项目名称：安徽公路工程××项目预算编制实例

编制范围：K0+000～K42+983　　　　第5页　共7页　03表

序号	工程名称	单位	工程量	直接费/元						间接费/元	利润/元	税金/元	建筑安装工程费	
				直接工程费				其他工程费	合计		费率7.42%	综合税率11%	合计/元	单价/元
				人工费	材料费	机械使用费	合计							
77	D4 型	套	104.000	220	31473	1109	32802	2008	34810	1529	2690	4294	43323	416.57
78	S1 型	套	4.000	427	46721	484	47632	2926	50558	2284	3908	6242	62992	15748.00
79	S2 型	套	14.000	17381	229832	1740	248953	15776	264729	19276	20582	33504	338091	24149.36
80	S3 型	套	3.000	6465	101959	885	109309	6889	116198	7910	9026	14645	147779	49259.67
81	F1 型	套	8.000	8403	127466	969	136838	8635	145473	10047	11301	18350	185171	23146.38
82	F2 型	套	9.000	11278	239770	1945	252993	15829	268822	16519	20853	33681	339875	37763.89
83	SF1 型	套	2.000	1691	48830	404	50925	3168	54093	3046	4193	6747	68079	34039.50
84	SF2 型	套	5.000	6371	191475	1601	199447	12398	211845	11811	16415	26407	266478	53295.60
85	M1 型	套	1.000	2626	50717	563	53906	3375	57281	3597	4442	7185	72505	72505.00
86	土方	m^3	10545.000	36352		92986	129338	4514	133852	19042	10318	17953	181165	17.18
87	特殊路基处理	km	1.919	10657	245049	46441	302147	16479	318626	18756	24732	39832	401946	209455.97
88	排水工程	m^3/km	75.580	8395	26624	96	35115	2377	37492	5564	2958	5062	51076	675.79
89	防护工程	m^3/km	17.800	15147	25481	92	40720	2559	43279	8371	3404	6056	61110	3433.15
90	路面工程	m^2	5766.000	18822	1336604	150193	1505619	89078	1594697	68538	122880	196473	1982588	343.84
91	圆管涵	m/道	122.000	89949	271933	30606	392488	26343	418831	59107	32920	56193	567051	4647.96
92	厂区硬化	m^2	4083.000				826808		826808				826808	202.50
93	外网工程	项	1.000				782000		782000				782000	782000.00
94	构筑物及其他	项	1.000				265000		265000				265000	265000.00
95	收费站设备安装	处	1.000	6926	363	3756	11045	1614	12659	4462	1074	2002	20197	20197.00

编制：×××　　　　复核：×××

（续）

建设项目名称：安徽公路工程××项目预算编制实例

编制范围：K0+000～K42+983

第6页 共7页 03表

序号	工程名称	单位	工程量	直接费/元						间接费/元	利润/元	税金/元	建筑安装工程费	
				直接工程费				其他工程费	合计		费率7.42%	综合税率11%	合计/元	单价/元
				人工费	材料费	机械使用费	合计							
96	收费车道设备安装	个	4.000	20296	6363	10955	37614	5501	43115	13936	3660	6678	67389	16847.25
97	收费大棚	处	1.000		1575000		1575000		1575000				1575000	1575000.00
98	单项收费亭	个	4.000	634	137042	100	137776	387	138163	568	482	793	140006	35001.50
99	双向收费亭	个	1.000	198	37575	31	37804	121	37925	178	151	247	38501	38501.00
100	单向入口收费岛	个	2.000	7852	82635	1109	91596	6202	97798	8635	7676	12552	126661	63330.50
101	单向出口收费岛	个	2.000	7852	82635	1109	91596	6202	97798	8635	7676	12552	126661	63330.50
102	双向收费岛	个	1.000	5652	61727	798	68177	4619	72796	6373	5715	9337	94221	94221.00
103	预埋管线	m	2112.000	9819	54226	868	64913	4447	69360	8152	5474	9128	92114	43.61
104	线缆敷设	公路公里	42.350	15278	199732	743	215753	14779	230532	20481	18193	29612	298818	7055.91
105	人孔	个	7.000	6100	20186	1117	27403	1877	29280	4186	2311	3935	39712	5673.14
106	收费岛设备基础	个	42.000	373	4970	19	5362	365	5727	505	452	736	7420	176.67
107	雨篷立柱手孔	个	6.000	50	675	2	727	49	776	68	62	99	1005	167.50
108	广场配电分线箱用手孔	个	2.000	23	389	2	414	28	442	37	35	57	571	285.50
109	广场摄像机基础及手孔	个	2.000	1148	10944	17	12109	329	12438	755	406	694	14293	7146.50
110	外网工程	项	1.000				705000		705000				705000	705000.00
111	构筑物及其他	项	1.000				665000		665000				665000	665000.00
112	收费站路面	处	1.000	510389	11215341	1244777	12970507	786760	13757267	730528	1060566	1710320	17258681	17258681.00
113	设备安装	项	1.000	11873	1300	7168	20341	2974	23315	7880	1980	3650	36825	36825.00
114	光（电）缆敷设	项	1.000	171	1772	13	1956	134	2090	197	165	270	2722	2722.00

编制：××× 复核：×××

（续）

建设项目名称：安徽公路工程××项目预算编制实例

编制范围：K0 +000 ~ K42 +983

第7页　共7页　03表

序号	工程名称	单位	工程量	直接费/元						间接费/元	利润/元	税金/元	建筑安装工程费	
				直接工程费				其他工程费	合计		费率7.42%	综合税率11%	合计/元	单价/元
				人工费	材料费	机械使用费	合计							
115	设备安装	公路公里	42.350	14604	2739	4607	21950	3210	25160	9187	2135	4012	40494	956.17
116	广场照明灯、箱	公路公里	42.350	2521	26644	3122	32287	4721	37008	6289	3142	5108	51547	1217.17
117	电缆敷设	公路公里	42.350	25583	117825	1653	145061	9937	154998	19605	12232	20553	207388	4897.00
118	土建工程	公路公里	42.350	2081	18008794	61	18010936	530	18011466	1319	652	1126	18014563	425373.39
119	外线工程	km	1.500		300000		300000		300000				300000	200000.00
120	改路	km	3.183	8783	336019	294167	638969	28634	667603	30327	51537	82442	831909	261360.04
121	公路交工前养护费	km	42.350	165236			165236	6461	171697	70613	13308	28118	283736	6699.79
122	撒播草种	m^2	1476750.000	1076022	1906705	644605	3627332	230619	3857951	644391	303654	528660	5334656	3.61
123	种植乔木	株	770.000	6960	30851	201	38012	2603	40615	5234	3206	5397	54452	70.72
124	种植灌木	株	108829.000	874502	2766955	28351	3669808	251381	3921189	582574	309457	529455	5342675	49.09
125	收费站、养护工区综合楼	m^2	3650.000		10767500		10767500		10767500				10767500	2950.00
126	附属房屋	m^2	860.500		1677975		1677975		1677975				1677975	1950.00
127	服务区综合楼	m^2	5635.500		18315375		18315375		18315375				18315375	3250.00
128	附属房屋	m^2	986.500		2855918		2855918		2855918				2855918	2895.00
	各项费用合计			32327903	464858162	113166767	613596640	32660853	646257493	38925436	45690880	74116677	804990486	18728113

编制：×××　　　　复核：×××

表 6-6　其他工程费及间接费综合费率计算表

建设项目名称：安徽公路工程××项目预算编制实例

编制范围：K0+000～K42+983　　　　第 1 页　　共 1 页　　04 表

序号	工程类别	其他工程费费率（%）													间接费费率（%）											
													综合费率		规费						企业管理费					
		冬季施工增加费	雨季施工增加费	夜间施工增加费	高原地区施工增加费	风沙地区施工增加费	沿海地区工程施工增加费	行车干扰工程施工增加费	施工标准化与安全措施费	临时设施费	施工辅助费	工地转移费	Ⅰ	Ⅱ	养老保险费	失业保险费	医疗保险费	住房公积金	工伤保险费	综合费率	基本费用	主副食运费补贴	职工探亲路费	职工取暖补贴	财务费用	综合费率
1	人工土方		0.16						0.74	1.81	0.94	0.26	3.91		20.00	2.00	8.10	6.00	2.00	38.10	3.81	0.29	0.11		0.25	4.46
2	机械土方		0.18						0.83	1.82	0.57	0.93	4.33		20.00	2.00	8.10	6.00	2.00	38.10	4.11	0.25	0.27		0.25	4.88
3	汽车运输		0.20						0.30	1.19	0.19	0.56	2.44		20.00	2.00	8.10	6.00	2.00	38.10	1.85	0.27	0.17		0.26	2.55
4	人工石方		0.12						0.74	1.84	0.89	0.27	3.86		20.00	2.00	8.10	6.00	2.00	38.10	3.92	0.23	0.11		0.24	4.50
5	机械石方		0.17						0.82	2.52	0.54	0.63	4.68		20.00	2.00	8.10	6.00	2.00	38.10	4.13	0.24	0.26		0.24	4.87
6	高级路面	0.07	0.18						1.42	2.51	0.96	1.17	6.31		20.00	2.00	8.10	6.00	2.00	38.10	2.45	0.16	0.17		0.33	3.11
7	其他路面		0.16						1.36	2.30	0.83	1.00	5.65		20.00	2.00	8.10	6.00	2.00	38.10	3.98	0.15	0.19		0.34	4.66
8	构造物Ⅰ	0.07	0.13						0.96	3.25	1.45	0.99	6.85		20.00	2.00	8.10	6.00	2.00	38.10	5.37	0.23	0.34		0.42	6.36
9	构造物Ⅱ	0.09	0.14	0.42					1.07	3.95	1.80	1.22	8.69		20.00	2.00	8.10	6.00	2.00	38.10	6.87	0.26	0.40		0.47	8.00
10	构造物Ⅲ	0.18	0.30	0.84					2.17	7.39	3.53	2.44	16.85		20.00	2.00	8.10	6.00	2.00	38.10	12.30	0.47	0.66		0.97	14.40
11	技术复杂大桥	0.10	0.17	0.42					1.19	3.73	1.96	1.40	8.97		20.00	2.00	8.10	6.00	2.00	38.10	5.95	0.21	0.24		0.55	6.95
12	隧道								0.99	3.23	1.41	0.97	6.60		20.00	2.00	8.10	6.00	2.00	38.10	5.22	0.20	0.32		0.46	6.20
13	钢材及钢结构			0.44					0.77	3.28	0.68	1.39	6.56		20.00	2.00	8.10	6.00	2.00	38.10	3.14	0.22	0.20		0.59	4.15
14	设备安装工程	0.18							1.08	7.39	3.53	2.44	14.62		20.00	2.00	8.10	6.00	2.00	38.10	12.30	0.47	0.66		0.97	14.40
15	金属标志牌安装								0.77	3.28	0.68	1.39	6.12		20.00	2.00	8.10	6.00	2.00	38.10	3.14	0.22	0.20		0.59	4.15
16	费率为0																									

编制：×××　　　　复核：×××

表 6-7　设备、工具、器具购置费计算表

建设项目名称：安徽公路工程××项目预算编制实例

编制范围：K0+000～K42+983　　　　第1页　共1页　05表

序号	设备、工具、器具规格名称	单位	数量	单价/元	金额/元	说　明
一	设备购置费	公路公里	42.350	637544.27	27000000.00	
1	需安装的设备	公路公里	42.350	484061.39	20500000.00	
1	监控系统设备	元	1.000	2500000.00	2500000.00	1.000元×2500000.00元/元
2	收费系统设备	元	1.000	11000000.00	11000000.00	1.000元×11000000.00元/元
3	供电照明系统设备	元	1.000	3000000.00	3000000.00	1.000元×3000000.00元/元
4	房屋建筑	元	1.000	4000000.00	4000000.00	1.000元×4000000.00元/元
2	不需安装的设备	公路公里	42.350	153482.88	6500000.00	
1	管理养护设备	元	1.000	6500000.00	6500000.00	1.000元×6500000.00元/元
二	工具、器具购置	公路公里	42.350	53128.69	2250000.00	
	工具、器具购置	元	1.000	2250000.00	2250000.00	1.000元×2250000.00元/元
三	办公及生活用家具购置	公路公里	42.350	15600.00	660660.00	
	办公及生活用家具购置	km	42.350	15600.00	660660.00	42.350km×15600.00元/km

编制：×××　　　　复核：×××

表 6-8 工程建设其他费用及回收金额计算表

建设项目名称：安徽公路工程××项目预算编制实例

编制范围：K0+000～K42+983　　　　第1页　共3页　06表

序号	费用名称及回收金额项目	说明及计算式	金额/元	备　注
	第三部分 工程建设其他费用		166223431	
一	土地征用及拆迁补偿费		52929162	
1	土地补偿费		29744360	
1	林地	171.770 亩×20000.00 元/亩	3435400	
2	草地	2478.080 亩×4000.00 元/亩	9912320	
3	灌木	777.980 亩×15000.00 元/亩	11669700	
4	临时占地（草地）	2215.120 亩×2000.00 元/亩	4430240	
5	退耕地	19.780 亩×15000.00 元/亩	296700	
2	征用耕地安置补助费		1477940	
1	旱地	22.220 亩×16000.00 元/亩	355520	
2	水浇地	43.170 亩×26000.00 元/亩	1122420	
3	拆迁补偿费		4538220	
1	10cm 树苗	7.000 株×20.00 元/株	140	
2	10～20cm 树苗	15.000 株×50.00 元/株	750	
3	20cm 树苗	379.000 株×150.00 元/株	56850	
4	灌木	1908.000 株×10.00 元/株	19080	
5	砖瓦房	150.000m^2×1500.00 元/m^2	225000	
6	围栏	9430.000m×60.00 元/m	565800	
7	水井	2.000 眼×50000.00 元/眼	100000	
8	畜圈	1.000 处×600.00 元/处	600	
9	35kV 电力	1.000 根×350000.00 元/根	350000	
10	10kV 电力	6.000 根×500000.00 元/根	3000000	
11	套管	60.000m×100.00 元/m	6000	
12	光缆	240.000m×200.00 元/m	48000	

编制：×××　　　　复核：×××

（续）

建设项目名称：安徽公路工程××项目预算编制实例

编制范围：K0 +000 ~ K42 +983　　　　第2页　　共3页　　06表

序号	费用名称及回收金额项目	说明及计算式	金额/元	备　注
13	土坟	7.000 座×2000.00 元/座	14000	
14	土房	190.000m^2×800.00 元/m^2	152000	
4	复耕费		4430240	
1	复耕费	2215.120 亩×2000.00 元/亩	4430240	
5	耕地开垦费		363327	
1	旱地	22.220 亩×4500.00 元/亩	99990	
2	水浇地	43.170 亩×6100.00 元/亩	263337	
6	森林植被恢复费		5698500	
1	恢复费	949.750 亩×6000.00 元/亩	5698500	
7	其他		6676575	
1	征地管理费	1.000 元×240192.40 元/元	240192	
2	林地管理费	1.000 元×154018.00 元/元	154018	
3	耕地占用税	65.390 亩×1333.00 元/亩	87165	
4	草原植被恢复费	2478.080 亩×2500.00 元/亩	6195200	
二	建设项目管理费		31987363	
1	建设单位（业主）管理费	{累进办法建管费}	10549411	10549411 元
2	工程监理费	{建安费}×2.5%	20124762	804990486 元×2.5%
3	设计文件审查费	{建安费}×0.1%	804990	804990486 元×0.1%
4	竣（交）工验收试验检测费	42.350 公路公里×12000.00 元/公路公里	508200	
四	建设项目前期工作费		15600000	
1	前期工作费	1.000 元×15600000.00 元/元	15600000	
五	专项评价（估）费		3272750	
1	专项评估费	42.350km×65000.00 元/km	2752750	
2	文物勘探费	1.000 元×520000.00 元/元	520000	

编制：×××　　　　复核：×××

（续）

建设项目名称：安徽公路工程××项目预算编制实例

编制范围：K0+000~K42+983　　第3页　共3页　06表

序号	费用名称及回收金额项目	说明及计算式	金额/元	备注
八	联合试运转费	{建安费}×0.05%	402495	804990486元×0.05%
九	生产人员培训费		440000	
1	培训费	220.000人×2000.00元/人	440000	
十一	建设期贷款利息		61591661	贷款总额：652050083.3元。其中×××银行贷款额652050083.3元，计息年0年
	预备费		28185987	
	1. 价差预备费	{价差预备费}		
	2. 基本预备费	({一、二、三部分合计}-61591661元)×0.03	28185987	(1001124577元-61591661元)×0.03
	新增加费用项目（不作预备费基数）			
	*请在此输入费用项目			
	概（预）算总金额	{一、二、三部分合计}+{预备费}+{新增加费用项目(不作预备费基数)}	1029310564	1001124577元+28185987元+0
	其中：回收金额			
	*请在此输入费用项目			
	公路基本造价	{概(预)算总金额}-{其中:回收金额}	1029310564	1029310564元-0

编制：×××　　复核：×××

表 6-9　人工、材料、机械台班单价汇总表

建设项目名称：安徽公路工程××项目预算编制实例

编制范围：K0+000～K42+983　　　　第1页　　共5页　　07表

序号	名　称	单位	代号	预算单价/元	备注	序号	名　称	单位	代号	预算单价/元	备注
1	人工	工日	1	61.20		25	膨胀螺栓	套	242	3.10	
2	机械工	工日	2	61.20		26	钢管立柱	t	247	6014.53	
3	原木	m^3	101	1672.32		27	型钢立柱	t	248	5435.35	
4	锯材	m^3	102	1774.82		28	波形钢板	t	249	6267.03	
5	枕木	m^3	103	1723.57		29	柱帽	个	251	8.84	
6	光圆钢筋	t	111	3466.07		30	钢护筒	t	263	5182.85	
7	带肋钢筋	t	112	3414.82		31	钢模板	t	271	5384.85	
8	冷轧带肋钢筋网	t	113	4952.32		32	组合钢模板	t	272	5081.85	
9	钢绞线	t	125	6079.82		33	门式钢支架	t	273	5081.85	
10	波纹管钢带	t	151	5259.82		34	四氟板式橡胶组合支座	dm^3	401	113.18	
11	型钢	t	182	3568.57		35	板式橡胶支座	dm^3	402	92.68	
12	钢板	t	183	3671.07		36	盆式橡胶支座（4000kN）	套	509	6507.82	
13	钢管	t	191	5772.32		37	盆式橡胶支座（10000kN）	套	515	21403.03	
14	镀锌钢管	t	192	5567.32		38	盆式橡胶支座（15000kN）	套	517	32789.49	
15	镀锌钢板	t	208	5874.82		39	盆式橡胶支座（20000kN）	套	519	47650.18	
16	钢钎	kg	211	7.11		40	模数式伸缩缝	t	541	18312.85	
17	空心钢钎	kg	212	8.34		41	铸铁	kg	561	3.21	
18	ϕ50mm 以内合金钻头	个	213	28.85		42	钢绞线群锚（3孔）	套	572	108.43	
19	钢丝绳	t	221	6079.82		43	钢绞线群锚（7孔）	套	576	252.54	
20	钢纤维	t	225	8334.82		44	钢绞线群锚（22孔）	套	586	795.79	
21	焊条	kg	231	6.81		45	铁钢	kg	651	6.81	
22	钢筋连接套筒	个	232	9.00		46	镀锌钢件	kg	652	6.81	
23	螺栓	kg	240	11.02		47	钢钉	kg	653	6.81	
24	镀锌螺栓	kg	241	15.00		48	8～12号钢丝	kg	655	6.80	

编制：×××　　　　复核：×××

（续）

建设项目名称：安徽公路工程××项目预算编制实例

编制范围：K0+000~K42+983　　第2页　共5页　07表

序号	名　称	单位	代号	预算单价/元	备注	序号	名　称	单位	代号	预算单价/元	备注
49	20~22号钢丝	kg	656	6.80		73	反光玻璃珠	kg	739	3.00	
50	铜接地板	kg	660	21.15		74	反光膜	m^2	740	184.55	
51	铝合金标志	t	668	19827.85		75	反光膜（1）	m^2	740	374.55	
52	铸铁管	kg	682	3.72		76	柱式轮廓标	根	744	98.12	
53	钢板网	m^2	692	20.57		77	环氧树脂	kg	746	28.84	
54	照明灯具	盏	698	1516.26		78	玻璃纤维布	m^2	771	2.59	
55	通信子管	m	700	3.62		79	土工格栅	m^2	772	12.36	
56	光缆	m	701	44.61		80	U形锚钉	kg	775	4.95	
57	光缆（1）	m	701	4.50		81	塑料软管	kg	782	17.77	
58	光缆接头盒（48芯以内）	个	704	472.38		82	塑料弹簧软管（ϕ50mm）	m	783	12.83	
59	尾纤	根	707	153.75		83	草籽	kg	821	103.66	
60	电缆	m	708	39.15		84	乔木	株	823	34.12	
61	电缆（1）	m	708	5.80		85	灌木	株	824	21.45	
62	屏蔽线	m	710	1.97		86	油毛毡	m^2	825	3.75	
63	电线	m	711	2.72		87	32.5级水泥	t	832	494.69	
64	裸铝（铜）线	m	712	3.48		88	42.5级水泥	t	833	546.46	
65	皮线	m	714	5.68		89	52.5级水泥	t	834	691.39	
66	户外终端盒（热塑头）	套	717	374.39		90	硝铵炸药	kg	841	12.48	
67	铜接线端子	个	719	6.97		91	导火线	m	842	1.23	
68	线槽	m	720	15.38		92	普通雷管	个	845	1.23	
69	油漆	kg	732	13.97		93	石油沥青	t	851	5502.08	
70	标线漆	kg	733	39.60		94	改性沥青	t	852	6505.04	
71	桥面防水涂料	kg	735	6.49		95	重油	kg	861	3.88	
72	热熔涂料	kg	738	7.00		96	汽油	kg	862	9.51	

编制：×××　　复核：×××

（续）

建设项目名称：安徽公路工程××项目预算编制实例

编制范围：K0 +000 ~ K42 +983　　　　第 3 页　　共 5 页　　07 表

序号	名　称	单位	代号	预算单价/元	备注	序号	名　称	单位	代号	预算单价/元	备注
97	柴油	kg	863	7.88		121	路面用碎石（2.5cm）	m^3	966	187.22	
98	煤	t	864	550.27		122	路面用碎石（3.5cm）	m^3	967	185.05	
99	电	kW·h	865	1.50		123	块石	m^3	981	141.82	
100	水	m^3	866	12.00		124	开采片石	m^3	8931	35.31	
101	青（红）砖	千块	877	551.09		125	未筛分碎石	m^3	100001	93.00	
102	生石灰	t	891	328.90		126	机制砂	m^3	10002	119.75	
103	土	m^3	895	25.00		127	反射器	个	10004	140.03	
104	砂	m^3	897	66.65		128	改性乳化石油沥青	t	10005	4784.17	
105	中（粗）砂	m^3	899	52.72		129	其他材料费	元	996	1.00	
106	砂砾	m^3	902	58.87		130	设备摊销费	元	997	1.00	
107	天然级配	m^3	908	58.87		131	75kW 以内履带式推土机	台班	1003	735.15	
108	黏土	m^3	911	299.99		132	150kW 以内履带式推土机	台班	1005	979.86	
109	碎石土	m^3	915	25.00		133	135kW 以内履带式推土机	台班	1006	1390.39	
110	片石	m^3	931	79.74		134	165kW 以内履带式推土机	台班	1007	1645.45	
111	石渣	m^3	939	61.94		135	12m^3 以内拖式（含头）铲运机	台班	1025	1574.03	
112	粉煤灰	m^3	945	20.97		136	0.6m^3 履带式单斗挖掘机	台班	1027	571.51	
113	矿粉	t	949	244.44		137	1.0m^3 履带式单斗挖掘机	台班	1035	956.27	
114	碎石（2cm）	m^3	951	116.02		138	2.0m^3 履带式单斗挖掘机	台班	1037	1564.23	
115	碎石（4cm）	m^3	952	112.18		139	1.0m^3 轮胎式装载机	台班	1048	531.20	
116	碎石（6cm）	m^3	953	107.63		140	2.0m^3 轮胎式装载机	台班	1050	955.65	
117	碎石（8cm）	m^3	954	106.23		141	3.0m^3 轮胎式装载机	台班	1051	1211.89	
118	碎石	m^3	958	109.96		142	120kW 以内平地机	台班	1057	1098.00	
119	石屑	m^3	961	181.51		143	6～8t 光轮压路机	台班	1057	290.03	
120	路面用碎石（1.5cm）	m^3	965	196.94		144	8～10t 光轮压路机	台班	1076	329.24	

编制：×××　　　　复核：×××

（续）

建设项目名称：安徽公路工程××项目预算编制实例

编制范围：K0+000~K42+983　　　　第4页　共5页　07表

序号	名　称	单位	代号	预算单价/元	备注	序号	名　称	单位	代号	预算单价/元	备注
145	10~12t 光轮压路机	台班	1077	437.80		169	$3m^3$ 混凝土搅拌运输车	台班	1304	759.21	
146	12~15t 光轮压路机	台班	1078	506.30		170	$6m^3$ 混凝土搅拌运输车	台班	1307	1284.76	
147	18~21t 光轮压路机	台班	1080	678.43		171	$60m^3/h$ 以内混凝土输送泵	台班	1316	1331.63	
148	0.6t 手扶式振动碾	台班	1083	100.35		172	$15m^3/h$ 以内水泥混凝土搅拌站	台班	1323	817.02	
149	15t 以内振动压路机	台班	1088	943.71		173	$40m^3/h$ 以内水泥混凝土搅拌站	台班	1325	1341.47	
150	20t 以内振动压路机	台班	1089	1260.14		174	$60m^3/h$ 以内水泥混凝土搅拌站	台班	1327	2395.79	
151	200~620N·m 蛙式夯土机	台班	1094	34.00		175	拉伸力 900kN 以内预应力拉伸机	台班	1344	65.88	
152	机动液压喷播机	台班	1139	255.94		176	拉伸力 5000kN 以内预应力拉伸机	台班	1347	225.57	
153	300t/h 以内稳定土厂拌设备	台班	1160	1381.85		177	油泵、千斤顶各 1 钢绞线拉伸设备	台班	1349	134.32	
154	摊铺宽 12.5m 稳定土摊铺机	台班	1166	2672.11		178	含钢带点焊机波纹管卷制机	台班	1352	225.03	
155	4000L 以内液态沥青运输车	台班	1185	521.59		179	2t 以内载货汽车	台班	1370	282.36	
156	4000L 以内沥青洒布车	台班	1193	527.79		180	4t 以内载货汽车	台班	1372	428.94	
157	30t/h 以内沥青拌和设备	台班	1201	5424.88		181	6t 以内载货汽车	台班	1374	434.48	
158	320t/h 以内沥青拌和设备	台班	1207	54590.89		182	15t 以内载货汽车	台班	1378	826.16	
159	12.5m 以内带自动找平沥青混合料摊铺机	台班	1214	3326.85		183	3t 以内自卸汽车	台班	1382	429.64	
160	2.5~3.5m 稀浆封层机	台班	1216	2717.65		184	5t 以内自卸汽车	台班	1383	531.60	
161	16~20t 以内轮胎式压路机	台班	1224	696.81		185	15t 以内自卸汽车	台班	1388	847.49	
162	20~25t 以内轮胎式压路机	台班	1225	850.36		186	20t 平板拖车组	台班	1393	796.54	
163	热熔标线设备	台班	1227	672.77		187	30t 平板拖车组	台班	1394	967.66	
164	2.5~4.5m 轨道式水泥混凝土摊铺机	台班	1235	1115.19		188	40t 平板拖车组	台班	1395	1174.77	
165	电动混凝土刻纹机	台班	1243	214.21		189	80t 平板拖车组	台班	1397	1891.68	
166	电动混凝土切缝机	台班	1245	146.18		190	4000L 以内洒水汽车	台班	1404	581.27	
167	机动混凝土路缘石铺筑机	台班	1251	158.17		191	6000L 以内洒水汽车	台班	1405	607.91	
168	250L 以内强制式混凝土搅拌机	台班	1272	138.94		192	8000L 以内洒水汽车	台班	1406	756.37	

编制：×××　　　　复核：×××

（续）

建设项目名称：安徽公路工程××项目预算编制实例

编制范围：K0+000～K42+983　　　　第 5 页　共 5 页　07 表

序号	名　称	单位	代号	预算单价/元	备注	序号	名　称	单位	代号	预算单价/元	备注
193	1.0t 以内机动翻斗车	台班	1408	143.11		217	150kV·A 交流对焊机	台班	1747	474.75	
194	功率 30kW 轨道拖车头	台班	1411	265.75		218	ϕ150×250mm 电动鄂式破碎机	台班	1756	138.25	
195	3t 以内电瓶车	台班	1416	215.80		219	ϕ250×400mm 电动鄂式破碎机	台班	1757	218.66	
196	15t 以内履带式起重机	台班	1432	637.55		220	生产率 8～20m^3/h 滚筒式筛分机	台班	1775	168.35	
197	5t 以内汽车式起重机	台班	1449	466.42		221	9m^3/min 以内机动空压机	台班	1842	697.99	
198	8t 以内汽车式起重机	台班	1450	586.18		222	光纤熔接机	台班	1948	158.44	
199	12t 以内汽车式起重机	台班	1451	787.43		223	光时域反射仪	台班	1950	631.01	
200	20t 以内汽车式起重机	台班	1453	1128.80		224	光纤测试仪	台班	1952	284.27	
201	30t 以内汽车式起重机	台班	1455	1456.37		225	微机硬盘测试议	台班	1954	115.55	
202	40t 以内汽车式起重机	台班	1456	2062.11		226	网络分析仪	台班	1958	165.38	
203	75t 以内汽车式起重机	台班	1458	3015.12		227	高压试验变压器全套装置	台班	1971	155.33	
204	最大作业高度 15m 高空作业车	台班	1462	540.25		228	继电保护测试仪	台班	1972	115.81	
205	30kN 以内单筒慢动电动卷扬机	台班	1499	115.05		229	三相精密测试电源	台班	1973	70.41	
206	50kN 以内单筒慢动电动卷扬机	台班	1500	143.91		230	直流高压发生器	台班	1974	31.35	
207	80kN 以内单筒慢动电动卷扬机	台班	1501	190.13		231	轻型试验变压器	台班	1975	21.98	
208	10m×0.5m 皮带运输机	台班	1531	111.69		232	电能校验仪	台班	1977	43.52	
209	4t 以内内燃叉车	台班	1548	400.81		233	真空断路器测试仪	台班	1979	159.54	
210	300kg 以内液压升降机	台班	1560	67.52		234	功率 90kW 以内工程修理车	台班	1987	648.47	
211	ϕ150mm 以内回旋钻机	台班	1600	1536.95		235	小型机具使用费	元	1998	1.00	
212	ϕ2500mm 以内回旋钻机	台班	1602	2334.32							
213	100～150L 泥浆搅拌机	台班	1624	64.72							
214	ϕ100mm 以内电动多级离心水泵	台班	1663	417.21							
215	32kV·A 交流电弧焊机	台班	1726	181.18							
216	100kV·A 交流对焊机	台班	1746	333.62							

编制：×××　　　　复核：×××

表 6-10　材料预算单价计算表

建设项目名称：安徽公路工程××项目预算编制实例

编制范围：K0+000～K42+983　　　　第 1 页　　共 8 页　　09 表

序号	规格名称	单位	原价/元	运杂费					原价运费合计/元	场外运输损耗		采购及保管费		预算单价/元
				供应地点	运输方式、比重及运距	毛重系数或单位毛重	运杂费构成说明或计算式	单位运费/元		费率(%)	金额/元	费率(%)	金额/元	
1	原木	m^3	1500.000	供应点—工地	汽车,1.00,178km	1.000000	0.450×178×(1+57.47%)+5.40	131.533	1631.53			2.500	40.788	1672.320
2	锯材	m^3	1600.000	供应点—工地	汽车,1.00,178km	1.000000	0.450×178×(1+57.47%)+5.40	131.533	1731.53			2.500	43.288	1774.820
3	枕木	m^3	1550.000	供应点—工地	汽车,1.00,178km	1.000000	0.450×178×(1+57.47%)+5.40	131.533	1681.53			2.500	42.038	1723.570
4	光圆钢筋	t	3250.000	供应点—工地	汽车,1.00,178km	1.000000	0.450×178×(1+57.47%)+5.40	131.533	3381.53			2.500	84.538	3466.070
5	带肋钢筋	t	3200.000	供应点—工地	汽车,1.00,178km	1.000000	0.450×178×(1+57.47%)+5.40	131.533	3331.53			2.500	83.288	3414.820
6	冷轧带肋钢筋网	t	4700.000	供应点—工地	汽车,1.00,178km	1.000000	0.450×178×(1+57.47%)+5.40	131.533	4831.53			2.500	120.788	4952.320
7	钢绞线	t	5800.000	供应点—工地	汽车,1.00,178km	1.000000	0.450×178×(1+57.47%)+5.40	131.533	5931.53			2.500	148.288	6079.820
8	波纹管钢带	t	500.000	供应点—工地	汽车,1.00,178km	1.000000	0.450×178×(1+57.47%)+5.40	131.533	5131.53			2.500	128.288	5259.820
9	型钢	t	3350.000	供应点—工地	汽车,1.00,178km	1.000000	0.450×178×(1+57.47%)+5.40	131.533	3481.53			2.500	87.038	3568.570
10	钢板	t	3450.000	供应点—工地	汽车,1.00,178km	1.000000	0.450×178×(1+57.47%)+5.40	131.533	3581.53			2.500	89.538	3671.070
11	钢管	t	5500.000	供应点—工地	汽车,1.00,178km	1.000000	0.450×178×(1+57.47%)+5.40	131.533	5631.53			2.500	140.788	5772.320
12	镀锌钢管	t	5300.000	供应点—工地	汽车,1.00,178km	1.000000	0.450×178×(1+57.47%)+5.40	131.533	5431.53			2.500	135.788	5567.320
13	镀锌钢板	t	5600.000	供应点—工地	汽车,1.00,178km	1.000000	0.450×178×(1+57.47%)+5.40	131.533	5731.53			2.500	143.288	5874.820
14	钢钎	kg	6.800	供应点—工地	汽车,1.00,178km	0.001000	(0.450×178×(1+57.47%)+5.40)×0.001000	0.132	6.93			2.500	0.173	7.110
15	空心钢钎	kg	8.000	供应点—工地	汽车,1.00,178km	0.001000	(0.450×178×(1+57.47%)+5.40)×0.001000	0.132	8.13			2.500	0.203	8.340
16	φ50mm 以内合金钻头	个	28.000	供应点—工地	汽车,1.00,178km	0.001100	(0.450×178×(1+57.47%)+5.40)×0.001100	0.145	28.15			2.500	0.704	28.850
17	钢丝绳	t	5800.000	供应点—工地	汽车,1.00,178km	1.000000	0.450×178×(1+57.47%)+5.40	131.533	5931.53			2.500	148.288	6079.820
18	钢纤维	t	8000.000	供应点—工地	汽车,1.00,178km	1.000000	0.450×178×(1+57.47%)+5.40	131.533	8131.53			2.500	203.288	8334.820
19	焊条	kg	6.500	供应点—工地	汽车,1.00,178km	0.001100	(0.450×178×(1+57.47%)+5.40)×0.001100	0.145	6.65			2.500	0.166	6.810
20	螺栓	kg				0.001000						2.500		11.020
21	镀锌螺栓	kg	14.500	供应点—工地	汽车,1.00,178km	0.001000	(0.450×178×(1+57.47%)+5.40)×0.001000	0.132	14.63			2.500	0.366	15.000

编制：×××　　　　复核：×××

（续）

建设项目名称：安徽公路工程××项目预算编制实例

编制范围:K0 +000 ~ K42 +983

第 2 页　共 8 页　09 表

序号	规格名称	单位	原价/元	运杂费					原价运费合计/元	场外运输损耗		采购及保管费		预算单价/元
				供应地点	运输方式、比重及运距	毛重系数或单位毛重	运杂费构成说明或计算式	单位运费/元		费率(%)	金额/元	费率(%)	金额/元	
22	膨胀螺栓	套	3.000	供应点—工地	汽车,1.00,178km	0.000186	(0.450×178×(1+57.47%)+5.40)×0.0002	0.024	3.02			2.500	0.076	3.100
23	型钢立柱	t	5250.000	供应点—工地	汽车,1.00,178km	1.000000	0.450×178×(1+57.47%)+5.40	131.533	5381.53			1.000	53.815	5435.350
24	柱帽	个	8.500	供应点—工地	汽车,1.00,178km	0.000960	(0.450×178×(1+57.47%)+5.40)×0.001	0.126	8.63			2.500	0.216	8.840
25	钢护筒	t	5000.000	供应点—工地	汽车,1.00,178km	1.000000	0.450×178×(1+57.47%)+5.40	131.533	5131.53			1.000	51.315	5182.850
26	钢模板	t	5200.000	供应点—工地	汽车,1.00,178km	1.000000	0.450×178×(1+57.47%)+5.40	131.533	5331.53			1.000	53.315	5384.850
27	组合钢模板	t	4900.000	供应点—工地	汽车,1.00,178km	1.000000	0.450×178×(1+57.47%)+5.40	131.533	5031.53			1.000	50.315	5081.850
28	门式钢支架	t	4900.000	供应点—工地	汽车,1.00,178km	1.000000	0.450×178×(1+57.47%)+5.40	131.533	5031.53			1.000	50.315	5081.850
29	四氟板式橡胶组合支座	dm^3	110.000	供应点—工地	汽车,1.00,178km	0.003200	(0.450×178×(1+57.47%)+5.40)×0.003200	0.421	110.42			2.500	2.761	113.180
30	板式橡胶支座	dm^3	90.000	供应点—工地	汽车,1.00,178km	0.003200	(0.450×178×(1+57.47%)+5.40)×0.003200	0.421	90.42			2.500	2.261	92.680
31	盆式橡胶支座(4000kN)	套	6410.000	供应点—工地	汽车,1.00,178km	0.253800	(0.450×178×(1+57.47%)+5.40)×0.253800	33.383	6443.38			1.000	64.434	6507.820
32	盆式橡胶支座(10000kN)	套	21075.000	供应点—工地	汽车,1.00,178km	0.882800	(0.450×178×(1+57.47%)+5.40)×0.882800	116.118	21191.12			1.000	211.911	21403.030
33	盆式橡胶支座(15000kN)	套	32270.000	供应点—工地	汽车,1.00,178km	1.481300	(0.450×178×(1+57.47%)+5.40)×1.481300	194.841	32464.84			1.000	324.648	32789.490
34	盆式橡胶支座(20000kN)	套	46886.000	供应点—工地	汽车,1.00,178km	2.223000	(0.450×178×(1+57.47%)+5.40)×2.223000	292.399	47178.40			1.000	471.784	47650.180
35	模数式伸缩缝	t	18000.000	供应点—工地	汽车,1.00,178km	1.000000	0.450×178×(1+57.47%)+5.40	131.533	18131.53			1.000	181.315	18312.850
36	铸铁	kg	3.000	供应点—工地	汽车,1.00,178km	0.001000	(0.450×178×(1+57.47%)+5.40)×0.00100	0.132	3.13			2.500	0.078	3.210

编制：×××　　复核：×××

（续）

建设项目名称：安徽公路工程××项目预算编制实例

编制范围：K0+000～K42+983　　　　第3页　　共8页　　09表

序号	规格名称	单位	原价/元	运杂费				单位运费/元	原价运费合计/元	场外运输损耗		采购及保管费		预算单价/元
				供应地点	运输方式、比重及运距	毛重系数或单位毛重	运杂费构成说明或计算式			费率（%）	金额/元	费率（%）	金额/元	
37	钢绞线群锚(3孔)	套	105.000	供应点—工地	汽车,1.00,178km	0.006000	(0.450×178×(1+57.47%)+5.40)×0.006000	0.789	105.79			2.500	2.645	108.430
38	钢绞线群锚(7孔)	套	245.000	供应点—工地	汽车,1.00,178km	0.010500	(0.450×178×(1+57.47%)+5.40)×0.010500	1.381	246.38			2.500	6.160	252.540
39	钢绞线群锚(22孔)	套	770.000	供应点—工地	汽车,1.00,178km	0.048500	(0.450×178×(1+57.47%)+5.40)×0.048500	6.379	776.38			2.500	19.410	795.790
40	钢件	kg	6.500	供应点—工地	汽车,1.00,178km	0.001100	(0.450×178×(1+57.47%)+5.40)×0.001100	0.145	6.65			2.500	0.166	6.810
41	镀锌钢件	kg	6.500	供应点—工地	汽车,1.00,178km	0.001100	(0.450×178×(1+57.47%)+5.40)×0.001100	0.145	6.65			2.500	0.166	6.810
42	钢钉	kg	6.500	供应点—工地	汽车,1.00,178km	0.001100	(0.450×178×(1+57.47%)+5.40)×0.001100	0.145	6.65			2.500	0.166	6.810
43	8～12号钢丝	kg	6.500	供应点—工地	汽车,1.00,178km	0.001000	(0.450×178×(1+57.47%)+5.40)×0.001000	0.132	6.63			2.500	0.166	6.800
44	20～22号钢丝	kg	6.500	供应点—工地	汽车,1.00,178km	0.001000	(0.450×178×(1+57.47%)+5.40)×0.001000	0.132	6.63			2.500	0.166	6.800
45	铜接地板	kg	20.500	供应点—工地	汽车,1.00,178km	0.001000	(0.450×178×(1+57.47%)+5.40)×0.001000	0.132	20.63			2.500	0.516	21.150
46	铝合金标志	t	19500.000	供应点—工地	汽车,1.00,178km	1.000000	0.450×178×(1+57.47%)+5.40	131.533	19631.53			1.000	196.315	19827.850
47	铸铁管	kg	3.500	供应点—工地	汽车,1.00,178km	0.001000	(0.450×178×(1+57.47%)+5.40)×0.001000	0.132	3.63			2.500	0.091	3.720
48	照明灯具	盏	1500.000	供应点—工地	汽车,1.00,178km	0.009500	(0.450×178×(1+57.47%)+5.40)×0.009500	1.250	1501.25			1.000	15.013	1516.260
49	通信子管	m	3.500	供应点—工地	汽车,1.00,178km	0.000250	(0.450×178×(1+57.47%)+5.40)×0.0002	0.033	3.53			2.500	0.088	3.620
50	光缆	m	43.500	供应点—工地	汽车,1.00,178km	0.000150	(0.450×178×(1+57.47%)+5.40)×0.000150	0.020	43.52			2.500	1.088	44.610

（续）

建设项目名称：安徽公路工程××项目预算编制实例

编制范围：K0+000～K42+983　　　　第4页　共8页　09表

序号	规格名称	单位	原价/元	运杂费					原价运费合计/元	场外运输损耗		采购及保管费		预算单价/元
				供应地点	运输方式、比重及运距	毛重系数或单位毛重	运杂费构成说明或计算式	单位运费/元		费率（%）	金额/元	费率（%）	金额/元	
51	光缆接头盒(48芯以内)	个	460.000	供应点—工地	汽车,1.00,178km	0.006500	(0.450×178×(1+57.47%)+5.40)×0.006500	0.855	460.86			2.500	11.521	472.380
52	尾纤	根	150.000	供应点—工地	汽车,1.00,178km	0.000003	(0.450×178×(1+57.47%)+5.40)×0.000003		150.00			2.500	3.750	153.750
53	电缆	m	38.000	供应点—工地	汽车,1.00,178km	0.001500	(0.450×178×(1+57.47%)+5.40)×0.001500	0.197	38.20			2.500	0.955	39.150
54	屏蔽线	m	1.900	供应点—工地	汽车,1.00,178km	0.000150	(0.450×178×(1+57.47%)+5.40)×0.000150	0.020	1.92			2.500	0.048	1.970
55	电线	m	2.650	供应点—工地	汽车,1.00,178km	0.000060	(0.450×178×(1+57.47%)+5.40)×0.000060	0.008	2.66			2.500	0.066	2.720
56	裸铝(铜)线	m	3.200	供应点—工地	汽车,1.00,178km	0.001500	(0.450×178×(1+57.47%)+5.40)×0.001500	0.197	3.40			2.500	0.085	3.480
57	皮线	m	5.500	供应点—工地	汽车,1.00,178km	0.000300	(0.450×178×(1+57.47%)+5.40)×0.000300	0.039	5.54			2.500	0.139	5.680
58	户外终端盒(热塑头)	套	360.000	供应点—工地	汽车,1.00,178km	0.040000	(0.450×178×(1+57.47%)+5.40)×0.040000	5.261	365.26			2.500	9.132	374.390
59	铜接线端子	个	6.800	供应点—工地	汽车,1.00,178km	0.000020	(0.450×178×(1+57.47%)+5.40)×0.000020	0.003	6.80			2.500	0.170	6.970
60	线槽	m	15.000	供应点—工地	汽车,1.00,178km	0.000045	(0.450×178×(1+57.47%)+5.40)×0.000045	0.006	15.01			2.500	0.375	15.380
61	油漆	kg	13.500	供应点—工地	汽车,1.00,178km	0.001000	(0.450×178×(1+57.47%)+5.40)×0.001000	0.132	13.63			2.500	0.341	13.970
62	标线漆	kg	38.500	供应点—工地	汽车,1.00,178km	0.001000	(0.450×178×(1+57.47%)+5.40)×0.001000	0.132	38.63			2.500	0.966	39.600
63	桥面防水涂料	kg	6.200	供应点—工地	汽车,1.00,178km	0.001000	(0.450×178×(1+57.47%)+5.40)×0.001000	0.132	6.33			2.500	0.158	6.490

编制：×××　　　　复核：×××

（续）

建设项目名称：安徽公路工程××项目预算编制实例

编制范围：K0 +000 ~ K42 +983

第 5 页　共 8 页　09 表

序号	规格名称	单位	原价/元	运杂费					原价运费合计/元	场外运输损耗		采购及保管费		预算单价/元
				供应地点	运输方式、比重及运距	毛重系数或单位毛重	运杂费构成说明或计算式	单位运费/元		费率（%）	金额/元	费率（%）	金额/元	
64	反光膜	m^2	180.000	供应点—工地	汽车,1.00,178km	0.000400	(0.450×178×(1+57.47%)+5.40)×0.000400	0.053	180.05			2.500	4.501	184.550
65	柱式轮廓标	根	95.000	供应点—工地	汽车,1.00,178km	0.005500	(0.450×178×(1+57.47%)+5.40)×0.005500	0.723	95.72			2.500	2.393	98.120
66	环氧树脂	kg	28.000	供应点—工地	汽车,1.00,178km	0.001000	(0.450×178×(1+57.47%)+5.40)×0.001000	0.132	28.13			2.500	0.703	28.840
67	玻璃纤维布	m^2	2.500	供应点—工地	汽车,1.00,178km	0.000200	(0.450×178×(1+57.47%)+5.40)×0.000200	0.026	2.53			2.500	0.063	2.590
68	土工格栅	m^2	12.000	供应点—工地	汽车,1.00,178km	0.000450	(0.450×178×(1+57.47%)+5.40)×0.000450	0.059	12.06			2.500	0.302	12.360
69	U 形锚钉	kg	4.700	供应点—工地	汽车,1.00,178km	0.001000	(0.450×178×(1+57.47%)+5.40)×0.001000	0.132	4.83			2.500	0.121	4.950
70	塑料软管	kg	17.200	供应点—工地	汽车,1.00,178km	0.001000	(0.450×178×(1+57.47%)+5.40)×0.001000	0.132	17.33			2.500	0.433	17.770
71	塑料弹簧软管(ϕ60mm)	m	12.500	供应点—工地	汽车,1.00,178km	0.000160	(0.450×178×(1+57.47%)+5.40)×0.0002	0.021	12.52			2.500	0.313	12.830
72	草籽	kg	100.000	供应点—工地	汽车,1.00,178km	0.001000	(0.450×178×(1+57.47%)+5.40)×0.001000	0.132	100.13	1.00	1.001	2.500	2.528	103.660
73	乔木	株	30.000	供应点—工地	汽车,1.00,178km	0.025000	(0.450×178×(1+57.47%)+5.40)×0.025000	3.288	33.29			2.500	0.832	34.120
74	灌木	株	20.000	供应点—工地	汽车,1.00,178km	0.005500	(0.450×178×(1+57.47%)+5.40)×0.005500	0.723	20.72	1.00	0.207	2.500	0.523	21.450
75	油毛毡	m^2	3.400	供应点—工地	汽车,1.00,178km	0.001970	(0.450×178×(1+57.47%)+5.40)×0.002	0.259	3.66			2.500	0.092	3.750

编制：×××　　复核：×××

（续）

建设项目名称：安徽公路工程××项目预算编制实例

编制范围：K0 +000 ~ K42 +983　　第 6 页　共 8 页　09 表

序号	规格名称	单位	原价/元	运杂费					原价运费合计/元	场外运输损耗		采购及保管费		预算单价/元
				供应地点	运输方式、比重及运距	毛重系数或单位毛重	运杂费构成说明或计算式	单位运费/元		费率（%）	金额/元	费率（%）	金额/元	
76	32.5 级水泥	t	345.000	供应点—工地	汽车,1.00,178km	1.010000	(0.450×178×(1+57.47%)+5.40)×1.010000	132.849	477.85	1.00	4.779	2.500	12.066	494.690
77	42.5 级水泥	t	395.000	供应点—工地	汽车,1.00,178km	1.010000	(0.450×178×(1+57.47%)+5.40)×1.010000	132.849	527.85	1.00	5.279	2.500	13.328	546.460
78	52.5 级水泥	t	535.000	供应点—工地	汽车,1.00,178km	1.010000	(0.450×178×(1+57.47%)+5.40)×1.010000	132.849	667.85	1.00	6.679	2.500	16.863	691.390
79	硝铵炸药	kg	12.000	供应点—工地	汽车,1.00,178km	0.001350	(0.450×178×(1+57.47%)+5.40)×0.001350	0.178	12.18			2.500	0.304	12.480
80	导火线	m	1.200	供应点—工地	汽车,1.00,178km	0.000012	(0.450×178×(1+57.47%)+5.40)×0.000012	0.002	1.20			2.500	0.030	1.230
81	普通雷管	个	1.200	供应点—工地	汽车,1.00,178km	0.000004	(0.450×178×(1+57.47%)+5.40)×0.000004	0.001	1.20			2.500	0.030	1.230
82	石油沥青	t	5080.000	供应点—工地	汽车,1.00,178km	1.000000	0.450×178×(1+57.47%)+5.40	131.533	5211.53	3.00	156.346	2.500	134.197	5502.080
83	改性沥青	t	6030.000	供应点—工地	汽车,1.00,178km	1.000000	0.450×178×(1+57.47%)+5.40	131.533	6161.53	3.00	184.846	2.500	158.660	6505.040
84	重油	kg	3.650	供应点—工地	汽车,1.00,178km	0.001000	(0.450×178×(1+57.47%)+5.40)×0.001000	0.132	3.78			2.500	0.095	3.880
85	煤	t	400.000	供应点—工地	汽车,1.00,178km	1.000000	0.450×178×(1+57.47%)+5.40	131.533	531.53	1.00	5.315	2.500	13.421	550.270
86	青(红)砖	千块	180.000	供应点—工地	汽车,1.00,178km	2.600000	(0.450×178×(1+57.47%)+5.40)×2.600000	341.987	521.99	3.00	15.660	2.500	13.441	551.090
87	生石灰	t	180.000	供应点—工地	汽车,1.00,178km	1.000000	0.450×178×(1+57.47%)+5.40	131.533	311.53	3.00	9.346	2.500	8.022	328.900
88	砂	m^3	13.962	料场—工地	汽车,1.00,40km	1.500000	(0.360×40×(1+98.52%)+4.40)×1.500000	49.480	63.44	2.50	1.586	2.500	1.626	66.650

编制：×××　　复核：×××

（续）

建设项目名称：安徽公路工程××项目预算编制实例

编制范围：K0+000～K42+983　　第7页　共8页　09表

序号	规格名称	单位	原价/元	运杂费					原价运费合计/元	场外运输损耗		采购及保管费		预算单价/元
				供应地点	运输方式、比重及运距	毛重系数或单位毛重	运杂费构成说明或计算式	单位运费/元		费率（%）	金额/元	费率（%）	金额/元	
89	中（粗）砂	m^3	10.345	料场—工地	汽车，1.00，31km	1.500000	(0.360×31×(1+98.52%)+4.40)×1.500000	39.832	50.18	2.50	1.254	2.500	1.286	52.720
90	砂砾	m^3	14.152	料场—工地	汽车，1.00，29km	1.700000	(0.360×29×(1+98.52%)+4.40)×1.700000	42.713	56.87	1.00	0.569	2.500	1.436	58.870
91	天然级配	m^3	14.152	料场—工地	汽车，1.00，29km	1.700000	(0.360×29×(1+98.52%)+4.40)×1.700000	42.713	56.87	1.00	0.569	2.500	1.436	58.870
92	黏土	m^3	100.000	供应点—工地	汽车，1.00，178km	1.400000	(0.450×178×(1+57.47%)+5.40)×1.400000	184.147	284.15	3.00	8.524	2.500	7.317	299.990
93	片石	m^3	35.305	料场—工地	汽车，1.00，31km	1.600000	(0.360×31×(1+98.52%)+4.40)×1.600000	42.488	77.79			2.500	1.945	79.740
94	石渣	m^3	20.000	料场—工地	汽车，1.00，31km	1.500000	(0.360×31×(1+98.52%)+4.40)×1.500000	39.832	59.83	1.00	0.598	2.500	1.511	61.940
95	矿粉	t	100.000	供应点—工地	汽车，1.00，178km	1.000000	0.450×178×(1+57.47%)+5.40	131.533	231.53	3.00	6.946	2.500	5.962	244.440
96	碎石（2cm）	m^3	72.234	料场—工地	汽车，1.00，31km	1.500000	(0.360×31×(1+98.52%)+4.40)×1.500000	39.832	112.07	1.00	1.121	2.500	2.830	116.020
97	碎石（4cm）	m^3	68.532	料场—工地	汽车，1.00，31km	1.500000	(0.360×31×(1+98.52%)+4.40)×1.500000	39.832	108.36	1.00	1.084	2.500	2.736	112.180
98	碎石（6cm）	m^3	64.136	料场—工地	汽车，1.00，31km	1.500000	(0.360×31×(1+98.52%)+4.40)×1.500000	39.832	103.97	1.00	1.040	2.500	2.625	107.630
99	碎石（8cm）	m^3	62.780	料场—工地	汽车，1.00，31km	1.500000	(0.360×31×(1+98.52%)+4.40)×1.500000	39.832	102.61	1.00	1.026	2.500	2.591	106.230
100	碎石	m^3	68.532	料场—工地	汽车，1.00，29km	1.500000	(0.360×29×(1+98.52%)+4.40)×1.500000	37.688	106.22	1.00	1.062	2.500	2.682	109.960
101	石屑	m^3	70.939	料场—工地	汽车，1.00，138km	1.500000	(0.300×138×(1+57.47%)+4.40)×1.500000	104.389	175.33	1.00	1.753	2.500	4.427	181.510
102	路面用碎石（1.5cm）	m^3	85.842	料场—工地	汽车，1.00，138km	1.500000	(0.300×138×(1+57.47%)+4.40)×1.500000	104.389	190.23	1.00	1.902	2.500	4.803	196.940

编制：×××　　复核：×××

（续）

建设项目名称：安徽公路工程××项目预算编制实例

编制范围:K0 +000 ~ K42 +983　　　　第8页　　共8页　　09表

序号	规格名称	单位	原价/元	运杂费					原价运费合计/元	场外运输损耗		采购及保管费		预算单价/元
				供应地点	运输方式、比重及运距	毛重系数或单位毛重	运杂费构成说明或计算式	单位运费/元		费率(%)	金额/元	费率(%)	金额/元	
103	路面用碎石(2.5cm)	m^3	76.456	料场—工地	汽车,1.00,138km	1.500000	(0.300×138×(1+57.47%)+4.40)×1.500000	104.389	180.85	1.00	1.808	2.500	4.566	187.220
104	路面用碎石(3.5cm)	m^3	74.363	料场—工地	汽车,1.00,138km	1.500000	(0.300×138×(1+57.47%)+4.40)×1.500000	104.389	178.75	1.00	1.788	2.500	4.514	185.050
105	块石	m^3	89.233	料场—工地	汽车,1.00,31km	1.850000	(0.360×31×(1+98.52%)+4.40)×1.850000	49.126	138.36			2.500	3.459	141.820
106	开采片石	m^3	35.305			1.600000			35.31					35.310
107	未筛分碎石	m^3	50.000	料场—工地	汽车,1.00,31km	1.500000	(0.360×31×(1+98.52%)+4.40)×1.500000	39.832	89.83	1.00	0.898	2.500	2.268	93.000
108	机制砂	m^3	66.192	料场—工地	汽车,1.00,40km	1.500000	(0.360×40×(1+98.52%)+4.40)×1.500000	49.480	115.67	1.00	1.157	2.500	2.921	119.750
109	反射器	个	8.500	料场—工地	汽车,1.00,178km	1.000000	0.450×178×(1+57.47%)+5.40	131.533	140.03					140.030

编制：×××　　　　复核：×××

表 6-11 自采材料料场价格计算表

建设项目名称：安徽公路工程××项目预算编制实例

编制范围：K0+000～K42+983　　　　第1页　　共5页　　10表

序号	定额号	材料规格名称	单位	料场单价/元	人工 43.35元/工日		间接费(元)占人工5.00%	原木 1672.32元/m^3		钢纤 7.11元/kg		空心钢纤 8.34元/kg		高原施工增加费/元
					定额	金额	金额	定额	金额	定额	金额	定额	金额	
1	8-1-4-8，资源费	砂	m^3	13.96	0.019	0.824	0.041							
2	8-1-4-9，资源费	中(粗)砂	m^3	10.35	0.012	0.520	0.026							
3	8-1-5-1，资源费	砂砾	m^3	14.15	0.245	10.621	0.531							
4	8-1-5-1，资源费	天然级配	m^3	14.15	0.245	10.621	0.531							
5	8-1-6-2，资源费	片石	m^3	35.31	0.392	16.993	0.850					0.021	0.175	
6	8-1-9-3	碎石(2cm)	m^3	72.23	0.483	20.98	1.047							
7	8-1-9-5	碎石(4cm)	m^3	68.53	0.450	19.508	0.975							
8	8-1-9-7	碎石(6cm)	m^3	64.14	0.417	18.077	0.904							
9	8-1-9-9	碎石(8cm)	m^3	62.78	0.409	17.730	0.887							
10	8-1-9-5	碎石	m^3	68.53	0.450	19.508	0.975							
11	8-1-9-1，8-1-10-1	石屑	m^3	70.94	0.511	22.156	1.108							
12	8-1-9-11	路面用碎石(1.5cm)	m^3	85.84	0.497	21.545	1.077							
13	8-1-9-13	路面用碎石(2.5cm)	m^3	76.46	0.459	19.898	0.995							
14	8-1-9-12，8-1-9-15	路面用碎石(3.5cm)	m^3	74.36	0.442	19.178	0.959							
15	8-1-6-5，资源费	块石	m^3	89.23	1.184	51.326	2.566					0.009	0.075	
16	8-1-6-2，资源费	开采片石	m^3	35.31	0.392	16.993	0.850					0.021	0.175	
17	8-1-4-14，资源费	机制砂	m^3	66.19	0.675	29.261	1.463		0.502	0.021	0.149			

编制：×××　　　　复核：×××

（续）

建设项目名称：安徽公路工程××项目预算编制实例

编制范围：K0＋000～K42＋983　　　　第2页　　共5页　　10表

序号	定额号	材料规格名称	单位	料场单价/元	ϕ50mm以内合金钻头28.85元/个		铁件6.81元/kg		硝铵炸药12.48元/kg		导火线1.23元/m		普通雷管1.23元/个		高原施工增加费/元
					定额	金额	定额	金额	定额	金额	定额	金额	定额	金额	
1	8－1－4－8，资源费	砂	m^3	13.96											
2	8－1－4－9，资源费	中（粗）砂	m^3	10.35											
3	8－1－5－1，资源费	砂砾	m^3	14.15											
4	8－1－5－1，资源费	天然级配	m^3	14.15											
5	8－1－6－2，资源费	片石	m^3	35.31	0.030	0.866			0.204	2.546	0.520	0.640	0.490	0.603	
6	8－1－9－3	碎石（2cm）	m^3	72.23											
7	8－1－9－5	碎石（4cm）	m^3	68.53											
8	8－1－9－7	碎石（6cm）	m^3	64.14											
9	8－1－9－9	碎石（8cm）	m^3	62.78											
10	8－1－9－5	碎石	m^3	68.53											
11	8－1－9－1，8－1－10－1	石屑	m^3	70.94											
12	8－1－9－11	路面用碎石（1.5cm）	m^3	85.84											
13	8－1－9－13	路面用碎石（2.5cm）	m^3	76.46											
14	8－1－9－12，8－1－9－15	路面用碎石（3.5cm）	m^3	74.36											
15	8－1－6－5，资源费	块石	m^3	89.23	0.030	0.866			0.119	1.485	0.360	0.443	0.350	0.431	
16	8－1－6－2，资源费	开采片石	m^3	35.31	0.030	0.866			0.204	2.546	0.520	0.640	0.490	0.603	
17	8－1－4－14，资源费	机制砂	m^3	66.19			0.006	0.041	0.090	1.123	0.300	0.369	0.200	0.246	

编制：×××　　　　复核：×××

（续）

建设项目名称：安徽公路工程××项目预算编制实例

编制范围：K0+000～K42+983　　　　第3页　　共5页　　10表

序号	定额号	材料规格名称	单位	料场单价/元	其他材料费 1.00元/元		开采片石 35.31元/m^3		105kW以内履带式推土机 979.86元/台班		2.0m^3轮胎式装载机955.65元/台班		10m×0.5m皮带运输机111.69元/台班		高原施工增加费/元
					定额	金额	定额	金额	定额	金额	定额	金额	定额	金额	
1	8-1-4-8，资源费	砂	m^3	13.96					0.004	4.213	0.004	4.109	0.009	1.016	
2	8-1-4-9，资源费	中（粗）砂	m^3	10.35					0.003	2.842	0.003	2.771	0.006	0.681	
3	8-1-5-1，资源费	砂砾	m^3	14.15											
4	8-1-5-1，资源费	天然级配	m^3	14.15											
5	8-1-6-2，资源费	片石	m^3	35.31											
6	8-1-9-3	碎石（2cm）	m^3	72.23			1.169	41.277							
7	8-1-9-5	碎石（4cm）	m^3	68.53			1.149	40.571							
8	8-1-9-7	碎石（6cm）	m^3	64.14			1.111	39.229							
9	8-1-9-9	碎石（8cm）	m^3	62.78			1.099	38.806							
10	8-1-9-5	碎石	m^3	68.53			1.149	40.571							
11	8-1-9-1，8-1-10-1	石屑	m^3	70.94			1.071	37.833							
12	8-1-9-11	路面用碎石（1.5cm）	m^3	85.84			1.176	41.525							
13	8-1-9-13	路面用碎石（2.5cm）	m^3	76.46			1.153	40.712							
14	8-1-9-12，8-1-9-15	路面用碎石（3.5cm）	m^3	74.36			1.142	40.313							
15	8-1-6-5，资源费	块石	m^3	89.23											
16	8-1-6-2，资源费	开采片石	m^3	35.31											
17	8-1-4-14，资源费	机制砂	m^3	66.19	0.209	0.209							0.085	9.494	

编制：×××　　　　复核：×××

（续）

建设项目名称：安徽公路工程××项目预算编制实例

编制范围：K0+000～K42+983

第4页　共5页　10表

序号	定额号	材料规格名称	单位	料场单价/元	φ150×250mm电动鄂式破碎机138.25元/台班		φ250×400mm电动鄂式破碎机218.66元/台班		生产率8～20m³/h滚筒式筛分机168.35元/台班		9m³/min以内机动空压机697.99元/台班		小型机具使用费1.00元/元		高原施工增加费/元
					定额	金额	定额	金额	定额	金额	定额	金额	定额	金额	
1	8-1-4-8，资源费	砂	m^3	13.96					0.005	0.758					
2	8-1-4-9，资源费	中(粗)砂	m^3	10.35					0.003	0.505					
3	8-1-5-1，资源费	砂砾	m^3	14.15											
4	8-1-5-1，资源费	天然级配	m^3	14.15											
5	8-1-6-2，资源费	片石	m^3	35.31							0.013	9.144	0.489	0.489	
6	8-1-9-3	碎石(2cm)	m^3	72.23	0.065	8.972									
7	8-1-9-5	碎石(4cm)	m^3	68.53			0.034	7.478							
8	8-1-9-7	碎石(6cm)	m^3	64.14			0.027	5.926							
9	8-1-9-9	碎石(8cm)	m^3	62.78			0.025	5.357							
10	8-1-9-5	碎石	m^3	68.53			0.034	7.478							
11	8-1-9-1，8-1-10-1	石屑	m^3	70.94	0.071	9.842									
12	8-1-9-11	路面用碎石(1.5cm)	m^3	85.84	0.070	9.691			0.071	12.003					
13	8-1-9-13	路面用碎石(2.5cm)	m^3	76.46	0.048	6.636			0.049	8.215					
14	8-1-9-12，8-1-9-15	路面用碎石(3.5cm)	m^3	74.36	0.019	2.692	0.020	4.423	0.040	6.798					
15	8-1-6-5，资源费	块石	m^3	89.23							0.040	27.571	1.471	1.471	
16	8-1-6-2，资源费	开采片石	m^3	35.31							0.013	9.144	0.489	0.489	
17	8-1-4-14，资源费	机制砂	m^3	66.19			0.093	20.335							

编制：×××　　　　复核：×××

（续）

建设项目名称：安徽公路工程××项目预算编制实例

编制范围：K0+000～K42+983

第5页　共5页　10表

序号	定额号	材料规格名称	单位	料场单价/元	其他费 1.00元										高原施工增加费/元
					定额	金额									
1	8-1-4-8，资源费	砂	m^3	13.96		3.000									
2	8-1-4-9，资源费	中（粗）砂	m^3	10.35		3.000									
3	8-1-5-1，资源费	砂砾	m^3	14.15		3.000									
4	8-1-5-1，资源费	天然级配	m^3	14.15		3.000									
5	8-1-6-2，资源费	片石	m^3	35.31		3.000									
6	8-1-9-3	碎石（2cm）	m^3	72.23											
7	8-1-9-5	碎石（4cm）	m^3	68.53											
8	8-1-9-7	碎石（6cm）	m^3	64.14											
9	8-1-9-9	碎石（8cm）	m^3	62.78											
10	8-1-9-5	碎石	m^3	68.53											
11	8-1-9-1，8-1-10-1	石屑	m^3	70.94											
12	8-1-9-11	路面用碎石（1.5cm）	m^3	85.84											
13	8-1-9-13	路面用碎石（2.5cm）	m^3	76.46											
14	8-1-9-12，8-1-9-15	路面用碎石（3.5cm）	m^3	74.36											
15	8-1-6-5，资源费	块石	m^3	89.23		3.000									
16	8-1-6-2，资源费	开采片石	m^3	35.31		3.000									
17	8-1-4-14，资源费	机制砂	m^3	66.19		3.000									

编制：×××　　复核：×××

表 6-12 机械台班单价计算表

建设项目名称：安徽公路工程××项目预算编制实例

编制范围：K0 +000 ~ K42 +983

第 1 页　　共 5 页　　11 表

序号	定额号	机械规格名称	台班单价/元	不变费用/元		可变费用/元																	
				调整系数 1.00		人工:43.35 元/工日		重油:3.88 元/kg		汽油:9.51 元/kg		柴油:7.88 元/kg		煤:550.27 元/t		电:1.50 元/(kW·h)		水:12.00 元/m^3		木柴:0.49 元/kg		养路费及车船税	合计
				定额	调整值	定额	费用	定额	费用	定额	费用	定额	费用	定额	费用	定额	费用	定额	费用	定额	费用		
1	1003	75kW 以内履带式推土机	735.15	215.29	215.29	2.00	86.70					54.97	433.16										519.86
2	1005	105kW 以内履带式推土机	979.86	290.18	290.18	2.00	86.70					76.52	602.98										689.68
3	1006	135kW 以内履带式推土机	1390.39	530.98	530.98	2.00	86.70					98.06	772.71										859.41
4	1007	165kW 以内履带式推土机	1645.45	610.39	610.39	2.00	86.70					120.35	948.36										1035.06
5	1025	12m^3 以内拖式(含头)铲运机	1574.03	724.55	724.55	2.00	86.70					96.80	762.78										849.48
6	1027	0.6m^3 履带式单斗挖掘机	571.51	192.54	192.54	2.00	86.70					37.09	292.27										378.97
7	1035	1.0m^3 履带式单斗挖掘机	956.27	361.07	361.07	2.00	86.70					64.53	508.50										595.20
8	1037	2.0m^3 履带式单斗挖掘机	1564.23	751.07	751.07	2.00	86.70					92.19	726.46										813.16
9	1048	1.0m^3 轮胎式装载机	531.20	99.20	99.20	1.00	43.35					49.03	386.36									2.29	432.00
10	1050	2.0m^3 轮胎式装载机	955.65	176.08	176.08	1.00	43.35					92.86	731.74									4.48	779.57
11	1051	3.0m^3 轮胎式装载机	1211.89	212.03	212.03	2.00	86.70					115.15	907.38									5.78	999.86
12	1057	120kW 以内平地机	1098.00	358.39	358.39	2.00	86.70					82.13	647.18									5.73	739.62
13	1075	6 ~8t 光轮压路机	290.03	94.36	94.36	1.00	43.35					19.33	152.32										195.67
14	1076	8 ~10t 光轮压路机	329.24	103.07	103.07	1.00	43.35					23.20	182.82										226.17
15	1077	10 ~12t 光轮压路机	437.80	128.82	128.82	1.00	43.35					33.71	265.63										308.98
16	1078	12 ~15t 光轮压路机	506.30	144.13	144.13	1.00	43.35					40.46	318.82										362.17
17	1080	18 ~21t 光轮压路机	678.43	168.58	168.58	1.00	43.35					59.20	466.50										509.85
18	1083	0.6t 手扶式振动碾	100.35	33.68	33.68	1.00	43.35					2.96	23.32										66.67
19	1088	15t 以内振动压路机	943.71	277.04	277.04	2.00	86.70					73.60	579.97										666.67
20	1089	20t 以内振动压路机	1260.14	341.31	341.31	2.00	86.70					105.60	832.13										918.83
21	1094	200 ~620N · m 蛙式夯土机	34.00	7.99	7.99											17.34	26.01						26.01
22	1139	机动液压喷播机	255.94	46.01	46.01	1.00	43.35					21.14	166.58										209.93

编制：×××　　　　复核：×××

（续）

建设项目名称：安徽公路工程××项目预算编制实例

编制范围：K0+000~K42+983　　　　第2页　　共5页　　11表

序号	定额号	机械规格名称	台班单价/元	不变费用/元 调整系数 1.00		可变费用/元 人工：43.35 元/工日		重油：3.88 元/kg		汽油：9.51 元/kg		柴油：7.88 元/kg		煤：550.27 元/t		电：1.50 元/（kW·h）		水：12.00 元/m³		木柴：0.49 元/kg		养路费及车船税	合计
				定额	调整值	定额	费用	定额	费用	定额	费用	定额	费用	定额	费用	定额	费用	定额	费用	定额	费用		
23	1160	300t/h以内稳定土厂拌设备	1381.85	399.11	399.11	4.00	173.40									539.56	809.34						982.74
24	1166	摊铺宽12.5m稳定土摊铺机	2672.11	1510.50	1510.50	2.00	86.70					136.41	1074.91										1161.61
25	1185	4000L以内液态沥青运输车	521.59	150.14	150.14	1.00	43.35			34.28	326.00											2.10	371.45
26	1193	4000L以内沥青洒布车	527.79	156.20	156.20	1.00	43.35			34.28	326.00											2.24	371.59
27	1201	30t/h以内沥青拌和设备	5424.88	816.35	816.35	5.00	216.75	897.60	3482.69							606.06	909.09						4608.53
28	1207	320t/h以内沥青拌和设备	54590.89	8305.70	8305.70	6.00	260.10	9574.40	37148.67							5817.61	8876.42						46285.19
29	1214	12.5m以内带自动找平沥青混合料摊铺机	3326.85	2121.89	2121.89	3.00	130.05					136.41	1074.91										1204.96
30	1216	2.5~3.5m稀浆封层机	2717.65	1814.42	1814.42	2.00	86.70					103.62	816.53										903.23
31	1224	16~20t以内轮胎式压路机	696.81	320.21	320.21	1.00	43.35					42.29	333.25										376.60
32	1225	20~25t以内轮胎式压路机	850.36	410.72	410.72	1.00	43.35					50.29	396.29										439.64
33	1227	热熔标线设备	672.77	152.63	152.63	2.00	86.70			45.43	432.04											1.40	520.14
34	1235	2.5~4.5m轨道式水泥混凝土摊铺机	1115.19	606.90	606.90	3.00	130.05					48.00	378.24										508.29
35	1243	电动混凝土刻纹机	214.21	114.16	114.16	1.00	43.35									37.80	56.70						100.05
36	1245	电动混凝土切缝机	146.18	72.59	72.59	1.00	43.35									20.16	30.24						73.59
37	1251	机动混凝土路缘石铺筑机	158.17	36.26	36.26	1.00	43.35					9.97	78.56										121.91
38	1272	250L以内强制式混凝土搅拌机	138.94	16.48	16.48	1.00	43.35									52.74	79.11						122.46
39	1304	$3m^3$ 混凝土搅拌运输车	759.21	393.09	393.09	1.00	43.35					40.46	318.82									3.95	366.12
40	1307	$6m^3$ 混凝土搅拌运输车	1284.76	798.50	798.50	1.00	43.35					55.54	437.66									5.25	486.26
41	1316	$60m^3/h$ 以内混凝土输送泵	1331.63	740.61	740.61	1.00	43.35									365.11	547.67						591.02
42	1323	$15m^3/h$ 以内水泥混凝土搅拌站	817.02	225.42	225.42	5.00	216.75									249.90	374.85						591.60
43	1325	$40m^3/h$ 以内水泥混凝土搅拌站	1341.47	446.55	446.55	7.00	303.45									394.31	591.47						894.92
44	1327	$60m^3/h$ 以内水泥混凝土搅拌站	2395.79	978.17	978.17	9.00	390.15									684.98	1027.47						1417.62

编制：×××　　　　复核：×××

（续）

建设项目名称：安徽公路工程××项目预算编制实例

编制范围：K0+000~K42+983

第 3 页　　共 5 页　　11 表

序号	定额号	机械规格名称	台班单价/元	不变费用/元		可变费用/元																养路费及车船税	合计
				调整系数 1.00		人工：43.35 元/工日		重油：3.88 元/kg		汽油：9.51 元/kg		柴油：7.88 元/kg		煤：550.27 元/t		电：1.50 元/（kW·h）		水：12.00 元/m³		木柴：0.49 元/kg			
				定额	调整值	定额	费用	定额	费用	定额	费用	定额	费用	定额	费用	定额	费用	定额	费用	定额	费用		
45	1344	拉伸力 900kN 以内预应力拉伸机	65.88	24.00	24.00											27.92	41.88						41.88
46	1347	拉伸力 5000kN 以内预应力拉伸机	225.57	122.11	122.11											68.97	103.46						103.46
47	1349	油泵、千斤顶各 1 钢绞线拉伸设备	134.32	109.97	109.97											16.23	24.35						24.35
48	1352	含钢带点焊机波纹管卷制机	225.03	104.86	104.86	2.00	86.70									22.31	33.47						120.17
49	1370	2t 以内载货汽车	282.36	47.32	47.32	1.00	43.35			20.08	190.96											0.73	235.04
50	1372	4t 以内载货汽车	428.94	58.29	58.29	1.00	43.35			34.28	326.00											1.30	370.65
51	1374	6t 以内载货汽车	434.48	80.24	80.24	1.00	43.35					39.24	309.21									1.68	354.24
52	1378	15t 以内载货汽车	826.16	292.61	292.61	1.00	43.35					61.72	486.35									3.85	533.55
53	1382	3t 以内自卸汽车	429.64	59.09	59.09	1.00	43.35			34.28	326.00											1.20	370.55
54	1383	5t 以内自卸汽车	531.60	90.43	90.43	1.00	43.35			41.63	395.90											1.92	441.17
55	1388	15t 以内自卸汽车	847.49	264.17	264.17	1.00	43.35					67.89	534.97									5.00	583.32
56	1393	20t 平板拖车组	796.54	342.95	342.95	2.00	86.70					45.26	356.65									10.24	453.59
57	1394	30t 平板拖车组	967.66	468.69	468.69	2.00	86.70					50.40	397.15									15.12	498.97
58	1395	40t 平板拖车组	1174.77	630.98	630.98	2.00	86.70					55.54	437.66									19.43	543.78
59	1397	80t 平板拖车组	1891.68	1132.66	1132.66	2.00	86.70					80.57	634.89									37.43	759.02
60	1404	4000L 以内洒水汽车	581.27	193.52	193.52	1.00	43.35			36.00	342.36											2.04	387.75
61	1405	6000L 以内洒水汽车	607.91	227.73	227.73	1.00	43.35					42.43	334.35									2.48	380.18
62	1406	8000L 以内洒水汽车	756.37	337.72	337.72	1.00	43.35					47.20	371.94									3.36	418.65
63	1408	1.0t 以内机动翻斗车	143.11	28.46	28.46	1.00	43.35					9.00	70.92									0.38	114.65
64	1411	功率 30kW 轨道拖车头	265.75	64.80	64.80	1.00	43.35					20.00	157.60										200.95
65	1416	3t 以内电瓶车	215.80	51.04	51.04	1.00	43.35									80.94	121.41						164.76
66	1432	15t 以内履带式起重机	637.55	286.71	86.71	2.00	86.70					33.52	264.14										350.84

编制：×××　　　　复核：×××

（续）

建设项目名称：安徽公路工程××项目预算编制实例

编制范围：K0+000～K42+983　　　　第4页　　共5页　　11表

序号	定额号	机械规格名称	台班单价/元	不变费用/元		可变费用/元																养路费及车船税	合计
				调整系数 1.00		人工：43.35 元/工日		重油：3.88 元/kg		汽油：9.51 元/kg		柴油：7.88 元/kg		煤：550.27 元/t		电：1.50 元/（kW·h）		水：12.00 元/m^3		木柴：0.49 元/kg			
				定额	调整值	定额	费用	定额	费用	定额	费用	定额	费用	定额	费用	定额	费用	定额	费用	定额	费用		
67	1449	5t 以内汽车式起重机	466.42	175.25	175.25	1.00	43.35			25.71	244.50											3.32	291.17
68	1450	8t 以内汽车式起重机	586.18	240.47	240.47	2.00	86.70					32.38	255.15									3.86	345.72
69	1451	12t 以内汽车式起重机	787.43	339.80	339.80	2.00	86.70					44.95	354.21									6.72	447.63
70	1453	20t 以内汽车式起重机	1128.80	590.74	590.74	2.00	86.70					56.00	441.28									10.08	538.06
71	1455	30t 以内汽车式起重机	1456.37	862.57	862.57	2.00	86.70					62.86	495.34									11.76	593.80
72	1456	40t 以内汽车式起重机	2062.11	1374.88	1374.88	2.00	86.70					74.29	585.41									15.12	687.23
73	1458	75t 以内汽车式起重机	3015.12	2195.62	2195.62	2.00	86.70					89.53	705.50									27.30	819.50
74	1462	最大作业高度 15m 高空作业车	540.25	241.06	241.06	2.00	86.70					26.67	210.16									2.33	299.19
75	1499	30kN 以内单筒慢动电动卷扬机	115.05	15.33	15.33	1.00	43.35									37.58	56.37						99.72
76	1500	50kN 以内单筒慢动电动卷扬机	143.91	17.89	17.89	1.00	43.35									55.11	82.67						126.02
77	1501	80kN 以内单筒慢动电动卷扬机	190.13	45.03	45.03	1.00	43.35									67.83	101.75						145.10
78	1531	1.0m×0.5m 皮带运输机	111.69	38.10	38.10	1.00	43.35									20.16	30.24						73.59
79	1548	4t 以内内燃叉车	400.81	109.79	109.79	1.00	43.35					31.43	247.67										291.02
80	1560	300kg 以内液压升降机	67.52	24.17	24.17	1.00	43.35																43.35
81	1600	φ1500mm 以内回旋钻机	1536.95	600.41	600.41	2.00	86.70									566.56	849.84						936.54
82	1602	φ2500mm 以内回旋钻机	2334.32	1074.03	1074.03	2.00	86.70									782.39	1173.59						1260.29
83	1624	100～150L 泥浆搅拌机	64.72	6.76	6.76	1.00	43.35									9.74	14.61						57.96
84	1663	φ100mm 以内电动多级离心水泵	417.21	23.19	23.19	1.00	43.35									233.78	350.67						394.02
85	1726	32kV·A 交流电弧焊机	181.18	6.38	6.38	1.00	43.35									87.63	131.45						174.80
86	1746	100kV·A 交流对焊机	333.62	19.29	19.29	1.00	43.35									180.65	270.98						314.33
87	1747	150kV·A 交流对焊机	474.75	23.34	23.34	1.00	43.35									272.04	408.06						451.41
88	1756	φ150×250mm 电动鄂式破碎机	138.25	41.35	41.35	1.00	43.35									35.70	53.55						96.90

编制：×××　　　　复核：×××

（续）

建设项目名称：安徽公路工程××项目预算编制实例

编制范围：K0+000～K42+983

第5页　　共5页　　11表

序号	定额号	机械规格名称	台班单价/元	不变费用/元		可变费用/元																	
				调整系数 1.00		人工：43.35元/工日		重油：3.88元/kg		汽油：9.51元/kg		柴油：7.88元/kg		煤：550.27元/t		电：1.50元/（kW·h）		水：12.00元/m^3		木柴：0.49元/kg		养路费及车船税	合计
				定额	调整值	定额	费用	定额	费用	定额	费用	定额	费用	定额	费用	定额	费用	定额	费用	定额	费用		
89	1757	φ250×400mm电动鄂式破碎机	218.66	47.52	47.52	1.00	43.35									85.19	127.79						171.14
90	1775	生产率8～20m^3/h滚筒式筛分机	168.35	89.93	89.93	1.00	43.35									23.38	35.07						78.42
91	1842	9m^3/min以内机动空压机	697.99	179.16	179.16	1.00	43.35					60.34	475.48										518.83
92	1948	光纤熔接机	158.44	157.54	157.54											0.60	0.90						0.90
93	1950	光时域反射仪	631.01	630.11	630.11											0.60	0.90						0.90
94	1952	光纤测试仪	284.27	283.37	283.37											0.60	0.90						0.90
95	1954	微机硬盘测试仪	115.55	114.65	114.65											0.60	0.90						0.90
96	1958	网络分析仪	165.38	164.63	164.63											0.50	0.75						0.75
97	1971	高压试验变压器全套装置	155.33	154.43	154.43											0.60	0.90						0.90
98	1972	继电保护测试仪	115.81	114.91	114.91											0.60	0.90						0.90
99	1973	三相精密测试电源	70.41	69.51	69.51											0.60	0.90						0.90
100	1974	直流高压发生器	31.35	30.45	30.45											0.60	0.90						0.90
101	1975	轻型试验变压器	21.98	21.08	21.08											0.60	0.90						0.90
102	1977	电能校验仪	43.52	42.62	42.62											0.60	0.90						0.90
103	1979	真空断路器测试仪	159.54	158.64	158.64											0.60	0.90						0.90
104	1987	功率90kW以内工程修理车	648.47	197.52	197.52	1.00	43.35					51.43	405.27									2.33	450.95
105	1998	小型机具使用费	1.00																				

编制：×××　　　　复核：×××

表 6-13　辅助生产工、料、机械台班单位数量表

建设项目名称：安徽公路工程××项目预算编制实例

编制范围：K0+000～K42+983　　第1页　共3页　12表

序号	规格名称	单位	人工（工日）	原木 /m^3	钢钎 /kg	空心钢钎 /kg	ϕ50mm 以内合金钻头/个	铁件 /kg	硝铵炸药 /kg	导火线 /m
1	砂	m^3	0.019							
2	中（粗）砂	m^3	0.012							
3	砂砾	m^3	0.245							
4	天然级配	m^3	0.245							
5	片石	m^3	0.392			0.021	0.030		0.204	0.520
6	碎石（2cm）	m^3	0.483							
7	碎石（4cm）	m^3	0.450							
8	碎石（6cm）	m^3	0.417							
9	碎石（8cm）	m^3	0.409							
10	碎石	m^3	0.450							
11	石屑	m^3	0.511							
12	路面用碎石（1.5cm）	m^3	0.497							
13	路面用碎石（2.5cm）	m^3	0.459							
14	路面用碎石（3.5cm）	m^3	0.442							
15	块石	m^3	1.184			0.009	0.030		0.119	0.360
16	开采片石	m^3	0.392			0.021	0.030		0.204	0.520
17	机制砂	m^3	0.675		0.021			0.006	0.090	0.300

编制：×××　　复核：×××

（续）

建设项目名称：安徽公路工程××项目预算编制实例

编制范围：K0+000~K42+983　　　　第2页　共3页　12表

序号	规格名称	单位	普通雷管/个	其他材料费/元	开采片石/m^3	105kW以内履带式推土机/台班	2.0m^3轮胎式装载机/台班	10m×0.5m皮带运输机/台班	ϕ150×250mm电动鄂式破碎机/台班	ϕ250×400mm电动鄂式破碎机/台班
1	砂	m^3				0.004	0.004	0.009		
2	中（粗）砂	m^3				0.003	0.003	0.006		
3	砂砾	m^3								
4	天然级配	m^3								
5	片石	m^3	0.490							
6	碎石（2cm）	m^3			1.169				0.065	
7	碎石（4cm）	m^3			1.149					0.034
8	碎石（6cm）	m^3			1.111					0.027
9	碎石（8cm）	m^3			1.099					0.025
10	碎石	m^3			1.149					0.034
11	石屑	m^3			1.071				0.071	
12	路面用碎石（1.5cm）	m^3			1.176				0.070	
13	路面用碎石（2.5cm）	m^3			1.153				0.048	
14	路面用碎石（3.5cm）	m^3			1.142				0.019	0.020
15	块石	m^3	0.350							
16	开采片石	m^3	0.490							
17	机制砂	m^3	0.200	0.209				0.085		0.093

编制：×××　　　　复核：×××

（续）

建设项目名称：安徽公路工程××项目预算编制实例

编制范围：K0+000～K42+983　　　　第3页　共3页　12表

序号	规格名称	单位	生产率8～20m³/h滚筒式筛分机/台班	9m³/min以内机动空压机/台班	小型机具使用费/元					
1	砂	m^3	0.005							
2	中（粗）砂	m^3	0.003							
3	砂砾	m^3								
4	天然级配	m^3								
5	片石	m^3		0.013	0.489					
6	碎石（2cm）	m^3								
7	碎石（4cm）	m^3								
8	碎石（6cm）	m^3								
9	碎石（8cm）	m^3								
10	碎石	m^3								
11	石屑	m^3								
12	路面用碎石（1.5cm）	m^3	0.071							
13	路面用碎石（2.5cm）	m^3	0.049							
14	路面用碎石（3.5cm）	m^3	0.040							
15	块石	m^3		0.040	1.471					
16	开采片石	m^3		0.013	0.489					
17	机制砂	m^3								

编制：×××　　　　复核：×××

6.2 路基工程工程量清单编制实例

工程量清单报价是在建设工程招投标工作中，由招标人按国家统一的工程量计算规则提供工程数量，由投标人自主报价，并按照经评审低价中标的工程造价计价模式。

工程量清单计价提供的是计价规则、计价办法以及定额消耗量，真正实现了量价分离、企业自主报价、市场有序竞争形成价格。工程量清单计价是市场形成工程造价的主要形式，工程量清单计价有利于发挥企业自主报价的能力，实现由政府定价向市场定价的转变；有利于规范业主在招标中的行为，有效避免招标单位在招标中盲目压价的行为，从而真正体现公开、公平、公正的原则，适应市场经济规律。

6.2.1 路基工程概述

1. 路基特点

路基是按照路线位置和一定技术要求修筑的带状构造物，是路面的基础，承受由路面传递下来的行车荷载。它贯穿公路全线，与桥梁、隧道相连构成公路的整体。路基工程是关于路基及其防护、支挡、排水设计、施工和质量控制和检测的科学。

作为公路建筑的主体，路基具有以下特点：工程数量大、耗费劳力多、涉及面广、投资高等。以平原微丘区三级公路为例，每公里土石方数量约 8000 ~ 16000m^3，而山岭重丘区三级公路每公里土石方数量可达 20000 ~ 60000m^3 以上，一般公路的路基修建投资占公路总投资的 25% ~45%，个别山区公路可达 65%。路基是带状的土工建筑，其施工改变了原有地面的自然状态，挖、填、借、弃土涉及当地生态平衡、水土保持和农田水利等自然环境。因此，路基设计和施工必须与当地农田水利建设和环境保护相配合。路基工程对工期影响大，在工程地质和水文条件复杂的路段，不但工程技术问题多，施工难度大，增加工程投资，而且常成为影响全线工期的关键。路基工程质量对公路的质量和运营具有十分重要的影响，路基质量差，将引起路面沉降变形和破坏，增加养护维修费用，影响行车舒适、安全和道路的服务水平。因此，对路基的设计和施工质量必须予以重视，确保路基工程质量。

2. 路基设计的一般要求

路基除断面尺寸应符合设计标准外，还应满足下列基本要求：

（1）具有足够的整体稳定性　路基是直接在地面上填筑或挖去一部分地面建成的，路基建成后，改变了原地面的天然平衡状态。在工程地质不良地区，修建路基可能加剧原地面的不平衡状态；开挖路堑使两侧边坡土体失去支承力，可能导致边坡坍塌或滑坡；天然坡面特别是陡坡面上的填方路堤，可能因自重而下滑。对于上述情况，都必须因地制宜地采取一定措施来保证路基的整体稳定性。

（2）具有足够的强度　公路上的行车荷载，通过路面传递给路基，对其产生一定压力，路基自重及路面的重力也给予路基和地基一定压力。这些压力都可使路基产生一定的变形，使路面变形而遭到破坏，直接影响路面的使用性能。因此，要求路基应具有足够的强度，以保证在外力作用下，不致产生超过容许范围的变形。

（3）具有足够的水温稳定性　路基在地面水和地下水作用下，其强度将显著的降低。特别是在季节性冰冻地区，由于水温状况的变化，路基将发生周期性冻融作用，使路基强度急剧下降。因此，对路基不仅要求其具有足够的强度，而且还应保证在最不利的水温状况下，强度不至于显著地降低，以使路面处于正常稳定状态，即要求路基具有足够的水温稳定性。

下面将演示如何具体使用纵横公路工程造价管理系统编制路基土石方清单，从而掌握软件的操作流程以及工程量清单的编制流程。

6.2.2　案例工程概况

某高速公路新建工程 A7 合同段（K0 + 000 ~ K5 + 000），土方开挖现场如图 6-1 所示，共长 5km，路基宽 24.5m，施工工期为 4 个月，主要工程数量见表 6-14，弃土场工程数量见表 6-15，请编制相应工程量清单。

图 6-1　土方开挖

表 6-14　主要工程数量

挖方		填方		本桩利用		远运利用			弃方		
土方	石方	土方	石方	土方	石方	土方	石方	平均运距/km	土方	石方	平均运距/km
普通土	软石										
天然方		压实方/m^3		压实方/m^3		压实方/m^3			天然方/m^3		
36414	68472	29575	62006	8740	3764	20835	58242	1	2107	11426	1

表 6-15　弃土场工程数量

M7.5 浆砌片石护脚	M7.5 浆砌片石排水沟	便道
194.4m^3	896.4m^3	188m

项目属性以及取费信息见表 6-16 和表 6-17。

表 6-16　项目属性

建设单位：纵横公路工程投资发展有限公司	
数据文件号：Smart Cost 2017	公路等级：高速公路
工程地点：安徽	编制范围：A7 合同段
路线或桥梁长度：2.6km	路基或桥梁宽度：24.5m
利润率：7.42%	税金：11%

表 6-17　取费信息

工程所在地	安徽	费率标准	安徽概（预）算－皖交建管函［2016］347 号文
冬季施工	准一区	雨季施工	Ⅱ区 3 个月
夜间施工	不计	高原施工	不计
风沙施工	不计	沿海地区	不计
行车干扰	不计	施工安全	计
临时设施	计	施工辅助	计
工地转移/km	0	养老保险（%）	20
失业保险（%）	2	医疗保险（%）	8.1
住房公积金（%）	6	工伤保险（%）	2
基本费用	计	综合里程/km	0
职工探亲	计	职工取暖	不计
财务费用	计		

注：项目属性以及取费信息仅供参考，实际项目请结合实际情况考虑。

6.2.3　编制依据

1. 施工工艺（见图 6-2）

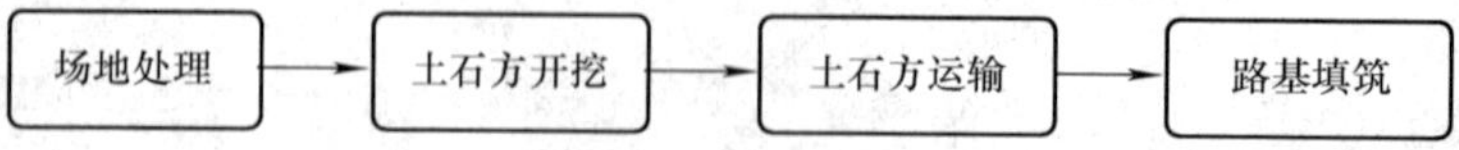

图 6-2　施工工艺

1）场地处理：各项准备工作，如清除场地内所有地上、地下障碍物，排除地面积水，铺筑临时道路等。

2）土石方开挖：在建设区域内，为建筑施工创造条件，按设计要求进行的开挖土石方作业。

3）土石方运输：根据施工组织设计的土石方调配方案进行土石方的运输。

4）路基填筑：挖方经实验室试验后，合格则用于填方，不合格则为弃方，若利用方不足用于路基填筑，则用借方。

2. 《公路工程标准施工招标文件》（2009 年版）（下册）

《公路工程标准施工招标文件》（2009 年版）（下册）第 203 节计量与支付中关于挖方路基计量的有关规定如下：

1）路基土石方开挖数量包括边沟、排水沟、截水沟，应以经监理人校核批准的横断面地面线和土石分界的补充测量为基础，按路线中线长度乘以经监理人核准的横断面面积进行计算，以立方米计量。

2）除非监理人另有指示，凡超过图样或监理人规定尺寸的开挖，均不予计量。

3）石方爆破安全措施、弃方的运输和堆放、质量检验、临时道路和临时排水等均含入相关子目单价或费率之中，不另行计量。支付子目见表 6-18。

表 6-18　支付子目（一）

子目号	细目名称	单　位
203-1	路基挖方	
-a	挖土方	m^3
-b	挖石方	m^3

《公路工程标准施工招标文件》（2009 年版）（下册）第 204 节计量与支付中关于填方路基计量的有关规定如下：

1）填筑路堤的土石方数量，应以承包人的施工测量和补充测量经监理人校核批准的横断面地面线为基础，以监理人批准的横断面图为依据，由承包人按不同来源（包括利用土方、利用石方和借方等）分别计算，经监理人校核认可的工程数量作为计量的工程数量。

2）利用土、石填方及土石混合填料的填方，按压实的体积，以立方米计量。计价中包括挖台阶、摊平、压实、整型等一切与有关作业的费用。利用土、石方的开挖作业在《公路工程标准施工招标文件》（2009 年版）（下册）第 203 节路基挖方中计量。承包人不得因为土石混填的工艺、压实标准及检测方法的变化而要求增加额外的费用。

支付子目见表 6-19。

表 6-19　支付子目（二）

子目号	细 目 名 称	单 位
204-1	路基填筑（包括填前压实）	
-b	利用土方	m^3
-c	利用石方	m^3

3.《公路工程预算定额》

（1）路基土、石方工程

1）“人工挖运土方”“人工开炸石方”“机械打眼开炸石方”“抛坍爆破石方”等定额中，已包括开挖边沟消耗的工、料和机械台班数量，因此，开挖边沟的数量应合并在路基土、石方数量内计算。

2）各种开炸石方定额中，均已包括清理边坡工作。

3）机械施工土、石方，挖方部分机械达不到需由人工完成的工程量由施工组织设计确定。其中人工操作部分按相应定额乘以 1.15 的系数。

4）抛坍爆破石方定额按地面横坡坡度划分，地面横坡变化复杂，为简化计算，凡变化长度在 20m 以内，以及零星变化长度累计不超过设计长度的 10m 时，可并入附近路段计算。抛坍爆破的石方清运及增运定额，按设计数量乘以（1-抛坍率）编制。

5）自卸汽车运输路基土、石方定额项目和洒水汽车洒水定额项目，仅适用于平均运距在 15km 以内的土、石方或水的运输，当平均运距超过 15km 时，应按社会运输的有关规定计算其运输费用。当运距超过第一个定额运距单位时，其运距尾数不足一个增运定额单位的半数时不计，等于或超过半数时按一个增运定额运距单位计算。

6）路基加宽填筑部分如需清除时，按刷坡定额中普通土子目计算；清除的土方如需远运，按土方运输定额计算。

7）下列数量应由施工组织设计提出，并入路基填方数量内计算：

① 清除表土或零填方地段的基底压实、耕地填前夯（压）实后回填至原地面标高所需的土、石方数量。

② 因路基沉陷需增加填筑的土、石方数量。

③ 为保证路基边缘的压实度须加宽填筑时所需的土、石方数量。

8）工程量计算规则。

① 土石方体积的计算。除定额中另有说明者外，土方挖方按天然密实体积计算。填方按压（夯）实后的体积计算，石方爆破按天然密实体积计算。当以填方压实体积为工程量，采用以天然密实方为计量单位的定额时，所采用的定额应乘以表6-20中所列系数。

表6-20　定额系数

公路等级 \ 土类	土方			石方
	松土	普通土	硬土	
二级及二级以上等级公路	1.23	1.16	1.09	0.92
三、四级公路	1.11	1.05	1.00	0.84

其中，推土机、铲运机施工土方的增运定额按普通土栏目的系数计算，人工挖运土方的增运定额和机械翻斗车、手扶拖拉机运输土方、自卸汽车运输土方的运输定额在上表系数的基础上增加0.03的土方运输损耗，但弃方运输不应计算运输损耗。

② 零填及挖方地段基底压实面积等于路槽底面的宽度（m）和长度（m）的乘积。

③ 抛坍爆破的工程量，按抛坍爆破设计计算。

④ 整修边坡的工程量，按公路路基长度计算。

（2）临时工程

1）临时工程定额包括汽车便道，临时便桥，临时码头，轨道铺设，架设输电、电信线路，人工夯打小圆木桩共六个项目。

2）汽车便道按路基宽度为7.0m和4.5m分别编制，便道路面宽度按6.0m和3.5m分别编制，路基宽度4.5m的定额中已包括错车道的设置。汽车便道项目中未包括便道使用期内养护所需的工、料、机数量，如便道使用期内需要养护，编制预算时，可根据施工期按表6-21增加数量。

表6-21　施工期内增加数量

序号	项目	单位	代号	汽车便道路基宽度/m	
				7.0	4.5
1	人工	工日	1	3.0	2.0
2	天然级配	m^3	908	18.00	10.80
3	6~8t光轮压路机	台班	1075	2.20	1.32

6.2.4　编制准备工作

1. 新建文件

1）打开纵横公路工程造价管理系统，单击“文件”菜单中的“新建”命令，在“新建项目”对话框中依次输入文件名称、建设项目名称，在“项目类型”选项区中选择“工程量清单”，单击“确定”按钮，便完成了一个建设项目的新建，标段文件、费率文件、单价文件同时建立（系统默认单价文件、费率文件与“文件名称”同名），如图6-3所示。

2）选择“文件”菜单中的“项目属性”命令，进行项目属性的设置，其中包括基本信息、技术参数、计算参数、其他取费、小数位数等，根据项目实际情况进行设置，如图6-4所示。

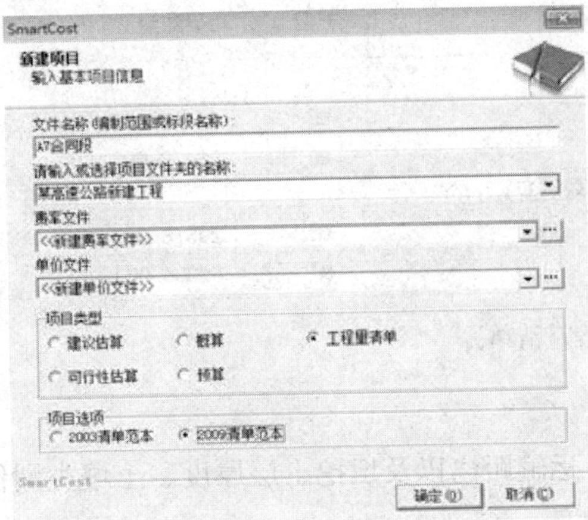

图6-3　新建文件

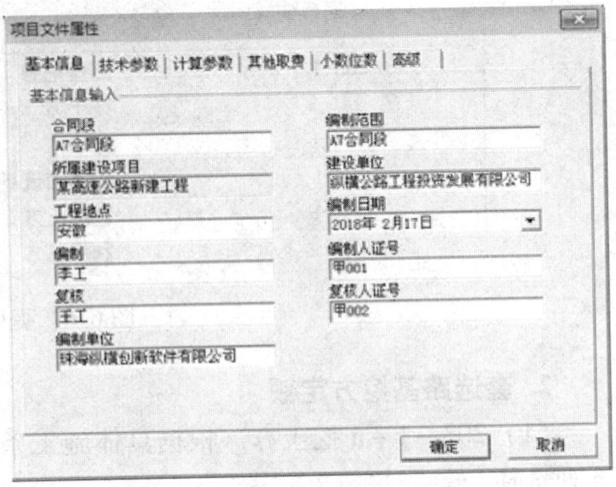

图6-4　项目属性

2. 设置费率

单击“费率”界面，选择费率计算参数进行设置，如图6-5所示。

编号	取费类别	其他工程费(%)		规费(%)	企业管理费(%)
		I	II		
1	人工土方	3.65	0.00	38.10	4.17
2	机械土方	3.40	0.00	38.10	4.63
3	汽车运输	1.88	0.00	38.10	2.28
4	人工石方	3.59	0.00	38.10	4.27
5	机械石方	4.05	0.00	38.10	4.63
6	高级路面	5.14	0.00	38.10	2.95
7	其他路面	4.65	0.00	38.10	4.51
8	构造物Ⅰ	5.86	0.00	38.10	6.13
9	构造物Ⅱ	7.05	0.00	38.10	7.74
10	构造物Ⅲ	13.57	0.00	38.10	13.93
11	技术复杂大桥	7.15	0.00	38.10	6.74
12	隧道	5.63	0.00	38.10	6.00
13	钢材及钢结构	4.73	0.00	38.10	3.93
14	设备安装工程	12.19	0.00	38.10	13.93
15	金属标志牌安装	4.73	0.00	38.10	3.93
16	费率为0	0.00	0.00	0.00	0.00

费率计算参数	
名称	参数值
工程所在地	安徽
费率标准	安徽概预算-皖交建管函[2016]34
冬季施工	准一区
雨季施工	II区3个月
夜间施工	不计
高原施工	不计
风沙施工	不计
沿海地区	不计
行车干扰	不计
施工安全	计
临时设施	计
施工辅助	计
工地转移(km)	0
养老保险(%)	20
失业保险(%)	2
医疗保险(%)	8.1
住房公积金(%)	6
工伤保险(%)	2
基本费用	计
综合里程(km)	0
职工探亲	计
职工取暖	不计
财务费用	计
计划利润率(%)	7.42
增值税税率(%)	11

图6-5　费率设置

6.2.5　清单编制

1. 提取工程量清单

在“造价书”界面，选择“清单范本”选项卡，出现“清单范本”窗口，选择“部颁清单范本（2009）”。根据《公路工程标准施工招标文件》（2009 年版）（下册）提取对应的清单项，填写工程量，如图 6-6 所示。

应注意路基土石方开挖数量为天然密实方，开挖土方工程量为 36414. 000m^3，开挖石方工程量为 68472. 000m^3；路基填筑数量为压实方，利用土方工程量为 29575. 000m^3，利用石方工程数量为 62006. 000m^3。

清单编号	名称	单位	清单数量
⊟ 203-1	路基挖方		
-a	挖土方	m^3	36414.000
-b	挖石方	m^3	68472.000
⊟ 204-1	路基填筑（包括填前压实）		
-b	利用土方	m^3	29575.000
-c	利用石方	m^3	62006.000

图 6-6　提取工程量清单

2. 套选路基挖方定额

（1）203 - 1 - a 挖土方　根据具体施工条件、运输距离以及填挖土层厚度、土壤类别作下列选择：

运距在 100m 以内的土石方作业选用推土机最为适宜。地面起伏不大、坡度在 20°以内的大面积土石方作业，当土壤含水率不超过 27%，平均运距在 800m 以内时，宜选用铲运机。丘陵地带，土层厚度超过 3m，土质为土、卵石或碎石渣等混合体，且运距在 1. 0km 以上时，宜选用挖掘机配合自卸汽车施工。所以在进行施工机械选型时，一般本桩利用选择推土机，远运利用选择挖掘机挖土，施工机械如图 6-7 所示。

图 6-7　推土机、铲运机、挖掘机

$$挖土方 = 本桩利用土方 + 远运利用土方 + 弃方土方$$

开挖土方为 36414. 000m^3 的普通土。本桩利用可采用推土机推土，本桩利用土方为 8740. 000m^3，图样所给数据是以压实方为单位，开挖土方定额单位为天然密实方，应乘以相应系数进行换算，故本桩利用开挖定额工程数量为 8740. 000m^3 ×1. 16 =10138. 400m^3。远运利用和弃方可采用挖掘机配合自卸汽车，远运利用和弃方开挖定额工程数量为 20835. 000m^3 ×1. 16 +2017. 000 =26185. 600m^3。

土方运输：远运利用和弃方可采用自卸汽车运输。远运利用图样所给数据是以压实方为单位，运输定额单位为天然密实方，根据定额说明，自卸汽车运输土方的运输定额在表中系数的基础上增加 0. 03 的土方运输损耗，但弃方运输不应计算运输损耗，故远运利用运输定额工程数量为 20835. 000m^3 ×1. 19 =24793. 650m^3，弃方定额运输工程数量为 2017. 000m^3。

挖土方定额套用如图 6-8 所示。（注意：运距应根据项目实际情况进行调整）

清单编号	名称	单位	清单数量
⊟ 203-1	路基挖方		
—a	挖土方	m³	36414.000

计算　数量单价

填清单量	定额编号	定额名称	定额单位	工程量	取费类别	调整状态
☐	1-1-12-14	135kW内推土机20m普通土	1000m³天然密实方	10.138	2)机械土方	
☐	1-1-9-5	1.0m3内挖掘机挖装土方普通土	1000m³天然密实方	26.276	2)机械土方	
☐	1-1-11-21	15t内自卸车运土1km（远运利用）	1000m³天然密实方	24.794	3)汽车运输	
☐	1-1-11-21	15t内自卸车运土1km（弃方）	1000m³天然密实方	2.017	3)汽车运输	

图 6-8　挖土方定额套用

（2）203 –1 –b 挖石方

挖石方 = 本桩利用石方 + 远运利用石方 + 弃方石方

本桩利用石方开炸：可选择机械打眼开炸石方。其中本桩利用石方为 3764. 000m^3，利用方图样所给数据是以压实方为单位，开挖石方定额单位为天然密实方，故本桩利用开炸石方定额工程数量为 3764. 000m^3 ×0. 92 =3462. 880m^3。

远运利用、弃方石方开炸：可选择机械打眼开炸石方，配合装载机装车和自卸汽车运输。远运利用开挖石方和弃方定额工程数量为 58242. 000m^3 ×0. 92 +11426. 000m^3 =65008. 640m^3。

机械打眼开炸石方定额工作内容中均包含了石方爆破后，推土机清运 20m 的爆破石方。应注意远运利用及弃石方爆破后采用装载机装车与自卸汽车运输，可根据需要调整推土机台班；本桩利用则采用推土机进行，故不需要扣除推土机台班。

挖石方定额套用如图 6-9 所示。（注意：运距应根据项目实际情况进行调整）

清单编号	名称	单位	清单数量
-b	挖石方	m³	68472.000

单价

定额编号	定额名称	定额单位	工程量	取费类别
1-1-15-24	135kW内推土机20m开炸运软石	00m³天然密实	3.463	5)机械石方
1-1-15-24	135kW内推土机20m开炸运软石	00m³天然密实	65.009	5)机械石方
1-1-10-6	3m3内装载机装软石（远运利用）	00m³天然密实	53.583	5)机械石方
1-1-10-6	3m3内装载机装软石（弃方）	00m³天然密实	11.426	5)机械石方
1-1-11-49	15t内自卸车运石1km（远运利用）	00m³天然密实	53.583	3)汽车运输
1-1-11-49	15t内自卸车运石1km（弃方）	00m³天然密实	11.426	3)汽车运输

图 6-9　挖石方定额套用

3. 套选路基填方定额

（1）204 –1 –b 利用土方

1）碾压路基：可采用振动压路机进行土方碾压，定额工程量为本桩利用 8740. 000m^3 与远运利用 20835. 000m^{3}的合计，共 29575. 000m^3。

2）整修路拱：按公路路基面积计算，定额工程量为

$$路线长度 \times 路线宽度 \times 土方比例 = 24.500m \times 5000.000m \times 29575.000m^3 / (29575.000m^3 + 62006.000m^3) = 39568.000m^2$$

3）整修边坡：按公路路基长度计算，定额工程量为

路线长度 × 土方比例，即 $5.000km \times 29575.000m^3/(29575.000m^3 + 62006.000m^3) = 1.620km$

利用土方定额套用如图 6-10 所示。

> 注：路基填筑的其他附属工作，如挖台阶、填前夯实、洒水、零填及挖方地段碾压等根据实际项目情况考虑，本案例暂未考虑。

清单编号	名称	单位	清单数量
⊟ 204-1	路基填筑(包括填前压实)		
-b	利用土方	m³	29575.000

量单价

定额编号	定额名称	定额单位	工程量	取费类别
1-1-18-5	高速一级路20t内振动压路	1000m³压实方	29.575	2)机械土方
1-1-20-1	机械整修路拱	1000m²	39.568	2)机械土方
1-1-20-3	整修边坡二级及以上等级:	1km	1.620	1)人工土方

图 6-10　利用土方定额套用

（2）204－1－c 利用石方

1）碾压路基：可采用振动压路机进行石方碾压，工程量为本桩利用 $3764.000m^3$ 与远运利用 $58242.000m^3$ 的合计，共 $62006.000m^3$。

2）整修路拱：按公路路基面积计算，工程量为

$$路线长度 \times 路线宽度 \times 石方比例 = 5000.000m \times 24.500m \times 62006.000m^3 / (29575.000m^3 + 62006.000m^3) = 82940.000m^2$$

3）整修边坡：按公路路基长度计算，工程量为

路线长度 × 石方比例，即 $5.000km \times 62006.000m^3/(29575.000m^3 + 62006.000m^3) = 3.380km$

利用石方定额套用如图 6-11 所示。

> 注：路基填筑的其他附属工作，如挖台阶、填前夯实、洒水、零填及挖方地段碾压等根据实际项目情况考虑，本案例暂未考虑。

清单编号	名称	单位	清单数量
-c	利用石方	m³	62006.000

价

定额编号	定额名称	定额单位	工程量	取费类别
1-1-18-18	高速一级路20t内振动压路机压石	1000m³压实方	62.006	5)机械石方
1-1-20-1	机械整修路拱	1000m²	82.940	2)机械土方
1-1-20-3	整修边坡二级及以上等级公路	1km	3.380	1)人工土方

图 6-11　利用石方定额套用

4. 套选弃土场定额

根据《公路工程标准施工招标文件》（2009年版）（下册），关于弃方的处理：承包人在有弃方的路段开工前至少28天，应提出开挖、调运施工方案报监理人批准。该方案包括挖方及弃方的数量、调运方案、弃方位置及其堆放形式、坡脚加固处理、排水系统的布置以及有关的计划安排等。弃土应按图样要求进行压实，且应按图样要求及时完成弃土场的结构防护、排水工程。承包人还应按相关规范的有关技术要求对弃土场（见图6-12）进行绿化，以保障生态环境不受破坏。

图6-12　弃土场

（1）分摊界面　本弃土场采用分摊的方式将弃土场建设的相关费用合理地分摊到弃土方和弃石方中，单击“分摊”图标，在弹出的界面表格中输入名称、单位和数量，如图6-13所示。

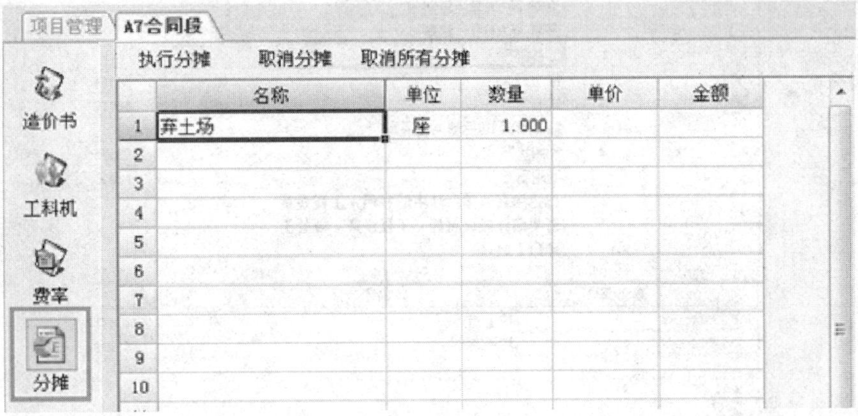

图6-13　分摊

（2）定额编制

1）浆砌护脚：套用5－1－16－2“浆砌护脚”定额，工程量为194.400m^3，将M5的砂浆抽换为M7.5的砂浆。

2）浆砌排水沟：套用1－2－3－1“浆砌片石边沟、排水沟、截水沟”定额，工程量为896.400m^3，将M5的砂浆抽换为M7.5的砂浆。

3）汽车便道：套用汽车便道定额，工程量为0.188km，汽车便道砂砾路面定额，工程量为 0. 188km。

4）汽车便道养护：套用便道养护定额，工期为 4 个月，工程量为 0. 188km × 4 = 0. 752km · 月。

弃土场定额套用如图 6-14 所示。

（3）执行分摊　单击左上角“执行分摊”选项卡，将弃土场建设费用分摊到挖土方和挖石方中，如图 6-15 所示。

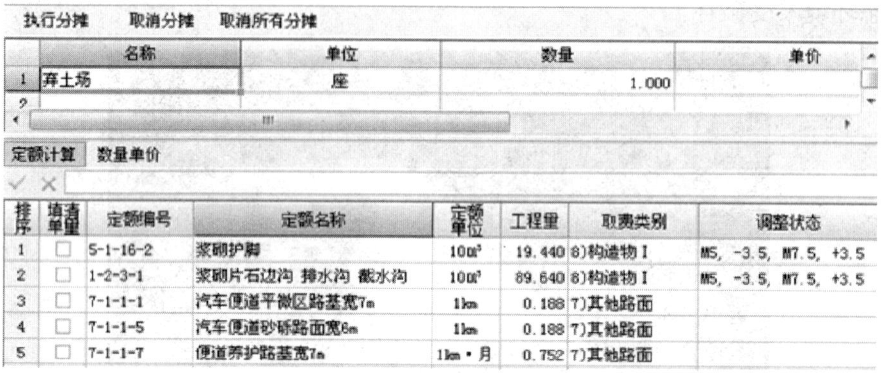

	名称	单位	数量	单价
1	弃土场	座	1.000	

排序	填清单量	定额编号	定额名称	定额单位	工程量	取费类别	调整状态
1	☐	5-1-16-2	浆砌护脚	10m³	19.440	8)构造物Ⅰ	M5, -3.5, M7.5, +3.5
2	☐	1-2-3-1	浆砌片石边沟 排水沟 截水沟	10m³	89.640	8)构造物Ⅰ	M5, -3.5, M7.5, +3.5
3	☐	7-1-1-1	汽车便道平微区路基宽7m	1km	0.188	7)其他路面	
4	☐	7-1-1-5	汽车便道砂砾路面宽6m	1km	0.188	7)其他路面	
5	☐	7-1-1-7	便道养护路基宽7m	1km·月	0.752	7)其他路面	

图 6-14　弃土场定额套用

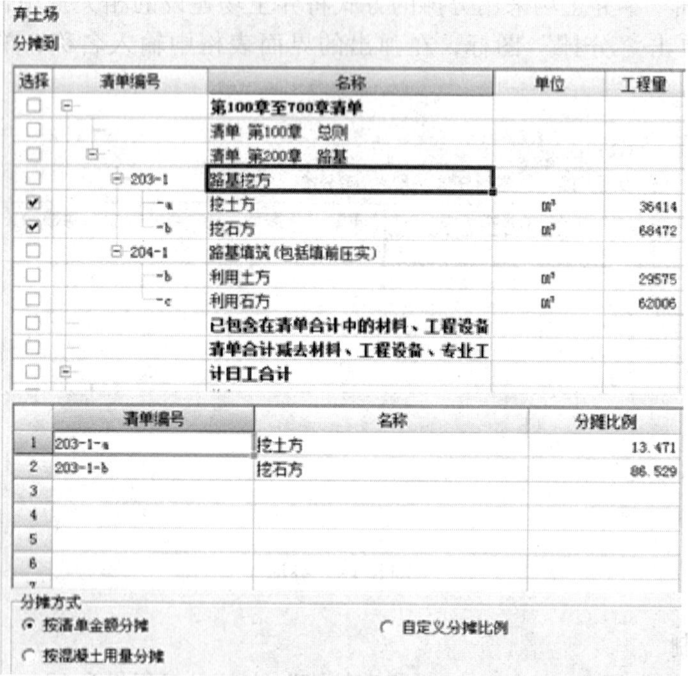

选择	清单编号	名称	单位	工程量
☐		第100章至700章清单		
☐		清单 第100章 总则		
☐		清单 第200章 路基		
☐	203-1	路基挖方		
☑	-a	挖土方	m³	36414
☑	-b	挖石方	m³	68472
☐	204-1	路基填筑(包括填前压实)		
☐	-b	利用土方	m³	29575
☐	-c	利用石方	m³	62006
☐		已包含在清单合计中的材料、工程设备		
☐		清单合计减去材料、工程设备、专业工		
☐		计日工合计		

	清单编号	名称	分摊比例
1	203-1-a	挖土方	13.471
2	203-1-b	挖石方	86.529
3			
4			
5			
6			

图 6-15　弃土场分摊

5. 完整组价参考

路基土石方工程量清单如图 6-16 所示。

挖土方组价参考如图 6-17 所示。

清单编号	名称	单位	清单数量
⊟ 203-1	路基挖方		
-a	挖土方	m³	36414.000
-b	挖石方	m³	68472.000
⊟ 204-1	路基填筑(包括填前压实)		
-b	利用土方	m³	29575.000
-c	利用石方	m³	62006.000

图 6-16　路基土石方工程量清单

定额计算　数量单价

排序	填清单量	定额编号	定额名称	定额单位	工程量	取费类别	调整状态
1	☐	1-1-12-14	135kW内推土机20m普通土	1000m³天然密实方	10.138	2)机械土方	
2	☐	1-1-9-5	1.0m3内挖掘机挖装土方普通土	1000m³天然密实方	26.276	2)机械土方	
3	☐	1-1-11-21	15t内自卸车运土1km（远运利用）	1000m³天然密实方	24.794	3)汽车运输	
4	☐	1-1-11-21	15t内自卸车运土1km（弃方）	1000m³天然密实方	2.017	3)汽车运输	

图 6-17　挖土方组价参考

挖石方组价参考如图 6-18 所示。

定额计算　数量单价

排序	填清单量	定额编号	定额名称	定额单位	工程量	取费类别	调整状态
1	☐	1-1-15-24	135kW内推土机20m开炸运软石	1000m³天然密实方	3.644	5)机械石方	
2	☐	1-1-15-24	135kW内推土机20m开炸运软石	1000m³天然密实方	65.009	5)机械石方	
3	☐	1-1-10-6	3m3内装载机装软石（远运利用）	1000m³天然密实方	53.583	5)机械石方	
4	☐	1-1-10-6	3m3内装载机装软石（弃方）	1000m³天然密实方	11.426	5)机械石方	
5	☐	1-1-11-49	15t内自卸车运石1km（远运利用）	1000m³天然密实方	53.583	3)汽车运输	
6	☐	1-1-11-49	15t内自卸车运石1km（弃方）	1000m³天然密实方	11.426	3)汽车运输	

定额计算　数量单价

弃土场

	名称	单位	数量	单价	取费类别	类型
1	弃土场	座	0.865	305525.00		材料

图 6-18　挖石方组价参考

利用土方组价参考如图 6-19 所示。

定额计算　数量单价

排序	填清单量	定额编号	定额名称	定额单位	工程量	取费类别	调整状态
1	☐	1-1-18-5	高速一级路20t内振动压路机压土	1000m³压实方	29.575	2)机械土方	
2	☐	1-1-20-1	机械整修路拱	1000m²	39.568	2)机械土方	
3	☐	1-1-20-3	整修边坡二级及以上等级公路	1km	1.620	1)人工土方	

图 6-19　利用土方组价参考

利用石方组价参考如图 6-20 所示。

定额计算　数量单价

排序	填清单量	定额编号	定额名称	定额单位	工程量	取费类别	调整状态
1	□	1-1-18-18	高速一级路20t内振动压路机压石	1000m³压实方	62.006	5)机械石方	
2	□	1-1-20-1	机械整修路拱	1000m²	82.932	2)机械土方	
3	□	1-1-20-3	整修边坡二级及以上等级公路	1km	3.380	1)人工土方	

图 6-20　利用石方组价参考

6.3 路面工程工程量清单编制实例

6.3.1 路面工程概述

路面是道路的重要组成部分，是在路基的顶部用各种材料或混合料分层铺筑的供车辆行驶的一种层状结构物。它直接承受车辆荷载和自然因素的作用。路面的性能影响行车速度、安全、舒适性和运输成本。因此，根据道路等级和任务，合理选择路面结构，精心设计，严格施工，使路面在设计使用年限内具有良好的使用性能，对节约投资、提高运输效益具有十分重要的意义。

1. 路面结构组成

（1）路面结构层位及功能　行车荷载和自然因素对路面的作用和影响，随深度而递减。因此，对路面结构的强度、抗变形能力和稳定性的要求也随深度的增加而逐渐降低。根据这一特点，同时考虑到筑路的经济性，路面结构一般由各种不同材料分多层铺筑，各个层位分别发挥着不同的功能。通常将路面结构划分为面层、基层和垫层。

1）面层。面层是路面结构的最上层，直接与车辆荷载和大气相接触。与其他层次相比，面层应具备更高的强度、抗变形能力和较好的稳定性、平整度，同时应具有较好的耐磨性、抗滑性。

铺筑面层的材料主要有水泥混凝土、沥青混凝土、块石、沥青碎石混合料等。

高等级道路的面层通常由两层（上面层和下面层）或三层（上、中、下面层）构成。

2）基层。基层设置在面层之下，承受由面层传递下来的行车荷载，并将它扩散和传递到垫层和路基上。虽然基层位于面层之下，但仍然难以避免大气降水从面层渗入，而且还可能受到地下水的侵蚀，因此，基层除应具有足够的强度和刚度外，还应具有良好的水稳定性。同时为了保证面层的平整度，要求基层具有一定的平整度。

铺筑基层的材料主要有各种结合料（如石灰、水泥或沥青等）稳定土或碎（砾）石或各种工业废渣（如煤渣、粉煤灰、矿渣、石灰渣等）组成的混合料，贫水泥混凝土，各种碎（砾）石混合料或天然砂砾及片石、块石或圆石等。

高等级道路的基层通常较厚，一般分两层或三层铺筑，位于最下层的叫底基层，对底基层的材料在质量和强度方面要求相对较低，应尽量使用当地材料铺筑。

3）垫层。垫层位于基层和路基之间，它的功能是改善路基的湿度和温度状况，保证基层和面层的强度、刚度和稳定性不受路基的影响。同时垫层还将基层传递下来的车辆荷载进一步扩散，从而减小路基顶面的压应力和竖向变形。另外，垫层也能阻止路基土挤入基层。在地下水位较高的路基上，以及土质不良或冻深较大的路基上通常都应设置垫层。

垫层材料的强度要求不一定高，但水稳定性和隔温性要好。常用的垫层材料有两类：一类为松散粒料，如砂、砾石、炉渣、煤渣等透水性垫层；另一类为石灰、水泥和炉渣稳定土等稳定性垫层。

为了保护路面各层的边缘，一般路面的基层宽度宜比面层每边宽出至少25cm，垫层宽度宜比基层每边宽出至少15cm，或与路基同宽以利于排水。

路面结构层次和组成材料的选择，应依据道路等级、交通繁重程度、路基承载能力、材料供应情况、气候条件、施工因素、资金筹措等因素，综合考虑和分析后做出决定。高速公路、一级公路的基层应采用水泥稳定粒料、石灰粉煤灰稳定粒料、沥青混合料以及级配碎（砾）石等材料铺筑；高速公路、一级公路的底基层和二级及二级以下公路的基层和底基层，除上述材料外，也可采用水泥稳定土、石灰稳定土、石灰粉煤灰稳定土、石灰工业废渣、填隙碎石等材料铺筑。各级公路当需要设置垫层时，一般可采用水稳定性好的粗粒料或各种稳定类材料铺筑。

（2）路拱横坡度 为了及时排出路面上的积水，减少雨水对路面的浸湿和渗透，路面表面应做成两边低、中央高的路拱。路拱坡度的大小一般受路面材料、路面宽度和地区降雨等因素的影响。高级路面平整度和水稳定性好，透水性小，一般采用较小的路拱横坡度和直线形路拱；低级路面，为利于迅速排出道路路表积水，通常采用较大的路拱横坡度和抛物线形路拱。表6-22为各种不同类型路面的路拱平均横坡度。

表6-22 各类路面的路拱横坡度

路面类型	路拱平均横坡度（%）
沥青混凝土、水泥混凝土	1.0～2.0
热拌沥青碎石、路拌沥青碎（砾）石、沥青贯入碎（砾）石、沥青表面处治、整齐石块	1.5～2.5
半整齐石块、不整齐石块	2.0～3.0
碎（砾）石等粒料路面	2.5～3.5
低级路面	3.0～4.0

路拱横坡度的具体选择，应考虑有利于行车平稳和路面排水的要求。在干旱和有积雪、浮冰地区，应采用低值；多雨地区采用高值。道路纵坡较大，或路面较宽，或行车速度较高，或经常有拖挂车行驶时用低值；反之，取用高值。

路肩横坡度一般较路面横坡度大1%。高速公路和一级公路，当硬路肩采用与路面行车道相同的结构时，其路肩与路面采用相同的横坡度。

2. 对路面的要求

为了保证道路全天候通车，提高行车速度，增强安全性和舒适性，降低运输成本和延长道路使用年限，要求路面具有下述性能：

（1）足够的强度和刚度 汽车在路面上行驶，通过车轮把垂直力和水平力传递给路面，水平力又分为横向和纵向两种。此外，路面还受到车辆的振动力和冲击力作用，在车身后面还会产生真空吸力。在上述各种外力的综合作用下，路面结构内会产生不同大小的应力、应变，如果这些应力或应变超过路面结构整体或某一组成部分的强度或抗变形能力，路面就会出现断裂、沉陷、车辙及波浪等病害，从而使路况恶化、服务水平下降。因此，要求路面结构必须具有足够的强度，同时应具有一定的刚度（即抵抗变形的能力）。

（2）良好的稳定性 路面结构袒露在大气中，无时不受到温度和湿度变化的影响，其力学性能也就随之不断发生变化。强度和刚度不稳定，路况也就时好时坏。例如，沥青路面在夏季高温时会软化而出现车辙和推挤，冬季低温时又可能因收缩或变脆而开裂；水泥混凝土路面在高温时会产生拱胀破坏，温度急剧变化时会因翘曲而产生破坏；砂石路面在雨季时，路面结构会因雨水渗入而强度下降，出现沉陷、车辙或波浪。在冰冻地区，温度和湿度的共同作用会使路面结构产生冻胀、翻浆破坏。因此，需要研究路面结构的温度和湿度状况及其对路面结构的影响，以便在此基础上修筑能在当地气候条件下具有足够稳定性的路面结构。

（3）耐久性　路面结构要承受车辆荷载的多次重复作用，由此而逐渐出现疲劳破坏和塑性变形累积；另外，温度、湿度、日照等自然因素的影响会使路面各结构层材料老化而导致破坏，这些都将缩短路面的使用寿命，增加养护工作量和难度。因此，路面结构必须具有足够的抗疲劳强度和抗老化能力以及抗变形累积的能力。

（4）表面平整度　路面平整度是影响行车安全、行驶舒适性和运输效益的重要指标。不平整的路面会增大行车的阻力，并使车辆产生附加的振动作用。这种振动会造成行车颠簸，影响行车的速度和安全、驾驶的平稳和乘客的舒适。同时，振动作用还会对路面施加冲击力，从而加剧路面和汽车机件的损坏，并增加油料的消耗。而且，不平整的路面还会积滞雨水，加速路面的破坏。不同等级的公路，对路面平整度的要求也不同。

平整的路面，依靠优良的施工机具、精细的施工工艺、严格的施工质量控制以及经常和及时的养护作保证。同时，路面结构的平整度还和整个路面结构和面层材料的强度和抗变形能力有关。强度和抗变形能力差的路面结构，经不起车轮荷载的反复作用，极易出现沉陷、车辙和推挤等破坏，从而形成不平整的路面。

（5）表面抗滑性和耐磨性　路面表面要求平整度好，但不宜光滑。光滑的表面，造成行驶的车轮与路面之间的附着力和摩擦力较小，影响行车的安全性。特别是在雨天高速行车，或紧急制动，或爬坡、转弯时，车轮易产生空转或打滑，致使车速降低、油料消耗增加，甚至引起严重的交通事故。路面的抗滑性能通常采用摩擦系数表征。高速公路和一级公路，由于行车速度高，因此要求具有较高的抗滑性。

路面的抗滑性可以通过采用坚硬、耐磨、表面粗糙的集料组成路面面层材料来实现，有时也可以采用一些工艺性措施来实现，如水泥混凝土路面的刷毛、刻槽等。此外，对于路面上的积雪、浮冰及污泥等，也会降低路面的抗滑性，必须及时予以清除。

（6）不透水性　大气降水若通过路面表面渗入路面结构和路基内部，在高速行车荷载的反复作用下，这些水将产生很大的动水压力不断冲刷路面，使路面出现剥落、坑洞、唧泥和网裂等早期水破坏现象。在降雨量大的潮湿地区，交通量大、载重车辆多的高速公路沥青路面，水破坏现象更严重。

为避免路面水破坏，应尽量采用不透水的路面面层，设置路面排水设施或有效防水层。

（7）低噪声和少尘性　汽车在路面上行驶，车身后面所产生的真空吸力会将表层中较细材料吸出而扬尘，导致路面松散、脱落，形成坑洞等破坏；扬尘还会加速汽车机件的损坏，影响行车视距，降低行车速度；而且给旅客和沿路的环境卫生以及货物和路旁农作物均带来不良影响。

行车噪声一方面因路面平整度差、路面面层材料的刚度大而产生，另一方面与不良的线形设计导致车辆频繁的加速、减速、转向有关。

因此，对于行车噪声和扬尘，应当从道路工程的设计、施工、养护和管理等方面统筹考虑，才能保证路面具有尽可能低的扬尘性和尽可能小的噪声。

下面具体说明如何用纵横公路工程造价管理系统进行路面工程工程量清单的编制。

6.3.2　案例工程概况

某公路工程采用沥青混凝土路面，如图6-21所示。施工图设计的路面基层为20cm厚的水泥稳定碎石（5%），底基层为20cm厚的石灰粉煤灰砂砾（5:15:80）。其中某标段路线长为30km，基层工程数量为771780m^2，底基层工程数量为780780mm^2，要求采用集中拌和施工，根据施工组织设计资料，在距路线两端1/3处各有一块比较平坦的场地，且与路线紧邻。路面施工期为6个月。拌和站场地处理费用此处暂不考虑。

图6-21　路面

项目属性以及取费信息见表6-23和表6-24。

表6-23　项目属性

建设单位：纵横公路工程投资发展有限公司	工程地点：安徽
数据文件号：Smart Cost 2017	公路等级：高速公路
工程地点：安徽	编制范围：A7合同段
路线或桥梁长度：30km	路基或桥梁宽度：24.5m
利润率：7.42%	税金：11%

表6-24　取费信息

工程所在地	安徽	费率标准	安徽概（预）算-皖交建管函［2016］347号文
冬季施工	准一区	雨季施工	Ⅱ区3个月
夜间施工	不计	高原施工	不计
风沙施工	不计	沿海地区	不计
行车干扰	不计	施工安全	计
临时设施	计	施工辅助	计
工地转移/km	0	养老保险（%）	20
失业保险（%）	2	医疗保险（%）	8.1
住房公积金（%）	6	工伤保险（%）	2
基本费用	计	综合里程/km	0
职工探亲	计	职工取暖	不计
财务费用	计		

6.3.3 编制依据

1. 施工工艺（见图 6-22）

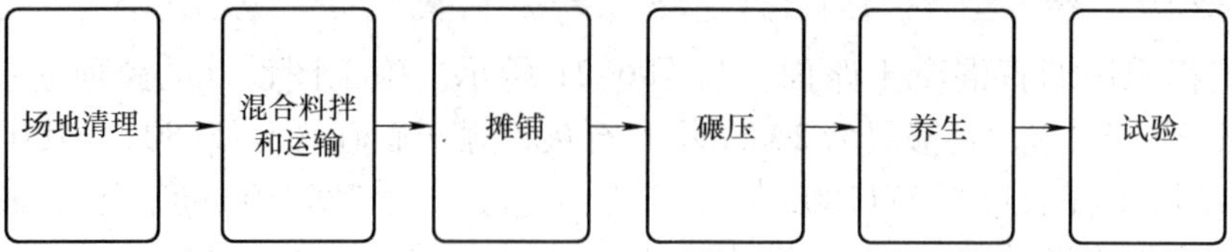

图 6-22 施工工艺

1）拌和：除底基层的下层可以采用路拌法施工外，其他的各个稳定土层必须用集中厂拌法拌制混合料，水泥稳定混合料的拌和应采用厂拌法。

2）运输：运输混合料的车辆应根据需要配置并装载均匀，及时将混合料运至现场。当摊铺现场距拌和场较远时，混合料在运输中应加覆盖以防水分蒸发。

3）摊铺：混合料的摊铺应采用监理人批准的机械进行，并使混合料按规定的松铺厚度，均匀地摊铺在要求的宽度上。摊铺时混合料的含水率宜高出最佳含水率 0.5% ~1.0%，以补偿摊铺及碾压过程中的水分损失。路面摊铺如图 6-23 所示。

图 6-23 摊铺

4）碾压：用 12 ~15t 三轮压路机碾压时，每层的压实厚度不应超过 150mm；用 18 ~20t 三轮压路机碾压时，每层的压实厚度不应超过 200mm；采用能量大的振动压路机碾压时，每层的压实厚度可以根据试验适当增加。压实厚度超过上述规定时，应分层铺筑，每层的最小压实厚度为 100mm，下层宜稍厚。对于石灰土工业废渣稳定土，应采用先轻型、后重型压路机碾压。路面碾压如图 6-24 所示。

5）养生：碾压完成后应立即进行养生。养生时间不应少于 7 天。养生方法可视具体情况采用覆土工布、草袋、砂后洒水或洒透层油或设置封层等。养生期间除洒水汽车外应封闭交通；不能封闭时，须经监理人批准，并将车速限制在 30km/h 以下，禁止重型车辆通行。路面养生如图 6-25 所示。

图6-24　碾压

图6-25　路面养生

2.《公路工程标准施工招标文件》（2009年版）（下册）

1）水泥稳定土底基层、基层按图样所示和监理人指示铺筑，经监理人验收合格的平均面积，按不同厚度以平方米计量。

2）石灰粉煤灰稳定土基层和底基层按图样或监理人指示铺筑，并经验收的平均面积按不同厚度以平方米计量。任何地段的长度应沿路幅中线水平量测。对个别不规则形状，应采用经监理人批准的计算方法计量。

3.《公路工程预算定额》

（1）路面工程

1）与路面工程相关的定额内容包括各种类型路面及路槽、路肩、垫层、基层等，除沥青混合料路面、厂拌基层稳定土混合料运输以1000m^3路面实体为计算单位外，其他均以1000m^2为计算单位。

2）自卸汽车运输稳定土混合料、沥青混合料和水泥稳定土定额项目，仅适用于平均运距在15km以内的混合料运输，当平均运距超过15km时，应按社会运输的有关规定计算其运输费用。当运距超过第一个定额运距单位时，其运距尾数不足一个增运定额单位的半数时不计，等于或超过半数时按一个增运定额运距单位计算。

(2) 路面基层及垫层

各类稳定土基层、级配碎石、级配砾石基层的压实厚度在15cm以内，填隙碎石一层的压实厚度在12cm以内，垫层、其他种类的基层和底基层压实厚度在20cm内，拖拉机、平地机和压路机的台班消耗按定额数量计算。如超过上述压实厚度进行分层拌和、碾压时，拖拉机、平地机和压路机的台班消耗按定额数量加倍计算，每$1000m^2$增加3个工作日。

6.3.4 编制清单的准备工作

1. 新建文件

1）打开纵横公路工程造价管理系统，单击“文件”菜单中的“新建”命令，在“新建项目”对话框中依次输入文件名称、建设项目名称，在“项目类型”选项区中选择“工程量清单”，单击“确定”按钮，便完成了一个建设项目的新建，标段文件、费率文件、单价文件同时建立（系统默认单价文件、费率文件与“文件名称”同名），如图6-26所示。

2）选择“文件”菜单中的“项目属性”命令，进行项目属性的设置，其中包括基本信息、技术参数、计算参数、其他取费、小数位数等，根据项目实际情况进行设置，如图6-27所示。

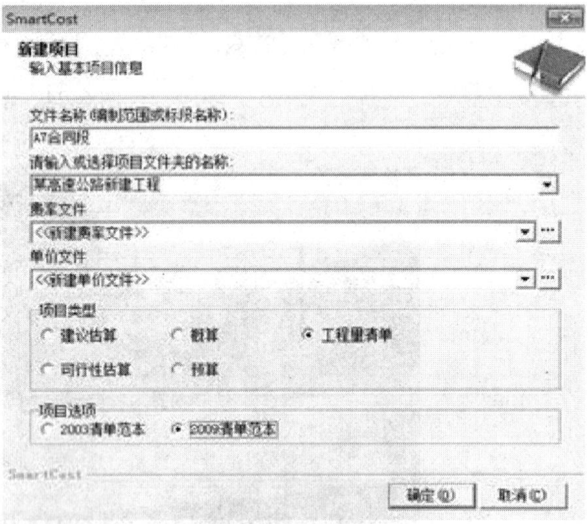

图6-26 新建项目

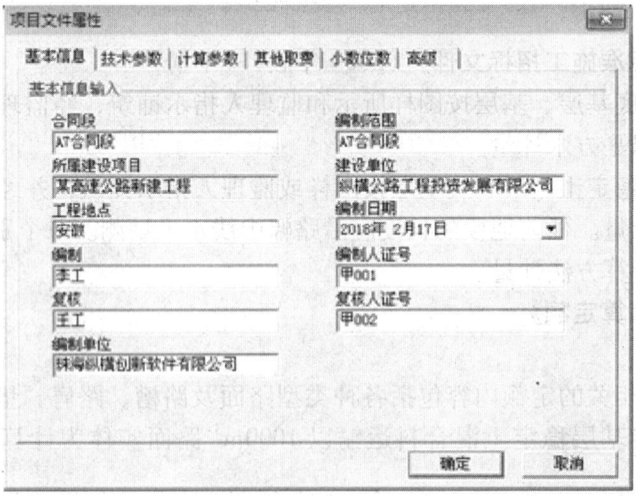

图6-27 项目属性

2. 设置费率

单击“费率”界面，选择费率计算参数进行设置，如图6-28所示。

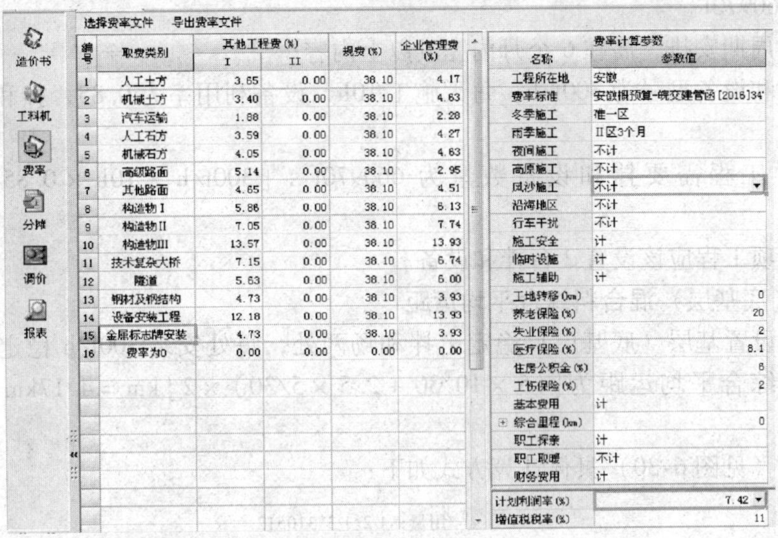

图6-28 费率设置

6.3.5 清单编制

1. 提取工程量清单

在“造价书”界面，选择“清单范本”选项卡，出现“清单范本”窗口，选择“部颁清单范本（2009）”。根据《公路工程标准施工招标文件》（2009年版）（下册）提取对应的清单项，填写工程量，如图6-29所示。

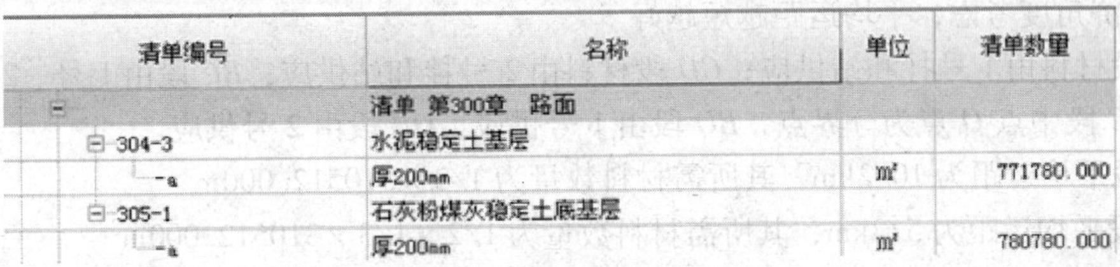

图6-29 提取工程量清单

2. 拌和设备计算

水泥稳定碎石基层和石灰粉煤灰砂砾底基层混合料相关参数见表6-25。

表6-25 混合料相关参数

基层类型 / 参数	水泥稳定碎石基层	石灰粉煤灰砂砾底基层
面积/m^2	771780.000	780780.000
厚度/m	0.2	0.2
干密度/(t/m^3)	2.277	1.982

混合料体积：$771780.000m^2 \times 0.2m + 780780.000m^2 \times 0.2m = 310512.000m^3$

混合料质量：$771780.000m^2 \times 0.2m \times 2.277t/m^3 + 780780.000m^2 \times 0.2m \times$

1.982t/m³ = 660970t

根据施工周期安排，需在6个月内完成以上内容。

假定：拌和设备型号为300t/h，每天施工10h，设备利用率为0.85，拌和设备安拆需1个月。

那么此项工程需要拌和设备数量为660970t ÷ [300t/h × 10h × 0.85 × 30 × (6 − 1)] = 1.73。

所以，此项工程应该设置2台拌和设备。

3. 基层（底基层）混合料综合平均运距

沿线应该设置基层（底基层）稳定土拌和场两处，每处安装300t/h稳定土拌和设备1台。其混合料综合平均运距为[(5 × 10/30 + 2.5 × 5/30) × 2]km = 4.17km，按照4.5km考虑。

平均运距（见图6-30）具体计算方式如下：

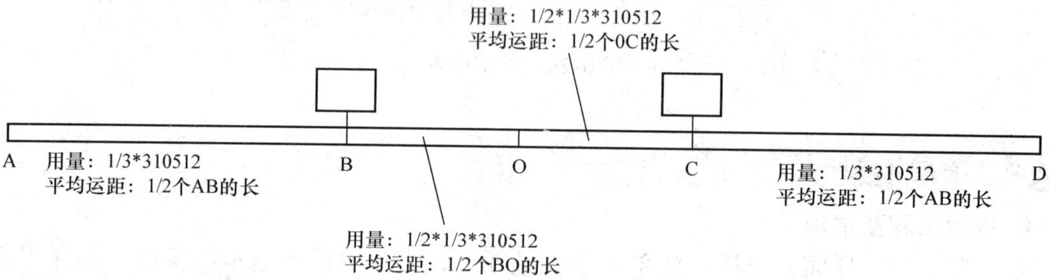

图6-30　平均运距

从经济角度考虑，平均运距越短越好。

*AB*段材料由1号拌和站供应；*CD*段材料由2号拌和站供应；*BC*段由1号、2号联合供应，以*BC*段中点*O*点为分界点，*BO*段由1号供应，*OB*段由2号供应。

*AB*段平均运距为10/2km，其所需材料数量为$1/3 \times 310512.000m^3$

*BO*段平均运距为5/2km，其所需材料数量为$1/2 \times 1/3 \times 310512.000m^3$

*OC*段平均运距为5/2km，其所需材料数量为$1/2 \times 1/3 \times 310512.000m^3$

*CD*段平均运距为10/2km，其所需材料数量为$1/3 \times 310512.000m^3$

得到综合平均运距为

$$[(5km \times 1/3 \times 310512.000m^3 + 2.5km \times 1/2 \times 1/3 \times 310512.000m^3) \times 2]/310512.000m^3 = 4.17km$$

4. 套选水泥稳定碎石基层定额

1）混合料拌和：包括材料费用、材料拌和费用。水泥稳定混合料的拌和应采用厂拌法，选用2－1－7－5“厂拌水泥碎石5∶95厚度15cm”定额，定额工程数量为771780.000m²。本项目路面基层为20cm厚的水泥混凝土碎石（5%），定额稳定土厚度为15cm，需要将定额稳定土厚度调整为20cm，如图6-31所示。

定额编号	定额名称	定额单位	工程量	取费类别	调整状态
2-1-7-5	厂拌水泥碎石5:95厚度20cm	1000m²	771.780	7)其他路面	+6×5

图6-31　拌和定额套用

2）混合料运输：选用2－1－8－21“稳定土运输15t内1km”定额，混合料运输以 $1000m^3$ 路面实体为计算单位，故定额工程数量为 $771780.000m^3 \times 0.2 = 154356.000m^3$，混合料运输平均运距为4.5km，应据实调整本定额运距，如图6-32所示。

定额编号	定额名称	定额单位	工程量	取费类别	调整状态
2-1-8-21	稳定土运输15t内4.5km	1000m³	154.356	3)汽车运输	+22×7

图6-32 运输定额套用

3）混合料摊铺、碾压、养生：2－1－9“机械铺筑厂拌基层稳定土混合料”定额工程内容中包括混合料摊铺、整形、碾压、初期养护。选用2－1－9－11“摊铺机铺筑基层（12.5m内）”定额，定额工程数量为 $771780.000m^2$，如图6-33所示。本项目路面基层为20cm厚的（5%）水泥混凝土碎石，按定额说明分两层进行碾压。

定额编号	定额名称	定额单位	工程量	取费类别	调整状态
2-1-9-11	摊铺机铺筑基层(12.5m内)	1000m²	771.780	7)其他路面	拖平压机×2，人工+3

图6-33 摊铺定额套用

5. 套选石灰粉煤灰砂砾底基层定额

1）混合料拌和：包括材料费用、材料拌和费用。选用2－1－7－29“厂拌石灰砂砾粉煤灰5∶80∶15厚度15cm”定额，定额工程数量为 $780780.000m^2$。本项目路面底基层为20cm厚的石灰粉煤灰砂砾（5∶15∶80），定额厚度为15cm，需要将定额厚度调整为20cm，如图6-34所示。

定额编号	定额名称	定额单位	工程量	取费类别	调整状态
2-1-7-29	厂拌石灰砂砾粉煤灰5:80:15厚度20cm	1000m²	780.780	7)其他路面	+30×5

图6-34 拌和定额套用

2）混合料运输：选用2－1－8－21“稳定土运输15t内1km”定额，混合料运输以 $1000m^3$ 路面实体为计算单位，故定额工程数量为 $780780.000m^3 \times 0.2 = 156156.000m^3$，混合料运输平均运距为4.5km，应据实调整本定额运距，如图6-35所示。

定额编号	定额名称	定额单位	工程量	取费类别	调整状态
2-1-8-21	稳定土运输15t内4.5km	1000m³	156.156	3)汽车运输	+22×7

图6-35 运输定额套用

3）混合料摊铺、碾压、养生：2－1－9“机械铺筑厂拌基层稳定土混合料”定额工程内容中包括混合料摊铺、整形、碾压、初期养护。选用2－1－9－12“摊铺机铺筑基层（12.5m内）”定额，定额工程数量为 $780780.000m^2$，如图6-36所示。本项目路面底基层为20cm厚的石灰粉煤灰砂砾（5∶15∶80），按定额说明分两层进行碾压。

定额编号	定额名称	定额单位	工程量	取费类别	调整状态
2-1-9-12	摊铺机铺筑底基层(12.5m内)	1000m²	780.780	7)其他路面	拖平压机×2，人工+3

图6-36 摊铺定额套用

6. 完整组价参考

1）水泥稳定碎石基层组价参考如图 6-37 所示。

清单编号	名称	单位	清单数量
	清单 第300章 路面		
⊟ 304-3	水泥稳定土基层		
-a	厚200mm	m²	771780.000

数量单价

定额编号	定额名称	定额单位	工程量	取费类别	调整状态
2-1-7-5	厂拌水泥碎石5:95厚度20cm	1000m²	771.780	7)其他路面	+6×5
2-1-8-21	稳定土运输15t内4.5km	1000m³	154.356	3)汽车运输	+22×7
2-1-9-11	摊铺机铺筑基层(12.5m内)	1000m²	771.780	7)其他路面	拖平压机×2，人工+3

图 6-37　水泥稳定碎石基层组价参考

2）石灰粉煤灰砂砾底基层组价参考如图 6-38 所示。

清单编号	名称	单位	清单数量
⊟ 305-1	石灰粉煤灰稳定土底基层		
-a	厚200mm	m²	780780.000

数量单价

定额编号	定额名称	定额单位	工程量	取费类别	调整状态
2-1-7-29	厂拌石灰砂砾粉煤灰5:80:15	1000m²	780.780	7)其他路面	+30×5
2-1-8-21	稳定土运输15t内4.5km	1000m³	156.156	3)汽车运输	+22×7
2-1-9-12	摊铺机铺筑底基层(12.5m内)	1000m²	780.780	7)其他路面	拖平压机×2，人工+3

图 6-38　石灰粉煤灰砂砾底基层组价参考

6.4　桥涵工程工程量清单编制实例

6.4.1　桥梁工程概述

桥梁是道路跨越江河湖泊、沟谷溪流、公路、铁路、灌渠、城镇、村庄以及其他地面设施的结构物。通常，把跨越江河的桥梁称为跨河大桥；把跨越海峡湖泊的桥梁称为跨海大桥；把跨过既有公路、铁路的桥梁称为跨线桥，也称立交桥；把跨越城镇、村庄以及其他地面设施的桥梁称为高架桥。桥梁结构多种多样，形式多姿多彩，它与我们人类的生产活动密切相关，不仅是道路工程中功能性的建筑物，也是一个国家生产力和科技水平的写照、文化的象征。

桥梁一般由上部结构、下部结构、支座和附属设施等几个部分组成。梁桥和拱桥是桥梁最常用的结构形式，如图 6-39 和图 6-40 所示。

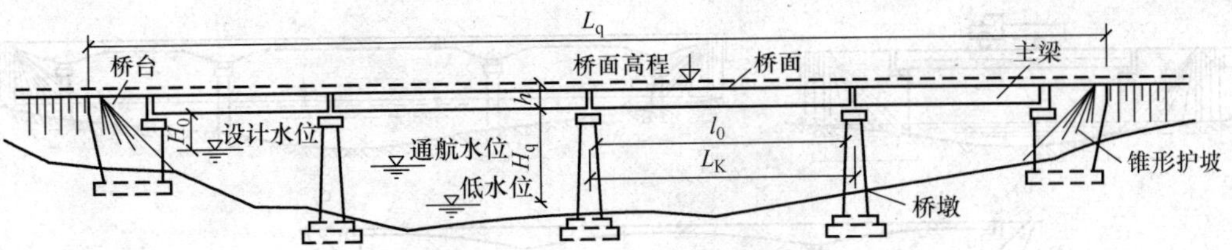

图 6-39 梁桥的基本组成

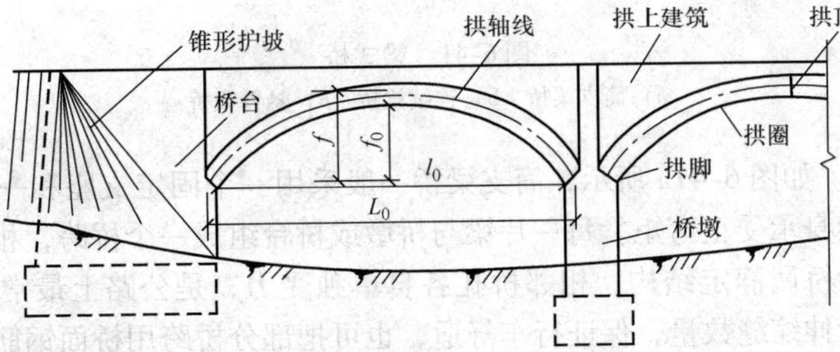

图 6-40 拱桥的基本组成

上部结构，又称桥跨结构，是路线跨越障碍的主要承重结构。其作用是承受车辆荷载并传递给墩台。上部结构的常用形式有梁、板、拱、拉索、悬索吊杆组合体系等。

下部结构包括桥墩、桥台和基础，是支撑桥跨结构并将荷载传至地基的建筑物。桥台设置在桥梁两端，是路基和桥梁的连接部分，既承受桥梁上部的荷载，又承受路基上传来的车辆荷载及土压力，防止路堤填土的滑坡和塌落。桥墩布置在两桥台之间，由桥跨的大小、多少决定其结构、尺寸和数量，其作用是支撑桥跨结构，承担相邻桥跨的上部结构重力和车辆荷载作用。

桥墩和桥台中使全部荷载传至地基的底部奠基部分称为基础，常用的结构形式为扩大基础和桩基础。它是确保桥梁安全使用的关键，其形式和构造尺寸由桥梁荷载、地质构造、地基承载力、水流、冲刷等多种因素决定。由于基础往往深埋于土层之中，并且需在水下施工，故也是桥梁施工中比较困难的部分。

支座是梁式桥在桥跨结构与桥墩或桥台的支承处所设置的传力装置，它不仅要传递很大的荷载，而且要保证桥跨结构按设计要求能产生一定的变位。目前使用最多的是板式、盆式和球形橡胶支座。

除此以外，在路堤与桥台衔接处，一般还在桥台两侧设置砌筑锥形护坡，以保证路堤迎水部分稳定。桥梁根据需要还要修筑护岸、导流结构物、检测平台，测量标志、消防栓、景观灯饰等附属设施。

1. 桥梁按受力体系分类

桥梁按受力结构的体系分为梁式桥、拱式桥、刚构桥、悬索桥与组合体系桥五大体系。

(1) 梁式桥（简称梁桥） 梁式桥是一种在竖向荷载作用下无水平反力的结构，梁作为承重结构是以它的抗弯能力来承受荷载的。梁分简支梁、连续梁和悬臂梁等，如图 6-41所示。

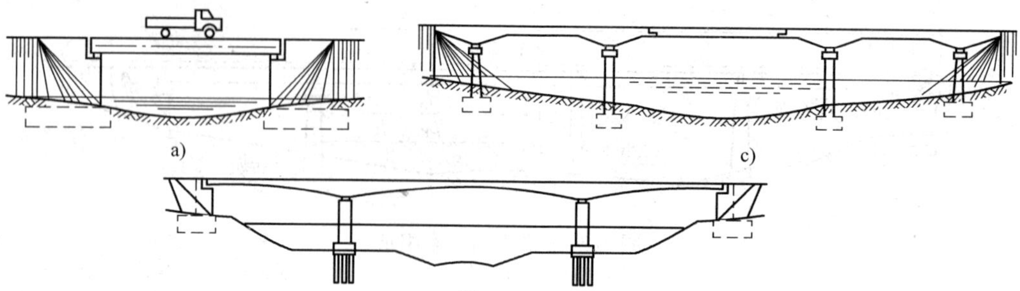

图 6-41　梁式桥

a）简支梁桥　b）连续梁桥　c）悬臂梁桥

1）简支梁桥。如图 6-41a 所示，简支梁桥一般采用一个固定支座和一个活动支座将梁支撑在墩台上，梁身承受正弯矩。每一片梁与桥墩或桥台组成一个桥跨，相邻桥跨之间没有受力关系。简支梁桥属静定结构，相邻桥孔各自单独受力，是公路上最常用的桥梁结构形式。为了减少桥梁伸缩缝数量，保证行车舒适，也可把部分桥跨用桥面钢筋混凝土铺装连接起来，其受力仍处于简支受力状态，称为简支桥面连续。

简支梁桥的上部结构一般为空心板、箱梁或 T 形梁。钢筋混凝土空心板和 T 形梁最大跨径为 20m，常用跨径为 8m、10m、13m 和 16m；预应力空心板的适宜跨径为 8 ~ 25m；预应力箱梁的跨径为 25m、30m、35m 和 40m；预应力混凝土 T 形梁的跨径为 20 ~ 50m。

简支梁（板）桥结构较为简单，施工方便，是目前各等级公路优先考虑的桥型方案，最适宜在河道宽浅、路线设计高程较低的情况下使用。

2）连续梁桥。如图 6-41b 所示，连续梁桥由几跨梁连接成一个整体，即形成一联。每联 3 ~ 5 孔，由一个固定支座和几个活动支座将梁支撑在墩台上。梁身中部受正弯矩，每个支座处受负弯矩。在荷载作用下，支点截面产生的负弯矩显著减小了跨中截面的正弯矩，不仅可减小跨中的建筑高度，而且能节省钢筋混凝土数量。但连续梁桥属于超静定结构，对地基要求较高。

连续梁桥分整体式和装配式。整体式连续梁宜选用单箱结构，通常采用支架现浇或悬臂浇筑施工方法，多用于较大跨径的跨线桥、城市桥梁和高速公路上的大跨径桥。等截面连续梁的适宜跨径为 40 ~ 50m，变截面连续梁的跨径为 60 ~ 150m。装配式连续梁的上部结构一般由多片简支箱梁组成。先按简支梁预制安装，然后在墩顶处用钢筋混凝土或预应力混凝土连接，进行体系转换变为连续梁，称为先简支后连续，这种连续梁桥的适用跨径与简支梁桥相同。

3）悬臂梁桥。如图 6-41c 所示，其主体是长度超出跨径的悬臂结构。仅一端悬出者称为单悬臂梁，两端均悬出者称为双悬臂梁。

悬臂梁桥施工较为复杂，桥跨结构整体性不及连续梁桥，目前已较少采用。

（2）拱式桥（简称拱桥）　拱式桥的主要承重结构是拱圈。在竖向荷载作用下，拱圈既要承受压力，也要承受弯矩。墩台除受竖向压力和弯矩外，还承受水平推力，所以说，拱式桥是一种在竖向荷载作用下具有水平推力的结构，如图 6-42 所示。同时墩台向拱圈提供反向的水平反力大大减小了拱圈由荷载所产生的弯矩。因此，拱圈内力以压力为主、弯矩为辅，可采用抗压能力强的石料、混凝土等圬工材料来修建。

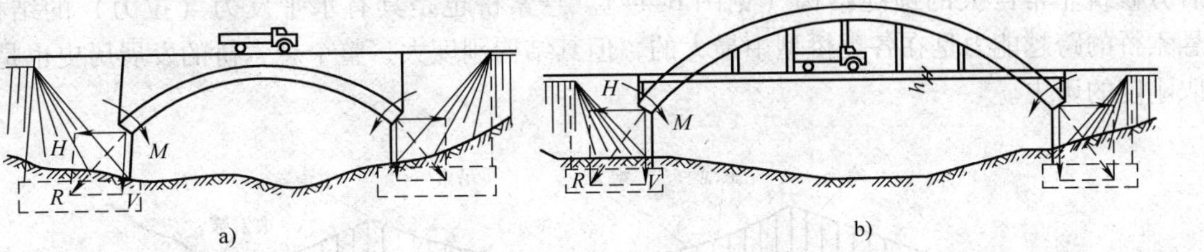

图 6-42 拱式桥

a）上承式拱桥 b）中承式拱桥

（3）刚构桥 刚构桥是介于梁与拱之间的一种结构体系，它是由受弯的上部（梁或板）结构与承压的下部（桩柱或墩）结构结合在一起的整体结构。由于梁与柱的刚性连接，梁因柱的抗弯刚度而得到卸载作用，整个体系是压弯结构，也是推力结构。刚构桥分直腿刚构桥与斜腿刚构桥。刚构的桥下净空比拱桥大，在同样净空要求下可修建较小的跨径，如图 6-43 所示。

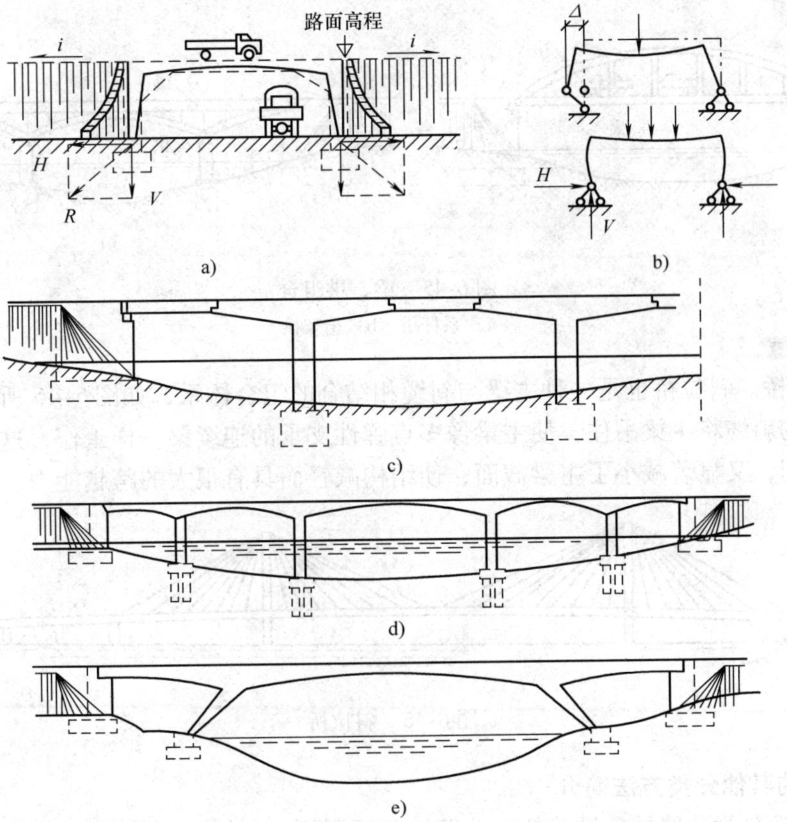

图 6-43 刚构桥

a）门式刚构桥 b）门式刚构桥受力简图 c）T 形刚构桥 d）连续刚构桥 e）斜脚刚构桥

（4）悬索桥（也称为吊桥） 传统的悬索桥均用悬挂在两边塔架上的强大缆索作为主要

承重结构。在竖向荷载作用下，通过吊杆使缆索承受很大的拉力，通常都需要在两岸桥台的后方修筑非常巨大的锚碇结构（见图6-44）。悬索桥也是具有水平反力（拉力）的结构。悬索桥的跨越能力是在各类桥型中最大的，但其结构刚度大，整个悬索桥的发展历史也是争取刚度的历史。

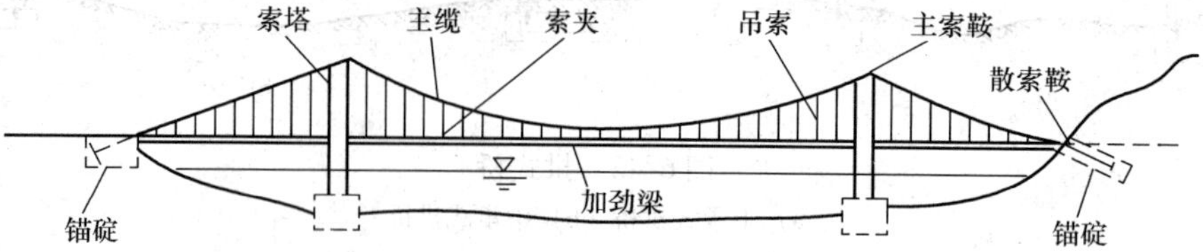

图6-44　悬索桥

（5）组合体系

1）梁、拱组合体系。这类体系有系杆拱、桁架拱、多跨拱梁结构等，它们是利用梁的受弯与拱的承压特点组成联合结构。其中梁和拱都是主要承重物，两者相互配合共同受力，如图6-45所示。

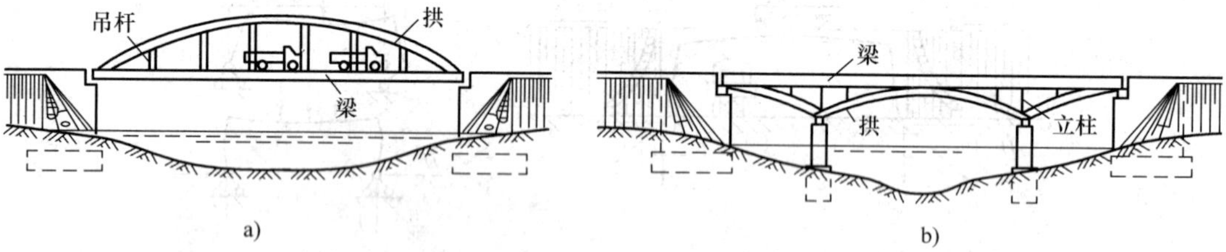

图6-45　梁、拱组合
a）系杆拱　b）桁架拱

2）斜拉桥。斜拉桥也是一种主梁与斜缆相结合的组合体系，如图6-46所示。悬挂在塔柱上被张紧的斜缆将主梁吊住，使主梁像多点弹性支承的连续梁一样工作，这样既发挥了高强材料的作用，又显著减小了主梁截面，使结构减轻而具有很大的跨越能力。

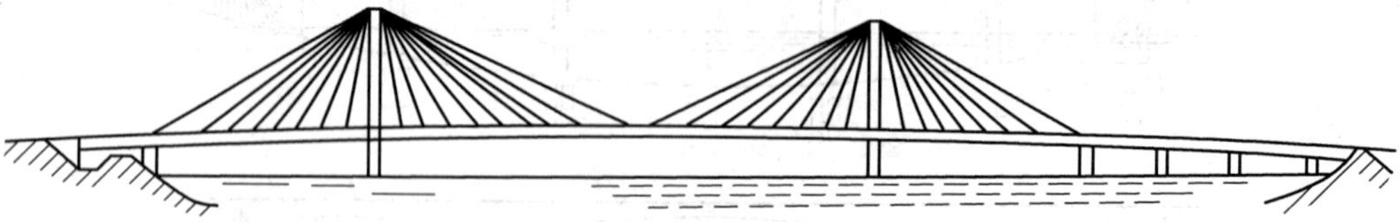

图6-46　斜拉桥

2. 桥梁的其他分类方法简介

1）按用途分为公路桥、铁路桥、公路铁路两用桥、农桥、人行桥、运水桥（渡槽）及其他专用桥梁（如通过各种管线等）。

2）按桥梁全长和跨径不同分为特大桥、大桥、中桥、小桥和涵洞。《公路桥涵设计通用规范》规定的划分标准见表6-26。

表 6-26 桥梁涵洞分类

桥梁分类	多孔桥总长 L/m	单孔跨径 L_K/m	桥梁分类	多孔桥总长 L/m	单孔跨径 L_K/m
特大桥	$L>1000$	$L_K>150$	小桥	$8\leqslant L\leqslant 30$	$5\leqslant L_K<20$
大桥	$100\leqslant L\leqslant 1000$	$40\leqslant L_K\leqslant 150$	涵洞	—	$L_K<5$
中桥	$30<L<100$	$20\leqslant L_K<40$			

3）按上部结构所用的材料可分为钢筋混凝土桥、预应力混凝土桥、圬工桥（包括砖、石、混凝土桥）和钢桥。

4）按跨越障碍的性质可分为跨河桥、跨线桥（立交桥）、高架桥和栈桥。

5）按上部结构的行车道位置分为上承式桥、下承式桥和中承式桥。桥面布置在主要承重结构之上的称为上承式桥，桥面布置在主要承重结构之下的称为下承式桥，桥面布置在主要承重结构中间的称为中承式桥。

6.4.2 钻孔灌注桩

钻孔灌注桩是基础的一种形式，是指在工程现场通过机械钻孔的手段在地基土中形成桩孔，并在其内放置钢筋笼、灌注混凝土而形成基础的一种工艺。近几年来，我国公路桥梁工程建设发展迅猛，跨越江河、海峡的大桥及特大桥不断修建，桥梁的施工环境、地质情况更加复杂，从而促进了桥梁工程施工设备及施工工艺的更新换代。如一些大型钻机的研发，使得长度超过100m的超长桩、直径大于4m的大直径桩、穿越较硬岩层的嵌岩桩得以实现；又如旋挖钻机的研发成功，使得桩基成孔更加快速、环境污染减小。随着科学技术发展，钻孔灌注桩基础以其工艺简便、承载力大、适应力强等突出特点迅速在全国基础工程中得到广泛应用。

下面具体说明如何用纵横公路工程造价管理系统进行钻孔灌注桩工程量清单的编制。

1. 案例工程概况

某预应力5跨混凝土连续梁桥，全桥长350m，施工时为枯水期，可按陆地钻孔编制。0号、5号桥台采用10根Φ2.0m钻孔灌注桩，桩长30～40m，1号～4号桥墩均采用6根Φ2.5m钻孔灌注桩，桩长30～40m，混凝土在岸上集中拌和、泵送施工，桥台钢护筒单根长度按3.5m计。本例中暂不考虑拌和站建设费用。经统计施工图所列主要工程数量见表6-27。

表 6-27 主要工程数量

项目		桩长	钻孔岩层统计/m				混凝土/m^3	检测管/t	光圆钢筋/t	带肋钢筋/t
			砂土	砂砾	软石	次坚石				
灌注桩	桩径2.5m	912	92	629	135	32	4474.5	43.2	71.6	685.24
	桩径2.0m	700	81	562	117	—	2198	36.9		

项目属性以及取费信息见表6-28和表6-29。

表 6-28　项目属性

建设单位：纵横公路发展有限公司	建设项目：某高速公路新建工程
数据文件号：Smart Cost 2017	公路等级：高速公路
工程地点：安徽	编制范围：A7 合同段
路线或桥梁长度：2.6km	路基或桥梁宽度：24.5m
利润率：7.42%	税金：11%

表 6-29　取费信息

工程所在地	安徽	费率标准	安徽概（预）算－皖交建管函［2016］347 号文
冬季施工	准一区	雨季施工	Ⅱ区 3 个月
夜间施工	不计	高原施工	不计
风沙施工	不计	沿海地区	不计
行车干扰	不计	施工安全	计
临时设施	计	施工辅助	计
工地转移/km	0	养老保险（%）	20
失业保险（%）	2	医疗保险（%）	8.1
住房公积金（%）	6	工伤保险（%）	2
基本费用	计	综合里程/km	0
职工探亲	计	职工取暖	不计
财务费用	计		

2. 编制依据

（1）钻孔灌注桩施工工艺流程（见图 6-47）

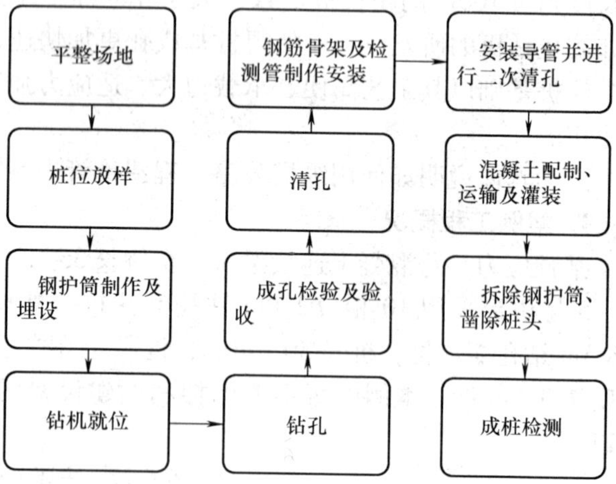

图 6-47　施工工艺

1）护筒（见图 6-48）：钻孔时采用长度适应钻孔地质条件的护筒，保证孔口不坍塌及不使地表水进入孔内，并保持孔内泥浆表面高程。护筒可用钢板或钢筋混凝土制作。护筒内径一般应比桩径大 200～400mm，可根据钻孔情况选用。护筒顶端高程，应高出地面 0.3m 或水面 1.0～2.0m。当处于潮水影响地区时，护筒高度应高于最高施工水位 1.5～2.0m，并应采用稳定护筒内水头的措施。护筒埋置深度应根据图样要求或桩位的水文地质情况确定，一般情况埋置深度宜为 2～4m，特殊情况应加深以保证钻孔和灌注混凝土的顺利进行。有冲刷影响的河床，应沉入局部冲刷线以下不小于 1.0～1.5m。

2）钻孔：钻孔应连续进行，不得中断，如用抓斗开挖，应注意提升抓斗时，下面不致产生真空。软土地段的钻孔，首先应进行地基加固，保证钻孔设备的稳定和钻孔孔位准确，再行钻孔。

图 6-48　埋设钢护筒

3）清孔：清孔时，应将附着于护筒壁的泥浆清洗干净，并将孔底钻渣及泥沙等沉淀物清除。清孔次数按图样要求和清孔后孔底钻渣沉淀厚度符合图样规定值为前提进行，大桥基础钻孔后一般需进行两次清孔。

4）钢筋骨架：桩的钢筋骨架，应紧接在混凝土灌注前，整体放入孔内，如图 6-49 所示。如果混凝土不能紧接在钢筋骨架放入之后灌注，则钢筋骨架应从孔内移去。在钢筋骨架重放前，应对钻孔的完整性，包括孔底松散物的出现，重新进行检查。

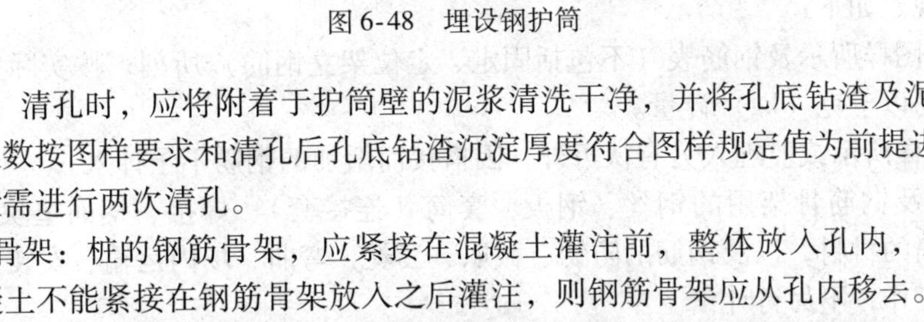

图 6-49　下放钢筋骨架

5）灌注混凝土（见图 6-50）：灌注水下混凝土的搅拌机能力，应能满足桩孔在规定时间内灌注完毕的要求。灌注时间不得长于首批混凝土初凝时间。若估计灌注时间长于首批混凝土初凝时间，则应掺入缓凝剂。孔身及孔底检查值得到监理人认可和钢筋骨架安放后，应立即开始灌注混凝土，并应连续进行，不得中断。当气温低于 0℃时，灌注混凝土应采取保温措施。强度未达到设计等级 50% 的桩顶混凝土不得受冻。

（2）《公路工程标准施工招标文件》（2009 年版）（下册）

图 6-50　灌注混凝土

《公路工程标准施工招标文件》（2009 年版）（下册）第 403 节计量与支付中关于钢筋计量的有关规定如下：

1）根据图样所示及钢筋表（不包括固定、定位架立钢筋）所列，按实际安设并经监理人验收的钢筋以千克（kg）计量。

2）除图样所示或监理人另有认可外，因搭接而增加的钢筋不予计入。

3）钢筋及钢筋骨架用的钢丝、钢板、套筒（连接套）、焊接、钢筋垫块或其他固定、定位架立钢筋的材料，以及钢筋的防锈、截取、套丝、弯曲、场内运输、安装等，作为钢筋工程的附属工作，不另行计量。

《公路工程标准施工招标文件》（2009 年版）（下册）第 405 节计量与支付中关于钻孔灌注桩计量的有关规定如下：

1）钻孔灌注桩以实际完成并以监理人验收后的数量，按不同桩径的桩长以米计量。计量应自图样所示或监理人批准的桩底高程至承台底或系梁底；对于与桩连为一体的柱式墩台，如无承台或系梁时，则以桩位处地面线为分界线，地面线以下部分为灌注桩桩长，若图样有标识的，按图样标识为准。未经监理人批准，由于超钻而深于所需的桩长部分，将不予计量。

2）开挖、钻孔、清孔、钻孔泥浆、护筒、混凝土、破桩头，以及必要时在水中填土筑岛、搭设工作台架及浮箱平台、栈桥等其他为完成工程的子目，作为钻孔灌注桩的附属工作，不另行计量。混凝土桩无破损检测及所预埋的钢管等材料，均作为混凝土桩的附属工作，不另行计量。

3）钢筋在第 403 节内计量，列入 403－1 子目内。

（3）《公路工程预算定额》

1）桥涵工程　定额中混凝土工程除小型构件、大型预制构件底座、混凝土搅拌站安拆和钢桁架桥式码头项目中已考虑混凝土的拌和费用外，其他混凝土项目中均未考虑混凝土的拌和费用，应按有关定额另行计算。

定额中混凝土工程均已包括操作范围内的混凝土运输。现浇混凝土工程的混凝土平均运距超过 50m 时，可根据施工组织设计的混凝土平均运距，按第十一节杂项工程中混凝土运输定额增列混凝土运输。

2）灌注桩工程

① 灌注桩造孔根据造孔的难易程度，将土质分为八种：

a. 砂土：粒径不大于2mm的砂类土，包括淤泥、轻亚黏土。

b. 黏土：亚黏土、黏土、黄土，包括土状风化。

c. 砂砾：粒径2~20mm的角砾、圆砾含量（指质量比，下同）小于或等于50%，包括礓石及粒状风化。

d. 砾石：粒径2~20mm的角砾、圆砾含量大于50%，有时还包括粒径20~200mm的碎石、卵石，其含量在10%以内，包括块状风化。

e. 卵石：粒径20~200mm的碎石、卵石含量大于10%，有时还包括块石、漂石，其含量在10%以内，包括块状风化。

f. 软石：饱和单轴极限抗压强度在40MPa以下的各类松软的岩石，如盐岩，胶结不紧的砾岩、泥质页岩、砂岩，较坚实的泥灰岩、块石土及漂石土，软而节理较多的石灰岩等。

g. 次坚石：饱和单轴极限抗压强度在40~100MPa的各类较坚硬的岩石，如硅质页岩，硅质砂岩，白云岩，石灰岩，坚实的泥灰岩，软玄武岩、片麻岩、正长岩、花岗岩等。

h. 坚石：饱和单轴极限抗压强度在100MPa以上的各类坚硬的岩石，如硬玄武岩，坚实的石灰岩、白云岩、大理岩、石英岩、闪长岩、粗粒花岗岩、正长岩等。

② 灌注桩成孔定额分为人工挖孔、卷扬机带冲抓锥冲孔、卷扬机带冲击锥冲孔、冲击钻机钻孔、回旋钻机钻孔、潜水钻机钻孔六种。定额中已按摊销方式计入钻架的制作、拼装、移位、拆除及钻头维修所耗用的工、料、机械台班数量，钻头的费用已计入设备摊销费中，使用本节定额时，不得另行计算。

③ 灌注桩混凝土定额按机械拌和、工作平台上导管倾注水下混凝土编制，定额中已包括混凝土灌注设备（如导管等）摊销的工、料费用及扩孔增加的混凝土数量，使用定额时，不得另行计算。

④ 钢护筒定额中，干处埋设按护筒设计质量的周转摊销量计入定额中，使用定额时，不得另行计算。水中埋设按护筒全部设计质量计入定额中，可根据设计确定的回收量按规定计算回收金额。

⑤ 护筒定额中，已包括陆地上埋设护筒的黏土或水中埋设护筒定位用的导向架及钢质或钢筋混凝土护筒接头用的钢件、硫黄胶泥等埋设时用的材料、设备消耗，使用定额时，不得另行计算。

⑥ 当设计桩径与定额桩径不同时，可按表6-30系数调整。

表6-30 桩径调整系数

桩径/cm	130	140	160	170	180	190	210	220	230	240
调整系数	0.94	0.97	0.70	0.79	0.89	0.95	0.93	0.94	0.96	0.98
计算基数	桩径150cm以内		桩径200cm以内				桩径250cm以内			

⑦ 灌注桩成孔工程量按设计入土深度计算。定额中的孔深指护筒顶至桩底（设计标高）的深度。造孔定额中同一孔内的不同土质，无论其所在的深度如何，均采用总孔深定额。

⑧ 浇筑水下混凝土的工程量按设计桩径横断面面积乘设计桩长计算，不得将扩孔因素计入工程量。

⑨ 钢护筒的工程量按护筒的设计质量计算。设计质量为加工后的成品质量，包括加劲肋及连接用法兰盘等全部钢材的质量。当设计提供不出钢护筒的质量时，可参考表6-31的质量进行计算，桩径不同时可内插计算。

表6-31 护筒质量

桩径/cm	100	120	150	200	250	300	350
护筒单位质量/(kg/m)	170.2	238.2	289.3	499.1	612.6	907.5	1259.2

3. 编制准备工作

（1）新建文件

1）打开纵横公路工程造价管理系统，单击“文件”菜单中的“新建”命令，在“新建项目”对话框中依次输入文件名称、建设项目名称，在“项目类型”选项区中选择“工程量清单”，单击“确定”按钮，便完成了一个建设项目的新建，标段文件、费率文件、单价文件同时建立（系统默认单价文件、费率文件与“文件名称”同名），如图6-51所示。

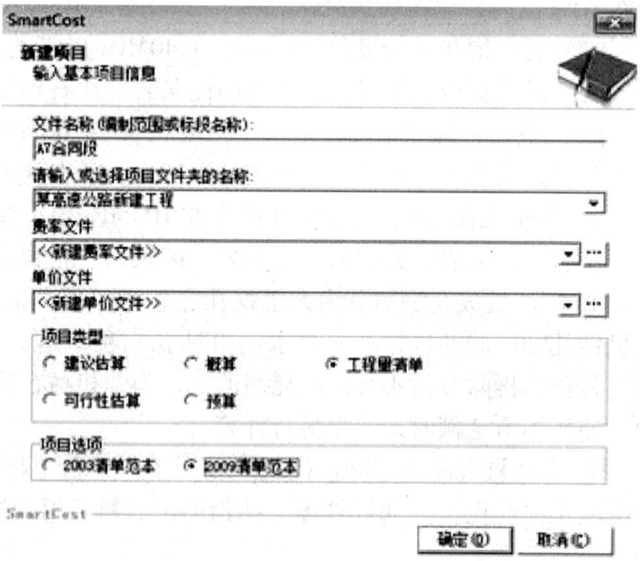

图6-51 新建项目

2）选择“文件”菜单中的“项目属性”命令，进行项目属性的设置，其中包括基本信息、技术参数、计算参数、其他取费、小数位数等，根据项目实际情况进行设置，如图6-52所示。

（2）设置费率

单击“费率”界面，选择费率计算参数进行设置，如图6-53所示。

4. 清单编制

（1）提取工程量清单

在“造价书”界面，选择“清单范本”选项卡，出现“清单范本”窗口，选择“部颁清单范本（2009）”。根据《公路工程标准施工招标文件》（2009年版）（下册）提取对应的清单项，填写工程量，如图6-54所示。

（2）套取定额

1）埋设钢护筒。钢护筒数量计算时，每米护筒质量可参考定额说明的规定计算，陆上施工每根桩的钢护筒可按2～4m控制，采用草袋围堰筑岛填心施工时，仍应套用“埋设钢护筒干处”定额，但护筒的深度应根据具体情况计算，一般应穿过原地面线，黏性土的入土深度至少2m，砂性土的入土深度至少3m。

水中钢护筒的计算：每米护筒质量可参考定额说明的规定计算，也可根据施工组织计

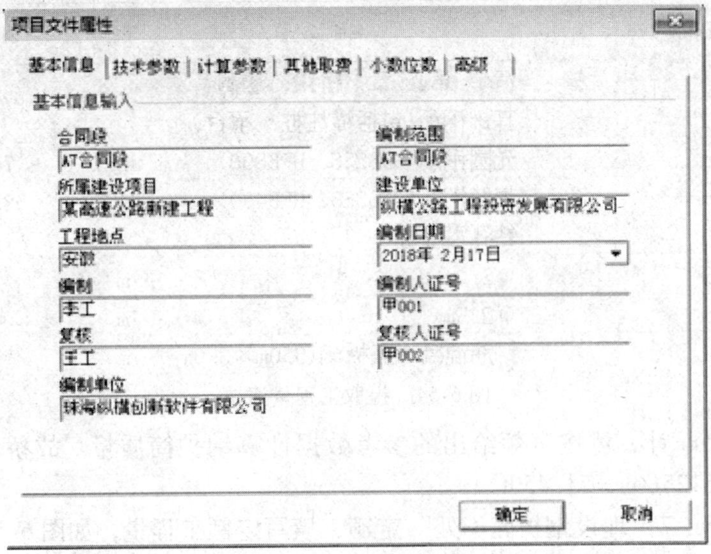

图6-52　项目属性

图6-53　费率设置

算，护筒顶端高程应高出水面1.0~2.0m，底面高程应穿过透水层，有冲刷影响的河床，应沉入局部冲刷线以下不小于1.0~1.5m。

① 桥台钢护筒计算：0号、5号桥台采用10根Φ2.0m钻孔灌注桩，本例中桥台钢护筒按单根长度3.5m计，可按定额给出的参考数据计算钢护筒质量。故桥台钢护筒质量为10×2×3.5m×0.4991t/m=34.937t。

② 桥墩钢护筒计算：1号~4号桥墩均采用6根Φ2.5m钻孔灌注桩，本例中桥墩钢护

清单编号	名称	单位	清单数量
	清单 第400章 桥梁、涵洞		
403-1	基础钢筋(包括灌注桩、承台、		
-a	光圆钢筋(HPB235、HPB300)	kg	71600.000
-b	带肋钢筋(HRB335、HRB400)	kg	685240.000
405-1	钻孔灌注桩		
-a	Φ2.0m	m	700.000
-b	Φ2.5m	m	912.000
420-1	钢筋混凝土盖板涵(3.0m×3.0m	m	73.900

图6-54 提取工程量清单

筒按单根长度3.5m计，可按定额给出的参考数据计算钢护筒质量。故桥墩钢护筒质量为$6\times4\times3.5\text{m}\times0.6125\text{t/m}=51.450\text{t}$

选取4-4-8-7“埋设钢护筒干处”定额，填写定额工程量，如图6-55所示。

-a	Φ2.0m	m	700.000
价			

定额编号	定额名称	定额单位	工程量	取费类别
4-4-8-7	埋设钢护筒干处	1t	34.937	13)钢材及钢结

-b	Φ2.5m	m	912.000
价			

定额编号	定额名称	定额单位	工程量	取费类别
4-4-8-7	埋设钢护筒干处	1t	51.450	13)钢材及钢结

图6-55 护筒定额套用

2）钻孔。灌注桩沉孔按孔井中土（钻渣）的取出方法不同，成孔的方法和原理可分为螺旋钻孔、正循环回旋钻孔、反循环回旋钻孔、潜水钻机钻孔、冲抓钻孔、冲击钻孔、钻头钻成孔等。其中回旋钻适用于黏性土、粉砂、细砂、中砂、粗砂，以及含少量砾石、卵石的土、岩石的土层。

定额4-4-5“回旋钻机钻孔”工程内容包括安拆岸上泥浆循环系统并造浆，准备钻具，装、拆、移钻架及钻机，安拆钻杆及钻头，钻进、压泥浆、浮渣、清理泥浆池沉渣，清孔。

0号、5号桥台采用10根$\Phi2.0$m钻孔灌注桩，桩长30~40m，1号~4号桥墩均采用6根$\Phi2.5$m钻孔灌注桩，桩长30~40m，根据不同的土质层和不同的桩径选取相应的定额，如图6-56所示。

3）绑扎钢筋骨架，安装检测管，吊放钢筋骨架。定额中灌注桩钢筋骨架按焊接接长和套筒接长两种方法进行编制。其计价工程量按设计灌注桩的钢筋质量进行计算，包括施工现场搭接接长部分钢筋的质量。

灌注桩检测管用于超声波检测法检验桩身质量。检测管采用无缝钢管制成，捆绑于钢筋

-a	Φ2.0m	m	700.000

价

定额编号	定额名称	定额单位	工程量	取费类别
4-4-5-65	陆地Φ200cm内回旋钻机钻孔深40m内砂土	10m	8.100	9)构造物Ⅱ
4-4-5-67	陆地Φ200cm内回旋钻机钻孔深40m内砂砾	10m	56.200	9)构造物Ⅱ
4-4-5-70	陆地Φ200cm内回旋钻机钻孔深40m内软石	10m	11.700	9)构造物Ⅱ

-b	Φ2.5m	m	912.000

价

定额编号	定额名称	定额单位	工程量	取费类别
4-4-5-97	陆地Φ250cm内回旋钻机钻孔深40m内砂土	10m	9.200	9)构造物Ⅱ
4-4-5-99	陆地Φ250cm内回旋钻机钻孔深40m内砂砾	10m	62.900	9)构造物Ⅱ
4-4-5-102	陆地Φ250cm内回旋钻机钻孔深40m内软石	10m	13.500	9)构造物Ⅱ
4-4-5-103	陆地Φ250cm内回旋钻机钻孔深40m内次坚石	10m	3.200	9)构造物Ⅱ

图6-56　钻孔定额套用

骨架内侧随钢筋骨架一起下到孔内。检测管的预埋数量根据桩径大小而异，测管数量多，则覆盖面积大，具体设置数量应由设计提供，一般每根桩设置三根检测管。如未明确说明，一般桩径为1.8m以内的每根桩设3根，桩径大于1.8m设4根。

根据计量规则，灌注桩钢筋在403－1基础钢筋中单独计量，选取4－4－7－23“套筒连接钢筋”定额，根据项目实际情况调整光圆钢筋和带肋钢筋的比例，如图6-57所示。

403-1	基础钢筋(包括灌注桩、承台、沉柱、沉井等)		
-a	光圆钢筋(HPB235、HPB300)	kg	71600.000

量单价　　图纸工程量　定额调整　工料机/砼　附注条件　辅助定额　稳定土　单价

接钢筋

定额编号	定额名称	定额单位	工程量	取费类别
4-4-7-23	套筒连接钢筋	1t	71.600	13)钢材及钅

	调整	条件
1	☑	用光圆钢筋替换带肋钢筋
2	☐	用带肋钢筋替换光圆钢筋
3	☐	洞内用洞外项目
4	☐	自定义系数

-b	带肋钢筋(HRB335、HRB400)	kg	685240.000

量单价　　图纸工程量　定额调整　工料机/砼　附注条件　辅助定额　稳定土　单价

接钢筋

定额编号	定额名称	定额单位	工程量	取费类别
4-4-7-23	套筒连接钢筋	1t	685.240	13)钢材及钅

	调整	条件
1	☐	用光圆钢筋替换带肋钢筋
2	☑	用带肋钢筋替换光圆钢筋
3	☐	洞内用洞外项目
4	☐	自定义系数
5		

图6-57　钢筋定额套用

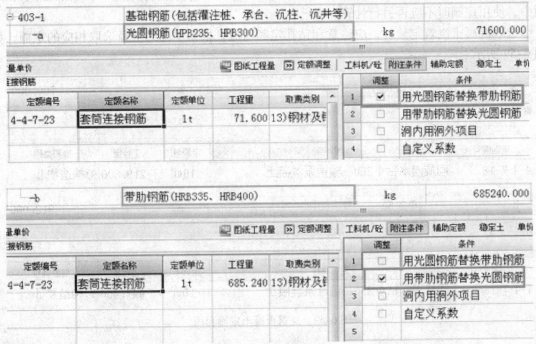

根据计量规则，混凝土桩无破损检测及所预埋的钢管等材料，均作为混凝土桩的附属工作，不另行计量，选取 4－4－7－24“检测管”定额，填写定额工程量，如图 6-58 所示。

-a	Φ2.0m	m	700.000
价			

定额编号	定额名称	定额单位	工程量	取费类别
4-4-7-24	检测管	1t	36.900	13)钢材及钢结构

-b	Φ2.5m	m	912.000
价			

定额编号	定额名称	定额单位	工程量	取费类别
4-4-7-24	检测管	1t	43.200	13)钢材及钢结构

图 6-58　检测管定额套用

4）浇筑混凝土。预算定额中，除人工挖孔按灌注普通混凝土进行编制，其他成孔方法均按灌注水下混凝土进行编制。

在钻孔内灌注水下混凝土，一般用不漏水的钢制导管进行，其内径一般为 25～30cm。在吊装好钢筋骨架后，应立即将导管安装在钻孔内，导管上部应设置储料漏斗，以储备满足导管除此埋置深度（≥1.0m）和填充导管底部间隙所需要的混凝土数量。在灌注水下混凝土的过程中，导管埋在混凝土内的深度一般不宜小于 2.0m 或大于 6.0m。定额中已将混凝土灌注时需要的导管、漏斗、储料斗、隔水栓等设备以及凿除混凝土桩头等的消耗综合在定额中，使用定额时不应再另行计算。

选取混凝土浇筑定额时，应注意和钻孔定额对应，根据不同的桩径选取相应的定额，如图 6-59 所示。

-a	Φ2.0m	m	700.000
价			

定额编号	定额名称	定额单位	工程量	取费类别
4-4-7-18	回旋潜水钻Φ250cm输送泵混凝土	10m³	219.800	9)构造物Ⅱ

-b	Φ2.5m	m	912.000
价			

定额编号	定额名称	定额单位	工程量	取费类别
4-4-7-18	回旋潜水钻Φ250cm输送泵混凝土	10m³	447.450	9)构造物Ⅱ

图 6-59　浇筑混凝土定额套用

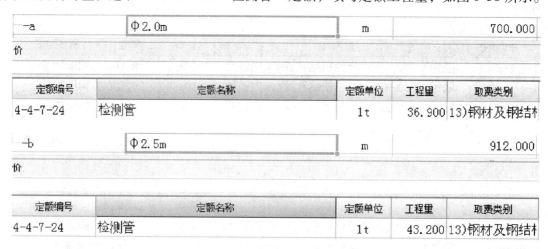

5）混凝土拌和运输。混凝土拌和，套取定额 4 - 11 - 11 - 12 “混凝土搅拌站拌和（60m³/h 内）”，拌和站生产能力可结合施工组织设计选择。

混凝土运输，套取定额 4 - 11 - 11 - 20 “6m³ 内混凝土搅运车运 1km”，混凝土运输的运距应根据拌和站的位置进行调整。

定额选取后，选中 ϕ2. 0m 的钻孔灌注桩，右击选择“混凝土需计拌和量”命令，单击“填写工程量”按钮将计损耗的混凝土数量填写到混凝土拌和运输的定额工程数量之中，如图 6-60 所示。

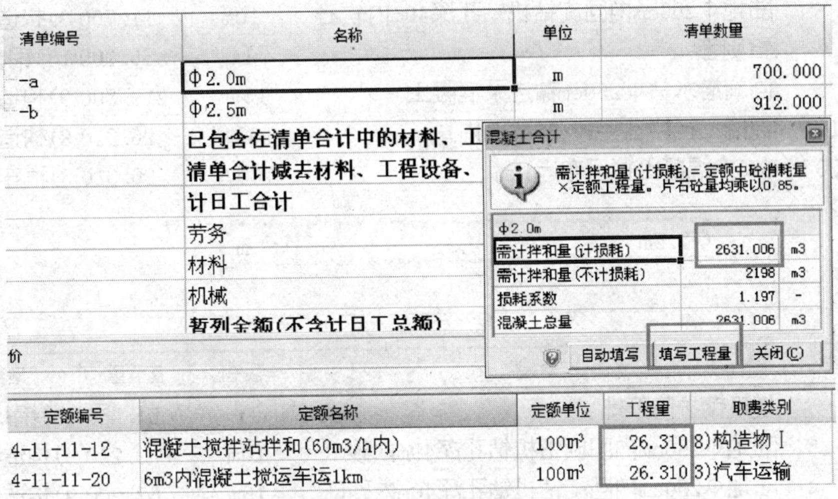

图 6-60 混凝土拌和运输定额套用

6）完整组价参考（见图 6-61）

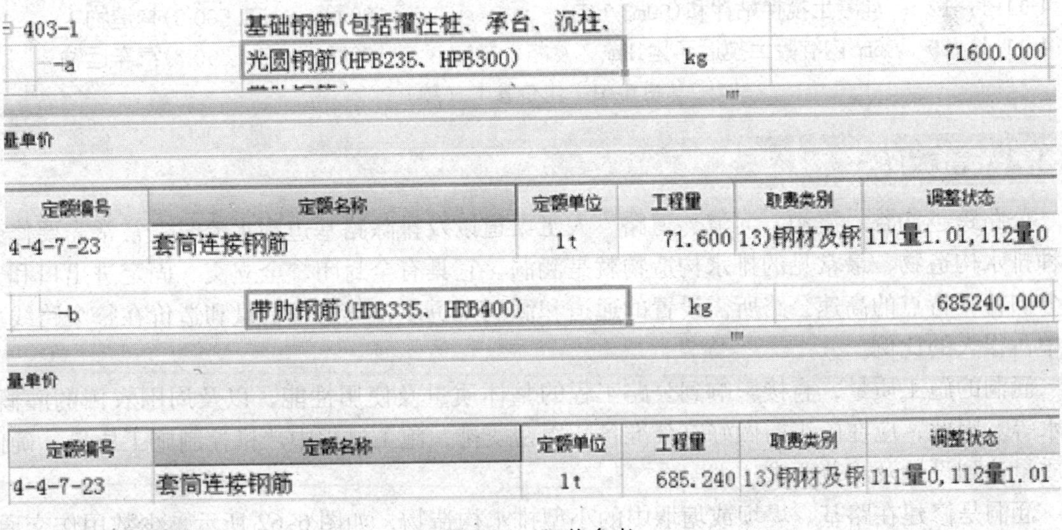

图 6-61 组价参考

—a	Φ2.0m	m	700.000
价			

定额编号	定额名称	定额单位	工程量	取费类别
4-4-8-7	埋设钢护筒干处	1t	34.937	13)钢材及钢结构
4-4-5-65	陆地Φ200cm内回旋钻机钻孔深40m内砂土	10m	8.100	9)构造物Ⅱ
4-4-5-67	陆地Φ200cm内回旋钻机钻孔深40m内砂砾	10m	56.200	9)构造物Ⅱ
4-4-5-70	陆地Φ200cm内回旋钻机钻孔深40m内软石	10m	11.700	9)构造物Ⅱ
4-4-7-24	检测管	1t	36.900	13)钢材及钢结构
4-4-7-18	回旋潜水钻Φ250cm输送泵混凝土	10m³	219.800	9)构造物Ⅱ
4-11-11-12	混凝土搅拌站拌和(60m3/h内)	100m³	26.310	8)构造物Ⅰ
4-11-11-20	6m3内混凝土搅运车运1km	100m³	26.310	3)汽车运输

—b	Φ2.5m	m	912.000
价			

定额编号	定额名称	定额单位	工程量	取费类别
4-4-8-7	埋设钢护筒干处	1t	51.450	13)钢材及钢结构
4-4-5-97	陆地Φ250cm内回旋钻机钻孔深40m内砂土	10m	9.200	9)构造物Ⅱ
4-4-5-99	陆地Φ250cm内回旋钻机钻孔深40m内砂砾	10m	62.900	9)构造物Ⅱ
4-4-5-102	陆地Φ250cm内回旋钻机钻孔深40m内软石	10m	13.500	9)构造物Ⅱ
4-4-5-103	陆地Φ250cm内回旋钻机钻孔深40m内次坚石	10m	3.200	9)构造物Ⅱ
4-4-7-24	检测管	1t	43.200	13)钢材及钢结构
4-4-7-18	回旋潜水钻Φ250cm输送泵混凝土	10m³	447.450	9)构造物Ⅱ
4-11-11-12	混凝土搅拌站拌和(60m3/h内)	100m³	53.560	8)构造物Ⅰ
4-11-11-20	6m3内混凝土搅运车运1km	100m³	53.560	3)汽车运输

图6-61 组价参考（续）

6.4.3 盖板涵

公路跨越沟谷、溪沟、河流、道路、人工渠道以及排除路基边沟水流时，常常需要修建各种排水构造物，最常见的排水构造物就是涵洞。它具有全封闭、全立交、固定进出口和分道分向行驶特点的高速公路所需设置的通道和涵洞则更多，其工程数量和造价在整个路线工程中占很大的比例。

涵洞的施工质量，直接影响到公路工程的整体质量及使用性能，以及周围农田的灌溉、排水等。因此，应在施工前做好充分准备，周密安排，施工过程中严格控制施工质量，确保其质量达到设计及规范要求。

涵洞是修建在路基、堤坝或塘堰中的小型排水构造物，如图6-62所示。少数用作交通，供行人或车辆等通过，又称为通道，通道的结构形式一般有盖板式通道和箱形通道，如图6-63所示。

图 6-62 排水涵洞

图 6-63 通道

桥梁和涵洞是按照跨径大小来划分的。根据现行《公路工程技术标准》的规定，凡单孔跨径小于5m或多孔跨径总长小于8m的统称涵洞。而圆管涵不论管径或跨径大小、孔数多少，均称涵洞。

涵洞应满足排泄洪水能力，保证在50年一遇洪水的情况下，顺利快捷地排泄洪水。

涵洞应具有足够的整体强度和稳定性，保证在设计荷载的作用下，构件不产生位移和变形。

涵洞应具有较高的可靠性和耐久性，保证在自然环境中，长期完好，不发生破损。

涵洞由洞身及洞口建筑组成。

洞身是形成过水通道的主体，应具有保证设计流量通过的必要孔径，它同时承受活载压力和填土压力并将其传递给地基，所以又要求其本身坚固而稳定。洞身通常由承重结构（如拱圈、盖板等）、涵台、基础以及防水层、伸缩缝等部分组成。涵洞洞底还应有适当的纵坡度，以利排水。

洞口建筑连接洞身与路基边坡，上游洞口的作用是束水导流，把面积较大的水流汇集于一定的孔径之内，使之顺畅地通过涵孔；下游洞口的作用是散水防冲，使通过涵洞的水流扩散并顺利地离开涵洞。位于涵洞上游的洞口称为进水口，位于涵洞下游的洞口称为出水口。

按建筑材料分，涵洞有石涵、混凝土涵、钢筋混凝土涵、其他材料组成的涵洞。石涵是以石料为主要材料建造的涵洞，常做成石盖板涵或石拱涵。混凝土涵是以混凝土为主要材料建造的涵洞。混凝土涵可节省钢筋，便于预制，但损坏后修理和养护较困难。钢筋混凝土涵是以钢筋混凝土为主要材料建造的涵洞，多用于管涵、盖板涵和箱涵。钢筋混凝土涵洞身坚固，经久耐用，养护费用小，是目前公路工程采用较为广泛的类型。对于小孔径涵洞，有时也可以采用其他材料建造，如砖、陶瓷、铸铁、钢波纹管、石灰三合土等。这类涵洞有砖涵、陶瓷管涵、波纹管涵、石灰三合土涵。

按构造形式分，涵洞有圆管涵、盖板涵、拱涵、箱涵。

圆管涵受力及适应地基性能较好，仅设置端墙，造价较低，但使用时须有足够的填土高度，在低路堤时，使用受到限制。

盖板涵构造简单，维修方便，有利于在低填土路基上设置，且能做成明涵。

拱涵承载能力较大，砌筑技术易掌握，但自重引起的恒载较大，对地基要求较高，施工工序较繁多，常在跨越深沟或高路堤时设置。山区石料资源丰富，可用石拱涵。

箱涵为整体闭合式钢筋混凝土框架结构，具有良好的整体性及抗震性，对地基适应性较强。但由于箱涵施工较困难，用钢量多，造价高，故一般仅在软土地基上采用。

按涵洞洞顶填土高度分，涵洞分暗涵、明涵。

当涵洞洞顶填土高度大于或等于0.5m时称为暗涵，一般用在高填方路段，如图6-64所示。

明涵洞顶不填土，适用于低路堤、挖方路段、浅沟渠，如图6-65所示。

按水力性质分，涵洞分无压力式涵洞、半压力式涵洞、压力式涵洞、倒虹吸涵洞。

无压力式涵洞。涵洞水流通过涵洞全长时，水面不接触涵洞顶面，涵前不允许壅水或壅水不高，涵洞处于无压力状态。公路工程宜采用无压力式涵洞。

图6-64　暗涵

图6-65　明涵

半压力式涵洞。涵洞进水口被水淹没，洞内水流不接触洞顶，出口不被水淹没，涵洞处于半压力状态。半压力式涵洞因水流起落变化引起水流不稳定，在公路上不常用。

压力式涵洞。涵洞进、出水口都被水淹没，涵前水深在1.2倍涵洞的净高以上，水流在压力下通过涵洞，涵洞处于压力状态。压力式涵洞必须保证涵身不漏水，以防止水渗入路基影响路基强度和稳定。同时由于流速较大，必须加深涵洞基础和加强涵底铺砌工程，来保证进出口、基底和其附近路基、农田不致被冲毁，所以一般在确保提高排洪能力的情况下，才可采用压力式涵洞。

倒虹吸涵洞。路线两侧水深都大于涵洞进出口高度，且进出水口必须设置竖井，如图6-66、图6-67所示。由于倒虹吸涵洞易被泥沙及漂浮物淤塞，涵管接头又易漏水，养护困难，已较少使用。

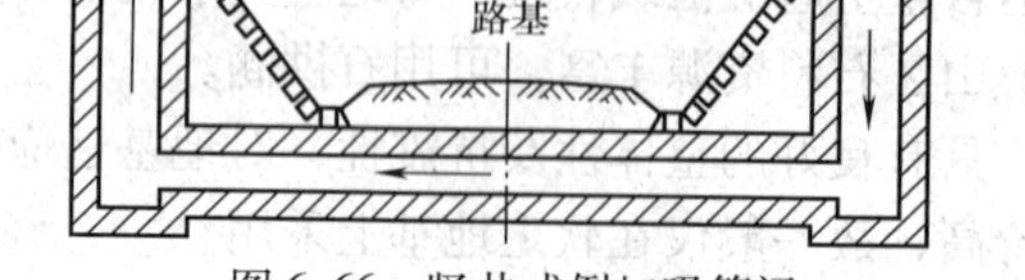

图6-66　竖井式倒虹吸管涵

图6-67　竖井式倒虹吸管涵实例图

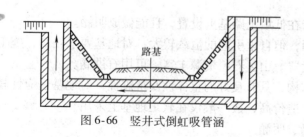

下面具体说明如何用纵横公路工程造价管理系统进行盖板涵工程量清单的编制。

1. 案例工程概况

某高速公路新建工程 A7 合同段，盖板涵中心桩号为 K232 +490，涵洞长为 73.9m，主要工程数量见表 6-32，请编制相应工程量清单。

表 6-32 主要工程数量

中心桩号	结构类型	孔数及孔径	涵长	主要工程数量							
				钢筋混凝土盖板			洞身				
							涵台台身			涵台基础	整体式基础钢筋HRB400
				C30混凝土	HPB300钢筋	HRB400钢筋	C30混凝土	HPB300钢筋	HRB400钢筋	C25混凝土	
		孔·m	m	m^3	kg	kg	m^3	kg	kg	m^3	kg
K232 +490	钢筋混凝土盖板涵	1 −3 ×3	73.9	142.2		20563.9	399.3	2980.7	3268.1	282.6	9881.6

中心桩号	结构类型	孔数及孔径	涵长	主要工程数量								
				洞口						接沟	挖基	砂砾垫层
				八字（一字）翼墙墙身	八字（一字）翼墙基础	帽石	伸缩缝	防水层	隔水墙及洞口铺砌	M7.5 浆砌片石		
				C25混凝土	C20混凝土	C20混凝土	沥青麻絮	沥青	M7.5浆砌片石			
		孔·m	m	m^3	m^3	m^3	m^3	m^3	m^3	m^3	m^3	m^3
K232 +490	钢筋混凝土盖板涵	1 −3 ×3	73.9	48.6	114.8	0.6	130	600	33.2	27.6	100	591

2. 编制依据

（1）盖板涵施工工艺流程（见图 6-68）

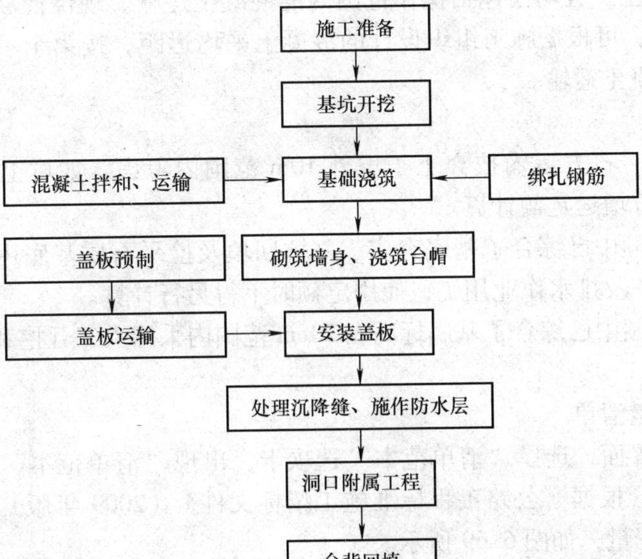

图 6-68 施工工艺

（2）《公路工程标准施工招标文件》（2009 年版）（下册）

《公路工程标准施工招标文件》（2009 年版）（下册）第 420 节计量与支付中盖板涵、箱涵计量的有关规定如下：

1）钢筋混凝土盖板涵（含梯坎涵、通道）、钢筋混凝土箱涵（含通道）应以图样规定的洞身长度或经监理人同意的现场沿涵洞中心线测量的进出口之间的洞身长度，经验收合格后按不同孔径以米计量，盖板涵、箱涵所用钢筋不另计量。

2）所有垫层和基座，沉降缝的填缝与防水材料，洞口建筑，包括八字墙、一字墙、帽石、锥坡（含土方）、跌水井、洞口及洞身铺砌以及基础挖方、地基处理与回填土、沉降缝的填缝与防水材料等作为承包人应做的附属工作，均不单独计量。

3）洞口建筑以外涵洞上下游沟渠的改沟铺砌、加固以及急流槽等均列入本规范第 207 节的有关子目计量。

支付子目见表 6-33。

表 6-33　支付子目

子目号	子目名称	单位
402－1	钢筋混凝土盖板涵（…m×…m）	m
402－2	钢筋混凝土箱涵（…m×…m）	m
402－3	钢筋混凝土盖板通道涵（…m×∴m）	m
402－4	钢筋混凝土箱形通道涵（…m×…m）	m

（3）《公路工程预算定额》

1）桥涵工程

① 定额中混凝土工程除小型构件、大型预制构件底座、混凝土搅拌站安拆和钢桁架桥式码头项目中已考虑混凝土的拌和费用外，其他混凝土项目中均未考虑混凝土的拌和费用，应按有关定额另行计算。

② 定额中混凝土工程均已包括操作范围内的混凝土运输。现浇混凝土工程的混凝土平均运距超过 50m 时，可根据施工组织设计的混凝土平均运距，按第十一节杂项工程中混凝土运输定额增列混凝土运输。

2）开挖基坑

① 开挖基坑土、石方运输按弃土于坑外 10m 范围内考虑，如坑上水平运距超过 10m 时，另按路基土石方增运定额计算。

② 开挖基坑定额中已综合了基底夯实、基坑回填及捡平石质基底用工，湿处挖基还包括挖边沟、挖集水井及排水作业用工，使用定额时不得另行计算。

③ 机械挖基定额中已综合了基底标高在 20cm 范围内采用人工开挖和基底整修用工。

3. 清单编制

（1）提取工程量清单

在“造价书”界面，选择“清单范本”选项卡，出现“清单范本”窗口，选择“部颁清单范本（2009）”。根据《公路工程标准施工招标文件》（2009 年版）（下册）提取对应的清单项，填写工程量，如图 6-69 所示。

清单编号	名称	单位	清单数量
	清单 第400章　桥梁、涵洞		
420-1	钢筋混凝土盖板涵(3m×3m)	m	73.900

图6-69　提取工程量清单

（2）套取定额

1）基坑开挖、基底处理。基坑（见图6-70）一般应采用机械开挖，人工配合成型。挖掘机开挖距基底标高10～20cm，人工修整基底确保不扰动基底上层。

图6-70　基坑

开挖基坑时，一般在基坑两侧留出临时排水沟，以降低基坑水位，避免地表水或地下水浸湿基底土质。

基坑开挖（见图6-71）完工后应检测地基承载力，当基底承载力不符合设计要求时应进行基底换填补强，达到设计要求后，方可进行下一道工序的施工。

图6-71　基坑开挖

铺筑的砂砾应符合规范要求，并且有良好的级配，经监理人认可后，铺设垫层。铺设垫层时严禁从高处抛垫，应设置溜槽，使材料平顺地落在基底，以减少对基底土的扰动。基底处理如图 6-72 所示。

砂砾垫层铺平后，用平板振动器振实，经监理人认可后，开始铺砌涵底。砌筑时片石表面泥土清洗干净，基础及台身坐浆砌筑，砌体按设计图的沉降缝相应分段、分层砌筑，各段水平砌缝保持一致。片石安放稳固，片石间砂浆饱满，粘结牢固，不得直接贴靠或脱空。

图 6-72　基底处理

基坑开挖套取定额 4-1-3-3 “基坑≤1500m^{3}1.0m^3 内挖掘机挖土”，输入定额工程量；土方运输套取定额 1-1-11-22 “15t 内自卸车运土增 0.5km（5km 内）”，输入定额工程量；砂砾垫层套取定额 4-11-5-1 “填砂砾（砂）垫层”，输入定额工程量，如图 6-73 所示。

注：基坑≤1500m^3 指的单个基坑的体积≤1500m^3，组价时，应注意根据图样核实单个基坑的体积大小。

算　数量单价

填清单量	定额编号	定额名称	定额单位	工程量	取费类别	调整状态
☐	4-1-3-3	基坑≤1500m3 1.0m3内挖掘机挖土	1000m³	0.100	8)构造物Ⅰ	
☐	1-1-11-22	15t内自卸车运土增0.5km(5km内)	1000m³天然密实方	0.100	3)汽车运输	
☐	4-11-5-1	填砂砾(砂)垫层	10m³	59.100	8)构造物Ⅰ	

图 6-73　基坑开挖定额套用

2）基础（见图 6-74）浇筑。绑扎钢筋，基础钢筋套取定额 4-6-1-12 “基础、支撑梁钢筋”，填写定额工程量。根据图样工程数量表整体式基础钢筋为 HRB400，则应将定额中的光圆钢筋替换为带肋钢筋，如图 6-75 所示。

基础浇筑套取定额 4-6-1-1 “轻型墩台基础混凝土（跨径 4m 内）”，填写定额工程量。根据图样工程数量表，涵台基础为 C25 混凝土，而定额工料机消耗中为 C15 混凝土，需要抽换混凝土强度等级，如图 6-76 所示。

基础定额套用如图 6-77 所示。

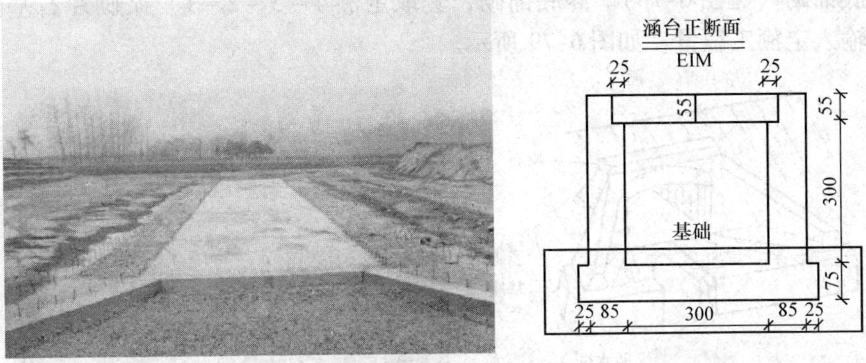

图 6-74　基础

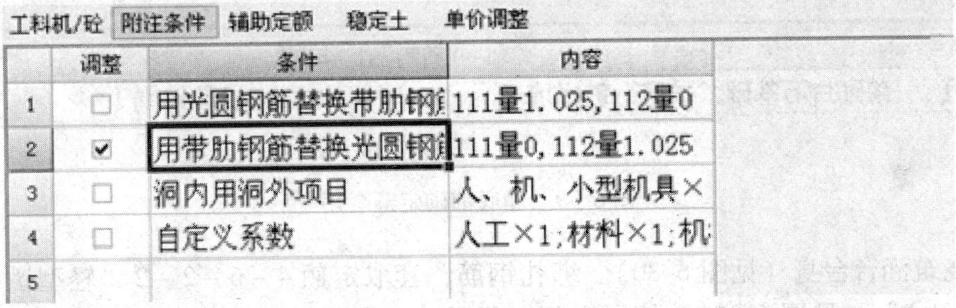

工料机/砼　附注条件　辅助定额　稳定土　单价调整

	调整	条件	内容
1	☐	用光圆钢筋替换带肋钢	111量1.025, 112量0
2	☑	用带肋钢筋替换光圆钢	111量0, 112量1.025
3	☐	洞内用洞外项目	人、机、小型机具×
4	☐	自定义系数	人工×1; 材料×1; 机
5			

图 6-75　调整钢筋消耗量

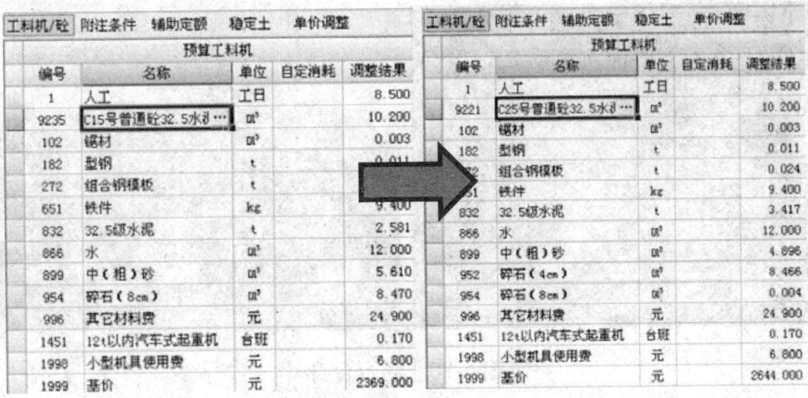

工料机/砼　附注条件　辅助定额　稳定土　单价调整

预算工料机

编号	名称	单位	自定消耗	调整结果
1	人工	工日		8.500
9235	C15号普通砼32.5水…	m³		10.200
102	锯材	m³		0.003
182	型钢	t		0.011
272	组合钢模板	t		[illegible]
651	铁件	kg		9.400
832	32.5级水泥	t		2.581
866	水	m³		12.000
899	中（粗）砂	m³		5.610
954	碎石（8cm）	m³		8.470
996	其它材料费	元		24.900
1451	12t以内汽车式起重机	台班		0.170
1998	小型机具使用费	元		6.800
1999	基价	元		2369.000

工料机/砼　附注条件　辅助定额　稳定土　单价调整

预算工料机

编号	名称	单位	自定消耗	调整结果
1	人工	工日		8.500
9221	C25号普通砼32.5水…	m³		10.200
102	锯材	m³		0.003
182	型钢	t		0.011
272	组合钢模板	t		0.024
651	铁件	kg		9.400
832	32.5级水泥	t		3.417
866	水	m³		12.000
899	中（粗）砂	m³		4.896
952	碎石（4cm）	m³		8.466
954	碎石（8cm）	m³		0.004
996	其它材料费	元		24.900
1451	12t以内汽车式起重机	台班		0.170
1998	小型机具使用费	元		6.800
1999	基价	元		2644.000

图 6-76　抽换材料

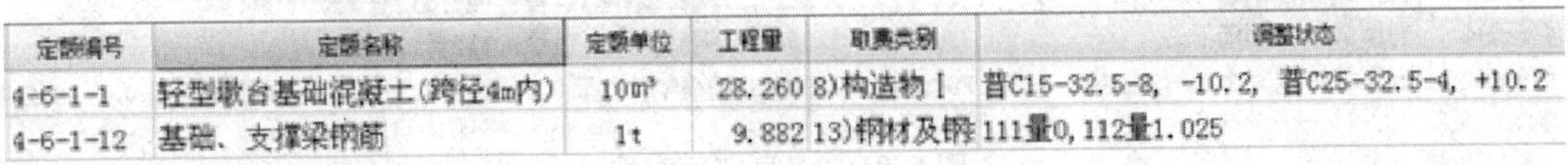

定额编号	定额名称	定额单位	工程量	取费类别	调整状态
4-6-1-1	轻型墩台基础混凝土(跨径4m内)	10m³	28.260	8)构造物Ⅰ	普C15-32.5-8, -10.2, 普C25-32.5-4, +10.2
4-6-1-12	基础、支撑梁钢筋	1t	9.882	13)钢材及钢	111量0, 112量1.025

图 6-77　基础定额套用

注：在填写钢筋工程量时，定额单位为“t”，应注意图样工程数量表为“kg”还是“t”，注意单位换算。

3）涵底铺砌（见图6-78）。涵底铺砌，套取定额4－5－2－1“浆砌片石基础、护底、截水墙”，输入定额工程量，如图6-79所示。

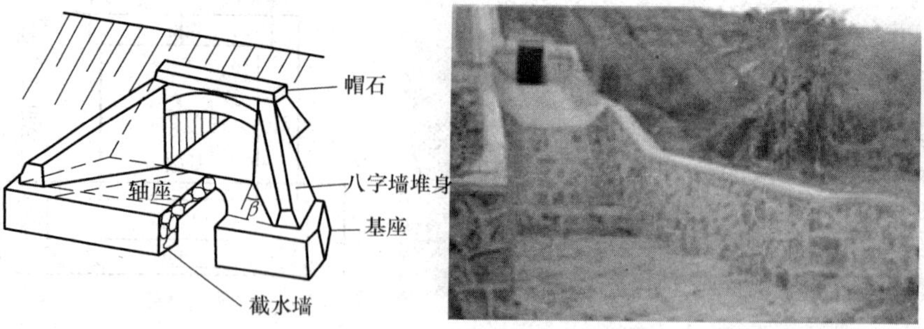

图6-78　涵底铺砌

定额编号	定额名称	定额单位	工程量	取费类别	调整状态
4-5-2-1	浆砌片石基础、护底、截水墙	10m³	3.320	8)构造物Ⅰ	

图6-79　涵底铺砌定额套用

4）浇筑涵台台身（见图6-80）。绑扎钢筋，套取定额4－6－2－2“轻型墩台混凝土（跨径4m内）”（见图6-81），填写定额工程量。根据图样调整光圆钢筋和带肋钢筋的消耗量。

图6-80　涵台台身

定额编号	定额名称	定额单位	工程量	取费类别	调整状态
4-6-2-8	实体式墩台钢筋	1t	2.981	13)钢材及钢	111量1.025,112量0
4-6-2-8	实体式墩台钢筋	1t	3.268	13)钢材及钢	111量0,112量1.025
4-6-2-2	轻型墩台混凝土(跨径4m内)	10m³	39.930	8)构造物Ⅰ	普C20-32.5-4, -10.2, 普C30-32.5-4, +10.2

图6-81　墙身定额套取

浇筑墙身混凝土，套取定额“轻型墩台混凝土（跨径4m内）”，填写定额工程量。根据图样，涵台台身为C30混凝土，而定额工料机消耗中为C20混凝土，需要抽换混凝土强度等级。

根据公路工程预算定额，4-6-2“墩、台身”工作内容已包括搭拆脚手架及轻型上下架，组合钢模板组拼拆及安装、拆除、修理、涂脱模剂、堆放等工作，故模板不需另行套取定额。

5）浇筑帽石（见图6-82）。浇筑帽石，借用定额4-6-3-4“墩、台帽混凝土（钢模非泵送）”，填写定额工程量，如图6-83所示。根据图样工程数量表，涵台帽石为C20混凝土，而定额工料机消耗中为C30混凝土，需要抽换混凝土强度等级。

图6-82 帽石

6）预制盖板。盖板在预制场预制，运输到施工场地，对盖板进行起吊安装。

定额编号	定额名称	定额单位	工程量	取费类别	调整状态
4-6-3-2	墩、台帽混凝土(钢模非泵送)	10m³实体	0.060	8)构造物Ⅰ	普C30-32.5-4, -10.2, 普C20-32.5-4, +10.2

图6-83 帽石定额套用

绑扎钢筋，套取定额4-7-9-3“预制矩形板钢筋”，填写定额工程量。根据图样调整光圆钢筋和带肋钢筋的消耗量。

预制盖板（见图6-84），套取定额4-7-9-1“预制矩形板混凝土（跨径4m内）”，填写定额工程量。

图6-84 预制盖板

盖板运输（见图6-85），套取定额4-8-3-9“8t内汽车式起重机装卸1km”，填写定额工程量（定额工程量与盖板定额工程量一致）。

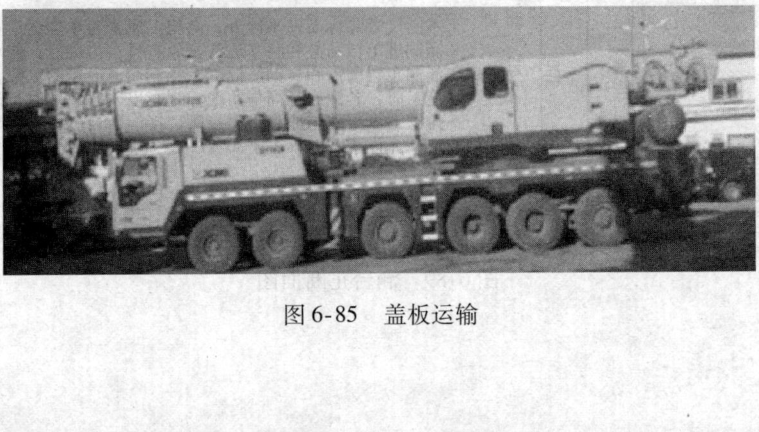

图6-85 盖板运输

盖板吊装（见图 6-86），套取定额 4－7－10－2 “起重机安装矩形板”，填写定额工程量（定额工程量与盖板定额工程量一致）。

预制盖板定额套用如图 6-87 所示。

注：预制构件运输运距未调整，应根据项目实际情况调整。

图 6-86　盖板吊装

定额编号	定额名称	定额单位	工程量	取费类别	调整状态
4-7-9-3	预制矩形板钢筋	1t	20.564	13)钢材及钢	111量0,112量1.025
4-7-9-1	预制矩形板混凝土(跨径4m内)	10m³	14.220	8)构造物Ⅰ	
4-8-3-9	8t内汽车式起重机装卸1km	100m³	1.422	3)汽车运输	
4-7-10-2	起重机安装矩形板	10m³	14.220	8)构造物Ⅰ	

图 6-87　预制盖板定额套用

7）沉降缝。为防止构造物各部分由于地基不均匀沉降引起构造物破坏所设置的垂直缝称为沉降缝，如图 6-88 所示。沉降缝的施工，要求做到使缝两边的构造物能自由沉降，又能严密防止水分渗漏，故沉降缝必须贯穿整个断面（包括基础）。涵台正断面图示例如图 6-89 所示。

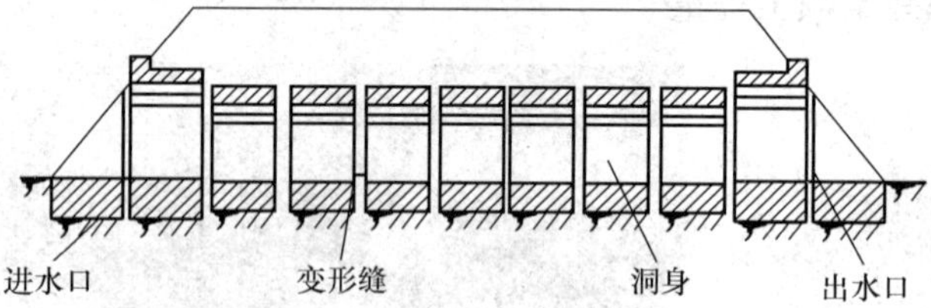

图 6-88　沉降缝

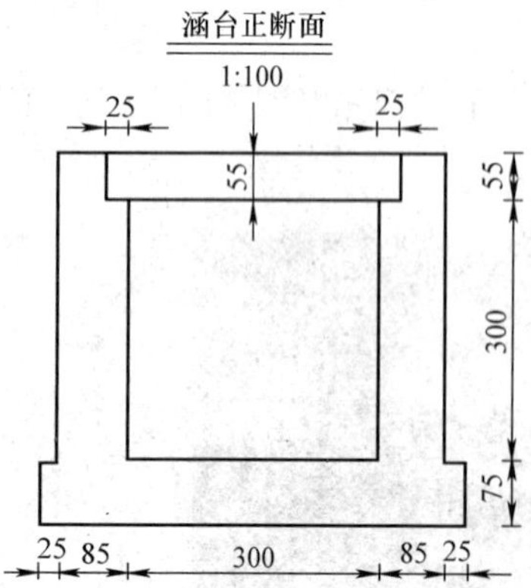

附注：

1.本图尺寸除标高以米计外，余均以厘米为单位；
2.涵洞进出口务必和路基边沟，原有排水沟接好，使水流顺畅；
3.涵洞布置图需和《钢筋混凝土涵洞通道通用图》配合使用；
4.施工时，若涵底标高与实地标高有出入时请及时与设计代表协商；
5.排洪灌溉渠应与原有沟渠接顺，接沟数量已计入数量表中；
6.地基允许承载力不小于300kPa。

图 6-89　涵台正断面图

沉降缝，套取定额 4 – 11 – 7 – 13“沥青麻絮伸缩缝”，填写定额工程量，如图 6-90 所示。

定额编号	定额名称	定额单位	工程量	取费类别	调整状态
4-11-7-13	沥青麻絮伸缩缝	1m²	130.000	8)构造物Ⅰ	

图 6-90 沉降缝定额套取

8）防水层。防水层（见图 6-91），套取定额 4 – 11 – 4 – 5“涂沥青防水层”，填写定额工程量，如图 6-92 所示。涂沥青防水层定额按涂刷两层进行编制。

图 6-91 防水层

定额编号	定额名称	定额单位	工程量	取费类别	调整状态
4-11-4-5	涂沥青防水层	10m²	7.390	8)构造物Ⅰ	

图 6-92 防水层定额套用

9）洞口附属工程。八字墙（一字墙）如图 6-93 所示。

图 6-93 八字墙（一字墙）

浇筑八字墙基础，套取定额 4 – 6 – 1 – 1“轻型墩台基础混凝土（跨径 4m 内）”，填写定额工程量。根据图样工程数量表，八字墙基础为 C20 混凝土，而定额工料机消耗中为 C15 混凝土，需要抽换混凝土强度等级。

浇筑八字墙墙身，套取定额 4 – 6 – 2 – 2“轻型墩台混凝土（跨径 4m 内）”，填写定额工程量。根据图样工程数量表，八字墙墙身为 C25 混凝土，而定额工料机消耗中为 C20 混凝土，需要抽换混凝土强度等级。

洞口定额套用如图 6-94 所示。

定额编号	定额名称	定额单位	工程量	取费类别	调整状态
4-6-1-1	轻型墩台基础混凝土(跨径4m内)	10m³	11.480	8)构造物Ⅰ	普C15-32.5-8, -10.2, 普C20-32.5-4, +10.2
4-6-2-2	轻型墩台混凝土(跨径4m内)	10m³	4.860	8)构造物Ⅰ	普C20-32.5-4, -10.2, 普C25-32.5-4, +10.2

图 6-94 洞口定额套用

10）接沟。接沟，套取定额4－5－2－9“浆砌片石锥坡、沟、槽、池”，填写定额工程量，如图6-95所示。根据图样工程数量表，接沟为M7.5浆砌片石，而定额工料机消耗中为M5水泥砂浆，需抽换砂浆强度等级。

定额编号	定额名称	定额单位	工程量	取费类别	调整状态
4-5-2-9	浆砌片石锥坡、沟、槽、池	10m³	2.760	8)构造物Ⅰ	M5, -3.5, M7.5, +3.5

图6-95　接沟定额套用

11）混凝土拌和、运输（见图6-96）。混凝土拌和，套取定额4－11－11－12“混凝土搅拌站拌和（60m³/h内）”，拌和站生产能力可结合施工组织设计选择。

图6-96　混凝土拌和运输

混凝土运输，套取定额4－11－11－20“6m³内混凝土搅运车运1km”，混凝土运输的运距应根据拌和站的位置进行调整。

定额选取后，选中3.0m×3.0m钢筋混凝土盖板涵，右击选择“混凝土需计拌和量”命令，单击“填写工程量”按钮将计损耗的混凝土数量填写到混凝土拌和运输的定额工程数量之中，如图6-97所示。

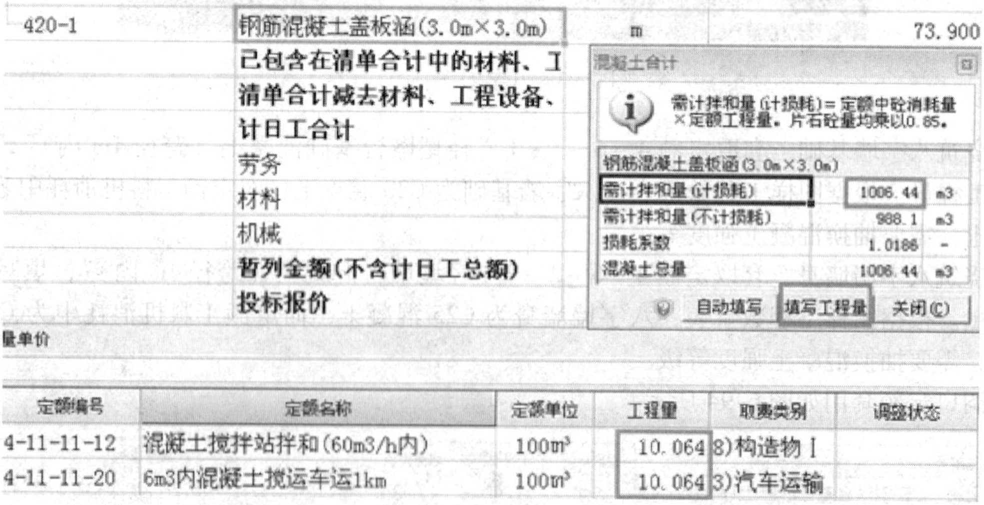

图6-97　混凝土拌和运输定额套用

12）完整组价参考（见图6-98）。

定额编号	定额名称	定额单位	工程量	取费类别	调整状态
4-1-3-3	基坑≤1500m3 1.0m3内挖掘机扌	1000m³	0.100	8)构造物Ⅰ	
1-1-11-22	15t内自卸车运土增0.5km(5km|	m³天然密	0.100	3)汽车运输	
4-11-5-1	填砂砾(砂)垫层	10m³	59.100	8)构造物Ⅰ	
4-6-1-1	轻型墩台基础混凝土(跨径4m内	10m³	28.260	8)构造物Ⅰ	普C15-32.5-8, -10.2, 普C25-32.5-4, +10.2
4-6-1-12	基础、支撑梁钢筋	1t	9.882	13)钢材及	111量0,112量1.025
4-5-2-1	浆砌片石基础、护底、截水墙	10m³	3.320	8)构造物Ⅰ	
4-6-2-8	实体式墩台钢筋	1t	2.981	13)钢材及	111量1.025,112量0
4-6-2-8	实体式墩台钢筋	1t	3.268	13)钢材及	111量0,112量1.025
4-6-2-2	轻型墩台混凝土(跨径4m内)	10m³	39.930	8)构造物Ⅰ	普C20-32.5-4, -10.2, 普C30-32.5-4, +10.2
4-6-3-2	墩、台帽混凝土(钢模非泵送)	10m³实体	0.060	8)构造物Ⅰ	普C30-32.5-4, -10.2, 普C20-32.5-4, +10.2
4-7-9-3	预制矩形板钢筋	1t	20.564	13)钢材及	111量0,112量1.025
4-7-9-1	预制矩形板混凝土(跨径4m内)	10m³	14.220	8)构造物Ⅰ	
4-8-3-9	8t内汽车式起重机装卸1km	100m³	1.422	3)汽车运输	
4-7-10-2	起重机安装矩形板	10m³	14.220	8)构造物Ⅰ	
4-11-7-13	沥青麻絮伸缩缝	1m²	130.000	8)构造物Ⅰ	
4-11-4-5	涂沥青防水层	10m²	7.390	8)构造物Ⅰ	
4-6-1-1	轻型墩台基础混凝土(跨径4m内	10m³	11.480	8)构造物Ⅰ	普C15-32.5-8, -10.2, 普C20-32.5-4, +10.2
4-6-2-2	轻型墩台混凝土(跨径4m内)	10m³	4.860	8)构造物Ⅰ	普C20-32.5-4, -10.2, 普C25-32.5-4, +10.2
4-5-2-9	浆砌片石锥坡、沟、槽、池	10m³	2.760	8)构造物Ⅰ	M5, -3.5, M7.5, +3.5
4-11-11-12	混凝土搅拌站拌和(60m3/h内)	100m³	10.064	8)构造物Ⅰ	
4-11-11-20	6m3内混凝土搅运车运1km	100m³	10.064	3)汽车运输	

图6-98　组价参考（二）

6.5　隧道工程工程量清单编制实例

6.5.1　隧道工程概述

1. 隧道的概念及分类

隧道通常是指用作地下通道的工程建筑物，如图6-99所示。隧道按地层分为岩石隧道（软岩、硬岩）、土质隧道；按所处位置分为山岭隧道、城市隧道、水底隧道；按施工方法分为矿山法、明挖法、盾构法等；按埋置深度分为浅埋隧道和深埋隧道；按断面形式分为圆形隧道、马蹄形隧道、矩形隧道等；按国际隧道协会（ITA）定义的断面数值划分标准分为特大断面（$100m^2$以上）、大断面（$50\sim100m^2$）、中等断面（$10\sim50m^2$）、小断面（$3\sim10m^2$）、极小断面（$2\sim3m^2$）；按车道数分为单车道、双车道、多车道；按照长度分为特长隧道：$L>3000m$，长隧道：$3000m\geqslant L\geqslant1000m$，中隧道：$1000m\geqslant L>500m$，短隧道：$L\leqslant500m$；按隧道间的距离分为连拱隧道、小净距隧道和分离式隧道；按跨度分为小跨度隧道：$B<9m$，中跨度隧道：$14m>B\geqslant9m$，大跨度隧道：$18m>B>14m$，超大跨度隧道：$B\geqslant18m$。

2. 隧道的组成

隧道结构构造，由主体构造物和附属构造物两大类组成。主体构造物是为了保持岩体的稳定和行车安全而修建的人工永久建筑物，通常指洞身衬砌和洞门构造物。附属构造物是主体构造物以外的其他建筑物，是为了运营管理、维修养护、给水排水、供蓄发电、通风、照

图 6-99　隧道

明、通信、安全等而修建的构造物。

（1）洞门类型及构造　洞门是隧道两端的外露部分，也是联系洞内衬砌与洞口外路堑的支护结构，其作用是保证洞口边坡的安全和仰坡的稳定，引离地表流水，减少洞口土石方开挖量。洞门还是标志隧道的建筑物，因此，应与隧道规模、使用特性以及周围建筑物、地形条件等相协调。

1）洞门类型。为了保护岩（土）体的稳定和使车辆不受崩塌、落石等威胁，确保行车安全，应根据实际情况，选择恰当的洞门形式修筑洞门，并对边坡、仰坡进行适宜的护坡。洞门类型有：端墙式、翼墙式、环框式、遮光式、削竹式等。

2）洞门构造。

① 洞口仰坡坡脚至洞门墙背的水平距离不应小于 1.5m，洞门端墙与仰坡之间的水沟的沟底至衬砌拱顶外围的高度不应小于 1.0m，洞门墙顶应高出仰坡坡脚 0.5m 以上。

② 洞门墙应根据实际需要设置伸缩缝、沉降缝和泄水孔；洞门墙的厚度可按计算或结合其他工程类比确定，但墙身厚度不得小于 0.5m。

③ 洞门墙基础必须置于稳固的地基上，应视地形及地质条件，埋置足够的深度，保证洞门的稳定性。

（2）明洞类型及构造　洞顶覆盖层较薄，难以用暗挖法建隧道时，隧道洞口或路堑地段受塌方、落石、泥石流、雪害等危害时，道路之间或道路与铁路之间形成立体交叉，但又不宜做立交桥时，通常应设置明洞。明洞具有地面、地下建筑物的双重特点，既作为地面建筑物用以抵御边坡、仰坡的塌方、落石、滑坡、泥石流等病害，又作为地下建筑物用于在深路堑、浅埋地段不适宜暗挖隧道时，取代隧道的作用。

1）明洞类型。明洞主要分为拱式明洞和棚式明洞两大类。按荷载分布，拱式明洞又可分为路堑对称型、路堑偏压型、半路堑偏压型和半路堑单压型。按构造，棚式明洞又可分为墙式、刚架式、柱式等。此外还有特殊结构明洞，如支撑锚杆明洞、抗滑明洞、柱式挑檐棚洞、全刚架式棚洞、空腹肋拱式棚洞、悬臂棚洞、斜交托梁式棚洞、双曲拱明洞等，以适应特殊场合。

2）明洞构造。

① 拱式明洞。拱式明洞主要是由顶拱和内外边墙组成的混凝土或钢筋混凝土结构，整体性较好，能承受较大的垂直压力和侧压力。内外墙基础相对位移对内力影响较大，所以对地基要求较高，尤其外墙基础必须稳固。必要时还可加设仰拱。通常用作洞口接长衬砌的明洞，以及用明洞抵抗较大的塌方推力、范围有限的滑坡下滑力和支撑边坡稳定等。

② 棚式明洞。受地形、地质条件限制，难以修建拱式明洞时，边坡有小量塌落掉块，侧压力较小时，可以采用棚式明洞，棚式明洞由顶盖和内外边墙组成。顶盖通常为梁式结构。内边墙一般采用重力式结构，并应置于基岩或稳固的地基上。当岩层坚实完整，干燥无水或少水时，为减少开挖和节约圬工，可采用锚杆式内边墙。外边墙可以采用墙式、刚架式、柱式结构。

（3）衬砌　衬砌的平、纵、横断面形状由道路隧道的几何设计确定，衬砌断面的形状和厚度由衬砌计算决定。隧道的衬砌结构形式，主要根据隧道所处的地质地形条件，考虑其结构受力的合理性、施工方法和施工技术水平等因素来确定。衬砌种类繁多，按隧道断面形状，分为曲墙衬砌、直墙衬砌、圆形衬砌、矩形衬砌以及喇叭口衬砌；按支护理论，分为整体式衬砌、复合式衬砌和喷锚衬砌。

（4）附属设施　隧道的附属设施是指为确保交通安全和顺适而设置的通风设施、照明设施、安全设施、供配电设施、应急设施等。其中，《公路隧道设计规范》规定：照明设计应综合考虑环境条件、交通状况、土建结构设计、供电条件、建设与运营费用等因素；长度大于100m的隧道应设置照明；隧道照明灯具的防护等级应不低于IP65。

下面具体说明如何用纵横公路工程造价管理系统进行隧道开挖工程量清单的编制。

6.5.2 案例工程概况

某隧道工程全长800m，其中Ⅴ级围岩设计开挖断面面积100mm^2，占隧道总长的20%，实际开挖数量17000m^3；Ⅳ级围岩设计开挖断面面积90m^3，占隧道总长的40%，实际开挖数量30000m^3；Ⅲ级围岩设计开挖断面面积80m^3，占隧道总长的40%，实际开挖数量26000m^3；洞外出渣运距为1700m。不考虑通风照明费用。

6.5.3 编制依据

1. 施工工艺（见图6-100）

2.《公路工程标准施工招标文件》（2009年版）（下册）

图6-100　施工工艺

1）洞内开挖土石方符合图样所示（包括紧急停车带、车行横洞、人行横洞以及监控、消防设施的洞室）或监理人指示，按隧道内轮廓线加允许超挖值［设计给出的允许超挖值或《公路隧道施工技术规范》按不同围岩级别给出的允许超挖值］后计算土石方。另外，当采用复合衬砌时，除给出的允许超挖值外，还应考虑加上预留变形量。按上述要求计得的土石方工程量，不分围岩级别，以立方计量。开挖土石方的弃渣，其弃渣距离在图样规定的弃渣场内为免费运距；弃渣超出规定弃渣场的距离时（如图样规定的弃渣场地不足要另外增加弃土场，或经监理人同意变更的弃渣场），其超出部分另计超运距运费，按立方米公里计量。若未经监理人同意，承包人自选弃渣场时，则弃渣运距不论远近，均为免费运距。

2）无论承包人出于何种原因而造成的超过允许范围的超挖，和由于超挖所引起增加的工程量，均不予计量。

3.《公路工程预算定额》

（1）隧道工程

1）本章开挖定额中已综合考虑超挖及预留变形因素。

2）洞内出渣运输定额已综合洞外 500m 运距，当洞门外运距超过此运距时，可按照路基工程自卸汽车运输土石方的增运定额加计增运部分的费用。

（2）洞身工程

洞身开挖、出渣工程量按设计断面数量（成洞断面加衬砌断面）计算，包含洞身及所有附属洞室的水量，定额中已考虑超挖因素，不得将超挖数量计入工程量。

6.5.4　清单编制

1. Ⅴ级围岩开挖数量：$800\text{m} \times 20\% \times 100\text{m}^2 = 16000.000\text{m}^3$

Ⅳ级围岩开挖数量：$800\text{m} \times 40\% \times 90\text{m}^2 = 28800.000\text{m}^3$

Ⅲ级围岩开挖数量：$800\text{m} \times 40\% \times 80\text{m} = 25600.000\text{m}^3$

一般情况下，Ⅴ～Ⅵ级围岩运输可按土方考虑，Ⅰ～Ⅳ级围岩运输可按石方考虑。故洞身开挖土方数量为 16000.000m^3，洞身开挖石方数量为 $28800.000\text{m}^3 + 25600.000\text{m}^3 = 54400.000\text{m}^3$。

2. 提取工程量清单

在“造价书”界面，选择“清单范本”选项卡，出现“清单范本”窗口，选择“部颁清单范本（2009）”。根据《公路工程标准施工招标文件》（2009 年版）（下册）提取对应的清单项，填写工程量，如图 6-101 所示。

清单编号	名称	单位	清单数量
−	清单 第500章　隧道		
⊟503-1	洞身开挖		
-a	土方	m³	16000.000
-b	石方	m³	54400.000

图 6-101　提取工程量清单

3. 套取定额

（1）洞身开挖　定额 3－1－3“正洞机械开挖自卸汽车运输”，定额分为开挖和出渣两部分进行编制，工程内容包括量测、画线、打眼、装药、爆破、找顶、修整，脚手架、踏步安拆，一般排水，洞渣装、运、卸及道路养护。

定额的计价工程量按设计断面数量（即成洞断面加衬砌断面）进行计算，包括洞身与所有洞室的数量，但不可将超挖数量计入工程内。

定额中的隧道长度是指隧道进出口（不含与隧道相连的明洞）洞门端墙墙面之间的距离，即两端端墙面与路面的交线同路线中线交点间的距离。双线隧道按上、下行隧道长度的平均值计算。

土方开挖选取 3－1－3－5“正洞Ⅴ级围岩隧长 1000m 内开挖”定额，填写定额工程量，如图 6-102 所示。

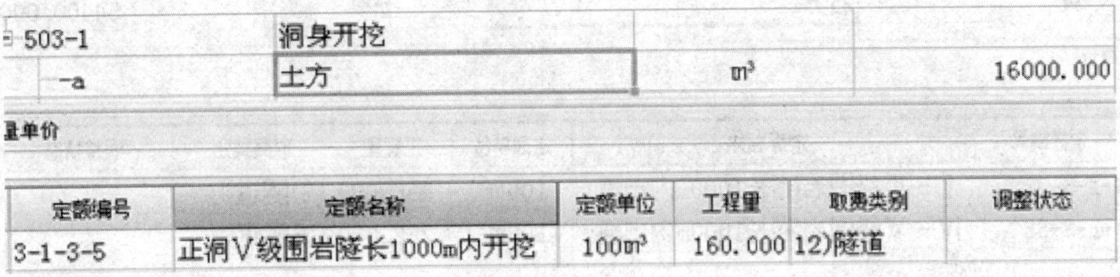

503-1	洞身开挖		
-a	土方	m³	16000.000

量单价

定额编号	定额名称	定额单位	工程量	取费类别	调整状态
3-1-3-5	正洞Ⅴ级围岩隧长1000m内开挖	100m³	160.000	12)隧道	

图 6-102　洞身开挖定额套用

石方开挖选取 3－1－3－4“正洞Ⅳ级围岩隧长 1000m 内开挖”定额和 3－1－3－3“正洞Ⅲ级围岩隧长 1000m 内开挖”定额，填写定额工程量，如图 6-103 所示。

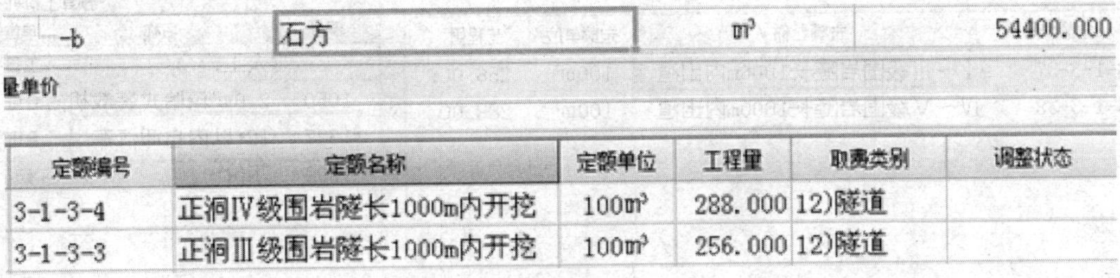

-b	石方	m³	54400.000

量单价

定额编号	定额名称	定额单位	工程量	取费类别	调整状态
3-1-3-4	正洞Ⅳ级围岩隧长1000m内开挖	100m³	288.000	12)隧道	
3-1-3-3	正洞Ⅲ级围岩隧长1000m内开挖	100m³	256.000	12)隧道	

图 6-103　洞身开挖定额套用

（2）出渣　土方出渣选取 3－1－3－38“Ⅳ～Ⅴ级围岩隧长 1000m 内出渣”定额，填写定额工程量，如图 6-104 所示。

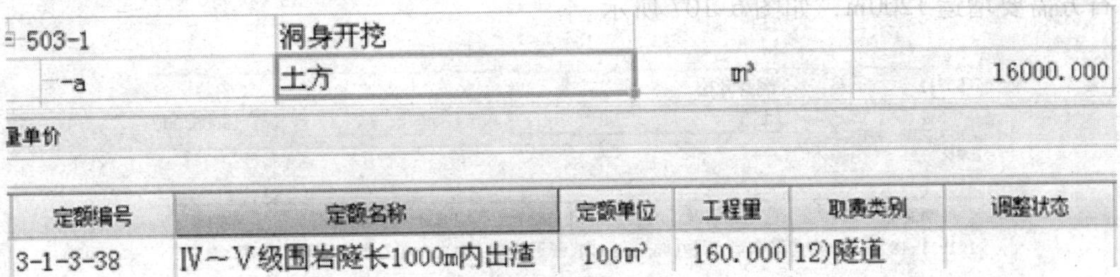

503-1	洞身开挖		
-a	土方	m³	16000.000

量单价

定额编号	定额名称	定额单位	工程量	取费类别	调整状态
3-1-3-38	Ⅳ～Ⅴ级围岩隧长1000m内出渣	100m³	160.000	12)隧道	

图 6-104　出渣定额套用

石方出渣选取 3－1－3－38“Ⅳ～Ⅴ级围岩隧长 1000m 内出渣”定额和 3－1－3－37“Ⅰ～Ⅲ级围岩隧长 1000m 内出渣”定额，填写定额工程量，如图 6-105 所示。

（3）弃方运输　本项目洞外出渣运距为 1700m，根据定额，洞内出渣运输定额已综合洞外 500m 运距，当洞门外运距超过此运距时，可按照路基工程自卸汽车运输土石方的增运定额加计增运部分的费用，故本项目需要增运 1200m。

选取弃方增运定额时，应注意增运汽车型号应与出渣汽车型号一致。出渣定额中，使用的是 12t 以内自卸汽车，如图 6-106 所示。

图 6-105　出渣定额套用

图 6-106　出渣定额

故增运定额应选择 1 - 1 - 11 - 18 “12t 内自卸车运土增 0.5km（5km 内）”，本项目土方、石方需要增运 1200m，如图 6-107 所示。

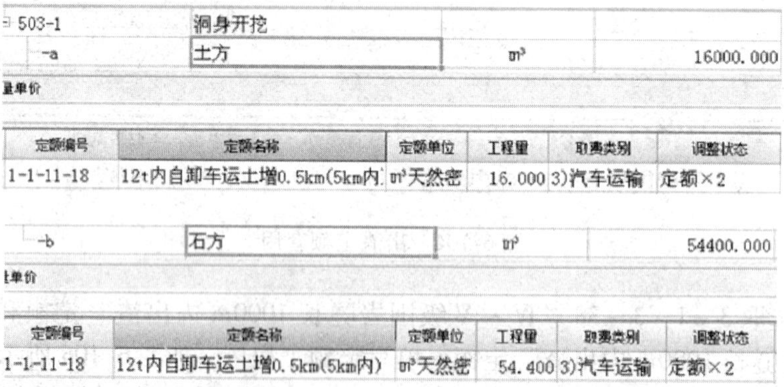

图 6-107　弃方运输定额套用

（4）完整组价参考（见图 6-108）

503-1	洞身开挖		
-a	土方	m³	16000.000

量单价

定额编号	定额名称	定额单位	工程量	取费类别	调整状态
3-1-3-5	正洞Ⅴ级围岩隧长1000m内开挖	100m³	160.000	12)隧道	
3-1-3-38	Ⅳ～Ⅴ级围岩隧长1000m内出渣	100m³	160.000	12)隧道	
1-1-11-18	12t内自卸车运土增0.5km(5km内)	m³天然密	16.000	3)汽车运输	定额×2

-b	石方	m³	54400.000

量单价

定额编号	定额名称	定额单位	工程量	取费类别	调整状态
3-1-3-4	正洞Ⅳ级围岩隧长1000m内开挖	100m³	288.000	12)隧道	
3-1-3-3	正洞Ⅲ级围岩隧长1000m内开挖	100m³	256.000	12)隧道	
3-1-3-37	Ⅰ～Ⅲ级围岩隧长1000m内出渣	100m³	256.000	12)隧道	
3-1-3-38	Ⅳ～Ⅴ级围岩隧长1000m内出渣	100m³	288.000	12)隧道	
1-1-11-18	12t内自卸车运土增0.5km(5km内)	m³天然密	54.400	3)汽车运输	定额×2

图 6-108 组价参考

习 题

1. 试采用纵横公路工程造价管理系统编制一个公路工程施工图预算。

2. 简述路基工程的施工工艺流程，并采用纵横公路工程造价管理系统编制一个路基工程工程量清单。

第7章　纵横公路工程造价管理系统高级应用及操作技巧

7.1 如何编制补充定额

补充定额是指“部颁预算定额”（或概算定额、估算指标）内没有包含的定额，如为新工艺作的补充定额，系统已包罗各省近年公路工程的大量新工艺定额，内容全面涵盖各省路基、路面、隧道、桥梁、防护、绿化、交通工程，可直接调用。

7.1.1 新建补充定额

【操作】：

1）单击“工具”菜单中的“定额库编辑器”命令，打开“SmartCost 定额库编辑器”界面，如图 7-1 所示。单击“新建”按钮，出现如图 7-2 的对话框。选择新建定额的类型，如选择“预算补充定额（2007）”，系统自动建立基本的章结构，如图 7-3 所示。

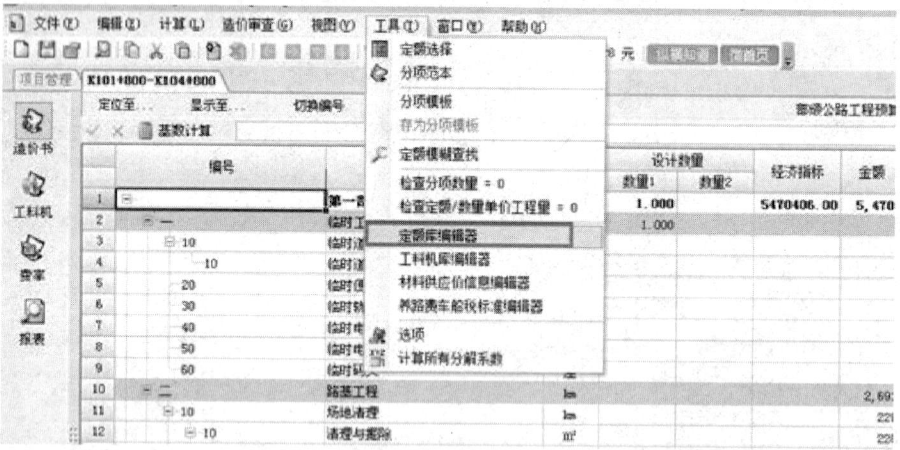

图 7-1　定额库编辑器

2）建立章下一级“项”的结构。在如图 7-4“SmartCost 定额库编辑器”的［a］窗口需要建立子项的章的名称上右击，选择“插入子项”命令。并输入子项的名称，如输入“手摆片石（大块碎石）基层”。

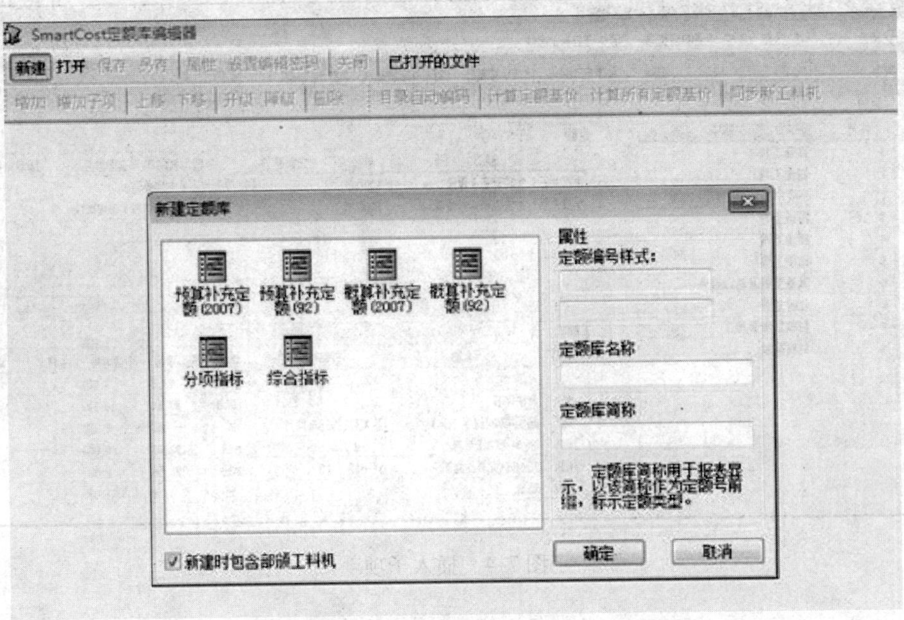

图 7-2　“新建定额库”对话框

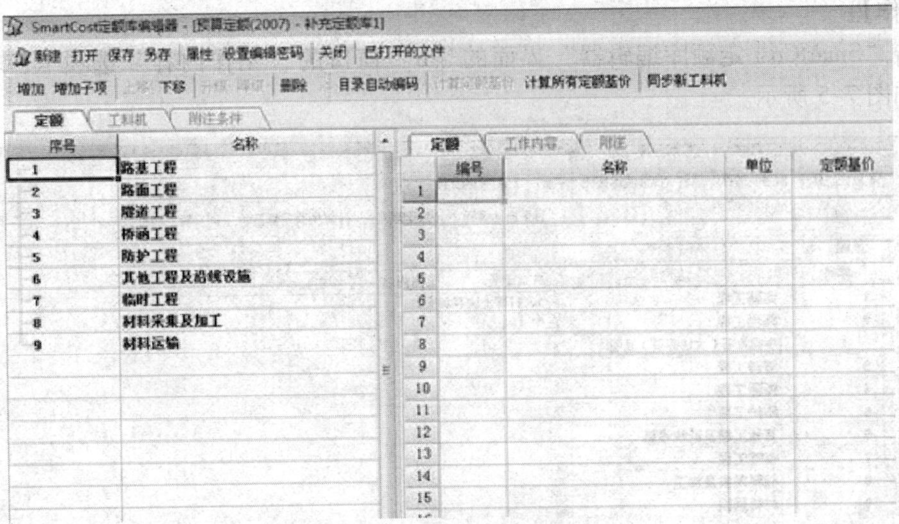

图 7-3　自动建立基本章结构

3）在［b］窗口输入定额编号、名称、单位。

4）在［c］窗口输入（或选择，右击“增加”命令）该定额所消耗的“人工、材料、机械”代号及其消耗量。同时软件自动计算得出定额基价，如图 7-4 所示。

5）单击“保存”，输入定额库名称。

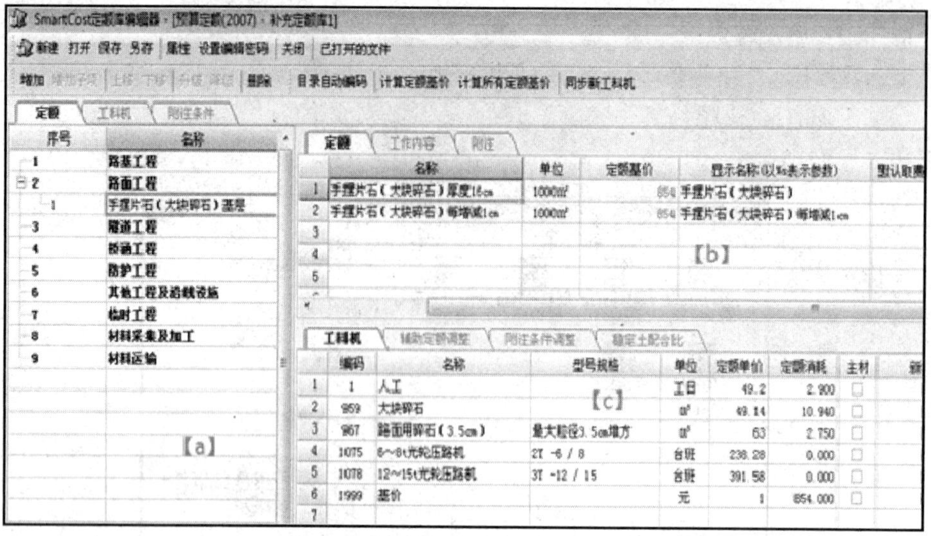

图 7-4　插入子项

7.1.2　输入工作内容和附注

1. 输入工作内容

【操作】:

单击“SmartCost 定额库编辑器”界面的［b］窗口的“工作内容”选项卡，输入工作内容，如图 7-5 所示。

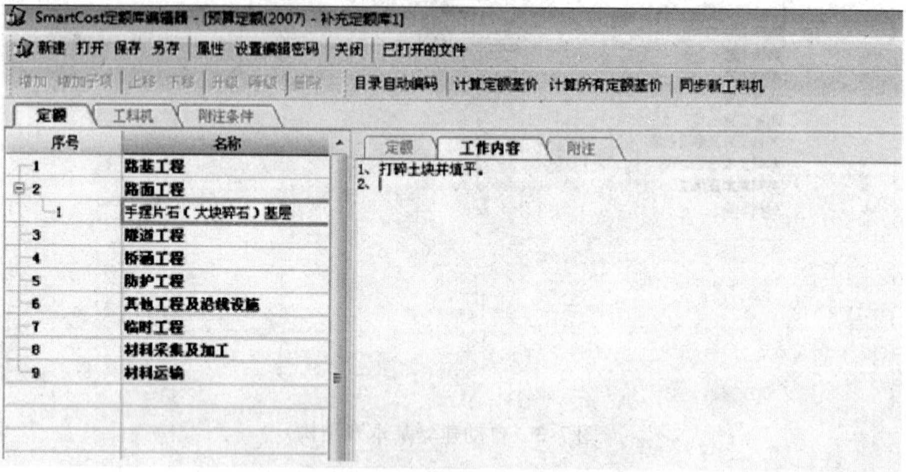

图 7-5　输入工作内容

2. 输入附注条件

【操作】:

单击“SmartCost 定额库编辑器”界面的［b］窗口的“附注”选项卡，输入附注，如图 7-6 所示。

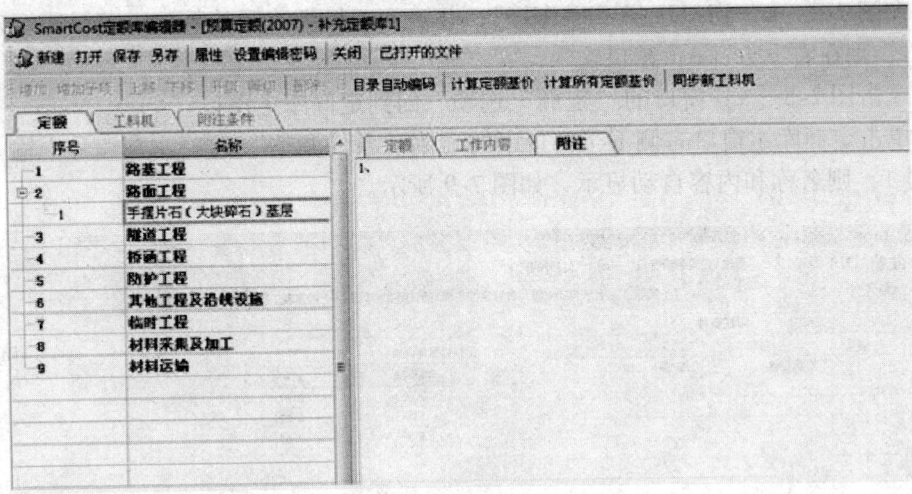

图7-6　输入附注条件

7.1.3　增加“辅助定额、附注条件、稳定土配合比”调整

1. 辅助定额调整

比如2－1－1－2“手摆片石（大块碎石）每增减1cm”是2－1－1－1“手摆片石（大块碎石）厚度16cm”的辅助定额，现在我们就需要对定额2－1－1－1添加辅助定额。

【操作】：

单击图7-4“SmartCost定额库编辑器”［c］窗口中的选项卡 辅助定额调整 ，再在［c］窗口右击，选择“添加辅助定额调整”命令，如图7-7所示。

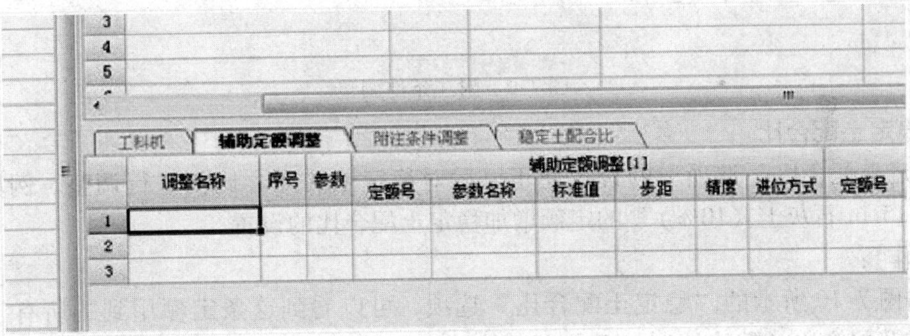

图7-7　辅助定额调整

然后按照辅助定额的具体参数，依次在辅助定额调整［1］里输入定额号、参数名称、标准值、步距，如图7-7所示。

2. 附注条件调整

“附注条件调整”选项卡用以将定额的附注条件提炼成选项，方便计算。例如“手摆片石（大块碎石）厚度16cm”这条定额的附注说明是：不需要安装时，应乘以0.87的系数。

下面介绍如何将这条定额的附注说明，在定额库中提炼成选项。

【操作】：

1）单击图7-8［a］窗口中的“附注条件”选项，并在“编号”、“名称”、“内容”列分别按次序添入编号，按照附注内容输入名称、内容。

2）在图 7-8［b］窗口选择“操作符”，并输入工料机的调整系数。若是需要对单个工料机调整，则在右下方［c］窗口输入。

3）单击图 7-8［a］窗口的“定额”选项，回到定额库主窗口。

4）单击定额库主窗口右侧下半窗口中的“附注条件调整”选项，在编号中输入附注条件的编号 1，则名称和内容自动显示，如图 7-9 所示。

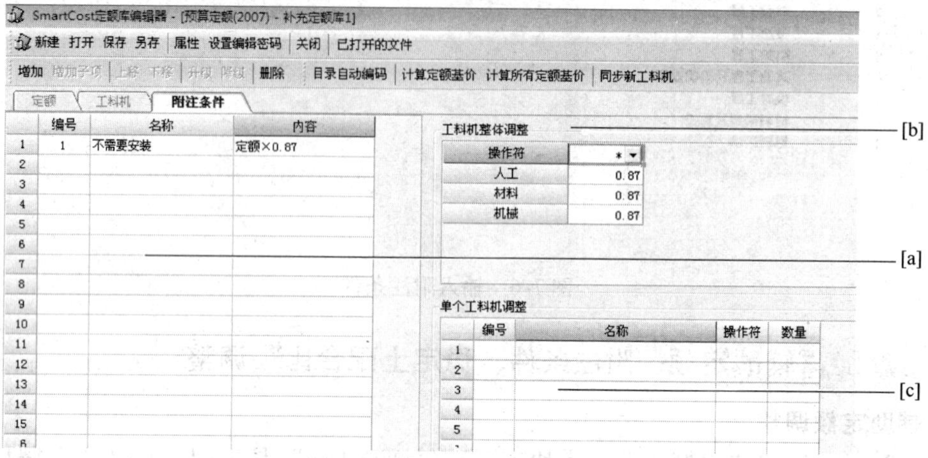

图 7-8　选择“操作符”

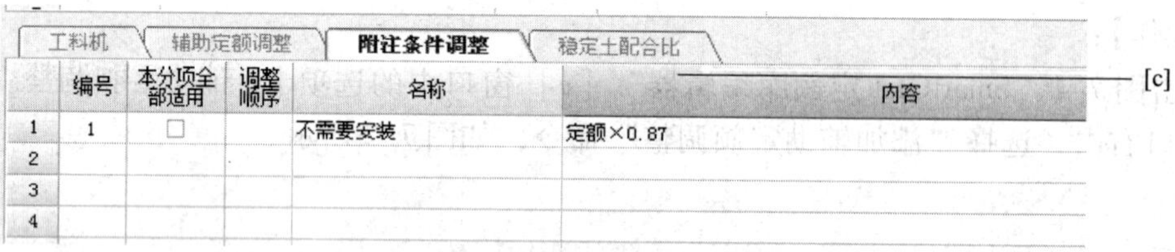

图 7-9　附注条件调整

3. 稳定土配合比

“稳定土配合比”选项卡的设置便于以后对稳定土的配合比例进行调整。例如，要给“筛拌厚 15cm 石灰土（10%）”的定额增加稳定土配合比的设置。

【操作】：

单击图 7-10 所示的“稳定土配合比”选项，可以看到这条定额用到的所有工料机编号、名称及配合比（默认是 0）。我们只要按照此定额输入生石灰（10%）和土（90%）的百分比含量即可，如图 7-10 所示。

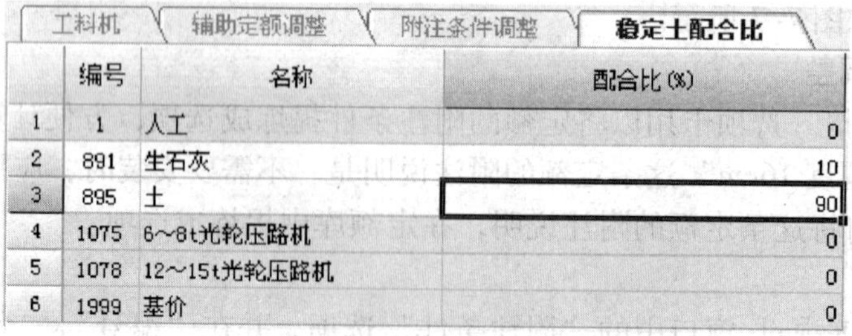

图 7-10　稳定土配合比调整

7.1.4　补充定额的简称

套用补充定额库时，可加入补充定额库的简称。

【操作】：

在“工具\定额库编辑器\属性”中设置各定额库的简称，如图 7-11 所示。

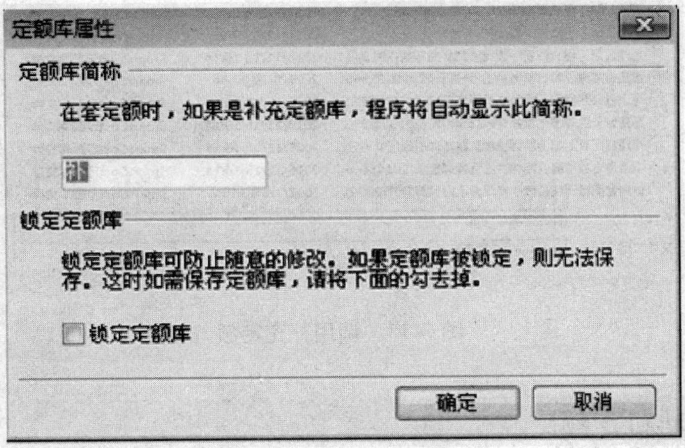

图 7-11　设置定额库简称

7.1.5　调用补充定额

【操作】：

在“造价书”界面单击右上角图标定额库，单击“增加定额库”。

图 7-12　定额库

在弹出的对话框中选择一个定额库。如“补充定额库 1”，单击“打开”按钮，此时定额库列表中已有“补充定额库”，如图 7-13 所示。单击“确定”按钮，回到“造价书”界面。

选择需要的定额库打开即可。

单击“定额库”旁边的▼，即可调用此补充定额库。

单击“定额选择”选项卡，勾选套用即可。套用完毕可单击“定额库”旁边的▼重新切换定额库。

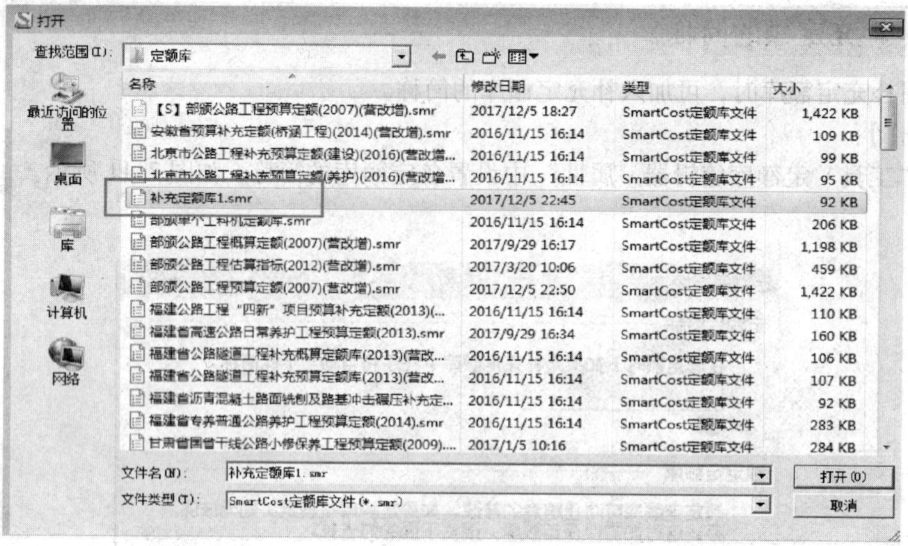

图 7-13　调用补充定额

7.1.6　单个工料机定额库

纵横公路工程造价管理系统将部颁工料机做成了可直接调用的定额库形式，可方便对单个工料机进行分析，如图 7-14 所示。

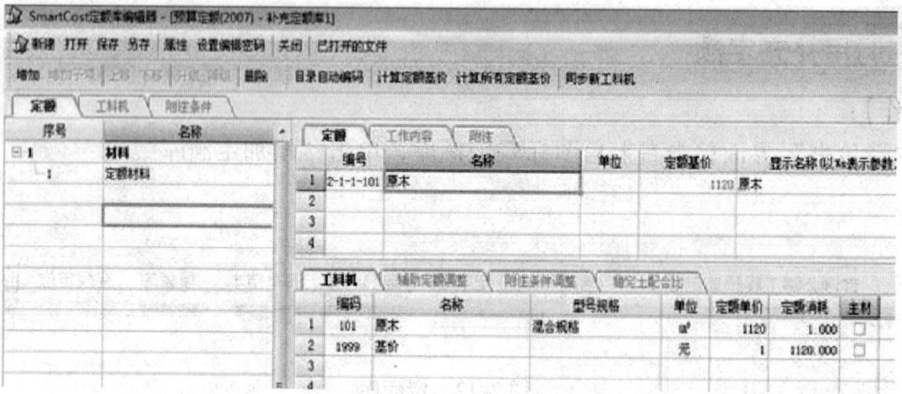

图 7-14　单个工料机定额库

7.2　造价审核/比较

“造价审核”功能特别适用于造价审核部门，或多种报价策略比较，提供造价审核结果与原造价的增减对比表，对比至每一条清单项目。

【操作】：

单击“造价审查”菜单中的“审核/比较表”命令，出现图 7-15 所示窗口。

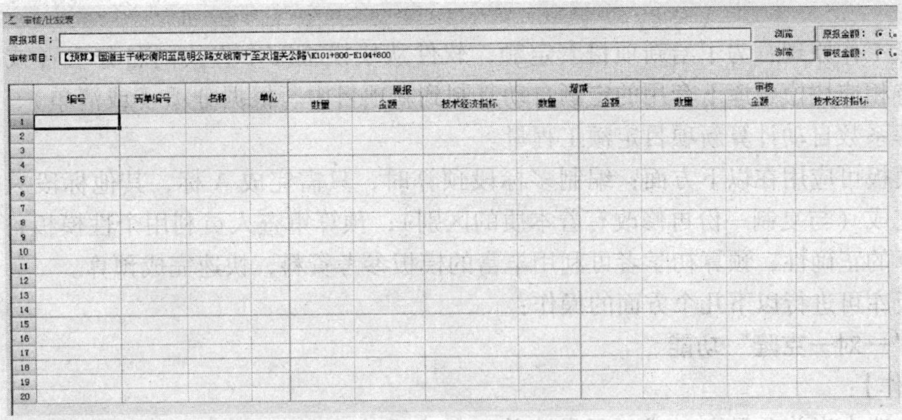

图 7-15　造价审核/比较

单击“原报项目”文本框右侧“浏览”按钮，选择原报的项目文件。单击“审核项目”文本框右侧“浏览”按钮，选择一个已审核的项目文件。单击“审核”按钮，完成审核，结果如图 7-16 所示。

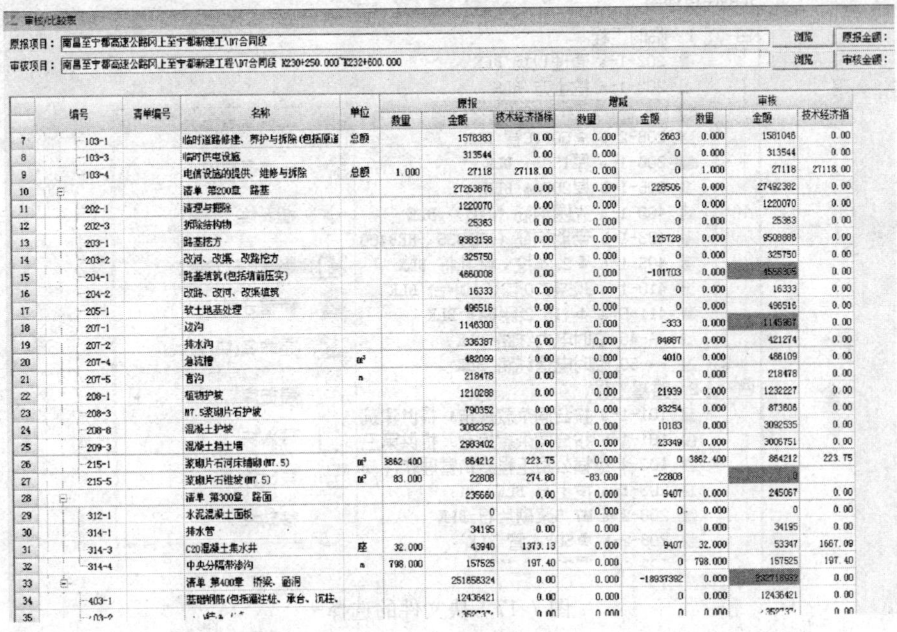

图 7-16　审核完成

7.3 模板库

对于初学者，建立一个项目表后，往往不知道该套用哪些定额。当一个人编制一个建设项目的多段预算时，A 标预算已编制完成，如何才能快速完成 B 标、C 标预算的编制？把 A 标复制到 B、C 标后再改修太麻烦了。软件提供了一个简单的功能，即块模板库的功能，利用这个功能可以解决以上问题。

新建或利用软件提供的块模板库，遇到类似项目时，块模板克隆就能自动完成定额套用，完成定额工程量计算，极大提高预算编制的速度、准确度、标准化程度，让知识得以积累。

克隆工作原理：为了给新项目套定额，软件从块模板库中查找同名分项（或同号）清单，并将相应块模板库下套用的定额自动复制到新项目中。根据分项（或清单）、定额工程量、分解系数自动计算新项目定额工程量。

块模板可应用在以下方面：编制多标段预算时，只需完成A标，其他标段只需通过克隆即可完成（与复制一份再修改有着本质的区别）；预算审查人员利用个性模板，快速审查上报预算的正确性；预算初学者可利用丰富的模板参考资料，快速完成预算。

模板库可进行以下几个方面的操作：

1. “一对一克隆”功能

【操作】：

单击选中当前项目表（或工程量清单）某个需套定额的分项，再选择块模板库中相应分类下的相匹配的块文件，右击，出现如图7-17所示的菜单。

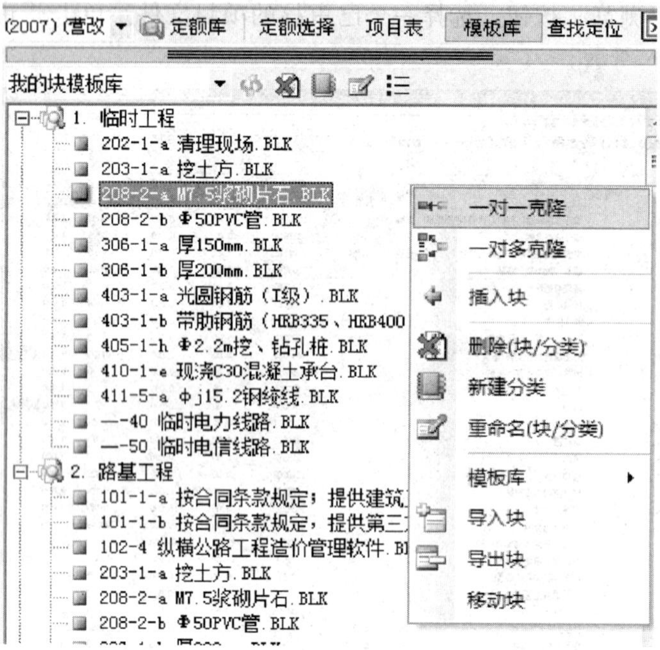

图7-17　块文件的选择

“一对一克隆”指一次只能将一个块文件下的定额信息克隆到当前项目表（或工程量清单）中的一个相匹配的分项中。

选择“一对一克隆”，如果当前选择的块文件中分项和当前选择的项目表（或工程量清单）的分项匹配，则系统会将块文件中分项及定额信息克隆至当前所选择的项目表（或工程量清单）分项中。

说明：“匹配”是指系统将当前选择的块文件的分项名称和当前选择的分项名称相同（清单是以清单编号进行匹配），且块文件和当前分项（或清单）都是最底层，且当前分项/清单下没有套定额和数量单价的情况。如遇到当前分项的名称（清单的编号）和该块的名称（编号）不一致时，则询问是否强行匹配，如图7-18所示。

2. “多对多克隆”功能

可以利用“多对多克隆”功能，把块模板库中的某个分项名称下所有模板块文件中的定额信息克隆到与当前造价文件项目表（或工程量清单）相匹配的项目分项中，即把多个块文件中的定额克隆到当前造价文件项目表（或工程量清单）中的多个匹配的分项中去。

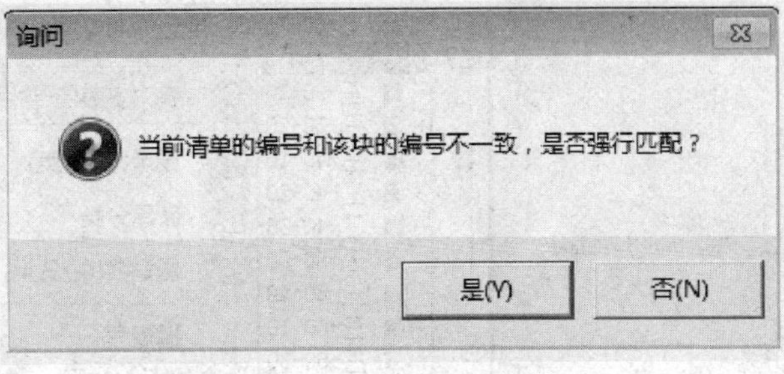

图 7-18　“询问”对话框

【例 7-1】　利用块模板库对空白分项“临时工程”下的“临时电力线路”和“临时电信线路”进行快速套用定额。

1）在“造价书”界面，单击屏幕右上侧的“模板库”选项卡，跳出块模板库窗口如图 7-19 所示，里面列有若干个分类，各分类下有若干块文件。

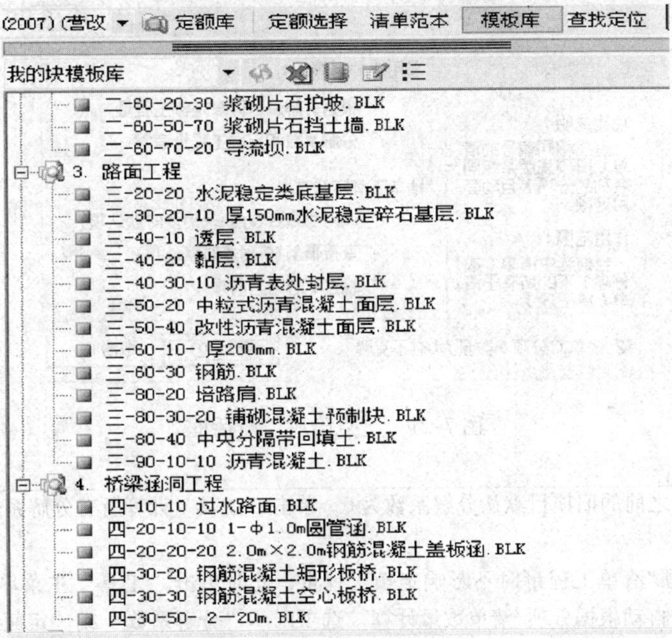

图 7-19　块模板库

2）单击选择克隆块所在的分类，如果克隆块所在的分类为“路面工程”，把鼠标指针放在块模板库的“路面工程”分类上，右击，出现如图 7-20 所示菜单。

3）在出现的菜单中选择“多对多克隆”命令，弹出“克隆块”对话框，如图 7-21 所示。

根据需要选择“根据分解系数计算定额工程量”或“分解系数和定额工程量清零”，并选择“清单下已有定额时”是否覆盖。

最后单击“确定”按钮，即把块模板库中“临时工程”分类中“临时电力线路”和“临时电信线路”下的定额套用到项目表中“临时电力线路”和“临时电信线路”两个子目下面。

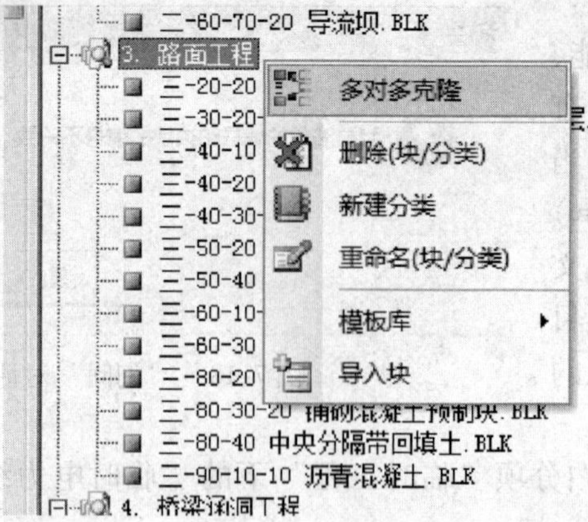

图 7-20 单击选择克隆块分类

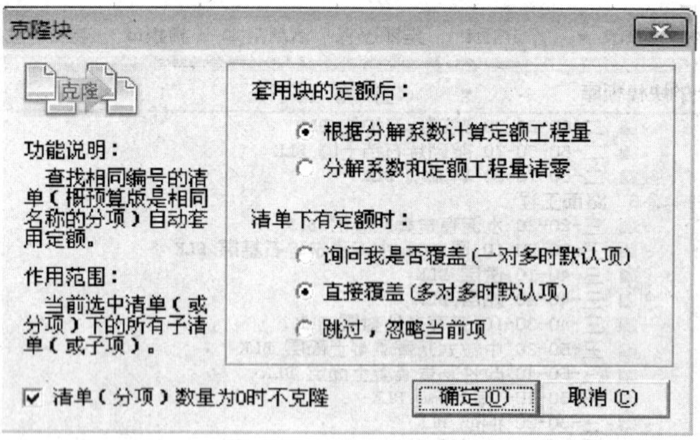

图 7-21 “克隆块”对话框

说明：1. V9 版之前的旧项目默认分解系数为 0，单击“工具\计算所有分解系数”，即可计算本项目的所有分解系数。

2. 如欲修改分项/清单工程量时不影响定额工程量，此时单击“工具”主菜单→“选项”命令→“常规”选项卡→“自动根据分项/清单数量计算”选项区→“分解系数”或“定额工程量”单选按钮。

3. 分项（或清单）数量为 0 时不克隆。

提示：如果克隆是按“根据分解系数计算定额工程量”进行，但是克隆后的工程量却为 0，这是因为在生成模板库时分解系数已经为 0 了，此时只要修改分解系数，即可获得相应的定额工程量。系统自动进行克隆工作，并提示工作进度，如图 7-22 所示。

3. “插入块”功能

【操作】：

在要选择的块文件上右击，选择“插入块”命令，或双击选中的块文件，软件会提示将当前块插入到左屏幕清单中的哪个位置，如图 7-23 所示，确定后，插入块成功。

4. “删除（块/分类）”功能

在要删除的分类或块文件上右击，选择“删除（块/分类）”命令，可以删除当前选择

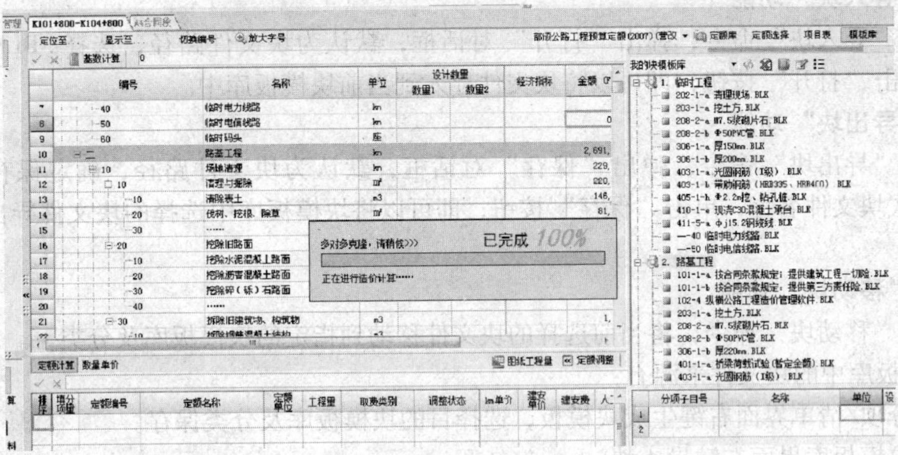

图 7-22　提示工作进度

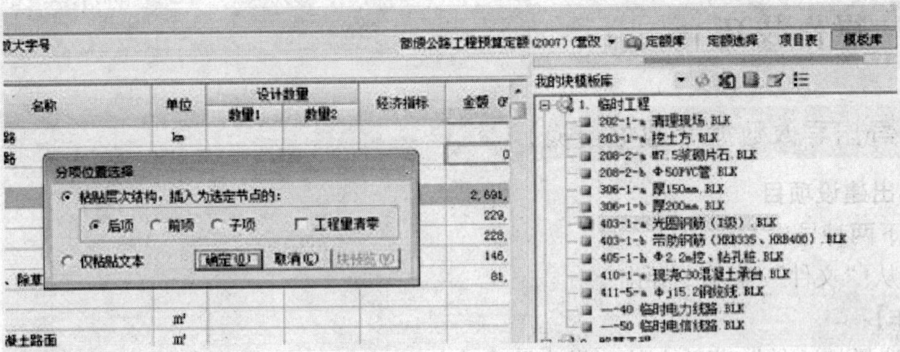

图 7-23　清单位置选择

的分类或块文件。

5. “新建分类”功能

块模板库中有一层分类目录，可以右击，选择“新建分类”命令来添加分类。

6. “重命名（块/分类）”功能

在要重命名的分类或块文件上右击，选择“重命名（块/分类）”命令，可以对当前选择的分类或块文件进行重命名。

7. “模板库”功能

“模板库”命令中有以下四项：

（1）“导入模板库”　命令选择“导入模板库”命令，出现对话框，选择要导入的 BLB 格式文件（其他编制人导出的模板库文件）即可导入一个新的块模板库。

（2）“导出模板库”　命令选择“导出模板库”命令，出现对话框，选择保存路径及模板库名称，即保存为 BLB 格式文件。此 BLB 格式文件可以复制给其他编制人用于导入模板库，达到数据共用的目的。

（3）“新建模板库”　命令用于新建一个空的模板库。

（4）“删除模板库”　命令删除当前模板库。

8. “导入块”功能

选择“导入块”命令，弹出“打开”对话框，默认为块文件路径，选择.BLK 格式块文件，单击“打开”按钮，即可以将块文件导入到当前块模板库中。

9. “导出块”功能

选择“导出块”命令，弹出“保存”对话框，默认为块文件路径，确定保存路径及.BLK 格式块文件名称，单击“保存”按钮，即可以将块模板库中选择的块文件导出到指定路径下。

10. “移动块”功能

选择“移动块”命令，将当前选择的块文件移动到指定的块模板库及分类下。

块模板库中的块文件来源有：

1）分项/清单界面右键生成块模板，选择目的块模板库及分类保存。

2）块模板库界面右键导入块。

3）导入模板库文件。

7.4 操作技巧

7.4.1 导出导入数据（数据交换）

1. 导出建设项目

有以下两种导出方法：

（1）从“文件”菜单中导出

【操作】：

单击选择“文件”菜单中的“导出”命令→“成批导出建设项目”命令，在弹出对话框中选择要导出的建设项目，如图 7-24 所示。

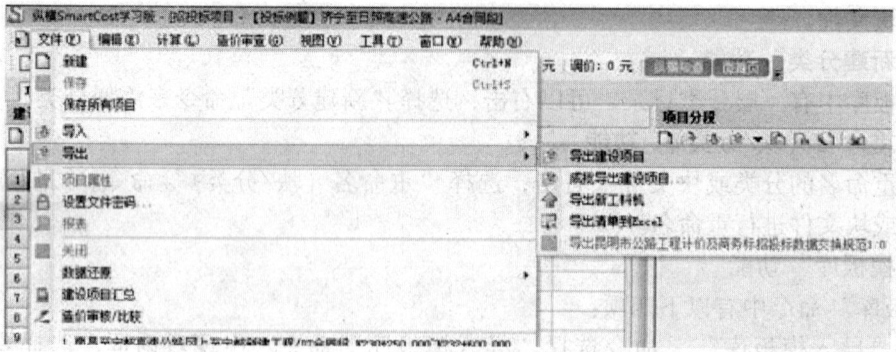

图 7-24 从“文件”菜单中导出

导出后请选择建设项目文件存放的路径。“导出建设项目”将整个项目的所有标段及其所用到的单价文件、费率文件、补充定额、新工料机文件，新增的机械台班全部压缩成一个 *.sbp 格式文件导出。

（2）从“项目管理”界面中导出

【操作】:

在“项目管理”界面中，把鼠标指针放在要导出的建设项目上，右击选择“导出建设项目”命令，如图7-25所示。

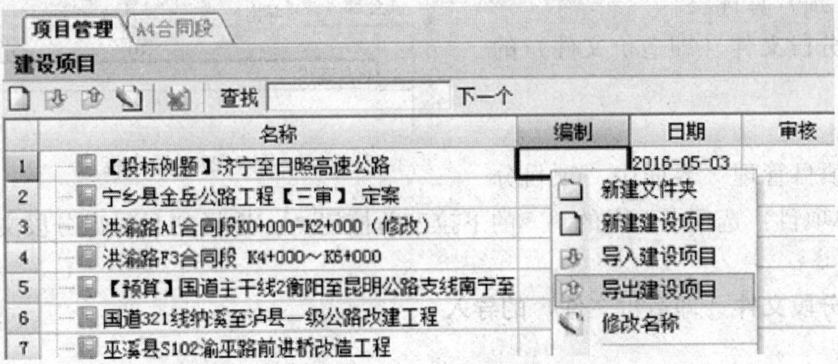

图7-25　从“项目管理”界面中导出

或单击“项目管理”界面中“建设项目”选项卡下方的“导出建设项目”图标。

2. 导入建设项目

有以下两种操作方法:

(1) 从“文件”菜单中导入

【操作】:

单击“文件”菜单中的“导入命令”→“导入建设项目”命令，在弹出的对话框中选择要导入的建设项目，如图7-26所示。

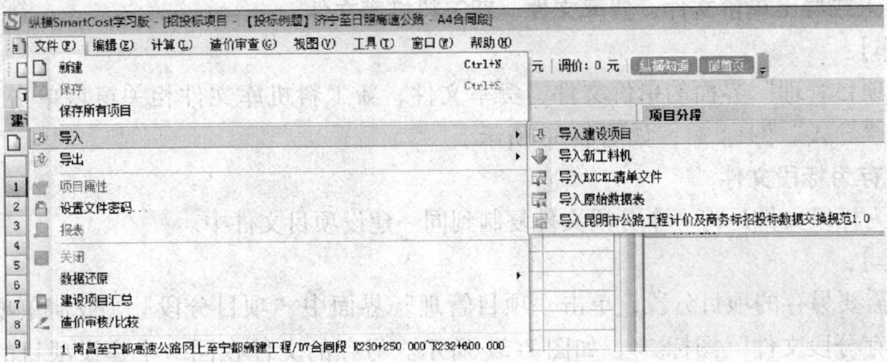

图7-26　从“文件”菜单中导入

“导入建设项目”命令将本项目所有标段及其所用到的单价文件、费率文件、补充定额、新工料机文件全部导入。

(2) 从“项目管理”界面中导入

【操作】:

单击“项目管理”界面中“建设项目”选项卡下方的“导入建设项目”图标。

3. 导出项目分段文件（即造价文件）**、单价文件、费率文件、定额库文件**

单击“项目管理”界面中“项目分段”（或清单项目）选项卡下方的“导出”图标，

如图 7-27 所示。可导出标段以及标段所用到的单价文件、费率文件、定额库文件，其后缀为 .smpx（清单标段）、.smbx［概（预）算标段］。

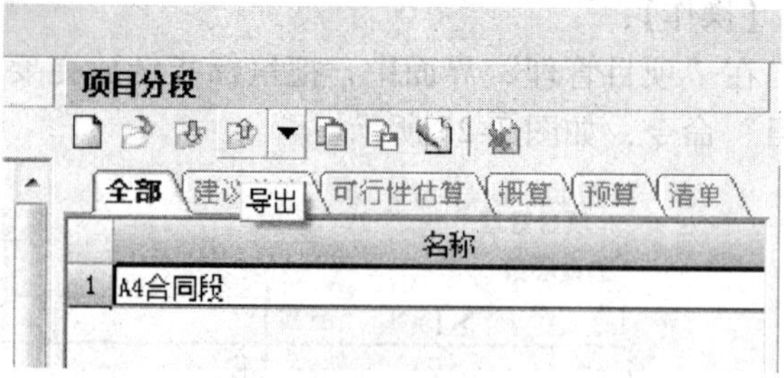

图 7-27　导出标段

4. 单个分段文件（即造价文件）的导出

【操作】：

单击“项目管理”界面中“项目分段”（或清单项目）选项卡下方的的下拉三角按钮，选择“只导出分段文件”，如图 7-28 所示。

5. 单个分段文件（即造价文件）的导入

【操作】：

单击“项目管理”界面中“项目分段”（或清单项目）选项卡下方的“导入分段文件”图标，如图 7-29 所示。

图 7-28　单个分段文件的导出

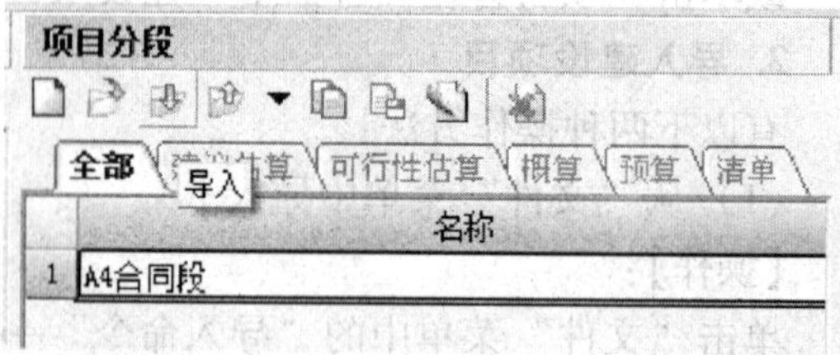

图 7-29　单个分段文件的导入

6. 导入或导出单价文件、费率文件、新工料机库文件

【操作】：

在“项目管理”界面的单价文件、费率文件、新工料机库文件相关窗口单击“导出”图标或“导入”图标，如图 7-30 所示。

7. 另存为标段文件

另存为标段文件是将一个分段文件复制到同一建设项目文件中。

【操作】：

选择需要另存的项目分段，单击“项目管理”界面中“项目分段”（或清单项目）选项卡“另存分段文件”图标，如图 7-31 所示。另存的文件在同一个建设项目的“项目分段”窗口或“清单项目”窗口中。

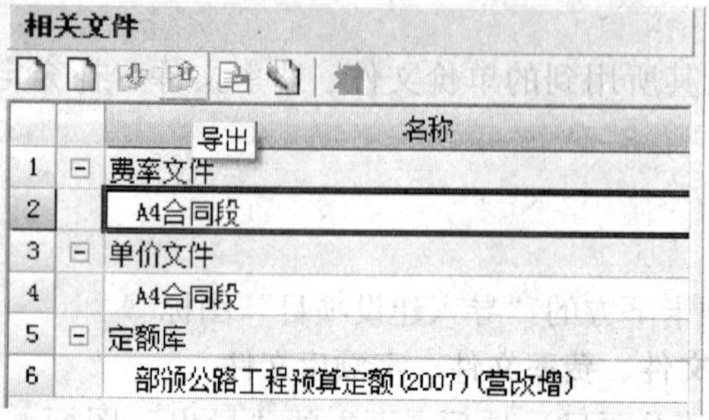

图 7-30　导出库文件

图 7-31　另存分段文件

8. 项目分段复制到其他建设项目文件

项目分段文件（造价文件）可复制到其他建设项目文件，同时复制的还有单价文件、费率文件。

【操作】:

选择需要复制的项目分段，单击“项目管理”界面的“项目分段”（或清单项目）选项卡下方的“复制”图标，如图7-32所示。在弹出的对话框中选择目标建设项目，单击“确定”按钮，如图7-33所示，复制该分段到其他建设项目，切换至目标建设项目，即可看到该项目分段。

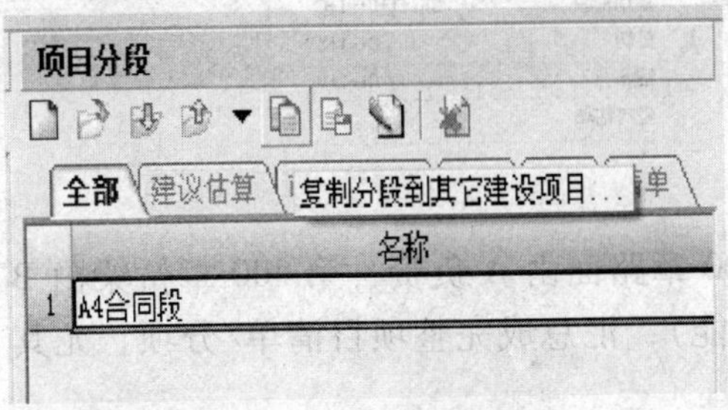

图7-32 复制分段到其他建设项目文件

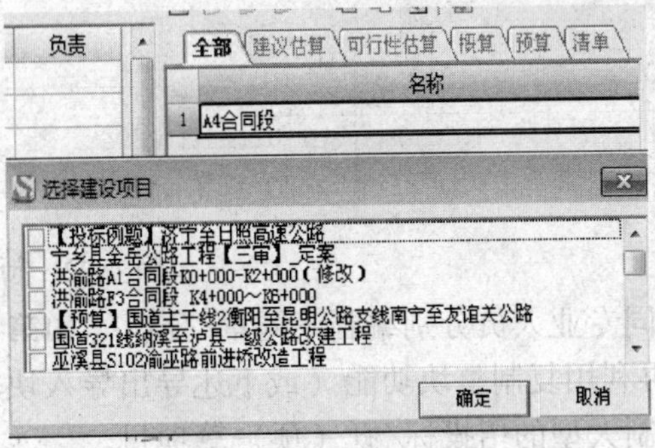

图7-33 选择建设项目

9. 复制整块

可以直接在两个造价文件间批量复制整块及定额，复制时连同分项（或清单）下的定额及调整状态一并复制。

【操作】:

拖动选择要复制的内容，右击选择“复制整块”命令，如图7-34所示；切换到新文件，在目标位置单击“粘贴”命令。粘贴后请注意层次结构，如图7-35所示。发现不合理时，可通过←→↑↓调整层次结构。

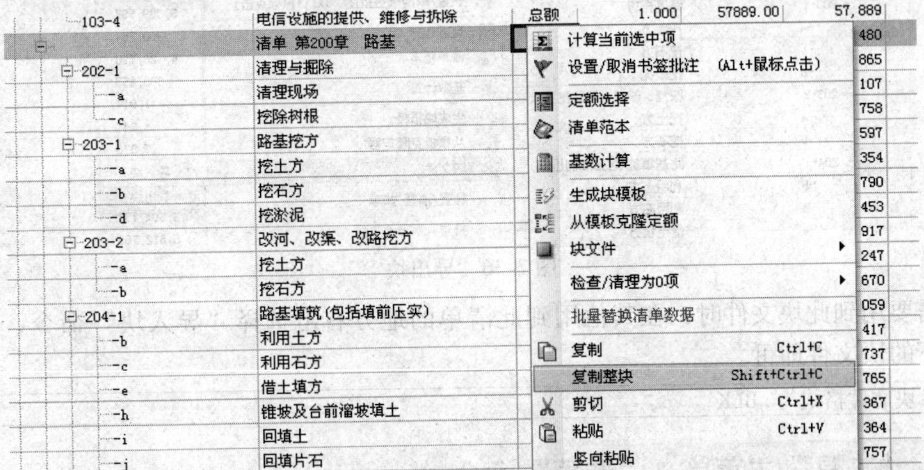

图7-34 复制整块

此功能适用于由不同的预算人员负责清单（概（预）算）不同章/分项的报价。

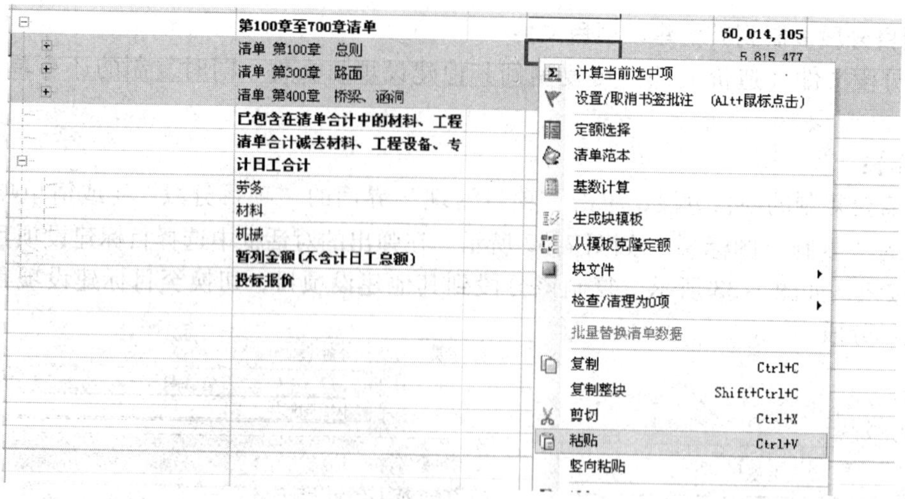

图 7-35 粘贴

由不同专业人员分别编制不同章/分项（如第 300 章路面由 A 负责、第 400 章桥梁由 B 负责），再利用复制整块功能（或下述导出导入块功能），汇总成完整项目清单/分项。尤其适用于编制大型的招投标/概（预）算项目。

10. 导出导入块

除上述复制整块外，也可以将造价文件中所选择的一部分导出成块文件。

【操作】：

选择需要导出的清单，右击选择“块文件”命令下的“导出块”命令，如图 7-36 所示。在弹出的对话框下单击“保存”按钮即可，此保存路径为默认路径。

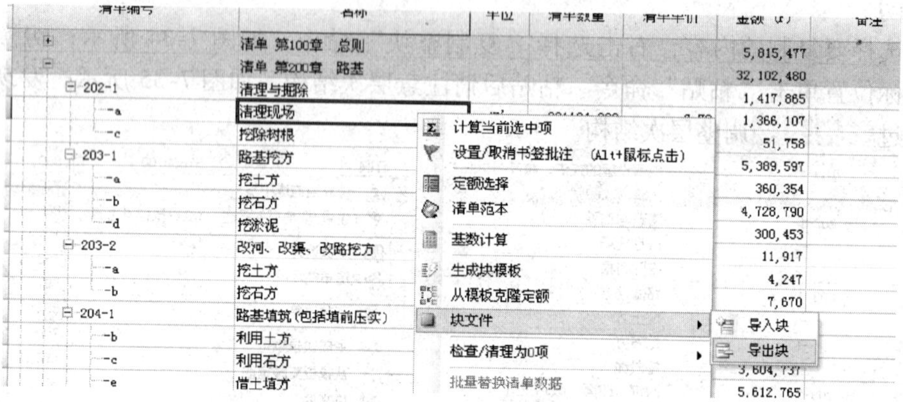

图 7-36 导出块

当需要用到此块文件时，在其他用到此清单的地方右击选择“导入块”命令，选择默认路径下的块文件即可。

注：块文件格式为 .BLK。

7.4.2 “工具”主菜单→“选项”命令

1. 自动保存文件时间间隔

为提高软件运行效率，设备条件较好时，建议取消该选项。单击图标，手动保存造价文件，或在关闭文件时根据提示保存。

【操作】：

“工具”菜单→“选项”命令→“常规”选项卡。

2. 自动根据定额单位转换工程量

选择此选项时，输入定额工程量时自动除以定额单位数量，如图7-37所示。

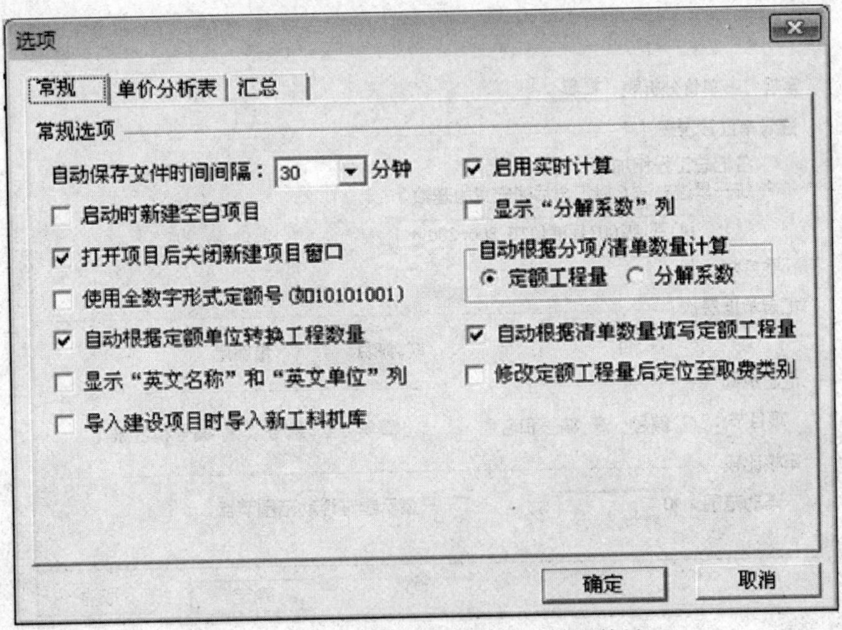

图7-37 自动根据定额单位转换工程数量

3. 设定主材的筛选方式（见图7-38）

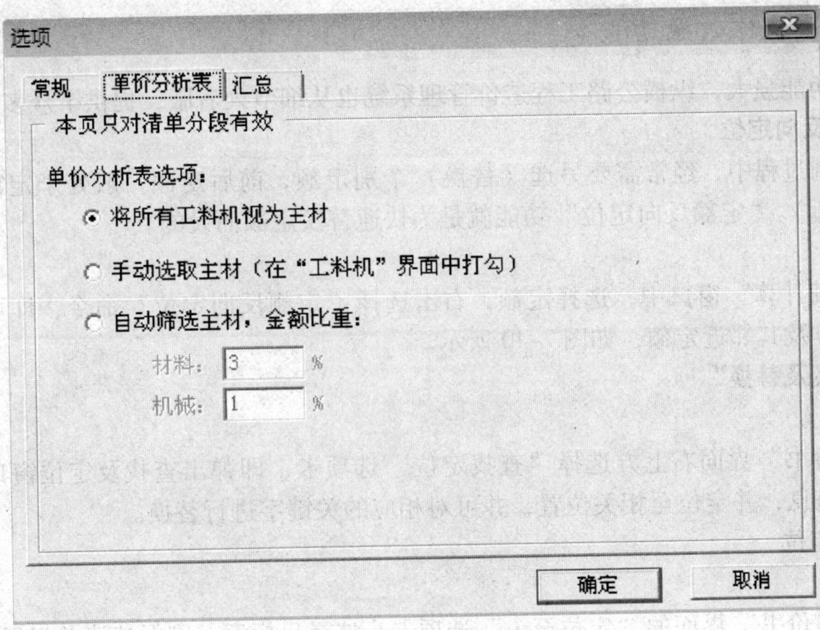

图7-38 设定主材的筛选方式

4. 汇总（见图 7-39）

（1）“汇总最低层次”选项区　通过选择汇总层次决定报表显示层次。

（2）“汇总规则”选项区　可根据“编号”以及“编号和名称”两种方式进行汇总。

（3）“审核比较”选项区　填写浮动范围，审核比较时根据所填浮动范围显示相应数据。

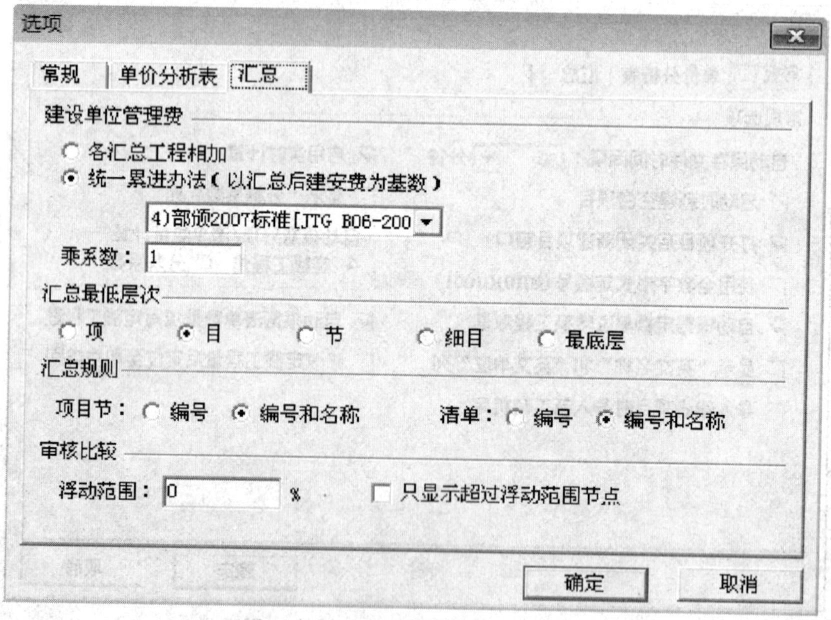

图 7-39　汇总

7.4.3　提高工作效率功能

除主体功能强大，纵横公路工程造价管理系统也从细节处着眼，提供了众多高效工具。

1. 定额反向定位

造价编制过程中，经常需要另选（替换）个别定额，前后定额一般处于定额中同一分项内（或附近）。“定额反向定位”功能就是为快速替换定额而设的。

【操作】：

在“定额计算”窗口中，选择定额，右击选择“定额反向定位”命令，即可实时查看定额所在章节及其邻近定额，如图 7-40 所示。

2. “查找及替换”

【操作】：

在“造价书”界面右上方选择“查找定位”选项卡，即弹出查找及定位窗口，可按需要查找相关信息，并定位至相关位置，并可对相应的关键字进行替换。

3. 快速定位

【操作】：

单击“造价书”界面的“定位至…”选项卡，选择目标章，则保持清单显示样式不变，快速定位至所需章，缩窄查找范围，避免频繁使用滚动条，如图 7-41 所示。

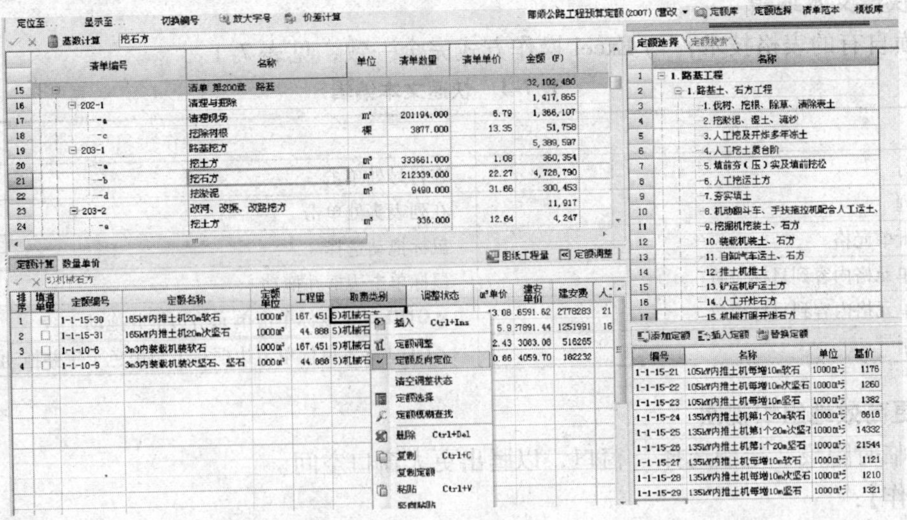

图 7-40 定额反向定位

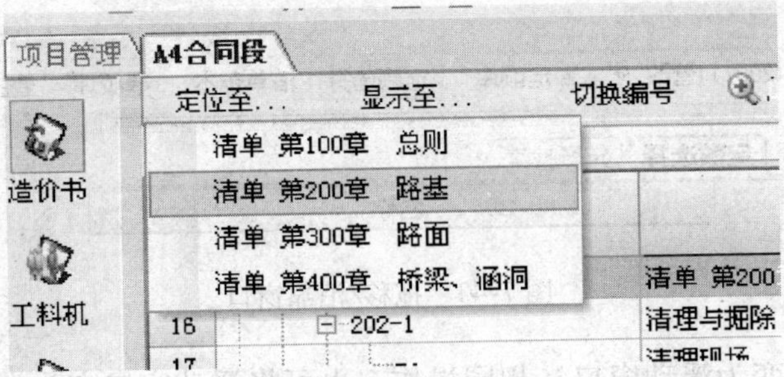

图 7-41 快速定位

4. 快速查看各级计算结果汇总视图

【操作】:

单击“造价书”界面的“显示至…”选项卡，显示至章，查看工程量清单汇总表，如图 7-42 所示。

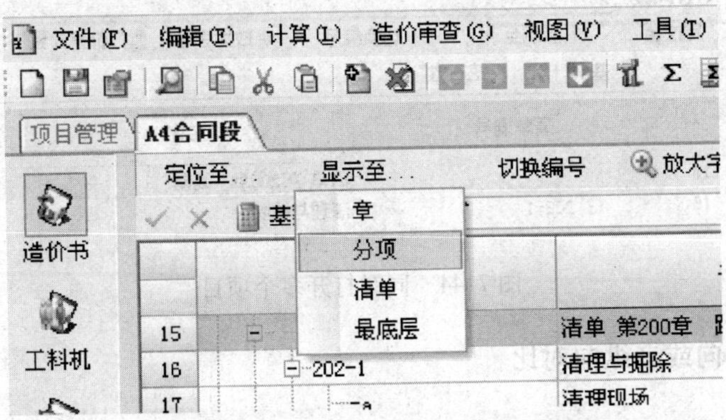

图 7-42 快速查看各级计算结果汇总

5. 快速文本编辑

纵横自有的表格技术，与 Excel 操作方式完全一致，见表 7-1。

表 7-1 快速文本编辑

目的	操作
选择一行	在行号处单击
选择一列	在列表头处单击
选择一批单元格	鼠标拖动选择
移动该单元格内容到目标位置	鼠标单击边框并拖动
复制该单元格内容到目标位置	<CTRL> + 鼠标单击单元格边框并拖动
拖动复制	<CTRL> + 鼠标单击边框右下角黑色十字并拖动

6. 更高效地组织视图

1）临时隐藏“定额选择”窗口，以腾出更大窗口空间。

【操作】：

① 单击“造价书”界面右上角图标（展开/隐藏切换）。

② 拖移/泊靠窗口，如图 7-43 所示。

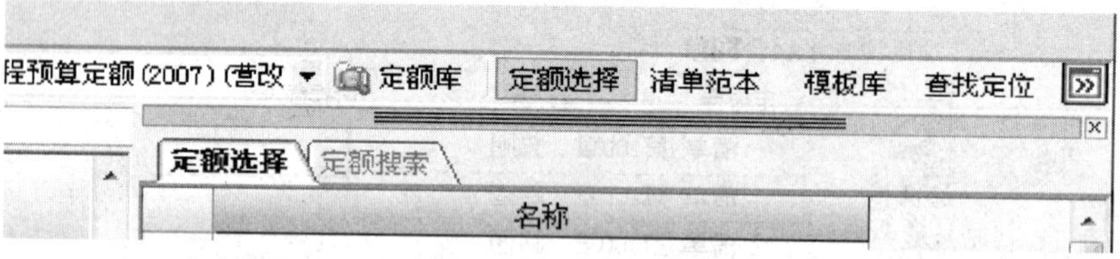

图 7-43 拖移/泊靠窗口

将向右泊靠窗口变为浮动窗口，相同操作，也可将浮动窗口变为向右泊靠窗口。

2）调整各窗口宽度。凡光标变为状态，均可调整窗口宽度。

7. 多个项目同时打开

可同时打开多个项目，切换查看数据，如图 7-44 所示。

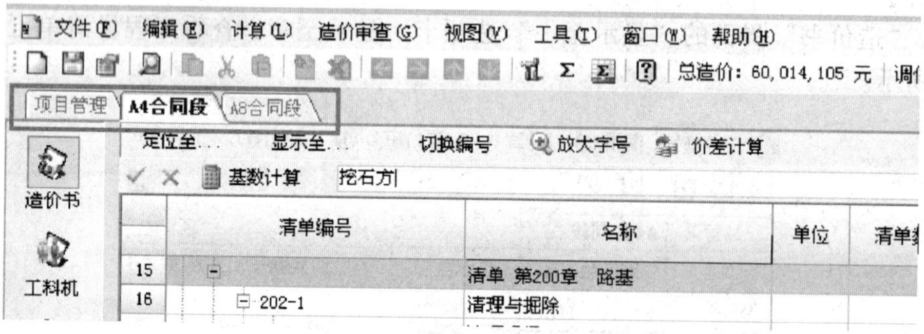

图 7-44 同时打开多个项目

8. 多个项目横向或者纵向对比

【操作】：

单击“窗口”菜单中的“横向平铺”命令或“纵向平铺”命令，可实现多个项目对比，直接复制数据，无须切换，如图 7-45 所示。

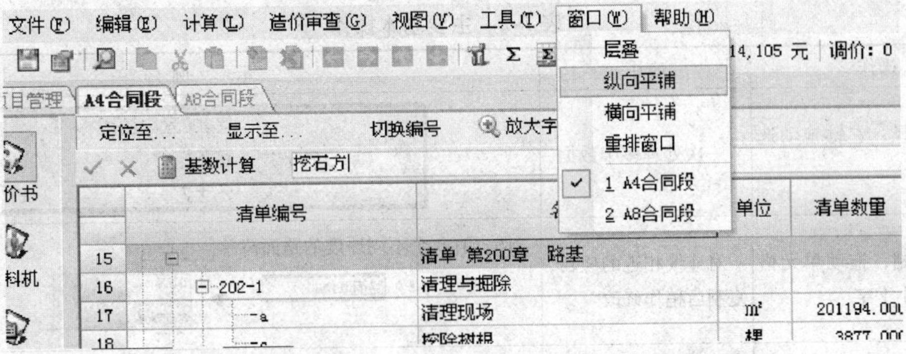

图 7-45　多个项目对比

9. 切换字号

单击“造价书”界面上方的“放大字号”选项卡，切换至较大字号，单击“还原字号”选项卡，还原至默认字号。

10. 书签功能

【操作】:

在“造价书”界面，在需添加书签的分项上右击，选择“设置/取消书签批注”命令，可实现如 word 文档一样的批注功能，软件会标注橘红色的书签痕迹，便于实时对比审核，如图 7-46 所示。

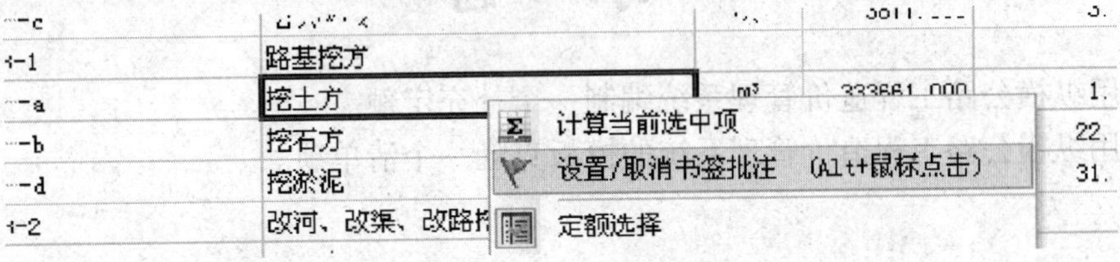

图 7-46　书签功能

如需取消书签，则直接删除书签即可。

【操作】:

单击“造价书”界面右上角的“查找定位”选项卡，出现如图 7-47 所示对话框。单击“书签（批注）”单选按钮，找到需删除的书签，右击删除。

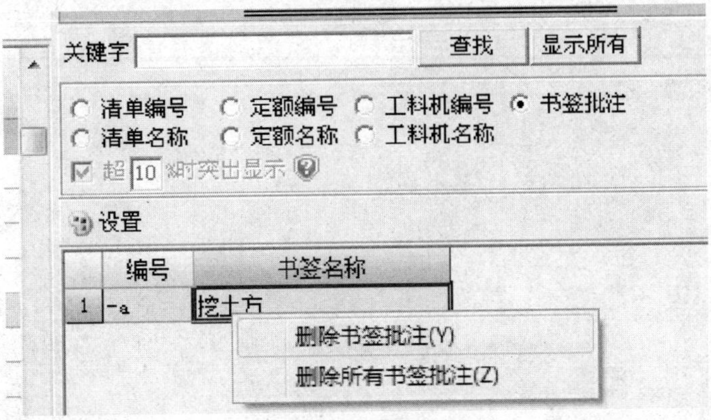

图 7-47　删除书签

纵横公路工程造价管理系统中，其他适用于所有界面的高效工具见表 7-2。

表 7-2　主要基本操作

操作	应用	示　例
批量选择，左键拖动选择（涂蓝）	一次处理多个数据	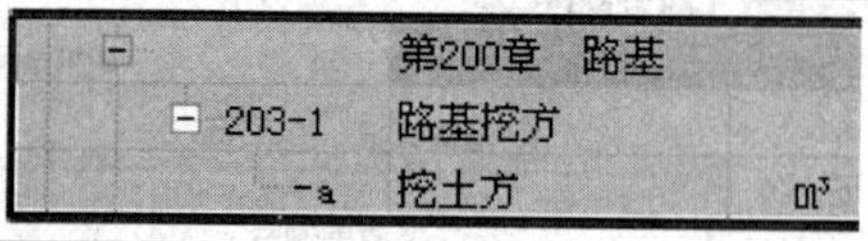
拖动复制，拖动单元格右下角的小十字	对连续相近的项目，复制后稍作修改	例，有 3 个不同厚度的路面清单 
移动单元格，拖动单元格边缘✥	将单元格文字移动到目标位置	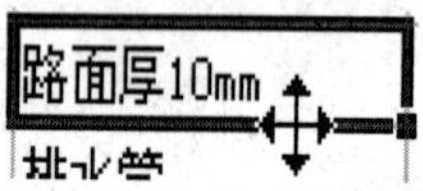 可成批移动，先拖动选择（涂蓝），再操作
复制单元格，拖动单元格边缘✥的同时，按Ctrl	对类似的项目，复制后稍作修改	可成批复制，先拖动选择（涂蓝），再操作

习　题

1. 使用纵横公路工程造价管理系统编制一个补充定额。
2. 使用纵横公路工程造价管理系统的模板克隆一个清单项。

参 考 文 献

[1] 交通公路工程定额站. 公路工程基本建设项目概算预算编制办法：JTG/T B06—2007 [S]. 北京：人民交通出版社，2007.

[2] 宾雪峰，彭远华，杨正财. 公路工程定额原理与估价 [M]. 北京：人民交通出版社，2014.

[3] 周直，崔新媛. 公路工程造价原理与编制 [M]. 北京：人民交通出版社，2002.

[4] 中华人民共和国交通运输部. 公路工程标准施工招标文件（2018 年版）. [M]. 北京：人民交通出版社股份有限公司，2018.

[5] 张省侠，张鹏，等. 桥涵工程技术 [M]. 北京：人民交通出版社，2014.

[6] 凌天清. 道路工程 [M]. 北京：人民交通出版社，2005.

[7] 刘治新，张风亭. 公路施工技术 [M]. 北京：人民交通出版社，2014.